Vom Ende qualifizierter Heimarbeit

D1667484

Landschaftsverband Rheinland
Rheinisches Industriemuseum
Beiträge zur Industrie- und Sozialgeschichte
Band 1

Jochen Putsch

Vom Ende qualifizierter Heimarbeit

Entwicklung und Strukturwandel
der Solinger Schneidwarenindustrie
von 1914 bis 1960

1989
Rheinland-Verlag · Köln

Rheinland-Verlag · Köln
Rheinland-Verlag -und Betriebsgesellschaft des
Landschaftsverbandes Rheinland mbH
Abtei Brauweiler · 5024 Pulheim 2

©Landschaftsverband Rheinland
Rheinisches Industriemuseum · Außenstelle Solingen
Herstellung: Brigitte Schmitz-Kunkel
Lithos und Druck: Offsetdruck Horst Krannich, Erpel
ISBN 3-7927-1071-4

Vorwort

Die klassischen Museumsaufgaben Sammeln, Bewahren, Forschen und Vermitteln stellen sich einem „Museum für Industrie- und Sozialgeschichte" in vieler Hinsicht neu: Die museale Beschäftigung mit Industriezeugnissen auch unter sozialgeschichtlicher Betrachtungsweise ist noch jung, Kriterien für ihr Sammeln sind weitgehend in der „Erprobung", Methoden ihrer Konservierung ebenfalls. So betritt auch die Forschung mit diesem Gebiet noch viel Neuland. Für die Museumsarbeit ist daher vielfältige Grundlagenforschung in unmittelbarem Sinne zu leisten.

Mit der Publikationsreihe „Beiträge zur Industrie- und Sozialgeschichte des Rheinlandes" wird vom Rheinischen Industriemuseum dieser Weg beschritten. Hier sollen wissenschaftliche Arbeiten erscheinen, die der direkten und mittelbaren Fundierung der Museumsarbeit dienen können: Arbeiten mit Themen aus der Region, den spezifischen Industriebranchen und sozialen Gruppen aus der Arbeitswelt, deren Erforschung und Präsentation sich das sozialgeschichtlich ausgerichtete Rheinische Industriemuseum zur Aufgabe gemacht hat.

Die hier vorgelegte Arbeit, die Dissertation des Leiters der Außenstelle Solingen des Rheinischen Industriemuseums, macht einen exemplarischen Anfang. Sie beschäftigt sich mit Grundlagen einer Außenstelle des Rheinischen Industriemuseums. Ihr auch sozialgeschichtlicher Ansatz paßt in die Absichten des Museums, Vorgänge im Bereich der Industrialisierung ganzheitlich zu analysieren und sie (daraufhin wurde diese Arbeit noch einmal eigens überarbeitet) allgemein verständlich zu vermitteln.

In dieser Reihe sollen die Ergebnisse der vom Museum betriebenen Grundlagenforschung veröffentlicht werden, sie soll aber auch nach „außen" offen sein, mag als Publikationsforum denen dienen, die auf dem Gebiet der rheinischen Industrie- und Sozialgeschichte arbeiten und arbeiten wollen.

Danksagung

Die vorliegende Studie wurde nach umfangreichen, auf mehrere Jahre verteilten Recherchen in einem relativ kurzen Zeitraum fertiggestellt und im Wintersemester 1986/87 von der Ruhruniversität Bochum als Dissertation angenommen. Gegenüber der ersten Fassung ist die vorliegende gekürzt, leicht überarbeitet und mit Abbildungen versehen worden.

Für ihre Hilfe bei der Entstehung dieser Arbeit bin ich vielen Personen mit großem Dank verbunden. Zu allererst wäre hier mein Doktorvater, Herr Prof. D. Petzina, zu nennen, der die Entstehung der Studie mit unzähligen Ratschlägen, strukturierenden Anregungen und weiterführender Kritik begleitet hat. Die in einer Zeit starker beruflicher Anspannung gelegene letzte Phase der Fertigstellung des Manuskriptes wurde durch das verständnisvolle Entgegenkommen von Herrn Petzina wesentlich erleichtert. Für intensive und anregende Diskussionen sowie zahlreiche nützliche Hinweise möchte ich Dr. R. Boch und M. Krause ganz besonders herzlich danken. Ihre Sachkenntnisse waren mit freundschaftlichem Interesse verbunden. Auch Dr. W. Plumpe, R. Rogge und G. Faltmann haben mir in dieser Hinsicht geholfen.

Buchstäblich fundamentaler Art war die vielfältige Unterstützung, die mir durch die Leiterin des Solinger Stadtarchivs, Frau Dr. A. Poensgen, zuteil geworden ist. Die auch von allen Mitarbeitern des Archivs getragenen, großzügig entgegenkommenden Arbeitsbedingungen waren über Jahre hinweg eine substantiell entscheidende und persönlich motivierende Voraussetzung meiner Forschungen. Herr H. Köller, Herr E. Dunko und Frau L. Hendrichs ermöglichten den Zugang zu Quellenbeständen, die bislang noch nicht in öffentliche Archive übergeben worden sind.
Wertvolle Informationen erhielt ich darüber hinaus von zahlreichen Interviewpartnern, die ich hier namentlich unmöglich alle nennen kann. Stellvertretend danke ich an dieser Stelle Herrn Dr. Stüdemann, Herrn Bigge und Herrn Bertram.

Frau I. Steinhaus tippte die erste Fassung des Textes in erstaunlichem Tempo und verblüffender Fehlerlosigkeit. Ihre Ausdauer und ihre Zuverlässigkeit waren eine Erleichterung von unschätzbarem Wert. Frau M. Nemetz erledigte das anstrengende Geschäft der Anfertigung der unzähligen Tabellen im Anhang.

Die Drucklegung der Dissertation wurde durch Druckkostenzuschüsse der Stadt Solingen und des Arbeitgeberverbandes Solingen e. V. finanziell gefördert.
Allen beteiligten Institutionen und Personen sei herzlich gedankt.

Solingen 1988

Inhaltsübersicht

Tabellenverzeichnis

Verzeichnis der Abbildungen

Einleitung

"Das wahre Bild der Vergangenheit huscht vorbei. Nur als Bild, das auf Nimmerwiedersehen
im Augenblick seiner Erkennbarkeit eben auf-
blitzt, ist die Vergangenheit festzuhalten."
W. Benjamin

I.

Während die handwerklich-heimgewerblichen Produktionsformen
in den meisten Industriezweigen - so etwa auch in der mit
der Solinger Industrie vergleichbaren, benachbarten Remscheider Werkzeugindustrie [1] - bis zur Jahrhundertwende
weitgehend verdrängt worden waren, hat sich die qualifizierte Heimarbeit in einem prominenten Sonderfall, in der
Solinger Schneidwarenindustrie, noch bis in die Zeit nach
dem Zweiten Weltkrieg halten können. Die vorliegende Arbeit
untersucht die Hintergründe sowohl der Zählebigkeit als
auch der Auflösung der traditionellen Produktionsformen in
der zunächst handwerklich-heimgewerblichen und später zunehmend industriell organisierten Endfertigung Solinger
Schneidwaren im Zeitraum von 1914 bis 1960.

---

[1] Vgl. hierzu: Fr. C. Ziegler, Die Tendenz der Entwicklung
zum Großbetrieb in der Remscheider Kleineisenindustrie,
Berlin 1910 sowie: M.J. Piore/C.F. Sabel, Das Ende der
Massenproduktion - Studie über die Requalifizierung der
Arbeit und die Rückkehr der Ökonomie in der Gesell-
schaft, dt. Ausgabe, Berlin 1985, S. 58

Die Heimarbeiter [1] der Schneidwarenindustrie standen in
der ersten Hälfte des Untersuchungszeitraumes noch in jeder
Hinsicht im Zentrum eines weiterhin traditionellen Produktionssystems. Die Zahl der Heimarbeiter erreichte 1925 mit
ca. 13.000 - dies waren mehr als die Hälfte der Beschäftigten in der Stahlwarenindustrie - ihren Höhepunkt. Bis 1961
sank die Zahl der Heimarbeiter auf ca. 2.500 ab. [2] Im Jahre 1985 waren lediglich noch 622 Heimarbeiter in der Solinger Schneidwarenindustrie tätig. [3] Der Rückgang der qualifizierten Heimarbeiterschaft war somit der auffallendste

[1] R. Boch verwendet den Begriff "Handwerker-Arbeiter", an-
gelehnt an den englischen Begriff "artisan-worker", um
die Verbindung von handwerklichen Qualifikationen und
Lohnarbeit hervorzuheben: "Sie waren Arbeiter, weil sie
freie Lohnarbeiter waren und sie waren Handwerker, weil
sie, sei es in der Fabrik oder im Kleingewerbe, in handwerkliche Arbeitsprozesse eingebunden waren, in einer
handwerklichen Arbeitssituation standen. Nicht die Maschine, nicht die fortschreitende Zerlegung der Arbeit,
sondern der handwerkliche Gesamtarbeitsprozeß in seiner
jeweils überlieferten Form bestimmte immer noch ihre Arbeitsbedingungen. Nicht die Kapitalseite besaß das Wissen und die Kontrolle über den Produktionsprozeß, sondern diese Arbeitergruppen selber". R. Boch, Handwerker-Sozialisten gegen Fabrikgesellschaft - Lokale Fachvereine, Massengewerkschaft und industrielle Rationalisierung in Solingen 1870 - 1914, Göttingen 1985, S. 20.
Die sozialen Träger dieser Typisierung, die R. Boch vor
Augen hat, sind vor allem die Solinger Schleifer der
1870er bis 1890er Jahre. Zu Recht weist R. Boch darauf
hin, daß diese entgegen dem landläufigen Verständnis
keine Heimarbeiter waren, da sie im Gegensatz zu den
Reidern nicht allein, sondern mit bis zu hundert Berufskollegen in großen Wasserkotten zusammen arbeiteten,
ebenda, S. 35. Ich möchte in der vorliegenden Arbeit für
die Zeit nach 1914 entsprechend dem zeitgenössischen
Sprachgebrauch den Begriff "Heimarbeiter" verwenden, da
seit der Einführung des Elektromotors um die Jahrhundertwende, der auch im Schleifsektor zu kleinen Werk-
statteinheiten geführt hatte, keine Bedenken mehr bestehen können, die Schleifer als Heimarbeiter zu verstehen.
Auch waren sie immer weniger der alleinige Träger des
Wissens und der Kontrolle über den Produktionsprozeß.
Der heimgewerbliche Charakter der Arbeit wurde zum entscheidenden Klassifizierungsmerkmal, auch wenn die Kombination von handwerklicher Arbeit und Lohnarbeit weiterhin Bestand hatte.
[2] Vgl. Tab. 2.3.1
[3] Auskunft des Fachverbandes Schneidwaren und Bestecke
e.V.

sozioökonomische Entwicklungsprozeß während des Untersuchungszeitraumes. Welches waren also die empirischen Er-
scheinungsformen, die Ursachen und die Konsequenzen der
Auflösung der Solinger Heimindustrie?

Die Untersuchung dieser Frage führt nicht allein zu einer
branchenspezifischen Beurteilung des Rationalisierungsprozesses in der Weimarer Republik und in den 1950er Jahren,
sondern zur Verlaufsform der Industrialisierung schlechthin, denn der gewählte Forschungsgegenstand vermag unsere
weithin von der Durchsetzung des Fabriksystems geprägte,
teleologische Vorstellung [1] der Industrialisierung in ge-
wisser Weise zu modifizieren.

Zwar gehört das Verständnis der Industrialisierung als
einem nicht nur national ungleichzeitigem, sondern vor allem auch regionalem Phänomen inzwischen längst zu den All-
gemeinplätzen der Geschichtswissenschaft [2]; doch wird der
Industrialisierungsprozeß - auch in Regionalstudien - überwiegend im Sinne der klassischen Nationalökonomie als uni-
lineare Modernisierung bzw. Rationalisierung etwa von der
Wasserkraft zur Atomkraft oder vom Handwerk zur Fabrik gedeutet. Erst in jüngster Zeit wird die Zwangsläufigkeit der
industriellen Entwicklung nicht allein im politischen Raum,
sondern auch in der wissenschaftlichen Diskussion ernsthaft
bezweifelt. Hierbei hat es den Anschein, daß die Entwicklung zahlreicher berühmter Industrieregionen des 19. Jahrhunderts mit dem klassischen Fortschrittsmodell nicht über-
einstimmt. Neben z.B. der Lyoner oder der Krefelder Seiden-
industrie, der Eisenwarenindustrie in Saint Etienne, der
Offenbacher Lederwarenindustrie oder auch der Sheffielder

---

1) Vgl. hierzu: R.P. Sieferle, Fortschrittsfeinde? - Opposition gegen Technik und Industrie von der Romantik bis
zur Gegenwart, München 1984, S. 20 ff
2) Vgl. hierzu z.B.: W.Fischer, Typen und Stadien der Industrialisierung in Deutschland, in: D. Petzina, W.
Abelshauser, Hrsg., Deutsche Wirtschaftsgeschichte im
Industriezeitalter, Düsseldorf 1981; S. Pollard, Hrsg.,
Region und Industrialisierung, Göttingen 1980; P.
Kriedte, H. Medick, J. Schlumbohm, Industrialisierung
vor der Industrialisierung, Göttingen 1978

Schneidwarenindustrie zählt die Kleineisenindustrie des
Bergischen Landes und somit auch die Solinger Schneidwarenindustrie zu denjenigen Industriezweigen, in denen sich das
Modell der Massenproduktion nur schwer durchsetzen konnte.
Die Forschungsdiskussion dieser vergleichbaren Phänomene
steckt in den Anfängen und hat noch keine neueren empirischen Studien hervorgebracht. Heuristisch fruchtbar scheinen in diesem Zusammenhang die Arbeiten von Piore, Sabel
und Zeitlin zu sein, die der Frage nach der historischen
Lebens- und Entwicklungsfähigkeit einer handwerklich-klein-
gewerblichen Produktionsweise, nach Alternativen zur Massenproduktion nachgehen. [1] Ohne in sozialromantische
Nostalgie oder in den Fehler einer gleichermaßen unilinea-
ren Argumentation zu verfallen, soll die von Piore/Sabel
aufgeworfene Fragestellung auch in der vorliegenden Studie
Berücksichtigung finden.

II.

Solingen war (und ist) das Zentrum nicht nur der deutschen,
sondern auch der weltweiten Schneidwarenindustrie. Innerhalb des Deutschen Reiches waren 1925 77,1 Prozent aller
Beschäftigten und 83,4 Prozent aller Betriebe dieses Industriezweiges in Solingen konzentriert. [2] Etwa 85 Prozent
der Schneidwarenproduktion und der Schneidwarenexporte des
Deutschen Reiches kamen aus der Solinger Region, wobei Taschenmesser und Scheren ausschließlich in Solingen und ein-

---

1) Vgl.: M.J. Piore, C.F. Sabel, a.a.O. sowie: C.F. Sabel,
   J. Zeitlin, Historical Alternatives to Mass Production:
   Politics, Markets and Technology in Nineteenth Century
   Industrialization, in: Past and Present, 108, 1985; Im
   Dezember 1986 traf sich in Paris erstmals eine von
   J. Zeitlin initiierte internationale Arbeitsgruppe zum
   Thema: "Historical Alternatives To Mass Production".
   Weitere Treffen dieser Gruppe sind für 1987 geplant.
2) Die wichtigsten Standorte der deutschen Schneidwaren-
   industrie waren neben Solingen, Schmalkalden in Thüringen
   und Geislingen in Baden-Württemberg. In Tuttlingen wur-
   den chirurgische Instrumente hergestellt.

zig Bestecke sowie chirurgische Instrumente in erheblichen Umfang auch außerhalb Solingens produziert wurden. [1]
Bis in die 1950er Jahre war die Schneidwarenindustrie in Solingen der dominierende Wirtschaftszweig. Nahezu das gesamte gewerbliche Leben der Stadt wurde durch sie geprägt. Im Laufe der 50er Jahre erlangten die anderen am Ort vertretenen Metallbetriebe in ihrer Summe zwar statistisch die gleiche Bedeutung wie die Schneidwarenindustrie, doch der Charakter der Region wurde weiterhin durch die traditionelle Industrie bestimmt. Sowohl das offizielle, von Parteien und Verwaltung gepflegte Selbstbild der Stadt als auch die historische Identität ihrer Bürger sind bis heute primär an den Traditionen der Schneidwarenindustrie orientiert.
Die Schneidwarenindustrie wies gegenüber anderen Industriezweigen einige markante Besonderheiten auf. Die Entwicklungsgeschichte der Schneidwarenindustrie basierte spätestens seit dem 18. Jahrhundert auf den Wachstumsimpulsen des Weltmarktes und war fortan ohne den Hintergrund weltweiter ökonomischer Veränderungen nicht zu verstehen. Vor dem Ersten Weltkrieg lag die Exportquote bei 75 Prozent und selbst Ende der 1950er Jahre wurden immerhin noch 50 Prozent der Schneidwaren in die entlegensten Märkte der Welt exportiert. Im letzten Drittel des 19. Jahrhunderts hatte Solingens Schneidwarenindustrie die führende Stellung auf dem Weltmarkt erlangt. Das Deutsche Reich war mit fast 60 Prozent der Ausfuhren der wichtigsten Produktionsländer (England, Frankreich, USA) im Jahre 1913 der mit Abstand bedeutendste Schneidwarenexporteur der Welt.

---

[1] Vergleichbare Zentren der europäischen Schneidwarenindustrie gab es in Thiers, Frankreich und Sheffield, England; vgl. A. Gebhardt, u.a., Die Schneidwaren- und Besteckindustrie im Gemeinsamen Markt - Sektoralstudie im Auftrag der Europäischen Gemeinschaft, MS, o.O., 1967, S. 5 sowie J.D. Berndt, Standorte und Struktur der Schneidwarenindustrie ausgewählter Länder - Eine Untersuchung wirtschaftsgeographischer Bestimmungsfaktoren dieser Industrie, Diss., MS, Kiel 1968

Die Produktionsstrukturen der Solinger Schneidwarenindustrie spiegelten die Absatzbedingungen auf dem Weltmarkt
wieder. Solingens Aufstieg bzw. Stellung auf dem Weltmarkt
basierte auf zwei entscheidenden Wettbewerbsvorteilen:
Dem umfangreichen Mustersortiment und den überlegenen Qualitätsstandards. Im Laufe der Hochindustrialisierung hatte
sich eine - betriebswirtschaftlich gesehen - optimale Kombination von handwerklichem Heimgewerbe und mechanisierten
Fabrikbetrieben herausgebildet, die es ermöglichte, auf
konjunkturelle und strukturelle Schwankungen des Marktes
flexibel zu reagieren. [1] Während die Herstellung der Halbfertigwaren durch die Entwicklung der Gesenkschmiedetechnik
im Laufe der 1880er Jahre mechanisiert und in selbständigen
Fabrikbetrieben, den Schlägereien, organisiert worden war,
behielt der Bereich der Weiterverarbeitung seinen handwerklichen Charakter. Die qualifizierte, spezialisierte Arbeiterschaft mit ausgeprägtem handwerklichen Berufsstolz war
der Garant einer hohen Verarbeitungsqualität. Dies galt besonders für den Sektor des Schleifens, dessen Entwicklung
im Mittelpunkt der vorliegenden Arbeit steht. Die Solinger
Schleifer waren die mit Abstand wichtigste heimgewerbliche
Berufsgruppe.

III.

In Orientierung an Braverman läßt sich die Auflösung der
Heimindustrie als Mechanisierung bzw. als Übergang vom
Handwerk zur Fabrik beschreiben [2]: In der Heimindustrie

1) Vgl. hierzu Piore/Sabel, a.a.O., S. 26 u. S. 37 ff
2) Siehe hierzu: H. Braverman, Die Arbeit im modernen Produktionsprozeß, Frankfurt, New York 1980 sowie J.H.
   Mendner, Technologische Entwicklung und Arbeitsprozeß -
   Zur reellen Subsumtion der Arbeit unter das Kapital

stand die Arbeit unter der direkten Kontrolle der Produzenten. Sie verkörperten das traditionelle Können und Geschick ihres Gewerbes. Obwohl die Arbeit der Heimarbeiter über Stücklöhne (Geldakkord) abgerechnet wurde, war damit keine systematische und detaillierte Kontrolle des Arbeitsprozesses durch den Verleger verbunden. Aufgrund der Selbständigkeit der Heimarbeiter erhielt der Verleger keinerlei Verfügung über die Verausgabung der Arbeitskraft während einer gewissen Zeitspanne und besaß somit auch keine direkte Möglichkeit, das Resultat der Arbeit - etwa durch das Aufzwingen eines längeren Arbeitstages oder den Einsatz produktiverer Arbeitsgeräte bzw. Maschinen - zu erhöhen. Der Verleger kaufte die Arbeit der Heimarbeiter nicht anders als seine Rohstoffe; als eine genau definierte Menge Arbeit, die in dem Produkt verausgabt war.

Während der Verleger zunächst die Arbeit einsetzte, wie er sie aus vorhergehenden Produktionsweisen vorfand und die Arbeitsprozesse so durchführte, wie sie zuvor durchgeführt wurden - das System der Heimarbeit ist Ausdruck dieser Entwicklungsphase - entwickelte der Unternehmer das Interesse, die Bedingungen über die Verausgabung der Arbeitskraft, als der Voraussetzung für die Vermehrung seines Ka-

Fortsetzung der Anmerkung
Frankfurt/M. 1975. Vgl. auch: W. Sombart, Artikel "Heimindustrie", in: Handwörterbuch der Staatswissenschaften Bd. II, Jena 1923; sowie in Orientierung an Sombart: W.H. Schröder, Arbeitergeschichte und Arbeiterbewegung - Industriearbeit und Organisationsverhalten im 19. und frühen 20. Jahrhundert, Frankfurt/New York 1978 Aufgrund der ganz anders gearteten Arbeitskräftestruktur ist vor einer undifferenzierten Übertragung der in der amerikanischen Industrie gewonnenen Ergebnisse Bravermans zu warnen. Im Hinblick auf die Entwicklung der Qualifikationsstruktur weist etwa O. Mickler zu Recht darauf hin, "daß der historische Prozeß der kapitalistischen Rationalisierung recht unterschiedliche Verlaufsformen annimmt, deren soziale Folgen nicht immer eindeutig als Entqualifizierung bestimmbar sind". O. Mickler, Facharbeit im Wandel - Rationalisierung im industriellen Produktionsprozeß, Frankfurt/M., New York 1981, S. 21.

pitals, unter Kontrolle zu bekommen. Er war bestrebt, alle
anderen Arbeitsformen in reine Lohnarbeit, die allein dem
Zweck der Kapitalakkumulation diente, umzuwandeln. Hierzu
wurden die Arbeiter von den Produktionsmitteln getrennt.
Sie sahen sich nun gezwungen, ihre Arbeitskraft für eine
festgelegte Zeitspanne an den Kapitaleigner zu verkaufen.
Über die Festlegung der Arbeitszeiten, die Einführung einer
systematischen Kontrolle, die Neuorganisation des Arbeitsprozesses und die Mechanisierung - alles erst möglich durch
die Zentralisierung der Arbeiter in der Fabrik - wurde versucht, das Resultat des Einsatzes der Arbeitskraft zu erhöhen.

In der Solinger Schneidwarenindustrie vollzog sich diese
hier idealtypisch skizzierte Entwicklung mit charakteristi-
schen Verzögerungen. In der vorliegenden Arbeit wird versucht, die Chancen einer branchenspezifischen Analyse zu
nutzen und eine weitgehend eindimensionale Betrachtung des
Arbeitsprozesses zu vermeiden.
Im Hinblick auf die Auflösung der qualifizierten Heimarbeit
sollen die relevanten ökonomischen, technologischen und sozialen Strukturveränderungen sowie die stark ideologisch
geprägten "Rationalisierungsdebatten" in ihrem Zusammen-
spiel und in ihrer Vermittlung durch Prosperität und Krise
analysiert werden.
Angesichts der am Beispiel der beiden Weltkriege eklatant
hervortretenden Anteile politischer Ursachen an Tempo und
Richtung wirtschaftlicher Strukturwandlungen [1] wurde eine
Kombination von historisch-chronologischer und systemati-
scher Darstellung gewählt.

Seit dem Ende der 1970er Jahre sind eine Reihe von lokalhi-

---

[1] Vgl. hierzu: W. Fischer, P. Czada, Wandlungen der deutschen Industriestruktur im 20. Jahrhundert, in: G.A.
Ritter, Hrsg., Entstehung und Wandel der modernen Gesellschaft, Festschrift für H. Rosenberg, Berlin 1970

storischen Arbeiten erschienen [1], die jedoch, obgleich sie
unseren Kenntnisstand zu Einzelphänomenen der lokalen Geschichte und auch zu zentralen Fragen der modernen Ge-
schichtsschreibung um wichtige Aspekte bereichert haben,
allesamt auf eine fundierte Rückbindung der Analyse an die
sozioökonomischen Entwicklungsprozesse verzichten. [2]

Die Vernachlässigung der sozial- und wirtschaftsstrukturel-
len Entwicklungen erscheint angesichts der Komplexität des
Gegenstandes und angesichts des Mangels an Vorarbeiten
nicht verwunderlich. Um Verzerrungen und bisweilen falsche
Schlußfolgerungen auch in eher politisch angelegten Studien
zu vermeiden, aber auch um Anregungen für neue erkenntnis-

---

[1] Vgl. z.B. A. Döpp, Die Arbeiterbewegung in Solingen
1918 - 1920, Reinbeck 1981; V. Wünderich, Arbeiterbewegung und Selbstverwaltung - KPD und Kommunalpolitik in
der Weimarer Republik. Mit dem Beispiel Solingen, Wup-
pertal 1980; B. Neufurth, Solingen 1929 bis 1933, Eine
Studie zur Auflösung der Weimarer Republik und der national-sozialistischen Machtübernahme in einer Kommune,
St. Augustin 1984; I. Linke-Marßolek, Arbeiterbewegung
nach dem Krieg (1945 bis 1948) - Am Beispiel Remscheid,
Solingen, Wuppertal, Frankfurt/M., New York 1983; Uta
Stolle, Arbeiterpolitik im Betrieb - Frauen und Männer,
Reformisten und Radikale, Fach- und Massenarbeiter bei
Bayer, BASF, Bosch und in Solingen (1900 bis 1933),
Frankfurt/M. 1980; M. Krause, Die Gewerkschaftsbewegung
und die sozialistische Arbeiterbewegung in Solingen,
1914 bis 1925, Ex. MS Bochum 1981; Siehe in diesem Zusammenhang auch die beiden wichtigsten älteren Studien
zur Geschichte der Solinger Arbeiterbewegung: J. Motz,
Geschichte der Sozialdemokratie in Solingen 1914 bis
1921, Ex. MS Solingen, 1965; R. Schaberg, Die Geschichte
der Solinger Arbeiterbewegung von ihren Anfängen bis zum
Ausbruch des Ersten Weltkrieges, Diss. Graz, 1958
[2] Dies gilt mit Ausnahme der Arbeit von M. Krause, die
eine materialreiche Analyse der Zeit des Ersten Weltkrieges enthält, für alle Arbeiten, die die Geschichte
der Arbeiterbewegung seit 1914 zum Inhalt haben; einschließlich des ansonsten vorzüglichen sozialhistori-
schen Lesebuches: R. Boch/M. Krause, Lesebuch zur Geschichte der Arbeiterschaft im Bergischen Land, Köln
1983 und der Stadtgeschichte des Heimathistorikers H.
Rosenthal, Geschichte einer Stadt, Bd. III, Duisburg
1975. Das vom Verfasser herausgegebene Arbeits- und Lesebuch zur Solinger Industriegeschichte liefert eine
erste Skizze der sozioökonomischen Strukturveränderungen
seit 1914. Vgl. J. Putsch, Vom Handwerk zur Fabrik, Solingen 1985

leitende Fragestellungen zu gewinnen, erscheint eine syste-
matische Aufarbeitung der sozioökonomischen Entwicklung der
Solinger Industrie, wie sie in der vorliegenden Arbeit im
Hinblick auf die Schneidwarenindustrie begonnen wird, dringend geboten. Hierzu zwei Beispiele: V. Wünderich versucht
in einer ansonsten minuziösen Analyse der kommunistischen
Kommunalpolitik in Solingen u.a. aufzuzeigen, daß es der
KPD in der Endphase der Weimarer Republik nicht gelungen
sei, die vorhandenen Protestpotentiale auszuschöpfen. Als
Beleg führt er den Demonstrationsmarsch der 80 Klauberger
Frauen für den Neubau der Klauberger Schule an. [1] Das Pro-
testpotential der niedergehenden Heimarbeiterschaft hingegen erwähnt er nicht. Es wäre jedoch angesichts der Sozialstruktur der Solinger Arbeiterschaft ein wichtiges Beurtei-
lungskriterium der Politik der in Solingen mit Abstand führenden Arbeiterpartei [2], danach zu fragen, inwieweit bzw.
auf welche Weise die Probleme eines gesamten, in eine
existentielle Krise geratenen Berufsstandes aufgegriffen
wurden.

Uta Stolle, die mit der anspruchsvollen Intention antritt,
"die materiellen Bedingungen einer politischen Tradition
der KPD, die im Sozialfaschismuskurs endet" [3], zu untersu-
chen und dabei auch nach den Veränderungen der Handlungs-
möglichkeiten der Arbeiterklasse in den Jahren 1923 bis
1928 fragt, kommt in ihrer Solinger Fallstudie, zumindest
in der Referierung der sozioökomischen Rahmenbedingungen,
über heimathistorische Allgemeinplätze kaum hinaus. Die in

---

1) Vgl. V. Wünderich, a.a.O., S. 69
2) Bei der Reichstagswahl vom 20.5.1928 erreichte die KPD
   37,6 Prozent und die SPD 17,2 Prozent der abgegebenen
   Stimmen. Statistisches Landesamt NRW (Hrsg), Beiträge
   zur Statistik des Landes NRW; Heft 244, 50 Jahre Wahlen
   in NRW, Düsseldorf 1969, S. 24 f. Das Kräfteverhältnis
   unter den Arbeiterparteien war nahezu eine Umkehrung des
   Reichsdurchschnitts. Nicht zuletzt aus diesem Grund hat
   Solingen in den späten 70er Jahren, als unter neuen Fragestellungen eine verstärkte Zuwendung zur Geschichte
   der Arbeiterbewegung einsetzte, wiederholt das Interesse
   jüngerer Historiker(innen) gefunden.
3) Uta Stolle, a.a.O., S. 5

den spezifischen Strukturen und der Dualität zweier verschiedener Arbeiterschichten, der Heimarbeiter und der
Fabrikarbeiter, begründete historische Polarität der Solinger Arbeiterschaft wird von Uta Stolle zwar erkannt, aber
in ihrer historischen Entwicklungsdynamik nicht wirklich
begriffen. Anstatt die aus diesen spezifischen "materiellen" Bedingungen" der KPD-Politik resultierenden Konsequenzen empirisch und analytisch zu entfalten, überträgt U.
Stolle die an der nationalen Entwicklung gewonnenen Ergebnisse undifferenziert auf Solingen. Die Frage nach Qualifikation als Ursache unterschiedlicher Marktmacht und nach
deren Zusammenhang mit konkretem politischen Verhalten von
Arbeitern - ein wichtiges Erkenntnisinteresse im Rahmen der
Gesamtargumentation von Uta Stolle [1] - kann jedenfalls auf
der Basis einer solch bruchstückhaften Analyse der sozioökonomischen Rahmenbedingungen, wie Uta Stolle sie im Solinger Fallbeispiel mangels Vorarbeiten beibringt, nicht
fundiert beantwortet werden.
Für die dem Untersuchungszeitraum vorausgehende Industria-
lisierungsphase von 1871 bis 1914 liegt demgegenüber eine
brillante Lokalstudie von R. Boch vor, die, obgleich sie
sich vornehmlich als Beitrag zur deutschen Gewerkschaftsge-
schichte versteht, eine umfassende Analyse der sozioökonomischen Entwicklungsdynamik dieser Zeit vornimmt. [2] Zusammen mit der Arbeit von R. Boch, die auch die Geschichte
seit der Aufhebung der Zunftverfassung im Jahre 1809 mit
einbezieht, werden somit 150 Jahre Industrialisierungsge-
schichte eines Gewerbezweiges und einer Stadt abgedeckt.
Während für das 19. Jahrhundert zahlreiche Veröffentlichungen zur Industriegeschichte einzelner Regionen oder Bran-

---

1) Vgl. U. Stolle, a.a.O., S. 11
2) R. Boch, Handwerker-Sozialisten, a.a.O.

chen vorliegen [1], blieben vergleichbare Forschungen für
das 20. Jahrhundert bislang fast vollständig aus oder auf
kürzere Untersuchungszeiträume beschränkt. [2] Insbesondere
im Hinblick auf die zentralen Themen der vorliegenden Arbeit, die Heimarbeit und die Rationalisierung, stecken
neuere Forschungen noch in den Anfängen. [3]

IV.

Die in der vorliegenden Arbeit herangezogenen Quellen waren
extrem breit gestreut. Die aus den verschiedensten Materialien gewonnenen Informationen mußten mosaikartig zusammengefügt werden. So ließ sich etwa nur auf dem Wege einer
kombinierten Betrachtung von Wirtschaftsberichten der IHK,
der Tageszeitungen, der Fachzeitschriften und - sofern vorhanden - der Arbeitsverwaltung ein ungefähres Bild der konjunkturellen Entwicklung in Solingen zeichnen. Besonders
aufwendig war die Zusammenstellung der statistischen Über-

1) Vgl. z.B.: R. Vetterli, Industriearbeit, Arbeiterbewußtsein und gewerkschaftliche Organiation, Göttingen 1978;
K. Ditt, Technologischer Wandel und Strukturveränderung
der Fabrikarbeiterschaft in Bielefeld 1860 bis 1914, in:
W. Conze/W. Engelhardt (Hrsg.) Arbeiter im Industrialisierungsprozeß, Stuttgart 1979; Ilse Fischer, Industrialisierung, sozialer Konflikt und politische Willensbildung in der Stadtgemeinde, Sozialgeschichte Augsburgs
1840 bis 1914, Augsburg 1977; D. Crew, Bochum - Sozialgeschichte einer Industriestadt 1860 bis 1914, Frank-
furt/M., Berlin, Wien 1880; K. Tenfelde, Sozialgeschichte der Bergarbeiterschaft an der Ruhr, Bonn 1981; W.
Köllmann, Sozialgeschichte der Stadt Barmen im 19. Jahrhundert, Tübingen 1960
2) Neben der Studie von J. Reulecke, Die wirtschaftliche
Entwicklung der Stadt Barmen von 1910 bis 1925, Neustadt
1973, wären hier vor allem die Arbeiten von W. Köllmann
zum bergisch-märkischen Raum zu erwähnen: Vgl. insb. W.
Köllmann, Die strukturelle Entwicklung des südwestfälischen Wirtschaftsraumes 1945 - 1967, Hagen 1969; ders.
Struktur und Wachstum der Wirtschaft des bergisch-märkischen Raumes 1955 - 1969, o.O. 1971
3) Siehe hierzu: J. Bönig, Technik und Rationalisierung in
Deutschland zur Zeit der Weimarer Republik, in: U.
Troitzsch/G. Wohlauf, Technikgeschichte, Frankfurt/M.
1980 sowie ders., Technik, Rationalisierung und Arbeitszeit in der Weimarer Republik, in: Technikgeschichte,
Bd. 47, 1980, Nr. 3, S. 303 ff

sichten, deren Angaben in den meisten Fällen aus einer
Vielzahl von Quellen - von den statistischen Periodika über
Volkszählungen und repräsentative Sondererhebungen bis hin
zu einzelbetrieblichen Analysen - zusammengetragen werden
mußten. Da die Daten überwiegend in mehreren Kapiteln her-
angezogen werden, sind sie in einem statistischen Anhang zu
finden. Einen zusammenfassenden Überblick zur Entwicklung
der Wirtschafts- und Sozialstruktur bietet das Kapitel 2.
Auffallend ist die im Vergleich zu den 20er Jahren deutlich
schlechtere Datensituation der 50er Jahre. Besonders gravierend macht sich dies bei der Rekonstruktion der Welt-
marktzusammenhänge bemerkbar. Während es für die 20er Jahre
aufgrund der starken örtlichen Konzentration der deutschen
Schneidwarenindustrie möglich war, deren Weltmarktposition
relativ präzise zu bestimmen, ist dies aufgrund der Aggre-
gatzustände der internationalen Handelsstatistiken in den
50er Jahren nicht mehr möglich. Die Beurteilung der Situation auf dem Weltmarkt, wie sie anhand verschiedener Quellen gewonnen werden konnte, reicht jedoch im Argumenta-
tionszusammenhang der vorliegenden Arbeit aus. Die kleinbetriebliche Struktur der Solinger Wirtschaft brachte es mit
sich, daß aus den Unternehmen kaum Materialien vorliegen,
die ein Bild von innerbetrieblichen Entwicklungen geben
könnten. [1] In den seltensten Fällen sind etwa Festschriften entstanden oder so aufschlußreiche Quellen wie z.B.
Lohnbücher erhalten. Wenn Lohnbücher doch ausnahmsweise

---

[1] Eine Übersicht über die Solinger Firmenarchive findet
sich in dem von R. Boch im Rahmen des Forschungspro-
jektes "Geschichte der Arbeiterschaft im Bergischen Land
1750 bis 1950" zusammengestellten Inventarverzeichnis
verschiedener Archive, Solingen 1982, S. 596 ff; Unter
den zehn aufgeführten Solinger Firmenarchiven befinden
sich drei Archive von Stahlwarenbetrieben. In zwei Fällen (Fa. Wüsthof, Fa. Köller) wurden die Materialien der
Firmenarchive in der vorliegenden Arbeit berücksichtigt.
Auf die Auswertung von zwei weiteren Firmenarchiven wurde zugunsten eines im STA Solingen eingelagerten Firmen-
archivs (Fa. Bertram) verzichtet. Zu den Unterlagen der
Fa. Henckels vgl. weiter oben. Zu den Unterlagen der Fa.
Wüsthof siehe die vom Verfasser zusammengestellte Ma-
terialsammlung: Historisches Material der Fa. Wüsthof,
STA Solingen, Bibl. GA 2546

vorhanden sind, fehlen meist wichtige biographische Daten.
Die Qualität der Firmen-Festschriften läßt für die Zeit
nach dem Ersten Weltkrieg spürbar nach, abgesehen davon
sind generell nur sehr wenige Festschriften erschienen, die
sich mit der jüngeren Firmengeschichte beschäftigen. [1] Das
vorhandene Bildmaterial (Bildarchiv im STA Solingen, Firmenarchive) gewährt zwar in einigen Fällen Einblick in die
innerbetrieblichen Arbeitsabläufe der 1920er Jahre; Ver-
gleichsmöglichkeiten aus der Perspektive der 1950er Jahre,
sind jedoch in keinem Fall vorhanden. [2] Der Verfasser verzichtete bewußt darauf, die Unterlagen - Stammlisten der
Betriebskrankenkassen [3] - der mit Abstand größten Solinger
Stahlwarenfabrik, J.A. Henckels, auszuwerten. Abgesehen davon, daß die für Henckels möglicherweise rekonstruierbaren
Entwicklungen vermutlich nur eingeschränkt repräsentativ
sein dürften, wäre eine manuelle Auswertung in diesem Fall
- die Firma Henckels beschäftigte in den 20er Jahren im
Schnitt ca. 1.000 Betriebsarbeiter und ca. 1.000 Heimarbeiter - zu aufwendig gewesen. Den Anspruch der Repräsentativität können die in dieser Arbeit einbezogenen Materialien
aus Firmenarchiven, die jeweils durch Interviews mit den
jetzigen Firmeninhabern bzw. -inhaberinnen ergänzt wurden,
schon eher geltend machen. Es handelt sich insbesondere um
zwei typische, traditionelle Stahlwarenfabriken, in denen
mit einem hohen Heimarbeiteranteil ein gemischtes Sortiment
fabriziert wurde - wobei gewisse Spezialisierungen auf Gar-
tenscheren bzw. Taschenmesser nicht zu übersehen waren.
Beide Firmen zeichneten sich (bzw. zeichnen sich bis heute)
anerkanntermaßen durch die Produktion ausgesprochener Qualitätsware aus. In beiden Firmen konnte die sozialstruk-
turelle Entwicklung der Belegschaften zumindest für Teile
des Untersuchungszeitraumes nachgezeichnet werden.

---

1) Eine Zusammenstellung der Firmenfestschriften befindet
   sich im Literaturverzeichnis der vorliegenden Studie.
2) Eine systematische Zusammenstellung von Bildmaterial zur
   Solinger Industriegeschichte in: J. Putsch, Vom Handwerk zur Fabrik, a.a.O.
3) Vgl. R. Boch, Inventarverzeichnis, a.a.O., S. 617

Eine Reihe wichtiger Einzelinformationen zur konjunkturellen Entwicklung und insbesondere zur Entwicklung der Solinger Industrie in der Weltwirtschaftskrise und während des
Nationalsozialismus konnten anhand der Akten des Haupt-
staatsarchivs in Düsseldorf gewonnen werden. Auf diese Weise war es möglich, einige Lücken der Bestände des Solinger
Stadtarchivs zu schließen.

Im Archiv der IG-Metall Solingen befinden sich einige
Ordner, die über die Politik des Heimarbeitervorstandes
nach dem Zweiten Weltkrieg Aufschluß geben. Dieses Material
enthielt insbesondere im Zusammenhang der Nachwuchsproble-
matik aufschlußreiche Informationen.

Eine wichtige Quelle waren die in großer Fülle vorhandenen
betriebswirtschaftlichen und sozialwissenschaftlichen Spe-
zialstudien, die überwiegend von ausgesprochenen "Insidern"
aus aktueller, zeitgenössischer Sicht verfaßt wurden und
meist winzige Einzelaspekte der hier nachgezeichneten Gesamtentwicklung zum Gegenstand haben. [1] Als sehr informa-

---

[1] Die wichtigsten seien hier genannt: H. Strerath, Die So-
linger Schneidwarenindustrie in ihrer Entwicklung seit
der Stabilisierung bis Ende 1927, Dipl. Köln 1927; R.
Rupprecht, Die Solinger Stahlwarenindustrie, Diss. o.O.
1922; H. Wielpütz, Die Heimarbeiter in der Solinger
Stahlwarenindustrie seit Aufhebung des Koalitionsver-
botes, Diss. Gießen 1924; W. Grossmann, Die Solinger
Stahlwarenindustrie im 20. Jahrhundert unter besonderer
Berücksichtigung der Kriegs- und Nachkriegszeit, Diss.
MS, Würzburg 1925; (Grossmann war Ende der 20er Jahre
Präsident des Arbeitgeberverbandes Solingen)
H. Tegtmeier, Der Übergang von der Hausindustrie zum Fa-
brikbetrieb in der Solinger Stahlwarenindustrie, Diss.
Köln 1927; G. Kreideweiß, Konzentrationsvorgänge in der
geschichtlichen Entwicklung der Solinger Stahlwarenindu-
strie, Diss. Köln 1926; F. Woelke, Die Vorherrschaft der
kleinkapitalistischen Organisationsform in der Solinger
Industrie, Diss. Köln 1925; W. Woebber, Die Heimarbeit
in der Kleineisenindustrie des Bergischen Landes, Diss.
Frankfurt/M. 1933
J. Kretzen, Die Krise der Solinger Stahlwarenindustrie
und ihre Lage auf dem Weltmarkt, Solingen 1926
H. Giese, Der Konkurrenzkampf der deutschen und der englischen Schneidwarenindustrie in der Nachkriegszeit,
Diss. Köln 1934; O. Beyer, Die handelspolitischen Hemmungen der Solinger Industrie, Diss. Dortmund 1927; H.
Möhle, Der Exporthandel der Solinger Schneidwarenindustrie, Diss. Frankfurt/M. 1931

- 27 -

tive Quellen erwiesen sich außerdem die verschiedenen Fachzeitschriften der Solinger Schneidwarenindustrie und die
Tageszeitungen. [1] Beide Quellengruppen enthalten in relativ dichter Folge informative Berichte über die Solinger
Industrieentwicklung in struktureller, konjunktureller und
auch technischer Hinsicht. Die dabei gewonnenen Kenntnisse
zur Entwicklung der Heimarbeiterschaft und des Übergangs
vom handwerklichen zum mechanisierten Arbeitsprozeß wurden
durch zahlreiche Interviews mit ehemaligen Heimarbeitern,
Fabrikarbeitern, selbständigen Kleinunternehmern, Betriebs-
leitern bis hin zu Angehörigen der Scheifmaschinenbau-Bran-
che ergänzt und vertieft. [2]

Fortsetzung der Anmerkung
K. Matthiolius, Die Solinger Schneidwarenindustrie 1928
bis 1937, Solingen 1938
F. Hendrichs, Die Geschichte der Solinger Industrie, Solingen 1933
H. Holte, Aufbau einer Kostenrechnung auf Zeitgrundlage
in der Solinger Industrie, Diss. Köln 1939; Johanna
Katharina Hohns, Betriebsstrukturelle Untersuchung der
Solinger Schneidwarenindustrie für die Jahre 1938 und
1940 unter besonderer Beachtung der Vertriebsverhältnisse, MS Diss. München 1943;
V. Ebel, Das Nachwuchsproblem in der Solinger Schneidwarenindustrie, MS Diss. Solingen 1949; K. Loehmer, Die
Situation der Heimarbeiter in der Solinger Schneidwarenindustrie, MS Diss. Köln 1951, Ingrid Duisberg, Die Solinger Schneidwarenindustrie und ihre Produktions- und
Absatzverhältnisse nach dem Zweiten Weltkrieg, MS Diss.
Wien 1949; H.G. Heine, Der Aufstieg in die Selbständigkeit in der Solinger Stahlwarenindustrie, MS Dipl., Köln
1964; R. Pütz, Die Stellung der deutschen Schneidwarenindustrie auf dem Weltmarkt, MS Diss. Bonn 1959

1) Vgl. die Zusammenstellungen im Literaturverzeichnis
2) Die Tonbänder sind unter T 78 bzw. GA 2544 (Begleitband)
   im Stadtarchiv Solingen archiviert.

1. Die sozioökonomischen Grundlagen und Weichenstellungen in der Hochindustrialisierungsphase 1870 - 1914

I.

Die Solinger Schneidwarenindustrie entwickelte sich auf der Basis des spätmittelalterlichen Klingenhandwerks. Während die Ursprünge der Schwertproduktion mindestens bis ins 14. Jahrhundert zurückreichen, kam die Herstellung von Messern und Scheren erst im 16. und 17. Jahrhundert auf. Bei der Schwertherstellung hatte sich eine Arbeitsteilung herausgebildet, die auch in der Messer- und Scherenproduktion übernommen wurde und sich im Prinzip bis heute erhalten hat. Es handelt sich um die Arbeitsgänge des Schmiedens, des Härtens, des Schleifens und des Reidens.

Bis über die Mitte des 19. Jahrhunderts hinaus waren Stahlwarenindustrie und Solinger Industrie deckungsgleich. Sämtliche Arbeitsgänge bei der Herstellung von Stahlwaren waren handwerklich geprägt und im Verlagssystem organisiert. Der gesamte Solinger Bezirk - bestehend aus den fünf Stadtgemeinden Solingen, Wald, Ohligs, Höhscheid und Gräfrath [1] - wurde von den Zeitgenossen als eine Art "Fabrik" begriffen, deren Produzenten verstreut in kleinen Werkstätten oder in größeren wassergetriebenen Produktionseinheiten, den sog. Schleifkotten, arbeiteten und deren "Fabrikanten" diese verstreute Produktion von ihrem Kontor aus als Verlegerkaufleute organisierten. [2]

[1] Diese fünf Stadtgemeinden bildeten den oberen Bezirk des Kreises Solingen. Sie wurden 1929 zur Stadt Solingen vereinigt. Der untere Bezirk des Kreises umfaßte die ländlichen Bezirke im Südwesten Solingens (u.a. Leichlingen und Opladen) und den aufblühenden Industrieort Wiesdorf - später Leverkusen.
[2] Siehe hierzu Adam Edler v. Daniels: Vollständige Abschilderung der Schwert- und Messerfabriken fort sonstigen Stahlmanufakturen in Solingen, Düsseldorf 1802; vgl. auch die Darstellung bei M. Henkel, R. Taubert, Maschinenstürmer, Frankfurt/M. 1979, S. 145 ff

Rohstoffe und Halbfertigprodukte wurden nach jeder Verarbeitungsstufe durch die Heimarbeiter bzw. deren Frauen und Kinder in Lieferkörben (oder Hundekarren) zwischen den verstreuten Arbeitsplätzen und dem Verlagsbetrieb hin- und hertransportiert, bis sie schließlich im Kontor des "Fabrikanten", häufig von Frauen, geputzt und verpackt wurden. Die handwerklichen Arbeiter der verschiedenen Produktionsstufen waren formell selbständig und Besitzer ihrer Produktionsmittel.

Erst um die Jahrhundertwende hatte der Begriff "Fabrik" die uns vertraute Bedeutung erlangt. Die fabrikmäßige Produktion von Schneidwaren war zu einem nicht mehr wegzudenkenden Bestandteil der Produktionswirklichkeit in der Solinger Schneidwarenindustrie geworden. Die Zahl der Fabrikarbeiter läßt sich jedoch nicht exakt bestimmen, da in der Statistik der Gewerbeinspektion auch die an sich selbständigen Stellenmieter, Heimarbeiter oder Schleifer, die einen Arbeitsplatz in der Fabrik gemietet hatten, eingerechnet wurden. Beziffert man die Zahl der Stellenmieter großzügig mit ca. 3.000, so dürfte es im Jahre 1913 ca. 9.000 Fabrikarbeiter und ca. 1.200 Fabrikarbeiterinnen gegeben haben, die in insgesamt 273 Betrieben beschäftigt waren. [1] Immerhin gab es 1913 in der Schneidwarenindustrie bereits 19 Fabrikbetriebe mit mehr als 100 Beschäftigten. Insgesamt arbeiteten in diesen Betrieben jedoch nur 4.556 männliche und weibliche Arbeitskräfte [2]; das war nur ein knappes Viertel der Beschäftigten in der Schneidwarenindustrie.

Neben der Schneidwarenindustrie hatten andere Zweige der Metallindustrie, die in der Mitte des 19. Jahrhunderts noch eine eher marginale Rolle gespielt hatten, an Bedeutung gewonnen. Den größten Anteil hatte die Schirmgestell- und Ta-

1) Siehe Tab. 6.3.2
2) Bericht des Kreisausschusses des Kreises Solingen-Land aus Anlaß der Verlegung des Kreissitzes von Solingen nach Opladen im Frühjahr 1904; gleichzeitig Verwaltungsbericht für 1912 und 1913, Solingen o.J., S. 271 f, im folgenden zitiert als: Bericht des Kreisausschusses

schenbügelindustrie, die in den Städten Ohligs und Wald ansässig war und etwa die Hälfte der Beschäftigten der Me-
tallverarbeitung außerhalb der Schneidwarenindustrie stellte. Mehr als die Hälfte der Beschäftigten in der Schirmindustrie waren Frauen. [1] Neben Schirmfurnituren und Ta-
schenbügeln wurden u.a. Werkzeuge, Türbeschläge, Küchenge-
räte, Fahrradteile und Autoteile hergestellt. Recht bedeutend war die meist noch auf den Bedarf der Solinger Industrie zugeschnittene Maschinenbauindustrie. Im oberen
Kreis Solingen existierten 1913 67 Betriebe des Maschinen-
und Apparatebaus, die insgesamt 955 Arbeiter beschäftigten.
[2] Während die Beschäftigten der Schneidwarenindustrie zwischen 1895 und 1913 nur noch um 47 Prozent von 12.683 auf
18.766 angewachsen waren, hatten die Industriezweige außerhalb der Schneidwarenindustrie ihre Beschäftigtenzahl von
3.536 auf 7.934, also um 124 Prozent erhöhen können. [3] Das
Wachstum dieser Industrien ging einher mit dem Entstehen
von großen Betrieben. Allein 80 Prozent - nämlich 6.334 -
der Beschäftigten dieser Industrien arbeiteten in 19 Betrieben, die somit eine durchschnittliche Beschäftigtenzahl
von 333 aufwiesen. [4]

II.

Die wichtigsten Ursachen für die zunehmende Bedeutung des
Fabrikbetriebes innerhalb der Schneidwarenindustrie und zum
Teil auch für das Anwachsen der Metallindustrie außerhalb
der Schneidwarenindustrie sind in der Entwicklung des
Schmiedeprozesses zu suchen. In der Zeit zwischen 1860 und

---

1) R. Boch, Handwerker-Sozialisten a.a.O., S. 29; Die Rolle
   der Schirmbranche innerhalb des Deutschen Reiches bzw.
   auf dem Weltmarkt war derjenigen der Schneidwarenindustrie vergleichbar. Auch in der Schirmbranche waren die
   wichtigsten Hersteller in Solingen ansässig und ebenso
   wie die Schneidwarenindustrie sehr stark auf den Export
   hin ausgerichtet.
2) Bericht des Kreisausschusses ..., a.a.O., S. 42 f
3) R. Boch, Handwerker-Sozialisten, a.a.O., S. 185
4) Bericht des Kreisausschusses ..., a.a.O., Seite 271 f

1880 wurde der Arbeitsgang des Handschmiedens mechanisiert.
[1] Die dabei entstandenen Gesenkschmieden - in Solingen
auch 'Schlägereien' genannt - waren die ökonomische Basis
der Solinger Industrieentwicklung während der Hochindustrialisierungsphase. In ihnen erfolgte erstmals der für
einen Fabrikbetrieb typische, systematische Einsatz von Maschinen: Antriebsmaschinen und Arbeitsmaschinen wurden im
Arbeitsablauf aufeinander bezogen, miteinander koordiniert.
Die entscheidende Innovation lag nicht bei den eingesetzten
Dampfmaschinen, die die Kombination von Arbeitsmaschinen an
einem zentralen Ort möglich machten, sondern in der Entwicklung der formverändernden Werkzeugmaschinen selbst. Die
über Transmissionen durch Dampfkraft betriebenen Riemen-
fallhämmer ermöglichten erstmals ein exaktes Aufeinander-
treffen von formgebenden Werkzeugen, den Gesenken (Ober-
und Untergesenk). Damit entwickelte sich der Prozeß des
Schmiedens von einer "Handwerkstechnik" zu einer "Arbeitsmaschinentechnik". [2]

---

1) Zu den Einzelheiten dieses allmählichen Entwicklungspro-
zesses vgl.: F. Hendrichs, Von der Handschmiede zur
Schlägerei: Der Tischmesserschmied, Köln 1922; sowie J.
Putsch, Vom Handwerk zur Fabrik, a.a.O., S. 103 ff
2) Vgl. hierzu: A. Pauliny, Kraftmaschine oder Arbeitsma-
schine - Zum Problem der Basisinnovation in der Industriellen Revolution, in: Technikgeschichte Bd. 45,
1978, Nr. 2, S. 182
A. Pauliny nimmt folgende Bestimmung von 'Handwerkstechnik' und 'Arbeitsmaschinentechnik' vor: "Auf der Stufe
der 'Handwerkstechnik' wird das Werkzeug (oder Werkstück) mittels der Hand durch die Willensäußerung des
Menschen geführt. Auf der Stufe der 'Arbeitsmaschinentechnik' werden die Werkzeuge und Werkstücke (die zu bearbeitenden Stoffe) ihre Festhaltung und Führung (dem
Menschen abgenommen und) einem Mechanismus übertragen,
d.h. daß unter sonst gleichen Bedingungen im Hinblick
auf die Qualität des Werkstoffes und des Werkzeuges das
Ergebnis des Fertigungsvorganges (Menge und Qualität des
Produktes) in entscheidendem Maße abhängig ist a) bei
der 'Handwerkstechnik' von den persönlichen Fähigkeiten
und der momentanen Disposition des Arbeiters und b) bei
der "Arbeitsmaschinentechnik" von der Konstruktion und
dem fehlerfreien Zustand (= momentanen Disposition) der
Maschine." Zu den Charakteristika vorindustrieller Technik auch: O. Ullrich, Technik und Herrschaft, Frank-
furt/M. 1973, S. 53 sowie: K. Marx, Das Kapital, Bd. 1,
MEW Bd. 23, Berlin 1974, S. 393 ff

Die Unterscheidung von handwerklicher Arbeit und Maschinenarbeit richtet sich nach der Rolle der menschlichen Willenstätigkeit. Während die Führung des Werkstückes bei den
zuvor gebräuchlichen Schmiedewerkzeugen, seien es nun Hammer und Amboß oder wassergetriebene Aufwurf- und Schwanz-
hämmer, unter denen das Grobeisen vorgeschmiedet wurde, der
menschlichen Willenstätigkeit überlassen blieb, reduzierte
die Gesenkschmiedetechnik die Funktion des Menschen auf die
Zuführung des Werkstückes. Die Formgebung, zuvor Ergebnis
menschlicher Handwerkskunst, erfolgte nun allein durch die
Gesenke; die eigentliche Schmiedearbeit wurde tendenziell
dequalifiziert.

Die Qualifikation der an den Fallhämmern arbeitenden Schläger reduzierte [1) sich auf die gefühlsmäßige Bestimmung der
richtigen Temperatur, der in den neben den Hämmern stehenden Glühöfen erhitzten Spaltstücke und der Schlagfolge bzw.
-dosierung. Der wesentliche Teil der handwerklichen Qualifikation, die Formgebung, hatte sich in einer eigenen Be-
rufskategorie, dem Werkzeugmacher, verselbständigt und im
Gesenk sozusagen vergegenständlicht. Die vielseitig qualifizierten Werkzeugmacher [2) stellten in einem durch hohe
Arbeitsautonomie und geringe Arbeitsteilung geprägten Arbeitsprozeß mit Hilfe von Universalmaschinen die formgeben-

---

1) Dies soll nicht heißen, daß das Schlagen Solinger Stahlwaren zu einer spielend erlernbaren Tätigkeit wurde. Die
Schläger zeichneten sich auch weiterhin durch einen berechtigten Arbeitsstolz und ein entsprechendes, auf
fachlicher Kompetenz basierendes, Selbstbewußtsein aus.
Zu Beginn der 1960er Jahre etwa, als die Firma Henckels
fast den gesamten Betrieb auf Akkordentlohnung umstell-
te, war es den Refa-Stoppern aufgrund der Gefahr physi-
scher Gewaltanwendung nicht möglich, die Schlägerei zu
betreten. Die Akkordlöhne der Schläger wurden, wie die
der Heimarbeiter, ausgehandelt. Vgl. Interview mit dem
ehemaligen Refa-Ingenieur Kl. Johe, STA Solingen T 78-7;
Heute gehören geübte Schläger zu den meistgesuchten
Kräften der Schneidwarenindustrie.
2) Zur Tätigkeit des Werkzeugmachers siehe auch: O. Mickler, a.a.O., S. 42 und S. 44

Abb. 1: Innenansicht einer Handschmiede (Gebr. Hartkopf in Scharf-
hausen bei Solingen-Dorp)
Darhalter bzw. Schmied (links) und Afhäuer (rechts) schmie-
deten gemeinsam eine Messerklinge aus. Der Afhäuer gab mit
einem schweren Hammer drei bis vier Schläge auf die gleiche
Seite des Stahls - das gebogene Zwischenstück diente dabei als
Puffer - während der Schmied das Material hin und her wendete
und mit einem leichteren Hammer auf die hohe Kante des Schmie-
destücks schlug.

Abb. 2: Innenansicht einer Solinger Gesenkschmiede, Fa. Hartkopf, um
die Jahrhundertwende
An den Fallhammermaschinen wurde den Werkstücken mit Hilfe von
Gesenkwerkzeugen die gewünschte Form gegeben.

Abb. 3: Werkzeugmacherei der Fa. Henckels um 1930
In den Werkzeugmachereien wurden die in den Gesenkschmieden verwendeten Werkzeuge - die Gesenke zum
Schmieden und die Schnittwerkzeuge zum Entgraten -
hergestellt.

Abb. 4: Schneider der Fa. Henckels um 1930
Neben der Schmiede und der Werkzeugmacherei war die
sog. "Shneiderei" die dritte Abteilung einer Gesenkschmiede. In den Schneidereien wurde der beim Schmieden entstehende Abgrat, der sog. "Flügel" kalt ausge-
stanzt.

Abb. 3

Abb. 4

den Werkzeuge (Gesenke und Schnittwerkzeuge) her. [1] Nachdem die Schneidwarenrohlinge unter dem Fallhammer geschlagen waren, mußte mit Hilfe der auf Exzenterpressen eingespannten Schnittwerkzeuge ein Rand entfernt werden, der durch überquellendes Material entstand. Die Arbeit an den Pressen, in der sogenannten Schneiderei, war sehr monoton und wurde ebenso wie die Schmiedearbeit von angelernten Kräften ausgeführt. Während also die Produktionsfacharbeiten tendenziell aufgelöst wurden, entwickelte sich ein Bereich "sekundärer" Tätigkeiten zum bevorzugten Einsatzfeld qualifizierter Facharbeiter. Die notorisch schlechten Arbeitsbedingungen in den Schlägereien, von denen häufig berichtet wurde, trafen vornehmlich auf die dequalifizierten Berufsgruppen zu. [2]

Die Mechanisierung des Schmiedens brachte einen gewaltigen Produktivitätsfortschritt, der daran ablesbar war, daß im Jahre 1852 925 Handschmiede 1.208 Schleifer mit Halbfertigproduktionen versorgten, während 1908 auf 1.229 Schlägereiarbeiter 6.266 Schleifer kamen. [3] Die Schlägereien standen im Zentrum des Solinger Produktionssystems, weil hier das vom Produktionsablauf her erste Halbfertigprodukt, die geschmiedete Rohware, hergestellt wurde. Die meisten Schlägereien blieben reine Schmiedebetriebe, sie gingen keine Verbindung mit den weiterverarbeitenden Produktionsgängen ein. Neben den Schlägereibetrieben etablierten sich die Stahlwarenfabriken der Verleger-Fabrikanten. Die Zahl der reinen Verleger-Kaufleute nahm zugunsten einer für den Solinger Industriebezirk im letzten Drittel des 19. Jahrhunderts typischen Mischform von Verlagssystem und Fabrik ab: Nur einzelne Produktionsstufen oder Arbeitsgänge waren in der Fabrik zentralisiert; daneben wurden Auftragsarbeiten an selbständige Heimarbeiter ausgegeben. In diesen Fabriken

1) Neben Gesenken und Schnitten waren zu jedem Muster sog. Leisten erforderlich. Mit Hilfe der (Stahl-)Leisten, in denen die positive Form der jeweiligen Stahlware eingearbeitet war (Patrize), wurden die Gesenke (negative Form/Matrize) hergestellt bzw. bei Verschleiß erneuert.
2) Vgl. z.B. Jahresbericht des Deutschen Metallarbeiterverbandes, Verwaltungsstelle Solingen 1905/6, S. 19 f
3) R. Boch, Handwerker-Sozialisten, a.a.O., S. 94 f

wurden die Halbfertigprodukte geschmiedet, die Arbeiten der Heimarbeiter kontrolliert und die fertige Ware geputzt, verpackt und verschickt. Eine Stahlwarenfabrik, in der sämtliche zur Herstellung einer Stahlware notwendigen Arbeitsgänge unter einem Dach ausgeführt wurden, gab es noch nicht.

Der Bedeutungszuwachs der Metallindustrie außerhalb der Schneidwarenindustrie hing zu erheblichen Anteilen damit zusammen, daß die Produktionskapazitäten der mechanisierten Schlägereien über den Bedarf der Solinger Schneidwarenindustrie hinausreichten. Viele Schlägereibetriebe begannen ungenutzte Kapazitäten zur Herstellung anderer Metallerzeugnisse zu verwenden, einzelne spezialisierten sich etwa auf das Schlagen von Werkzeugen oder Teilen für den Waggon-, Lokomotiv- oder Automobilbau. [1]
Ähnlich wie in der Schneidwarenindustrie, die auf den in den Schlägereien hergestellten Halbfertigprodukten aufbaute, wurden auch in den anderen Zweigen der Metallindustrie geschmiedete Teile aus den Schlägereien weiterverarbeitet. Das Beispiel der Solinger Fahrradindustrie verdeutlicht, wie aus der Solinger Schneidwarenindustrie neue Industriezweige hervorgingen, die sich die vorhandene metallindustrielle Infrastruktur zu der neben den Schlägereibetrieben auch ein großes Reservoir an erfahrenen qualifizierten Metallarbeitern zählte, für eine eigenständige Produktion zunutze machten. Die Solinger Waffenbranche war in den 90er Jahren des 19. Jahrhunderts dazu übergegangen, die zuvor aus gelöteten Blechplatten gefertigten Scheiden aus nahtlosem, gezogenem Stahlrohr herzustellen. Hierzu waren erhebliche Investitionen nötig, deren Amortisation in den folgenden Jahren durch stark rückläufige Waffenaufträge gefährdet war. Man entschloß sich deshalb, die Produktionsanlagen zur Herstellung von Rohren für Fahrradrahmen zu nutzen. [2] In den Gesenkschmieden bot sich die Möglichkeit,

1) Auch heute werden in den Solinger Schlägereien alle erdenklichen Schmiedeteile von Schlüsseln für die Velberter Schloßindustrie bis hin zu Automobilteilen hergestellt.
2) K.G. Weck, Die Bedeutung der Solinger Industrie als Anstoßfaktor für die industrielle Entwicklung, Solingen 1937, S. 3

wichtige mechanische Zubehörteile eines Fahrrades, wie Tretlager oder Achsen, zu schmieden; Firmen, die ursprünglich Treibriemen herstellten, nahmen die Produktion von Fahrradsätteln auf. Auf diese Weise wurden neue Fabrikationszweige mit den vorhandenen Produktionsstrukuren verzahnt.

Ein Blick in die Maschinenbauindustrie zeigt, daß die Schlägereien im Hinblick auf die Solinger Wirtschaftsstruktur eine regelrechte Leitsektorfunktion hatten. Aufgrund des von den Schlägereien ausgehenden Bedarfs an Maschinen [1] sind in Solingen eine Reihe von Maschinenfabriken entstanden, die sich durch die überregionale Nachfrage und durch die Aufnahme neuer Maschinen in das Produktionsprogramm auch halten konnten, nachdem der erste Boom der Ausrüstung Solinger Schlägereien abgeklungen war. [2]

III.

Die Metallindustrie außerhalb der Schneidwarenindustrie, die vollständig fabrikmäßig organisiert war, hatte eine klassische lohnabhängige Fabrikarbeiterschaft hervorgebracht. Sieht man einmal von den handwerklich geprägten Produktionsstrukturen des Maschinenbaus ab, so handelte es sich in vielen Bereichen um eine stark arbeitsteilige, serielle Massenproduktion, die überwiegend von unqualifizierten Arbeitskräften getragen war. [3] Der relativ hohe Frauenanteil insbesondere der Schirmindustrie war hierfür ein augenfälliges Indiz.

1) Dampfmaschinen, Fallhämmer, Vierschlaghämmer, Pressen, Drehbänke, Hobelmaschinen, Bohrmaschinen etc.
2) Der Zusammenhang zwischen Maschinenbau und Schlägereien wird am Beispiel der Firma Hendrichs, Solingen-Merscheid, besonders deutlich. Hier stand die Maschinenbaufabrik Kieserling u. Albrecht bei der Firmengründung mit Krediten Pate.
W. Hendrichs, Ursachen zur Entstehung unseres Geschäfts, Solingen o.J. in: J. Putsch, Vom Handwerk zur Fabrik, a.a.O., S. 129 ff
3) Zum Stand der Arbeitsteilung in der Fahrradindustrie. Vgl. z.B. BAST 26.6.1910, "In der Tretmühle".

In der Schneidwarenindustrie, die bei allem Wachstum der übrigen Metallindustriezweige nach wie vor absolut dominierend war [1], stellte die Fabrikarbeiterschaft mit 39 Prozent nicht einmal die Hälfte der Gesamtarbeiterschaft. [2] Die Fabrikarbeiterschaft bestand in der Hauptsache aus Schlägereiarbeitern [3], aus Härtern, aus Heizern und Maschinisten sowie aus Versand- und Lagerarbeitern. Frauen wurden ausschließlich in der Endstufe der Schneidwarenherstellung, beim Sortieren, Putzen und Verpacken beschäftigt. Den ca. 7.000 fabrikmäßig arbeitenden Frauen und Männern standen im Jahre 1907 ca. 11.000 selbständige Handwerker gegenüber; ein Verhältnis, das sich bis 1913 sogar noch einmal zugunsten der selbständigen Handwerker verschieben sollte. [4] Die heimgewerblichen Strukturen der Schneidwarenindustrie, die A. Thun in seiner Arbeit über die Industrie des Bergischen Landes bereits 1879 als Anachronismus angesehen hatte [5], hatten eine bemerkenswerte Stabilität bewiesen; trotz des Wachstums der Fabrikbetriebe lag die durchschnittliche Beschäftigtenzahl aller Betriebe der Schneidwarenindustrie 1913 bei nur 10 Beschäftigten. [6] Wesentliche Bereiche der Weiterverarbeitung der von den Schlägereien gelieferten schwarzen Ware - insbesondere die Arbeitsvorgänge des Reidens und Schleifens - waren eine Domäne der selbständigen handwerklichen Arbeiter geblieben. Selbst der mit 800 Beschäftigten größte Solinger Betrieb, die Firma J.A. Henckels, die Verkaufsfilialen in allen Erdteilen betrieb, die eine maßgebliche Rolle bei der Mechani-

---

1) Die metallverarbeitende Industrie stellte 1913 über 80 Prozent der industriell Beschäftigten im Solinger Industriebezirk. Die Metallbranchen ohne Schneidwarenindustrie beschäftigten 7.934 der 26.700 Metallarbeiter. Dies entsprach einem Anteil von 30 Prozent. R. Boch, Handwerker-Sozialisten, a.a.O., S. 185
2) R. Boch, Handwerker-Sozialisten, a.a.O., S. 181
3) Dies waren insbesondere die Schmiede, die Pressenarbeiter und die Werkzeugmacher.
4) R. Boch, Handwerker-Sozialisten, a.a.O., S., 183 ff
5) A. Thun, Die Industrie am Niederrhein und ihre Arbeiter, Teil 2: Die Industrie des Bergischen Landes, Leipzig 1879, S. 87
6) Errechnet nach Tab. 6.3.2

sierung des Schmiedens gehabt hatte und nicht nur eine
eigene Schlägerei, sondern auch eine eigene Gußstahlfabrik
betrieb, gab im Jahre 1908 an nicht weniger als 1.200 Heimarbeiter Aufträge aus. Es stellt sich von daher die grundsätzliche Frage, weshalb die heimgewerblichen Produktionsverhältnisse während der Hochindustrialisierung unange-
tastet blieben?

Betrachten wir hierzu den im Rahmen der vorliegenden
Untersuchung wichtigsten Arbeitsgang, das Schleifen. Während die Einführung der Dampfkraft auf der Produktionsstufe
des Schmiedens mit einschneidenden Veränderungen der Arbeitstechnik verbunden war, bewirkte die Dampfmaschinen-
technik auf der Produktionsstufe des Schleifens keine Umwälzung in der Schleiftechnik, sondern lediglich einen
Wechsel in der Antriebsenergie. An den wasserbetriebenen,
in den Fluß- und Bachtälern gelegenen Schleifkotten, in denen die Solinger Schleifer mit bis zu 100 Berufskollegen
als selbständige Kleinmeister arbeiteten, war bereits seit
Beginn des 19. Jahrhunderts aufgrund ihrer Witterungsabhän-
gigkeit und unzureichender hygienischer Zustände immer wieder Kritik geübt worden. Die Einrichtung von Dampfschleifereien erfolgte jedoch erst, als die aufgrund der Expansion
der Solinger Industrie notwendig gewordene Ausdehnung der
Schleifkapazitäten an die Grenze der vorhandenen Wasser-
energie zu stoßen begann. Um die Mitte des 19. Jahrhunderts
wurden von kapitalkräftigen Bürgern auf den Höhenrücken des
Stadtgebietes die ersten Dampfschleifereien errichtet. Von
1859 bis 1895 stieg die Zahl der Dampfschleifereien im Zuge
der Ausdehnung der Produktionskapazität im Schmiedesektor
von 12 auf 107. [1]

---

[1] J. Putsch, Vom Handwerk zur Fabrik, a.a.O., Tab. 7, S.
148. Die hier wiedergegebene Tabelle zeigt auch, daß die
Rolle der Wasserkotten - dies gilt insbesondere für die
größeren - noch lange nicht ausgespielt war: Von den 105
Kotten des Jahres 1859 bestanden 1895 noch 70 und selbst
1913 waren es noch 43.

Den Erbauern der Dampfschleifereien [1] ging es nicht darum,
den selbständigen Status der Schleifer in Richtung abhängi-
ger Lohnarbeit zu verschieben, sondern sie wollten die Vorteile einer beständigen und flexiblen Energiequelle nutzen.
Die Arbeitsorganisation der Wasserkotten wurde in die
Dampfschleifereien übernommen. Die Schleifer blieben im Besitz ihrer Produktionsmittel - von den ledernen Treibriemen
für die Entnahme der Dampfkraft bis hin zu den Schleifsteinen oder Pliestscheiben. Die Eigner der Dampfschleifereien
übernahmen das in den Wasserkotten seit langem eingeführte
System der Vermietung von Schleifplätzen. Die Schleifer
blieben in einer selbständigen Position und zahlten Miete
für den Werkraum sowie für die zur Verfügung gestellte
Dampfenergie. [2] Sie waren keiner Fabrikordnung unterworfen
und arbeiteten für mehrere Auftraggeber. Auch wenn die Arbeitsbedingungen in den Dampfschleifereien gegenüber den
Wasserkotten durch eine gewisse Intensivierung gekennzeichnet waren [3], blieben die eigentliche Arbeitstechnik und

---

1) Die Besitzer der Dampfschleifereien waren nicht immer
Schneidwarenfabrikanten. So war etwa der Besitzer der
größten Solinger Dampfschleiferei, der Siebels-"Maschi-
ne" in Solingen-Aufderhöhe, ein Bäckermeister. Vgl. R.
Braunschweig, Die Solinger Stahlwarenindustrie, Diss.
Halle 1911, S. 24

2) Vgl. den Vertrag zwischen der Firma J.A. Henckels und
einigen Stellenmietern, abgedruckt in: J. Putsch, Vom
Handwerk zur Fabrik, a.a.O., S. 147; Zum Stellenmieter-
system siehe: H. Wielpütz, a.a.O.

3) Die kontinuierlich verfügbare Antriebskraft brachte eine
für die Schleifer bis dahin ungewohnte Verstetigung des
Arbeitsflusses mit sich. Nicht nur, daß die Schleifer
fortan an feste Rahmenarbeitszeiten - in denen die
Dampfmaschine in Betrieb war - gebunden waren, auch trat
eine Verschlechterung des ohnehin gefährdeten Gesund-
heitszustandes der Schleifer ein. Die Solinger Schleifer
wurden zum Gegenstand sozialpolitischer Untersuchungen:
"Der Schleiferbetrieb in Wasserkotten brachte es mit
sich, daß bei ungünstigem Wasserstand monatelang im Jahr
'krank gefeiert' werden mußte. Der Schleifer beschäftigte sich dann mit der Pflege seines Gärtchens oder seinem
Acker, oder er gab sich dem Nichtstun hin. Seine durch
die berufliche Tätigkeit geschädigte und angegriffene
Gesundheit wurde dadurch immer wieder gekräftigt. Heute
arbeitet der Schleifer in vorwiegend größeren Betrieben,

die damit verbundene hohe handwerkliche Qualifikation der
Schleifer unberührt, denn die Kontrolle über das Werkzeug
und die Führung des Werkstückes wurde keinem Mechanismus
übertragen, sondern blieb weiterhin eine Angelegenheit der
menschlichen Hand und somit Willenstätigkeit. [1]

Der Arbeitsgang des Schleifens ließ sich in Grobschliff und
Feinschliff unterteilen. [2] Den geschmiedeten Rohlingen

Fortsetzung der Anmerkung
    zusammen mit einer größeren Anzahl von Arbeitsgenossen
    in gemeinsamer Arbeitsstätte. Da die einzelnen Teilar-
    beiten der Schleiferei, das Trocken- oder Naßschleifen,
    das Pliesten und Polieren, mehr oder minder gesundheits-
    schädlich sind, wird durch das Zusammenarbeiten in einem
    Arbeitsraum die Gesundheitsgefahr auch für die durch
    ihre Teilarbeit minder gefährdeten Arbeiter eine größe-
    re. Überdies fallen die früheren Ruhepausen des Kotten-
    schleifers infolge der intensiven Betriebsmethode weg."
    W. Grunow, Die Solinger Industrie, Eine wirtschaftliche
    Studie, in: Schriften des Vereins für Sozialpolitik,
    Bd. 88, Leipzig 1900, S. 291. Vergleiche auch: F. Röpke,
    Was können wir Solinger in Bezug auf die Besserung der
    Gesundheitspflege der Metallschleifer von unserer Kon-
    kurrenzstadt Sheffield lernen?, in: Centralblatt für
    allgem. Gesundheitspflege, Bd. 19, 1900, S. 299. Nun wa-
    ren die Behörden gefordert, geeignete Arbeitsschutzmaß-
    nahmen zu ergreifen. Seit dem Jahre 1875 wurden Ventila-
    tions-Einrichtungen für das Schleifen an trockenen Stei-
    nen vorgeschrieben. Diese Bestimmungen wurden im Jahre
    1898 nochmals verschärft und deren Einhaltung durch den
    Gewerberat Dr. Czimatis strengstens überwacht. Die Erhe-
    bungen von Röpke aus den Jahren 1904 und 1905 lassen
    erste Anzeichen einer Verbesserung erkennen. (F. Röpke,
    Die Krankheiten des Eisenarbeiters, STA Solingen FA 343,
    Nr. 10 S. 88) Während 1895 nur 12 Prozent der Schleifer
    über 50 Jahre alt wurden, waren es 1911 immerhin schon
    34 Prozent. (ST 30.3.1978) Von 1.000 lebenden Schlei-
    fern starben in den Jahren 1904 und 1905 durchschnitt-
    lich 10,95. Zwischen 1885 und 1895 waren es noch 20,62
    gewesen. F. Röpke, a.a.O., S. 88. Vgl. auch: Herbert
    Weber, Seuchenherd in den alten Schleifkotten, in: Die
    Heimat 10/66, S. 38
1) Vgl. A. Pauliny, a.a.O., S. 182
2) Zum Schleifprozeß vgl. u.a.: K. Röltgen, Das Berufsbild
    des Schleifers in der Entwicklung der Solinger Indu-
    strie, Dipl. MS Essen 1969, S. 23 - 28; Verzeichnis "So-
    linger Fachsprache", hrsg. vom Arbeitgeberverband und
    dem Heimarbeitervorstand in der IG Metall, Solingen
    1963, 6 Ordner, ausleihbar im StA Solingen; Brigitte
    Berkenhoff, Die Solinger Schneidwarenindustrie und ihre
    Heimarbeit heute, Dipl. MS Innsbruck 1961, S. 142 f so-
    wie: J. Putsch, Schleiferei Leverkus, Historische Hand-
    werkstätten der Solinger Schneidwarenindustrie, Brauwei-
    ler 1988

wurde erst durch das Schleifen ihre endgültige Form und Stärke verliehen. Die Größe der dabei verwendeten Schleifsteine differierte nach der Art des Produktes zwischen einem Durchmesser (bis zu einem Durchmesser von 2,50 m für das Schleifen von sog. langen Messern) von 26 mm für das Hohlschleifen von Rasiermessern.

Um die Härte und die Elastizität zu erhalten, durfte das zu schleifende Produkt nicht zu stark erwärmt werden. Auch wenn beim Formschliff mit Wasser gekühlt wurde, lag es vor allem an der Erfahrung und dem Gefühl der Schleifer, daß eine zu starke Erwärmung vermieden wurde. Der Schleifer saß auf einem kleinen Holzschemel vor dem rotierenden Stein oder lehnte - bei Produkten, die ein kräftigeres Andrücken an den Stein erforderten - sich in halbsitzender Stellung gegen den Sitz eines an der Decke befestigten, leiterartigen Gestells, dem "Wittstuhl". [1]
Die zu schleifende Klinge befand sich in einem vom Schleifer zu jeder Klingenform passend angefertigten Holzrahmen, dem sog. "Ortsspohn" [2] und wurde mit Hilfe des "Schliepblottschens" [3], eines mit Lederstücken besetzten Holzschutzes, gegen den Stein gedrückt. Je nach erforderlichem Kraftaufwand übte der Schleifer mit seinem Körpergewicht mehr oder weniger Druck aus. Um die gewölbte Fläche zu erzielen, die eine gute Kinge auszeichnete, gab der Schleifer

---

[1] Witten = blank schleifen, weißen. Im französischen Thiers wurde über dem Stein liegend und im englischen Sheffield über dem Stein sitzend geschliffen. Siehe hierzu z.B. die Illustrationen in: Das Messer und seine Geschichte, Festschrift der Schweizer Firma Victorinox, Ibach 1984, S. 37 u. S. 53
[2] Der Begriff "Ort" hat die Bedeutung: "Von einem Ende zum anderen Ende". "Spohn" ist abgeleitet von "Span" und bedeutet "Stück Holz". Zur Terminologie der Solinger Stahlwarenindustrie siehe H. Hardenberg, Die Fachsprache der bergischen Eisen- und Stahlwarenindustrie, Bonn 1936
[3] hochdeutsch: Schleifschuh

dem Werkstück bzw. dem Ortspohn eine drehende Bewegung, das
sog. "Walken". Die Klingen wurden nach der Schneide hin
"ballig" (konvex) geschliffen (gewalkt), wobei zugleich ein
gleichmäßiger Verlauf der Schneide erreicht werden mußte.
Das Schleifen verschiedener Produkte, ja unterschiedlicher
Ausführungen des gleichen Produktes, geschah jeweils durch
Spezialisten. Denn derjenige, der es verstand, lange Messer
zu schleifen, war keinesfalls in der Lage, kleine Taschenmesserklingen oder gar Rasiermesser zu schleifen. [1] Die
Scheren, deren Funktion durch zwei Teile bestimmt wird,
stellten den Schleifer wieder vor ganz andere Aufgaben. Da
die beiden Scherenhälften sich beim Schneiden jeweils nur
in einem Punkt berühren, sollten sie innen keine ebene
Fläche, sondern eher eine kleine Hohlung mit einem geringen
Drall aufweisen. Der Schleifer hatte mit geschultem Auge
den Drallverlauf der Innenseite zu beobachten und gleichmäßig glatt zu schleifen, bei mangelhafter Vorarbeit oder
Härteverzug auch zu verbessern. "So viel Gemeinsames das
Schleifen der verschiedenen Erzeugnisse im Grunde auch hat,
so ist es bei diesen doch wieder wesensverschieden. Eine
Tischmesser- oder Schlachtmesserklinge verlangt nicht etwa
einfache, zueinander windschief verlaufende Flächen, sondern diese müssen nach der Schneide zu noch konvex gekrümmt
sein. Diese Krümmung ist zudem sehr verschieden, an der
Spitze gering, größer aber nach dem Heft. Um diesen eigen-
artigen Bedingungen zu entsprechen und dabei in der Zeit-
einheit die übliche Menge an Klingen fertigzustellen, bedarf es langjähriger Übung ...". [2] Die wichtigsten Schlei-

---

1) Vgl. K. Röltgen, a.a.O., S. 24 f; Hendrichs. a.a.O., S.
62 ff sowie H. Tegtmeier, a.a.O., S. 43 ff. Während es
bei Schlachtmessern z.B. auf die "ballige" (konvex verlaufende) Krümmung der Schneide ankam, mußte bei Taschenmesserklingen der sogenannte "Dreh" beachtet werden. Die Klingen waren, je nachdem wie sie im Messer zu-
sammengelegt wurden, etwas zur Seite gebogen. Rasiermesser wurden demgegenüber "hohl", d.h. im Querschnitt
rund, geschliffen.
2) F. Hendrichs, Solingen und seine Stahlwarenindustrie,
Horb o.J., S. 62

ferberufsgruppen waren die Messerschleifer mit jeweils
zahlreichen Untergruppen sowie die Scherenschleifer, die
Rasiermesserschleifer und die Chirurgische-Instrumente-
Schleifer.

Die erforderlichen Gerätschaften waren bei verschiedenen
Produkten jeweils besondere. Dies galt nicht nur für das an
großen Naßschleifsteinen vorgenommene Formschleifen, bei
dem, wie wir gesehen haben, die Größe der zu verwendenden
Steine und entsprechend auch die Leistungsfähigkeit und
Stabilität der Antriebsaggregate sehr unterschiedlich sein
konnte, sondern noch viel mehr für das Feinschleifen.

Abb. 5: Scherenschleifer am großen Stein um 1900. Die Scherenhälften
wurden auf eine Holzleiste, den Ortsspohn, aufgelegt und gegen
den unter ständiger Wasserzufuhr gekühlten Stein gedrückt.

Beim sog. "Pliesten" (Feinschleifen) wurde die Oberfläche
in aufeinanderfolgenden Arbeitsgängen immer weiter verfei-
nert - je nach gewünschter Qualität. Das Pliesten erfolgte
auf runden Holzscheiben mit einem Durchmesser von 40 bis
70 cm, die wie die Schleifsteine von oben zum Schleifer hin
rotierten und deren Ränder der Form der zu bearbeitenden
Gegenstände angepaßt waren. Die Schleifflächen der Holzscheiben waren mit Leder überzogen, auf das ein vom Schleifer nach eigenem Rezept angefertigtes Schmirgel-Leim-Ge-
misch in jeweils verschiedener Körnung aufgetragen wurde.
[1] Die Art der Pliestausführung bestimmt das Aussehen der
Schneidware und war in den Preisverzeichnissen für die unterschiedlichen Qualitätsstufen genau festgelegt. [2] Je höher die gewünschte Qualität, desto mehr Pliestvorgänge auf
immer feineren Scheiben waren erforderlich. Unter Beigabe
von Fett, Kalk oder auch Öl, welche auf die Schleiffläche
der Scheiben oder auf den zu bearbeitenden Gegenstand
selbst aufgetragen wurde, wurde "feingepliest". Nachdem auf
diese Weise durch mehrere aufeinanderfolgende Arbeitsgänge
die Schleifschrammen völlig beseitigt waren, polierte der
Schleifer die Waren auf Holzscheiben, deren Polierflächen
mit Lappen, Filz oder Leder überzogen waren. Die Bearbeitung der Augen und des Halmes - das Verbindungsstück zwischen Auge und Schneide - einer Schere erforderte wieder
andere Gerätschaften und wurde durch den sog. Augenpliester
vorgenommen. Auf durchlaufenden, ebenfalls mit Schmirgel
geleimten Riemen, wurden die Augen von innen gepliestet.
Bei jedem Stück mußte der Riemen abgenommen und die Augen
mit einem Gemisch von Öl und Schmirgel bestrichen werden.

---

[1] An das verwendete Leder wurden je nach Arbeitsgang und
Produkt verschiedene Anforderungen gestellt. Es gehörte
zum Fachwissen eines qualifizierten Schleifers, daß geeignete Leder auszuwählen und die Pliestscheibe selbst
fertigzustellen. Zunächst mußte das Leder, sei es als
Riemenstück, sei es in Form schwalbenschwanzähnlicher
Kopfstücke, aufgebracht werden. Anschließend wurde das
erwärmte Leim-Schmirgel-Gemisch mit einem Pinsel aufgetragen. Zu den Einzelheiten dieses sehr komplizierten
und auch zeitaufwendigen Verfahrens, vgl. "Solinger
Fachsprache", a.a.O., Nr. 10
[2] Üblich waren in den Preisverzeichnissen folgende Ausführungen: braun gepliest, fein-, extrafein-, klar-, zu
vernickeln-, ordinär blau-, blau-, fein blau-.

Die Industrialisierung in der Solinger Schneidwarenindustrie war somit durch ein hohes Maß an Ungleichzeitigkeit gekennzeichnet. Auf der einen Seite standen die bereits mechanisierten Schlägereien, die eine gewaltige Produktivitätssteigerung des Schmiedesektors bewirkt hatten, und auf der anderen Seite hatte der kleingewerblich-handwerkliche Sektor eine bewerkenswerte Stabilität erwiesen, indem er sich durch eine quantitative Ausdehnung der Entwicklung des Schmiedesektors flexibel anpaßte. Im letzten Jahrzehnt vor dem Ersten Weltkrieg existierten somit zwei völlig verschiedene Produktionsweisen nebeneinander, die nicht nur den einzelnen Orten des Solinger Industriebezirkes ein unterschiedliches Gepräge gaben [1], sondern sich auch auf der Ebene der Gewerkschaftspolitik nachhaltig niederschlugen.

IV.

Der quasi-selbständige Status und die hochqualifizierte handwerkliche Arbeitsweise der Schleifer begünstigten eine frühe und beständige gewerkschaftliche Organisierung. [2] Wie wir gesehen haben, erforderte das Schleifen eine hohe manuelle Geschicklichkeit und mußte mehrere Jahre gelernt

---

1) Die Städte Ohligs und mit Abstand Wald und Solingen waren die eigentlichen Zentren der wachsenden, 'neuen' Metallbranche. Die größeren Fabrikbetriebe der Schneidwarenindustrie lagen in den Städten Solingen und Gräfrath. Wald und Ohligs wiesen deutlich weniger große Fabrikbetriebe der Schneidwarenindustrie auf. Höhscheid, das sich über die südwestlichen, zur Wupper hin abfallenden, Höhrücken des Stadtgebietes erstreckte, war vollständig von den traditionellen Strukturen der selbständigen Heimindustrie geprägt. Das größte Teilstück der durch Solinger Gebiet fließenden Wupper und die Mehrzahl der Bachläufe waren in diesem Stadtteil zu finden. In Höhscheid gab es im Jahre 1913 nur zwei Fabrikbetriebe mit (wenig) mehr als 20 Arbeitern. Vgl. R. Boch, Handwerker-Sozialisten, a.a.O., S. 186 f

2) R. Boch weist darüber hinaus auf die Rolle der vorindustriellen Organisationsmodelle (Zünfte) hin und konstatiert eine direkte Verbindung von den Zünften zu den ersten Gewerkschaften. Vgl. R. Boch/M. Krause, Historisches Lesebuch, a.a.O., S. 30 ff
R. Boch, Handwerker-Sozialisten, a.a.O., S. 79 ff. Ein ähnlicher Ansatz auch bei M. Henkel, R. Taubert, a.a.O.

werden. Man konnte die Schleifer im Falle eines Streiks nicht durch angelernte Streikbrecher ersetzen, zumal hierzu - da die Schleifer die Besitzer ihrer Produktionsmittel waren - die Anschaffung neuer Produktionsanlagen erforderlich gewesen wäre. Die Streikfähigkeit der Schleifer gegenüber einzelnen Fabrikanten wurde auch dadurch gestärkt, daß sie für mehrere Auftraggeber arbeiteten. Zudem fehlten bei den Schleifern die Disziplinarbefugnisse des Fabrikherrn gegenüber den Fabrikarbeitern, an denen der Aufbau von Gewerkschaften häufig scheitern konnte. Obwohl die Schleifer keinem gemeinsamen Arbeitgeber unterstellt waren, waren sie keineswegs vereinzelt. Die Wasserkotten und Dampfschleifereien bildeten Arbeits- und Solidargemeinschaften von mindestens 10, meist aber zwischen 50 und 100 Berufskollegen, die durch eine ausgesprochen kohärente Arbeiterkultur geprägt waren. Die durch häufige witterungsbedingte Unterbrechungen der Arbeit gekennzeichnete Arbeitssituation in den Wasserkotten hatte etwa die Entstehung einer ausgedehnten Fest- und Feierpraxis begünstigt, die auch in den Dampfschleifereien noch beibehalten wurde. Kommunikation am Arbeitsplatz und gemeinsame Aufgaben, (Instandhaltung des Kottens, Austausch der Schleifsteine) förderten den solidarischen Umgang miteinander. Schon lange vor der staatlichen Sozialversicherung existierte in den Solinger Schleifereien die sog. 'Umlage'. Aufgrund von Arbeitsmangel oder Krankheit unterstützungsbedürftige Arbeitskollegen erhielten aus einer gemeinsamen angesparten Rücklage eine Unterstützung von maximal sechs Mark pro Woche, die bis zu einem Jahr gezahlt werden konnte. [1]

---

[1] Vgl. hierzu: ST 18.4.1979, "Acht Tage stand der Kotten Kopf". R. Boch, Handwerker-Sozialisten, a.a.O., S. 36; Zur Gewerkschaftsfähigkeit der Schleifer generell: ebenda, S. 38 f sowie A. Thun, a.a.O., S. 95; BAST 25.9.1925

Nachdem mit der Aufhebung des Koalitionsverbotes (1869) Gewerkschaften rechtlich möglich geworden waren, entstanden
im Solinger Industriebezirk 1871 mit einer zweijährigen
Verzögerung eine Vielzahl von lokalen, berufsspezifischen
Fachvereinen. Angesichts einer nahezu vollständigen Identität von Solinger und deutscher Schneidwarenproduktion
reichte diese lokale Organisierung der Schneidwarenarbeiter
aus, um wesentliche Teile der Arbeiter der Schneidwarenbranche zu erfassen und dem lokalen Arbeitsmarkt zu kontrollieren. Die Schleifer waren zu über 90 Prozent organisiert und ihre Fachvereine hatten die mit Abstand größten
Erfolge zu verbuchen. Bereits in der ersten Streikserie
nach der Gründung der Fachvereine, konnten sie die erkämpf-
te Lohnerhöhung als festes Preisverzeichnis [1] - die heimgewerbliche Variante der Tariflöhne - durchsetzen, das sie
davor bewahren sollte, daß ihre Lohnerhöhung bei der nächsten schlechten Konjunkturlage wieder verloren ging. [2] Bis
zum Jahre 1914 gelang es den Schleifern, ihre materiellen
Lebensbedingungen nachhaltig zu verbessern. Mit Wochenlöh-
nen zwischen 35 und 60 Mark [3] zählten sie zu den Spitzen-
verdienern der deutschen Arbeiterschaft überhaupt. Während
die Lebenshaltungskosten in der Zeit zwischen 1880 und 1914
nur um 30 bis 35 Prozent gestiegen waren, hatten die
Schleifer ihre Löhne im gleichen Zeitraum um ca. 100 Pro-

---

1) Diese Preisverzeichnisse waren kein völliges Novum. Bereits die Messerlohn-Satzordnung von 1789 enthielt ein
   genau ausgearbeitetes Preisverzeichnis. In den Preisverzeichnissen waren die Entgelte für jeden einzelnen Arbeitsgang für sämtliche Sorten und Qualitäten exakt
   festgelegt. Die Fabrikanten durften keine Muster herstellen, die in den Preisverzeichnissen nicht aufgeführt
   waren.
2) Zur Gründungsphase der Fachvereine vgl.: Der Stahlwarenarbeiter (Stawa) 1.3.1912 "Ein Ausschnitt aus der Geschichte der Solinger Arbeiterbewegung" Stawa 22.2. u.
   1.3.1907 "Zur Geschichte der Solinger Fachvereine". Stawa 10.5. u. 17.5.1912 "Ein Blick in die Gründungszeit
   der Solinger Fachvereine", R. Boch, Handwerker-Sozialisten, a.a.O., S. 44 ff
3) H. Wielpütz, a.a.O., S. 129 f. Die angegebenen Löhne
   enthielten eine ca. 20-30 prozentige Aufwandsentschädi-
   gung für die durch Materialverschleiß, -verbrauch, Energieverbrauch und Miete entstandenen Unkosten.

zent anheben können. [1] Da sich bei besseren Qualitäten höhere Stücklöhne erzielen ließen, hatten die Schleifer allein aus finanziellen Gründen ein Interesse an der Erhaltung der Qualitätsarbeit.

Neben den Schleifern waren die Reider die wichtigste Berufsgruppe des Sektors der handwerklichen Arbeit. Ihre Aufgabe war es, die einzelnen Teile einer Schneidware zusammenzufügen. [2] Auch die Reider hatten sich auf bestimmte Produkte spezialisiert. Je nach der Art der Messer, die zusammengesetzt wurden, unterschied man Platterl-, Spitzerl-, Rasiermesser- oder Taschenmesserreider. Am leichtesten zu erlernen war die Arbeit der Platterlreider, die die fertig gefrästen Hefte (Griffe), die sie von selbständigen oder von in der Fabrik des Fabrikanten beschäftigten Heftefräsern erhalten hatten [3], auf den flachen (platten) Erl eines Gemüse- oder Küchenmessers, seltener eines Tafelmessers, aufzunieten hatten. Vielseitiger war die Arbeit der Spitzerlreider, die die ausgehöhlten Hefte einkitten oder einbleien mußten. [4] Besonders hohe Anforderungen wurden an den Taschenmesserreider gestellt. Auch wenn die Einzelteile, die großen und kleinen Messerklingen, Nagelfeilen, Korkzieher, Federn, Erle und Schalen bereits maßgerecht vorgearbeitet waren, gehörte ein besonderes Geschick dazu, sie zu einem funktionsfähigen Taschenmesser zusammenzufügen. Die Teile durften beim Aufmachen und Schließen keine unnötige Reibung verursachen und mußten gleichmäßig "auf der Feder gehen".

---

1) R. Boch, M. Krause, Historisches Lesebuch, a.a.O., S. 84, vgl. Die Angaben bei R. Braunschweig, a.a.O., S. 106 f
2) Zur Arbeit der Reider vgl. W. Grunow, a.a.O., S. 283 ff, F. Hendrichs, Solingen und seine Stahlwarenindustrie, a.a.O., S. 66 ff
3) Die überwiegend maschinell geschnittenen und gefrästen Schalen und Hefte waren bei besseren Ausführungen aus Edelhölzern gefertigt, gebeizt und poliert. Diese Art der Holzverarbeitung nahm in der Solinger Industrie einen nicht unwichtigen Platz ein, da Kunststoffe noch eine untergeordnete Rolle spielten. Gehobenere Ausführungen wurden aus Horn oder gar Elfenbein oder Perlmutt hergestellt. Zur Hefteherstellung aus Elfenbein etc. vgl. das Interview mit einem ehemaligen Heftefabrikanten, StA Solingen T-78-5
4) Eine ausführliche Beschreibung der Tätigkeit des Spitzerlreiders bei H. Tegtmeier, a.a.O., S. 50 f

Die beiden Scherenhälften wurden durch den Scherennagler
zusammengefügt. Er hatte auf einen einwandfreien Gang der
Schere zu achten. [1]

Die gewerkschaftlichen Erfolge der Reider standen hinter
denen der Schleifer weit zurück. Die Reider benötigten für
ihre Arbeit keine motorische Kraft [2] und gingen ihrem
Gewerbe daher völlig vereinzelt in kleinen Werkstätten oder
gar in der eigenen Wohnung nach. Nicht zuletzt aus diesem
Grunde waren in den 1890er Jahren nur etwa 30 Prozent der
Reider gewerkschaftlich organisiert. [3]

Das im Vergleich zum Schleiferhandwerk quantitativ weniger
bedeutsame Reiderhandwerk konnte für die Fabrikanten zumindest partiell die Rolle eines Billiglohnbereiches einneh-
men, der einen Ausgleich gegenüber der geradezu aristokra-
tischen Stellung der Schleifer brachte. Das Reidergewerbe
wies zuweilen die in Solingen ansonsten unbekannten, typischen Symptome des Elends in den klassischen Heimgewerbe-
zweigen des Textilsektors auf. [4] Das Stücklohnniveau der
Reider blieb teilweise so gering, daß es stillschweigend
die unbezahlte Arbeit von Frauen und Kindern und eine über-
lange Arbeitszeit einschloß. Die durchschnittlichen Wochen-
löhne der Reider lagen 1910 zwischen 21 und 27 Mark; dies
war das untere Ende der Solinger Lohnskala. [5] Im Fabrikbetrieb hätten sich diese, auf eine Berufsgruppe beschränkten, nahezu anachronistischen Mißstände nach der Auffassung

---

1) Während die Arbeit der Scherennagler ursprünglich recht
   kompliziert war, weil der Scherennagler auch den Nagel,
   das Verbindungstück zwischen den beiden Scherenhälften
   herstellen und einpassen mußte, wurde das Montieren der
   Scheren durch die seit den 20er Jahren verstärkt aufkom-
   menden Schraubverbindungen vereinfacht.
2) Sie wurden deshalb auch 'Schraubstockheimarbeiter' genannt.
3) Stawa 22.9.1911
4) Vgl. hierzu die Untersuchung aus dem Jahre 1895: Karl
   Schallbruch, Zur Lage der Federmesserreider, STAS Nachlaß Lloyd Fa 343, Nr.9 sowie das Referat von Karl
   Schallbruch auf einen Gewerkschaftskongreß in Berlin
   1904; Generalkommission der Gewerkschaften (Hrsg.) C.
   Legien, Protokoll der Verhandlungen der ersten allgemeinen Heimarbeiterschutzkongresses, Berlin 1904, S. 77-80
5) H. Wielpütz, a.a.O., S. 129 f sowie R. Braunschweig,
   a.a.O., S. 83 f.

des Deutschen Metallarbeiterverbandes nicht halten lassen.
[1] Obwohl die Reider aufgrund des geringen Widerstandspotentials am ehesten in die Fabriken integrierbar gewesen wären, verzichteten die Unternehmer auf diesen Schritt; zumal auch bei den Reidern die Arbeitsproduktivität im Zuge der Elektrifizierung (insbesondere durch Bohrmaschinen und Lötkolben) auch ohne deren Integration in den Fabrikbetrieb erhöht werden konnte. [2] Allerdings begannen die Fabrikanten nach der Jahrhundertwende, Teile der Tätigkeit des Reiders, wie das Bohren der Löcher in Erle und Schalen, [3] in der Fabrik auszuführen. [4]

Nirgends wurden die Unterschiede zwischen Schleifern und Reidern so deutlich wie im Ausbildungswesen und bei der beruflichen Mobilität. Wurden die Reiderlehrlinge eher als billiges Arbeitskräftepotential angesehen, war es angesichts einer fünfjährigen Ausbildungszeit und einer meist ein bis zwei Jahre währenden Gesellenzeit ein Privileg, eine Schleiferlehre zu beginnen. Wenn auch der prozentuale Anteil der Schleifer, deren Väter bereits Schleifer waren, im Laufe des 19. Jahrhunderts von 94,5 Prozent auf 37,4 Prozent zurückging, blieb doch das Ausbildungsmonopol der kleinen Schleifermeister bestehen. Die Schleiferberufe versuchten durch eine gezielte Lehrlingsbeschränkung die Exklusivität ihres Berufsstandes zu erhalten; jedoch ohne einen Nachwuchsmangel aufkommen zu lassen, der Rationali-

1) Vgl. Deutscher Metallarbeiterverband Hrsg., Was bietet der Deutsche Metallarbeiterverband den Stahl- und Schneidwarenarbeitern des Kreises Solingen?, Stuttgart 1906, STA Solingen Akte Höhscheid F-3-1, Bd. 2 gen.
2) Stawa 07.06.1907, "Die Entwicklung der Solinger Industrie unter Anwendung der Elektrizität".
3) Die äußeren Montageteile etwa eines Taschenmesser
4) Vgl. L. Czimatis, Über Organisation der Arbeit im Bezirk des Königlichen Gewerbegerichtes, aus: Jahrbuch des Königlichen Gewerbegerichtes zu Solingen 1904, S. 16

sierungsmotive gefördert hätte. [1]

War der Gesellenstatus bei den Schleifern meist nur ein Durchgangsstadium von wenigen Jahren, gelang es längst nicht allen Reidergesellen, selbständig zu werden. Das Qualifikationsniveau der Reiderberufe war recht unterschiedlich. Während die Qualifikation eines Taschenmesserreiders mit derjenigen der qualifiziertesten Schleifer (etwa Rasiermesserschleifer) durchaus vergleichbar war, konnte das Brot- und Gemüsemesserreiden in wenigen Wochen erlernt werden. In der Reiderbranche war deshalb das Phänomen der 'Lehrlingszüchterei' sehr verbreitet. Die Anwerbung immer neuer Lehrlinge führte zur Überfüllung des Berufes und zur Dequalifizierung des Nachwuchses. [2] Die sogenannten "Lehrlingszüchter" mit bis zu acht und mehr Lehrlingen ließen diese weitgehend repetitive Teilarbeiten verrichten, so daß nur noch ein geringer Teil der Lehrlinge nach vollendeter Lehrzeit fachgerecht reiden konnte. Das Reiderhandwerk war eine wichtige Rekrutierungsbasis für den Fabrikarbeiternachwuchs der gesamten Solinger Industrie. Ein Großteil der Lehrlinge ging nach der Lehrzeit in die Fabrik, sei es in der Schneidwarenbranche, sei es in der Regenschirmindustrie. [3] Von dort aus waren sie jederzeit als

---

1) "Selbstredend ist jede Berufsgruppe verpflichtet, für die Ausbildung einer genügenden Zahl von Arbeitern als Nachfolger Sorge zu tragen, weil dies bei der Eigenart der Solinger Arbeitsverhältnisse den Unternehmen und Fabrikanten nicht möglich ist. ... Erfahrungsgemäß hat die Ausbildung einer zu großen Zahl von Lehrlingen für den betreffenden Beruf gewisse Nachteile zur Folge. ... Andererseits würde der ungenügende Ersatz von Arbeitern eines Berufes die Entwicklung der Industrie hemmen und zur Anstellung von ungelernten Arbeitern zwingen". Stawa 12.7.1907, "Das Ausbilden der Lehrlinge"
2) Vgl. Stawa 7.9.1906, "Die Bedeutung des Lehrlingswesens für die Solinger Arbeiterschaft"
3) Mickler führt hierzu aus: "Besonders bei Berufen, wie Schlossern, Mechanikern und Tischlern (oder Reidern d. Verf.), bei denen die handwerkliche Ausbildung als passende Vorbereitung für den späteren Übergang in Facharbeitertätigkeiten der Fabriken galt, war die extreme "Lehrlingszüchterei" Ausdruck der Rolle des Handwerks als Ausbildungsinstanz für die wachsende Industrie. Die Fabriken selbst begannen recht spät mit einer eigenen Lehrlingsausbildung", O. Mickler, a.a.O., S. 37

nicht organisierbares Streikbrecher-Potential abrufbar. Natürlich waren die Lehrlingszüchter nicht bereit, sich den Fachvereinen anzuschließen. Insofern waren die Schwierigkeiten beim Aufbau einer effektiven gewerkschaftlichen Interessenvertretung nicht allein auf die isolierte Arbeitssituation zurückzuführen, sondern auch eine Folge der inneren Strukturen des Berufs. Der Taschen- und Federmesserreiderverein, der wenige Monate nach den Schleiferfachvereinen im Jahre 1872 gegründet worden war, löste sich bereits in der wirtschaftlichen Krise 1875 wieder auf. Er konnte erst 1889 erneut gegründet werden. Für einen Arbeitskampf zur Durchsetzung fester Preisverzeichnisse fehlte ihm jedoch die Kraft. [1] Erst sechs Jahre später konnte den Fabrikanten nach fünfwöchigem Streik und nachfolgenden zweimonatigen Verhandlungen ein - allerdings äußerst lückenhaftes - Preisverzeichnis abgerungen werden. [2] Hier wird der tiefere Sinn der sicherlich nicht konfliktfreien, berufsspezifischen Organisationsstruktur der Fachvereine deutlich. Die gewerkschaftliche Kampfkraft der Schleifer wäre in einem gemeinsamen Verband mit den Reidern gefährdet worden.

V.

Ausschlaggebend für den Erfolg der Schleiferfachvereine war die partielle Interessenkongruenz zwischen den größeren Fabrikanten und Schleifern gegen die preisdrückenden Kleinunternehmer. Insofern war die Durchsetzung von einheitlichen Minimallöhnen in festen Preisverzeichnissen auch von den Fabrikanten getragen, die durch die Festlegung von gleichen Lohnkosten der zügellosen Konkurrenz Einhalt bieten wollten. Der Gewerberat L. Czimatis bemerkte hierzu: "Die Tarife sind für Solingen im Interesse aller Beteiligten eine

1) Vgl. L. Czimatis, Über Organisation der Arbeit, a.a.O.
2) Vgl. BAST 15.1.1895, 13.6.1896

Notwendigkeit, gerade auch mit Rücksicht darauf, daß die Industrie - großteils auf Ausfuhr angewiesen - den Schwankungen des Weltmarktes unterliegt. Soll sie sich in den Kämpfen dieses großen Wettbewerbs lebenskräftig erhalten, so muß den Fabrikanten eine sichere Kalkulation und mögliche Stabilität der Preise gewährt bleiben". [1]

Mit der Masse der kleinen Fabrikanten hatten die Schleifer das Interesse an der Erhaltung der traditionellen Produktionsstrukturen gemeinsam. Die kleinen, wenig kapitalkräftigen und häufig aus dem Handwerkerstand stammenden Fabrikanten konnten sich nur halten, weil wesentliche Teile des Herstellungsprozesses durch selbständige Handwerker ausgeführt wurden. Sie konnten mit minimalem Kapitalaufwand ein großes Mustersortiment auf den Markt bringen, indem sie sich die Arbeitsleistung einer Vielzahl von Spezialhandwerkern zunutze machten. Die Mustervielfalt und die Berücksichtigung verschiedenster Geschmacksrichtungen [2] wiederum war die wichtigste Voraussetzung für die Eroberung kleinster Exportmärkte, die von den größeren Firmen weniger beachtet wurden. Die handwerklichen Produktionsstrukturen ermöglichten kleine Serien, große Mustervielfalt und damit eine der Struktur des Marktes angepaßte Flexibilität. Von ihrer eigenen Entwicklungslogik getrieben, hatten die größeren Unternehmen ein Interesse an möglichst großen Serien, die sie zuweilen durch eine Veränderung der traditionellen Arbeitsweise rationell herstellen wollten. In diesen Fällen wurde dann eine Interessenkongruenz zwischen den kleinen Fabrikanten und den Schleifern wirksam, wobei beide Seiten von der Furcht um ihre Existenz getrieben wur-

---

1) L. Czimatis, Über Organisation der Arbeit, a.a.O., S. 19
2) Viele Firmen hatten mehrere Tausend Muster in ihrem Sortiment.

den. [1] Die frühen Rationalisierungsbemühungen waren aber
auch aus einem anderen Grund kaum von Erfolg gekrönt. Der
Markt war eindeutig qualitätsbestimmt. Tafelbestecke etwa
waren selbst in gehobenen Arbeiterschichten oder im Klein-
bürgertum nicht billige Gebrauchsgegenstände einfacher Art,
sondern ihr Kauf wurde als einmalige Anschaffung für das
ganze Leben betrachtet und häufig sogar unter dem Gesichts-
punkt der späteren Vererbung getätigt. Der Arbeitsvorgang
des Schleifens, der dem Produkt nicht allein die Schärfe,
sondern auch das Aussehen gab, ließ sich nur bei minderwertigen Waren auf dem Wege der Teilschleiferei ausführen. Die
auf dem Weltmarkt gefragte hohe Qualität der Solinger Waren
und die damit erzielbaren hohen Preise waren untrennbar mit
dem handwerklichen Können und mit dem hohen Lohnniveau der
Solinger Schleifer verknüpft. [2]

---

1) Die Firma J.A. Henckels experimentierte im Jahre 1877
mit der Zerlegung des Schleifvorganges in einzelne Teilarbeiten, die durch von der Firma angelernte Schleifer
ausgeführt wurden. Die Schleiferfachvereine entfachten
daraufhin einen heftigen Arbeitskampf, der sie an die
Grenzen ihrer finanziellen Möglichkeiten brachte. In
dieser Situation wurden sie durch mehrere mittlere und
kleine Firmen in ihrem Kampf gegen die Großfirma Henckels unterstützt. Vgl. R. Boch, Handwerker-Sozialisten,
a.a.O., S. 49 ff. Zum Selbständigkeitsdrang der Schleifer und Heimarbeiter, vgl. Stawa 17.5.1912 sowie Stawa
23.4. und 29.4.1909. "Heimarbeit oder Fabrikarbeit - Ein
Problem?"
2) Dies mußte auch die Handelskammer zugestehen. Sie berichtete 1877: "Scheren. Über diesen Artikel berichten
wir mit dem erhebenden Bewußtsein, daß in ihm, was Qualität und Preiswürdigkeit betrifft, Solingen keine Konkurrenz zu scheuen hat. Die Solinger Schere hat das englische Fabrikat anerkanntermaßen überflügelt und in dem
Herzen der englischen Stahlwarenindustrie, in Sheffield,
finden sich heute ganze Läger von Scheren, die ohne Ausnahme in Solingen fabriziert worden sind. Wir danken
dieses gewiß erfreuliche Resultat zum größten Teile dem
Umstande, daß die hohen Fabrikationspreise, besonders
die des wesentlichen Arbeitsfaktors, die Schleifpreise,
aus 1875 sich erhalten haben, wodurch es also möglich
wurde, der Qualität des Fabrikates eine größere Aufmerksamkeit zuzuwenden, als dies früher zum großen Nachteile
seines Rufes geschehen war." z.T. nach F. Ernen. Die Solinger Gewerkschaftsbewegung, in: Schmidthäussler, Solingen und sein Industriebezirk, Düsseldorf 1922, S.
148.

In der Arbeit der seit 1875 entstandenen Vergleichskammern kam dieses wechselseitige Bedingungsgeflecht zum Ausdruck. In den mit Fabrikanten- und Fachvereinsvertretern paritätisch besetzten Vergleichskammern wurden die Löhne, die Sorten und Qualitäten festgelegt und die Einhaltung der Abmachungen überprüft. Die Vergleichskammern "verkörperten eine gesellschaftliche Anerkennung der relativen Stärkeposition der Solinger Handwerker-Arbeiter". [1] "Die Solinger Schleifer kontrollierten mithin nicht nur durch ihre hohe handwerkliche Qualifikation, durch ihr Wissen um den Produktionsprozeß und durch das Eigentum an den Arbeitsgeräten das "Wie" der Produktion, sondern durch das Mitbestimmungsrecht über Qualitäten und Muster in der Vergleichskammer, auch das "Was" der Produktion". [2] Die Fabrikanten gingen die Verpflichtung ein, Schleifern, die unter Tarif arbeiteten, keine Aufträge mehr zu geben. Die Fachvereine der Schleifer wurden dazu ermächtigt, gegen Fabrikanten, die sich nicht an die Abmachungen hielten, mit Streik vorzugehen. Das Vergleichskammerstatut vom 1.3.1904 erlaubte es dem Vorsitzenden des Tafelmesser-Schleifervereins gar, die Lohnbücher und Geschäftsunterlagen der Fabrikanten einzusehen. (!) [3] Die Fachvereine der Schleifer entwickelten sich zum eigentlichen organisatorischen Mittelpunkt der Branche: "Im Gegensatz zu den Solinger Fabrikanten waren die Schleifer so einig und so gut organisiert, daß sie die einzigen waren, die die allgemeine Einhaltung der Tariflöhne, notfalls mit Streik, garantieren konnten". [4]

Fortsetzung der Anmerkung
"Die höheren Stücklöhne für bessere Qualitäten waren nicht nur ein Äquivalent für einen größeren Arbeitsaufwand, sondern enthielten auch einen Bonus für besondere handwerkliche Fähigkeiten", R. Boch Handwerker-Sozialisten a.a.O. S. 119 f
1) R. Boch, Handwerker-Sozialisten, a.a.O., S. 48
2) Ebenda, S. 59
3) § 11 des Statuts für die Vergleichskammer zwischen dem Tafelmesser-Fabrikantenverein und dem Tafelmesser-Schleiferverein in Solingen, gültig ab 01.03.1904. STA Solingen, Nachlaß Lloyd FA 343, Nr. 27; Die Vergleichskammerstatuten der Reider kannten demgegenüber weder das ausdrückliche Recht, gegen Preisdrücker mit Streik vorzugehen, noch eine Kontrolle der Geschäftsgebaren der Unternehmer.
4) R. Boch/M. Krause, Historisches Lesebuch, a.a.O., S. 86

Aufgrund dieser regelrechten Pattsituation hatte sich ein
komplexes soziales System, ein sozialer Kontrakt zwischen
Arbeit und Kapital herausgebildet, den R. Boch "Solinger
System" nennt. [1] Die wesentlichen institutionalisierten
Elemente des Solinger Systems waren die Preisverzeichnisse,
die Vergleichskammern sowie die Instrumente, die dazu dien-
ten, die getroffenen Vereinbarungen durchzusetzen. Hierzu
gehörte ein funktionierendes System der sozialen Kontrolle
unter den Berufskollegen [2] ebenso, wie deren Streik- bzw.
Gewerkschaftsfähigkeit. Ohne diese Instrumente wären die
Vergleichskammern bzw. Preisverzeichnisse eine leere Hülle
gewesen. Insofern waren die Voraussetzungen des Solinger
Systems in den kollektiven Arbeitszusammenhängen der
Schleifer und in deren, einer noch unentwickelten Produktionstechnik entsprechenden, hohen handwerklichen Qualifikation zu suchen. Diese Voraussetzungen waren bei den Reidern
nur in eingeschränktem Maße gegeben. Aber auch im Schleifsektor waren bereits vor dem Ersten Weltkrieg Entwicklungen
zu verzeichnen, die den weiteren Bestand des Solinger
Systems in Frage zu stellen begannen.

Während die Einführung der Teilarbeit bei der Fa. Henckels
im Jahre 1877 erfolgreich verhindert werden konnte, waren
der Durchbruch der Teilarbeit und die Ansätze der Mechanisierung des Schleifens in der Rasiermesserbranche seit den
1890er Jahren nicht mehr aufzuhalten. Die unter anderem
durch eine Veränderung der Bartmode ansteigenden Absatzmöglichkeiten für Rasiermesser Ende der 1880er Jahre, einem
bis dahin in Solingen (im Gegensatz zu Sheffield) wenig
produzierten Artikel, waren eine wesentliche Vorbedingung
für den Aufstieg der Firma C.F. Ern in Wald, die sich
auf die Herstellung von Rasiermessern spezialisiert hat-

1) Vgl. hierzu: R. Boch, Handwerker-Sozialisten, a.a.O.,
insb. S. 55 ff, S. 71 ff, S. 75 ff
2) Hierbei wäre etwa an die "militante" Praxis der nächtli-
chen Femegerichte ("Orakel") zu denken, wobei den
Schleifern, die sich über die Vereinbarungen hinweg-
setzten die Arbeitsgeräte zerstört wurden. Vgl. R. Boch,
Handwerker-Sozialisten, a.a.O., S. 62 f

te. [1] 1879 wurde der Betrieb auf Dampfkraft umgestellt und
eine mechanische Schlägerei eingerichtet. Alle Produktionsstufen waren dem Fabrikbetrieb angegliedert, wobei allein
die Schleifermeister, die in der neuen, zweistöckigen
Schleiferei Arbeitsstellen gemietet hatten, in keinem direkten Lohnarbeitsverhältnis standen. C.F. Ern, von R. Boch
als Unternehmer "neuen Typs" mit einem für das Solinger Un-
ternehmertum bis dahin untypischen "Herr im Haus"-Stand-
punkt charakterisiert [2], versuchte die Macht der relativ
unabhängigen Schleifer in den folgenden Jahren einzuschränken. Er stellte weniger qualifizierte Schleifer ein und
brachte ihnen selbst das Messerschleifen bei. Darüber
hinaus wollte er die Schleifer verpflichten, nur für ihn zu
arbeiten und verlangte von ihnen die Anerkennung einer
Fabrikordnung, die u.a. die Abschaffung des in Solingen
weit verbreiteten "Blauen Montags" vorsah. C.F. Ern weiger-
te sich, die von dem 1887 gegründeten Rasiermesserschlei-
ferverein aufgestellten Preisverzeichnisse anzuerkennen und
scheute sich auch nicht, den von ihm provozierten Streik
mit der "Entlassung" sämtlicher Schleifer zu beantworten.
C.F. Ern zerlegte den Schleifprozeß nun rigoros in Teilarbeit und ließ die einzelnen Arbeitsgänge von angelernten
Arbeitern verrichten. Trotz des vom Rasiermesserfachverein
entfachten heftigen, jahrelangen Arbeitskampfes konnte sich
die Firma Ern durchsetzen. Es gelang ihr, sich aus der Abhängigkeit von den selbständigen Schleifern zu lösen. Zumindest die billigeren Qualitäten produzierte die Firma Ern
erfolgreich in Teilarbeit. Auf die Verfeinerung des Systems
der Teilarbeit folgte schließlich die Konstruktion von Ra-
siermesser-Schleif-'Maschinen', mit denen C.F. Ern auch den
Markt für Qualitätsrasiermesser erobern wollte, ohne auf
die hochqualifizierten Rasiermesserschleifer angewiesen zu
sein. Die von C.F. Ern entwickelte 'Schleifmaschine' "Hexe"

---

[1] Zur Geschichte der Firma Ern siehe: F. Hendrichs: C.F.
Ern, Der Bahnbrecher für die Solinger Rasiermesserindu-
strie, Sonderdruck aus: Beiträge zur Geschichte der
Technik und Industrie, Jahrbuch des Vereins deutscher
Ingenieure, Berlin 1930.
[2] R. Boch, Handwerker-Sozialisten, a.a.O., S. 123 und 131

garantierte jedoch nur dann eine hinreichende Qualität, wenn die geschmiedeten Klingen gleichmäßig dick waren. [1] Da diese Voraussetzung trotz der Gesenkschmiedetechnik zum damaligen Zeitpunkt nicht immer gegeben war, mußte die Rasiermesser-'Schleifmaschine' von geübten Arbeitskräften bedient werden, die in der Lage waren, die Unebenheiten der Rohware durch eine gekonnte Führung der Messer auszuglei- chen. [2] Wird weiterhin berücksichtigt, daß auch die Zahl der Handschleifer in der Rasiermesserbranche weiterhin zu- nahm, und daß die Rasiermesser-"Schleifmaschinen" so ein- fach gebaut und so billig waren, daß auch Heimarbeiter diese Maschinen nachbauen oder erwerben konnten, kann man nicht von einem völligen Durchbruch der neuen Fabrika- tionsart ausgehen. [3] Dennoch "war der Auflösungsprozeß der traditionellen Produktionsform ein Jahrfünft vor dem Ersten Weltkrieg bereits in ein fortgeschrittenes Stadium ge- langt". [4]

Zunächst war der Erfolg der 'Schleifmaschine' jedoch auf die Rasiermesserbranche begrenzt. Den hier gegebenen Vor- teil eines stark standardisierten Produktes, für das die Absatzmöglichkeiten explosionsartig gestiegen waren, hatten die anderen Branchen nicht. Die Versuche der Firma Hammes- fahr, die Maschinenschleiferei bei Messern einzuführen

---

1) F. Hendrichs, C.F. Ern, a.a.O., S. 12; vgl. auch: H. Tegtmeier, a.a.O., S. 72 ff
2) Die Ern'sche Rasiermesserschleifmaschine war deshalb auch keine "Maschine" im strengsten Sinne des Wortes (vgl. weiter unten). Da die Führung des Werkstückes nicht mehr allein der menschlichen Willenstätigkeit überlassen war, war sie jedoch kein reines Handarbeits- gerät mehr.
3) Die Firma Ern erlebte jedoch in den Jahren zwischen 1905 und 1913 einen deutlichen Aufschwung, der von einem durch die neue 'Maschine' hervorgerufenen Produktivi- tätszuwachs getragen war. Während die Zahl der Beschäf- tigten nur unwesentlich zunahm, verdoppelte sich der Um- satz, Tab. 9, in: J. Putsch, Vom Handwerk zur Fabrik, a.a.O., S. 151
4) R. Boch, Handwerker-Sozialisten, a.a.O., S. 138

Abb. 6: Trommelschleifmaschine der Fa. Hammesfahr um 1900
Auf einer großen Trommel wurden bis zu 100 Messerklingen auf-
gespannt und langsam am Schleifstein vorbeigeführt. Während
die Klingen auf der einen Trommel geschliffen wurden, wurden
auf der nächsten Trommel die Klingen ausgetauscht. 34 solcher
Schleifmaschinen waren bei Hammesfahr aufgestellt. Die Maschine besorgte lediglich den ersten (Grob-)Schliff. Der Feinschliff (das Pliesten) erfolgte weiterhin in Handarbeit.

reizten kaum zur Nachahmung. [1] "In der Tischmesserschlei-
ferei dürften die Erfahrungen, die Hammesfahr mit seinen
Schleifmaschinen gemacht hat, vorläufig kaum zu weiteren
Experimenten Anlaß geben. Die Hammesfahr'sche Maschine kann

---

[1] Hammesfahr hatte eine sog. 'Trommelschleifmaschine' entwickelt, bei der die Messer in eine rotierende Trommel
gespannt wurden, die sich gegen den Schleifstein bewegte. Während eine Trommel am Schleifstein vorbeilief,
wurde die nächste Trommel neu mit Messerklingen bestückt. Vgl. die Patentschrift Nr. 94967, vom
12.11.1897, STA Solingen, Sammlung Hendrichs FA 9/9; J.
Putsch, Vom Handwerk zur Fabrik, a.a.O., Abb. 35, S.
192; H. Tegtmeier, a.a.O., S. 69 ff

einesteils immer nur für eine bestimmte Sorte von Messern verwandt werden - Hammesfahr benutzt sie ausschließlich zum Schleifen von Küchenmessern - dann aber ist ihre Leistung so minimal, daß sie in Anbetracht der Anschaffungs- und Unterhaltungskosten eher zur Verteuerung als zur Verbilligung der Produktion führte. Daher auch die Bemühungen Hammesfahrs seine Maschinen durch Herabdrücken der Löhne und Qualitätspfuschereien rationell zu machen." [1] Die Firma Hammesfahr wurde von den Fachvereinen so konsequent bestreikt, daß sie mit der Expansion der anderen großen Stahlwarenfabriken nicht mehr Schritt halten konnte. Die Belegschaft stagnierte bei etwa 600 Beschäftigten. [2]

VI.

Um die Jahrhundertwende waren die Handwerker-Arbeiter nur noch ein Teil der Gesamtarbeiterschaft in der Solinger Schneidwarenindustrie bzw. Metallindustrie und entsprechend waren die auf die Handwerker-Arbeiter zugeschnittenen Fachvereine auch nur ein Ausschnitt aus der Solinger Gewerkschaftsbewegung. Die Ungleichzeitigkeit der industriellen Entwicklung hatte in der Schneidwarenindustrie aus einer geschlossenen handwerklichen Produktionskette zwei verschiedene Arbeitswirklichkeiten entstehen lassen. Die unterschiedlichen Berufserfahrungen der sozialen Träger des jeweiligen Begriffs von Arbeit entwickelten völlig verschiedene gewerkschaftliche Positionen.

---

1) Stawa 8.4., 15.4., 23.4., 29.4.1909, "Heimarbeit oder Fabrikarbeit - Ein Problem?"
2) Ein im Jahre 1906 verhängter Generalstreik gegen Hammesfahr hatte bis zum Jahre 1924 Bestand. Vgl. R. Boch, Handwerker-Sozialisten, a.a.O., S. 166

Nach der Jahrhundertwende begann der Aufstieg des Deutschen Metallarbeiterverbandes (DMV), in dem sich die neuen Fabrikarbeiterschichten organisierten. Während die Mitgliederzahlen der seit 1907 in einem lokalen Dachverband, dem Industriearbeiterverband (IAV), lose zusammengeschlossenen Fachvereine im letzten Jahrzehnt vor dem Ersten Weltkrieg stagnierten, hatte der DMV einen kontinuierlichen Mitgliederzuwachs zu verzeichnen, der auch in den Bereich der Stahlwarenindustrie hereinreichte. [1] Die mit dem Anwachsen der Schlägereien und der neuen Industriezweige entstandene, überwiegend un- bzw. angelernte Arbeiterschaft fiel aus dem Rahmen der berufsspezifischen Fachvereine. Der 1886 gegründete Fachverein der qualifizierten Schmiede sah sich sehr bald gezwungen, die Schlägereiarbeiter, die die Majorität der Arbeitskräfte im Schmiedesektor stellten, zu integrieren. Damit stand einem Übertritt in den DMV prinzipiell nichts mehr im Wege. Die auf unterschiedlichen Produktionswirklichkeiten basierenden widersprüchlichen Interessen, die in der Einschätzung der Teilarbeit, der Maschinenarbeit, ja der Technik überhaupt zum Ausdruck kamen, führten zu scharfen Konflikten zwischen dem Deutschen Metallarbeiterverband und dem Solinger Industriearbeiterverband. [2]

---

1) R. Boch, Handwerker-Sozialisten, a.a.O., Tab. 30, S. 222
2) Die langjährigen Auseinandersetzungen der Solinger Arbeiterschaft mit der Firma Hammesfahr, die seit der Jahrhundertwende den Aufbau eines integrierten Fabrikbetriebes verfolgte, weisen beide Extreme auf. Hatte der absolutistische Anspruch Hammesfahrs, alle Formen gewerkschaftlicher Organisation aus seiner Fabrik zu verdängen, zunächst eine Interessenkongruenz zwischen Fachvereinen und DMV möglich gemacht, so gingen die Interessen in dem Moment auseinander, als die Frage der Einstellung zur Teil- und Maschinenarbeit in den Vordergrund trat. Der Konflikt kulminierte darin, daß der DMV in einer Koalition mit Hammesfahr versuchte, die Solinger Fachvereine buchstäblich auszubluten. Diese Erfahrungen des Jahres 1905 standen Pate beim Zusammenschluß der Fachvereine zum Industriearbeiter-Verband (IAV) im Jahre 1907.
Vgl. auch R. Boch, Handwerker-Sozialisten, a.a.O., S. 139-167

Besonders in der Frage des technischen Fortschritts lagen
die Positionen zwischen den beiden gewerkschaftlichen Dach-
organisationen der Solinger Arbeiterschaft weit auseinander. Der DMV hatte seine Einstellung zum technischen Fortschritt in einer Broschüre aus dem Jahr 1906 folgendermaßen
formuliert: "Er (der DMV, der Verf.) betrachtet die Einführung der Fabrikarbeit als einen Schritt natürlicher, technischer und wirtschaftlicher Entwicklung und lehnt es ab,
dieser Entwicklung irgendwie entgegenzutreten. Er betrachtet jede Vervollkommnung der Technik als eine Kulturarbeit
im Dienste der Menschheit und weigert sich, ihr deshalb
entgegenzutreten. Er kann sich nur darauf beschränken, dafür zu sorgen, daß auch der Arbeiter an technisch verbesserten Hilfswerkzeugen einen angemessenen Verdienst erhält
..." [1] Vor dem Hintergrund ihrer eigenen historischen Erfahrungen vermochten die Solinger Handwerker-Arbeiter einem
solch schablonenhaften Geschichtsbild nicht zu folgen. In
ihrer Gewerkschaftszeitung, dem Stahlwarenarbeiter, hieß
es: "Die Art wie einige Gewerkschaften mit ihrer von bürgerlichen Ökonomen entlehnten "Wissenschaft" die Gegensätze
zwischen selbständigen Arbeitern und Lohnarbeitern behan-
deln, nötigt uns auch unsere Meinung zur Diskussion zu
stellen. Die Produktionsverhältnisse entwickeln sich nun
einmal nicht nach den schönen Hypothesen gedankenloser 'So-
zialpolitiker', sondern nach eigenen, den Produktionsverhältnissen innewohnenden Gesetzen. Eine Kettenreihe materieller Ursachen in ihren Wirkungen, die wiederum Ursache
neuer Wirkungen werden, müssen untersucht werden, um die
Weiterentwicklung einer Produktionsweise vorauszusehen und
Schlüsse ziehen zu können, welche Stellung die Arbeiterschaft zu ihrem eigenen Nutzen einzunehmen hat. Damit macht
sich der DMV jedoch keine Mühe". [2]

Für die Gewerkschaften der Handwerker-Arbeiter ging es -
auch im Interesse der Erhaltung des Lohnniveaus - um mehr
als um die Erhaltung des Lohnniveaus, nämlich um die Erhal-

1) Was bietet der Deutsche Metallarbeiterverband ...,
   a.a.O., S. 7
2) Stawa 27.7.1906, "Die Qualitätsfrage in der Solinger Industrie"

tung der Qualitätsbestimmungen. Sie wehrten sich gegen die
Entwertung ihrer Qualifikation und gegen die Zerstörung der
Möglichkeiten, die Produktion zu kontrollieren. In der Ausbreitung der fabrikmäßigen Massenproduktion sahen sie eine
Gefährdung ihrer Position, ja der Solinger Industrie überhaupt, da damit der entscheidende Produktions- und Stand-
ortvorteil, die Existenz einer hochqualifizierten Handwer-
ker-Arbeiterschaft entwertet und die Weltmarktkonkurrenz
auf Kosten der Arbeiterschaft, nämlich über die Löhne,
stattfinden würde. "Die Solinger Stahlwaren-Industrie ist
eine Qualitätsindustrie. Sie kann ihren Markt nur durch die
Herstellung guter Waren behaupten. (...) In dem Augenblick,
wo die Solinger Industriellen ihr Hauptgewicht auf die Anfertigung billiger Massenartikel legen würden, müßte ein
Konkurrenzkampf entbrennen, bei dem diejenigen den Sieg da-
vontragen müßten, die die niedrigsten Löhne zahlen. (...)
Die Herstellung von Schundwaren gestattet die Anwendung un-
gelernter, wenig geschulter, Arbeiter. Je mehr aber die Fabrikanten in der Lage sind ungeschulte Arbeiter anwenden zu
können, umso weniger sind die Arbeiter imstande, den Aus-
beutungsgelüsten der Fabrikanten Schranken zu ziehen." [1]
Die Handwerker-Arbeiter fürchteten auch die Konsequenzen
der Fabikarbeit hinsichtlich ihrer Arbeitssituation: "Wie
ein dressiertes Tier verrichtet man von nun an seine Arbeit
und erreicht sein Pensum. So leben in der Zeit der an-
geblichen Zivilisation Hunderttausende Arbeiter ein geist-
loses Dasein, Hunderttausende Menschen existieren ohne Ge-
dankenleben, sind zu Maschinen geworden." [2] Demgegenüber
hatten sich die Mitglieder des DMV mit der neuen industriellen Arbeitsteilung, die für sie eine unabwendbare Realität darstellte, bereits abgefunden. Die Interessen der
Handwerker-Arbeiter wurden vom DMV als zünftlerisch abgelehnt.

"Der Erhalt autonomer Kompetenzen von Arbeiterschichten,
die Kenntnis der Produktionsprozesse und meist darauf auf-
bauende Mitbestimmungsrechte, waren für die führenden Kreise des DMV ein zu vernachlässigender Faktor, ja sogar ein

1) Stawa 27.7.1906, a.a.O.
2) Ebenda

Hindernis auf dem Weg zu einer 'höheren Produktionsform', die dereinst den Kapitalismus ablösen sollte." [1] Diesen Übergang zu einer anderen Gesellschaft stellten sich die Handwerker-Arbeiter ganz anders vor: "Für die Schleifer als Handwerker-Sozialisten der ersten Stunde war die 'freie Assoziation der Produzenten im Sozialismus' (Marx) eine sehr konkrete Utopie. Ihre Qualitätsarbeit und ihre Arbeitsorganisation galten ihnen als solide Grundlage für eine sozialistische Produktionsweise". [2] Gegenüber den Fabrikarbeitern blieben sie skeptisch; nicht nur aufgrund der kurzfristig zu erwartenden Konsequenzen hinsichtlich der Arbeitssituation und des Lohnniveaus, sondern auch wegen der langfristigen politischen Folgen: Die Fabriken schienen ihnen "Arbeiterschichten hervorzubringen, die nicht mehr dazu befähigt waren, eines Tages die Herrschaft in Fabrik und Gesellschaft anzutreten und die Produktion selbständig zu organisieren". [3] Auf der anderen Seite war auch bei den Schleifern die Aufhebung der traditionellen Arbeitssituation und der entsprechenden politischen Kultur bereits im vollen Gange. Der um die Jahrhundertwende aufgekommene Elektromotor stabilisierte zwar die Selbständigkeit, indem er den Schleifern - und auch den Reidern - eine relativ preiswerte, standortflexible und beliebig teilbare Antriebskraft in die Hand gab, über die sie autonom verfügen konnten. [4] Andererseits wurde die Arbeitssituation der Schleifer individualisiert; sie wurden zu - häufig gar vereinzelten - Heimarbeitern. Abgesehen davon, daß es schwieriger wurde, die Einhaltung der Preisverzeichnisse zu kontrollieren, implizierte diese Individualisierung langfristig ein rückläufiges Klassenbewußtsein und somit eine generelle Schwächung der gewerkschaftlichen Kampfkraft. [5]

---

1) R. Boch, Handwerker-Sozialisten, a.a.O., S. 176
2) R. Boch, Was macht aus Arbeit industrielle Lohn-"Arbeit". Arbeitsbedingungen und -fertigkeiten im Prozeß der Kapitalisierung: Die Solinger Schneidwarenfabrikation 1850 - 1920, in: Sowi 9, 1980 H 2, S. 65
3) R. Boch, Handwerker-Sozialisten, a.a.O., S. 176
4) Im Jahre 1913 registrierte die Solinger Gewerbeinspektion 1.594 Motorwerkstätten mit 5.315 Arbeitern, vgl. Tab. 6.3.2.1, siehe auch: Stawa 7.6.1907, "Die Entwicklung der Solinger Industrie unter Anwendung der Elektrizität". Die Stawa urteilte euphorisch: "Die in früheren Jahren vielfach angekündigte Entwicklung der Solinger Hausindustrie zum Fabrikbetrieb ist durch die Entstehung der vielen elektrischen Kleinbetriebe längst hinfällig geworden".
5) BAST 22.9.1925

2. Zur Entwicklung der Wirtschafts- und Sozialstruktur des Solinger Industriegebietes (1914 bis 1960)

I.

Im Solinger Industriegebiet, d.h. den Städten Solingen, Gräfrath, Höhscheid, Ohligs und Wald, die 1929 zur Stadt Solingen vereinigt wurden, lebten im Jahre 1925 zusammen 135.706 Einwohner. [1] Der größte Stadtteil war Solingen mit 51.929 Einwohnern. Mit einigem Abstand folgten Wald und Ohligs mit 27.560 bzw. 29.804 Einwohnern. Diese beiden Bezirke hatten sich während der Industrialisierung seit den 1870er Jahren am stärksten entwickelt. In Höhscheid lebten 15.855 Einwohner und im kleinsten Stadtteil, Gräfrath, der den geringsten Anteil an Industriebetrieben aufwies, wohnten 10.560 Einwohner. An diesem Verhältnis der Stadtteile zueinander sollte sich bis zum Zweiten Weltkrieg nichts ändern.

Zwischen 1948 und 1961 nahm die Bevölkerung um ca. 20 Prozent zu, so daß 1961 in Solingen 171.085 Personen gemeldet waren. Während der Zuwachs in den Jahren bis 1955 primär durch Wanderungsgewinne, d.h. insbesondere durch den Zustrom der Vertriebenen [2] bedingt war, basierte er in den folgenden Jahren verstärkt auf dem natürlichen Bevölkerungswachstum. [3] Ab 1959 stieg die Ausländerbeschäftigung

---

1) Tab. 2.1.1
2) Der nach Solingen gelangte Flüchtlingsstrom lag unter dem Durchschnitt. Während der Anteil der Vertriebenen mit 9.416 im September 1950 in Solingen 6,1 % der Gesamtbevölkerung betrug, lag der Vergleichswert für den Regierungsbezirk Düsseldorf bei 7,5 %. Vgl. Jahresbericht der IHK zu Solingen für das Jahr 1950, in: IHK-Mitteilungen, Jg. 1951, Beilage zu Nr. 11, S. 26; Siehe auch H.P. Merx, a.a.O., S. 99 f sowie W. Abelshauser, D. Petzina, Krise und Rekonstruktion, a.a.O., S. 79 ff
3) Vgl. H.St. Seidenfus, Wirtschaftsanalyse der Stadt Solingen, MS Münster 1967, S. 7

in Solingen stärker an, als im Landes- und Bundesdurch-
schnitt. [1] Waren 1955 nur insgesamt 292 ausländische Arbeitnehmer in Solingen gemeldet, so waren es 1960 bereits
1.174 und 1962 3.240. Bis 1966 wuchs diese Zahl auf 7.002
an, so daß jeder zehnte Arbeitnehmer aus dem Ausland kam.
In der Metallindustrie waren 13,3 Prozent der Beschäftigten
Ausländer. [2]

Die einzelnen Stadtteile profitierten mit einer Ausnahme -
nämlich dem von der Heimindustrie geprägten Stadtteil Höhscheid, in dem die Bevölkerung stagnierte - gleichmäßig von
dem Bevölkerungswachstum der 50er Jahre. [3] Hinsichtlich
der altersmäßigen Zusammensetzung der Bevölkerung im Jahre
1961 ist festzustellen, daß die älteren Altersgruppen einen
weitaus größeren Anteil an der Gesamtbevölkerung hatten,
als in Nordrhein-Westfalen, während die Gruppe der 21 bis
45 jährigen in Solingen nicht so stark vertreten war. [4]

II.

Bei der Betrachtung der sozialen Schichtung der Solinger
Bevölkerung, wie sie sich aus der Stellung der Erwerbspersonen im Beruf ergibt [5], fällt auf, daß der Anteil der Arbeiterschaft auffällig hoch war. [6] 1925 zählten 61,5 Pro-

---

1) Siehe H.St. Seidenfus, a.a.O., Tab. 9, S. 20
2) Vgl. Solinger Geschichtswerkstatt, Ausländer in Solingen, Leverkusen 1983, S. 9; ST 23.7.1966, siehe auch:
   H.St. Seidenfus, a.a.O., S. 20 f
3) Tab. 2.1.1
4) In Solingen lag der Anteil der über 45-jährigen bei
   43,5 %, in NRW bei 36,0 %. Die Gruppe der 21 -
   45-jährigen war in Solingen mit 31,8 % vertreten, im
   Land mit 33,9 %. Noch stärker war der Altersüberhang bei
   der Erwerbsbevölkerung. der mehr als 55 Jahre alte Teil
   der Erwerbspersonen lag in Solingen bei 20,7 % gegenüber
   14,9 % in NRW. Die Wohnbevölkerung in Nordrhein-Westfalen nach Alter, Familienstand und Religion; Beiträge in
   Statistik des Landes Nordrhein-Westfalen, Sonderreihe
   Volkszählung 1961, Heft 4 c, Düsseldorf 1963; vgl. auch
   Tab. 3.4.2, 5.3, 3.1.6 und 3.1.8
5) Tab. 2.1.4
6) Vgl. auch Tab. 2.1.2

Abb. 7: Teilansicht des Solinger Stadtgebietes um 1926.
Im Vordergrund der Kern des weitläufigen Stadtteils Höhscheid.
Die Straße in der Mittelachse, die Neuenhoferstraße, führt
nach Solingen-Mitte, das im Hintergrund erkennbar ist.

Abb. 8: Der Bahnhof Solingen-Weyersberg um 1890
Zwischen den Gleisen lagern zahlreiche Schleifsteine.

zent der Solinger Erwerbspersonen zur Industriearbeiterschaft, im Reichsdurchschnitt waren es 50,1 Prozent. [1]
Auch der Anteil der selbständigen Erwerbspersonen lag mit
18,4 Prozent um 2,8 Prozent über dem Wert für das Deutsche
Reich (15,6 Prozent). [2] Unterdurchschnittlich vertreten
war - dies im wesentlichen als eine Folge der kleinkapitalistischen Struktur der Solinger Schneidwarenindustrie -
die Gruppe der Angestellten und Beamten mit 16,8 Prozent.
[3]

Die soziale Schichtung der 1950er Jahre unterschied sich
signifikant von derjenigen des Jahres 1925, wobei zwischen
1950 und 1961 noch einmal bemerkenswerte Verschiebungen
stattfanden. [4]
Der Anteil der klassischen Industriearbeiterschaft an der
Gesamtbevölkerung war bereits 1950 auf 48 Prozent gesunken
und sank bis 1961 weiter auf 46,5 Prozent ab. Auf der anderen Seite war die Gruppe der Angestellten und Beamten bis
1961 von 15,6 Prozent im Jahre 1925 auf nunmehr 22,3 Prozent angewachsen, so daß der Anteil der lohnabhängigen Bevölkerung trotz des Rückgangs in der Gruppe der Hausange-
stellten und mithelfenden Familienangehörigen weiterhin
knapp über 70 Prozent lag. 1925 hatte der Anteil der Lohnabhängigen bei 77,9 Prozent gelegen. Demgegenüber erfuhr
die Gruppe der Selbständigen, die sich 1950 mit 15,8 Prozent einigermaßen auf dem Stand von 1925 halten konnte,
einen starken Rückgang. Ihr Anteil sank auf 11 Prozent der
Gesamtbevölkerung. Während der Anteil der Selbständigen
auch bei der Betrachtung der Erwerbsbevölkerung [5] propor-
tional auf 11,3 Prozent abgesunken war, hatte sich der
Anteil der Arbeiterschaft hier nur unwesentlich von 61,5
auf 59,1 Prozent vermindert. Die Angestellten und Beamten
hatten um 10 Prozent von 16,8 Prozent im Jahre 1925 auf
26,6 Prozent im Jahre 1961 zugenommen, so daß sich die Pro-

1) Tab. 2.1.4 sowie D. Petzina, W. Abelshauser, A. Faust,
   Sozialgeschichtliches Arbeitsbuch III, München 1978, S.
   55
2) Ebenda
3) Ebenda
4) Tab. 2.1.2
5) Tab. 2.1.4

portionen zwischen produktiv- [1] (Arbeiterschaft) und
unproduktiv Tätigen (Angestellte, Beamte, Selbständige)
insgesamt nur unwesentlich zugunsten der letzteren verschoben hatten. Der Vergleich mit anderen Städten zeigt, daß
die Sozialstruktur Solingens auch 1961 noch durch einen
überdurchschnittlich hohen Anteil der selbständigen Erwerbstätigen und durch einen unterdurchschnittlichen Anteil
der Angestellten und Beamten gekennzeichnet war. Der Anteil
der Selbständigen erreichte in keiner weiteren nordrhein-
westfälischen Großstadt außer Solingen mehr als 10 Prozent
und allein in Remscheid lag der Anteil der Angestellten und
Beamten ebenfalls unter 30 Prozent. [2]

Entsprechend der sozialen Schichtung der Gesamtbevölkerung
verhielt sich die Aufteilung der abhängigen Erwerbspersonen
auf die Wirtschaftsbereiche. Der Anteil der Beschäftigten
in Industrie und Handwerk lag mit 74,3 Prozent im Jahre
1925 um 32,1 Prozent (!) über dem Reichsdurchschnitt. [3]
Während 1925 im Deutschen Reich 27,4 Prozent der Erwerbspersonen dem tertiären Sektor angehörten, waren es in Solingen nur 23,1 Prozent. Land- und Forstwirtschaft spielten
mit 2,7 Prozent der Erwerbspersonen nur eine marginale Rolle. [4]

Hinsichtlich der Verteilung der Erwerbspersonen auf die
Wirtschaftsbereiche [5] haben sich die Gewichte nach dem
Zweiten Weltkrieg leicht zugunsten des tertiären Sektors
verschoben. Der Anteil der Erwerbspersonen in der Land- und
Forstwirtschaft sank von 2,7 Prozent im Jahre 1925 auf 0,2
Prozent im Jahre 1961. Der Anteil der Erwerbspersonen in
Industrie und Handwerk fiel von 74,2 auf 69,5 Prozent [6]
und der tertiäre Sektor wuchs um 7,2 Prozent auf 30,3 Pro-
zent.

---

1) Produktiv im Sinne kapitalproduzierender Tätigkeit
2) H.St. Seidenfuß, a.a.O., Tab. 5 im Anhang
3) Tab. 2.1.5, D. Petzina, u.a., a.a.O., S. 55
4) Entsprechend gering war demnach auch die Gruppe der mithelfenden Familienangehörigen. Ihr Anteil an den Erwerbspersonen lag 1925 mit 3,3 Prozent deutlich unter
   dem Reichsdurchschnitt (17,0 Prozent), vgl. Tab. 2.1.4
   sowie D. Petzina, u.a., a.a.O., S. 55
5) Tab. 2.1.5
6) Der Anteil des Sektors Industrie und Handwerk war bereits in der Weltwirtschaftskrise unter 70 % gefallen.

III.

Die Erwerbsquote war 1925 mit ca. 49 Prozent in den einzelnen Stadtteilen annähernd gleich, wobei auch die erwerbstätigen Frauen gleichmäßig auf den gesamten Stadtbezirk verteilt waren. [1] Allerdings blieb die Erwerbsquote in (Gesamt-)Solingen hinter der durchschnittlichen Erwerbsquote des Deutschen Reiches um 2,3 Prozent zurück. [2] Die Ursache lag eindeutig in der Situation der Frauenarbeit im Solinger Industriegebiet begründet: Frauen waren generell in den durch lange handwerkliche Traditionen gekennzeichneten Metallgewerben nahezu ausgeschlossen. [3] So waren Frauen in der Solinger Schneidwarenindustrie bis zum Ersten Weltkrieg fast ausschließlich in den Randbereichen der Produktion, etwa in den Putz- und Packstuben beschäftigt.

Während des Ersten Weltkrieges wurden Frauen erstmals massenhaft in den Produktionsprozeß integriert. Denn die Solinger Rüstungsbetriebe versuchten während des Krieges, dem Problem des Facharbeitermangels durch die systematische Anlernung der Frauen für Tätigkeiten in der direkten Produktion und die technische Anpassung des Herstellungsprozesses an die Arbeitskraft der Frau zu begegnen. [4] Die während des Krieges vorgenommenen Veränderungen im Produktionsbereich gestatteten offenbar auch nach dem Krieg die Beschäftigung von Frauen. Während im Jahre 1913 die erwachsenen Arbeiterinnen 7,9 Prozent der Arbeiterschaft ausmachten, waren es 1924 16,7 Prozent. [5] Ihr Anteil hatte

---

1) Tab. 2.1.8 und 2.1.3
   Die Erwerbsquote im Deutschen Reich lag 1925 bei 51,3 Prozent, vgl. D. Petzina, u.a., a.a.O., S. 54
2) Ebenda
3) Vgl. R. Stockmann, Gewerbliche Frauenarbeit in Deutschland 1875 - 1980, in: Geschichte und Gesellschaft 11, 1985, S. 460
4) Vgl. Tab. 6.3.1 und 6.3.2.1 und 6.3.2.2 sowie generell: Gabriele Wellner, Industriearbeiterinnen in der Weimarer Republik: Arbeitsmarkt, Arbeit und Privatleben 1910 - 1933, in: Geschichte und Gesellschaft, 7. Jg., 1981, Heft 3/4, S. 538
5) Cäcilie Godek, Frauenarbeit in der Solinger Industrie, Dipl. MS, Solingen 1924, S. 30

sich also dauerhaft mehr als verdoppelt. Dabei spielten
nicht nur strukturelle Gründe eine Rolle, denn besonders in
den Jahren 1921 und 1922 stieg der Anteil der Frauen, die
angesichts der inflationären Preisentwicklung zur reinen
Existenzsicherung gezwungen waren, eine Fabriktätigkeit
aufzunehmen. [1] Zwar machte sich nach 1924 ein Rückgang der
Frauenbeschäftigung bemerkbar, doch die billigen weiblichen
Arbeitskräfte ließen sich nicht mehr vollständig vom Ar-
beitsmarkt verdrängen; zumal sie bereits vor dem Ersten
Weltkrieg das wichtigste Arbeitskräftereservoir etwa der
Schirmindustrie stellten. Auch nach der Gewerbezählung des
Jahres 1926 waren mehr als 25 Prozent der lohnabhängigen
Arbeitskräfte in Betrieben mit mehr als 50 Beschäftigten
Frauen [2] und 1925 waren 15,1 Prozent der Beschäftigten in
Industrie- und Handwerk Frauen. [3] Frauenarbeit war somit
fortan ein fester Bestandteil der Solinger Industrie. [4]

Dieser Befund galt allerdings für die Schneidwarenindustrie
nach wie vor nur in eingeschränktem Maße. Hier hatte sich
die Struktur der Beschäftigten nach Geschlecht gegenüber
der Vorkriegszeit nur unwesentlich verändert. Zwar waren
die Frauen in den Putz- und Packstuben nun erstmals eindeutig in der Überzahl und nicht mehr wegzudenken, doch aus
dem zentralen Produktionsbereich der Schneidwarenindustrie
waren sie mit dem Übergang zur Friedensproduktion sehr

1) Diesem Anstieg der beschäftigten Frauen entsprach auch -
   im Gegensatz zu der Zeit des Ersten Weltkrieges - eine
   Zunahme der weiblichen Gewerkschaftsmitglieder im CMV
   und im DMV. Im DMV waren 1919 von 17.670 Mitgliedern
   2.945 Frauen. Im CMV waren 4.500 Mitglieder, davon 900
   Frauen. C. Godek, a.a.O., S. 41
2) Vgl. die Artikel v. W. Halbach im Solinger Tageblatt:
   Die Berufstätigkeit der Frau im Solinger Industriebezirk, ST 05.04.1927 und : Die Frau in der Solinger Heimindustrie, ST 23.06.1927. Der Anteil der erwerbstätigen
   Frauen an den versicherungspflichtigen Kassenmitgliedern
   der Ortskrankenkasse lag während der gesamten Weimarer
   Republik konstant über 31 Prozent, vgl. AOK-Geschäftsbe-
   richte 1922 - 1930, StA Solingen Bibl. IV-H-4
3) Vgl. Tab. 2.1.10
4) Die Arbeitsplätze der beschäftigten Frauen schienen si-
   cherer zu sein, als die ihrer männlichen Kollegen. Sie
   waren in ungleich geringerem Maße von Arbeitslosigkeit
   betroffen. Vgl. Tab. 4.1

schnell wieder verbannt worden. [1] Die nach wie vor durch
die Dominanz der qualifizierten Facharbeit charakterisier-
ten Produktionsmethoden boten der Frauenbeschäftigung wenig
Raum. [2] Eine Ausnahme war allein die primär auf unqualifi-
zierter Frauenarbeit basierende Rasierklingenindustrie. [3]
Der Anteil der beschäftigten Frauen erreichte somit in der
gesamten Solinger Metallindustrie 1925 nicht mehr als 11,9
Prozent. Selbst in der EBM-Industrie [4], die für Frauen
prinzipiell eher Beschäftigungsmöglichkeiten bot, als etwa
die Maschinenbauindustrie, lag der Frauenanteil aufgrund
der Erwerbsstruktur in der Schneidwarenindustrie bei nur
12,6 Prozent. [5] Infolge der relativ geringen Beschäftigungsmöglichkeiten für Frauen in dem dominierenden Wirtschaftszweig des Solinger Industriegebietes lag der Anteil
der Frauen an den Erwerbspersonen mit 22,7 Prozent im Jahre
1925 deutlich unter dem Niveau des Deutschen Reiches (35,8
Prozent). Das gleiche galt für die Frauenerwerbsquote, die
in Solingen 22,2 Prozent und im Deutschen Reich 35,6 Prozent betrug. [6]

1961 lag die Solinger Erwerbsquote mit 49,2 Prozent über
derjenigen des Landes Nordrhein-Westfalen (45,4 Prozent)
und auch der Bundesrepublik (47,3 Prozent).[7]

1) Die Schlägerei Hendrichs etwa, die während des Krieges
   erstmals auch einige Frauen an den Exzenterpressen beschäftigt hatte, entließ in der Wirtschaftskrise des
   Jahres 1926 die letzten beiden Frauen, vgl. Fa. Hendrichs, Solingen-Merscheid, Personalunterlagen, vgl.
   auch Tab. 3.1.5 und Tab. 3.3.1
2) Schwer zu beurteilen und statistisch überhaupt nicht zu
   erfassen ist die in den Heimwerkstätten der Reider und
   Scherennagler geleistete Frauenarbeit. Vieles spricht
   dafür, daß sie besonders in wirtschaftlich schlechten
   Zeiten, in denen die Heimarbeiter unter Entgeltkürzungen
   zu leiden hatten, beträchtlichen Umfang annahm. Vgl.
   hierzu H. Wielpütz, a.a.O., S. 74 - 82, W. Halbach, Die
   Frau in der Solinger Heimindustrie, ST 23.8.1927
3) Vgl. K. Löhmer, a.a.O., S. 116
4) Eisen-, Blech- und Metallwarenindustrie
5) Tab. 2.2.4
6) Siehe Tab. 2.1.3 sowie D. Petzina, u.a., a.a.O., S. 54
7) Tab. 2.1.3, H.St. Seidenfus, a.a.O., S. 13

In der durch vielfältige Produktionsbehinderungen und Arbeitslosigkeit gekennzeichneten ersten Nachkriegsphase bis
1948 scheint der während des Krieges gewachsene Frauenanteil in der um das Halten der qualifizierten Facharbeiter
bemühten, unterbeschäftigten Schneidwarenindustrie rückläufig gewesen zu sein [1], während er in Solingen insgesamt
etwa auf dem Stand von 1939 stagnierte. [2] Die Solinger
Frauenerwerbsquote blieb mit 23,1 Prozent im Jahre 1950
weiterhin deutlich hinter der bundesdeutschen (31 Prozent)
zurück. [3] Dieser Abstand wurde im Laufe der 50er Jahre als
Folge der Bevölkerungsentwicklung und aufgrund struktureller Veränderungen des industriellen Arbeitsprozesses nahezu
vollständig abgebaut. 1961 wurden in Solingen 91.094 Frau-
en, dies waren 53,2 Prozent der Gesamtbevölkerung, gezählt
[4]; davon waren 28.319, also 31,1 Prozent erwerbstätig. [5]
Somit lag der Frauenanteil in Solingen auf einem durchschnittlichen Niveau. Die Frauenerwerbstätigkeit der Bundesrepublik lag bei 33 Prozent, die Nordrhein-Westfalens
bei 32,3 Prozent. [6] In der Zeit von 1950 bis 1961 war der

1) Tab. 3.1.5; 3.3.1
Während sich die Bedingungen für die Beschäftigung von
Frauen in der Zeit der Weltwirtschaftskrise produktionstechnisch nicht verändert und arbeitsmarktpolitisch betrachtet eher verschlechtert hatten, führte der Facharbeitermangel zu Beginn des Zweiten Weltkrieges erneut zu
einer Zunahme des Anteils der Frauen in der Schneidwarenindustrie. "Seit 1940 sind verschiedene Firmen dazu
übergegangen, Frauen zur Bedienung der Maschinen anzu-
lernen. Ihr Einsatz hat sich in Betrieben mit mechani-
sierter Fertigung - bei der Rasierklingenproduktion und
der Herstellung einfacher Bestecke und Taschenmesser -
bewährt, da die Arbeiterinnen rasch und mit gutem Ein-
fühlungsvermögen ihre Aufgabe erledigen und zudem nicht
so hohe Löhne erhalten, wie Facharbeiter." J.K. Hohns,
a.a.O., S. 88; Tab. 2.1.3; Wie die Entwicklung in den
beiden untersuchten, typischen Solinger Kleinbetrieben
vermuten läßt, hatte die Rolle der Frauen in der zivilen
Schneidwarenherstellung bis 1943 wieder zugenommen. Der
Frauenanteil an den Betriebsarbeitern, -arbeiterinnen
lag in einem Fall bei 55, im anderen bei 56 %. Tab.
3.1.5 und 3.3.1
2) Tab. 2.1.3
3) Tab. 2.1.3 und Institut für Marxistische Studien und
Forschungen, Hrsg., Klassen und Sozialstruktur der BRD
1950 - 1970, Frankfurt 1974, Bd. II/2, S. 185
4) Tab. 2.1.1
5) Tab. 2.1.3
6) E. Ballerstedt und W. Glatzer, Soziologischer Almanach,
Handbuch gesellschaftlicher Daten und Indikatoren,
Frankfurt/M. 1979, S. 48; H.St. Seidenfus, a.a.O., Tab.
4 im Anhang

Anteil der erwerbstätigen Frauen in Solingen um 154 Prozent
gestiegen. Dies war die stärkste Zunahme aller Arbeitsamts-
bezirke des Landes Nordrhein-Westfalen. [1] Auch in der
Wirtschaftsgruppe 'Herstellung von Eisen-, Stahl- und Metallwaren' waren nun 32,9 Prozent aller Beschäftigten
Frauen [2]. In den Betrieben mit mehr als 300 Beschäftigten
lag der Frauenanteil 1958 in der Schneidwarenindustrie bei
27,8 Prozent, in der übrigen Metallindustrie bei 18,7 Prozent. In der traditionell auf Frauenarbeit basierenden
Schirmindustrie waren 44,9 Prozent der Beschäftigten Frau-
en. [3]

IV.

74,6 Prozent der Beschäftigten in Industrie und Handwerk
gehörten 1925 zur Metallindustrie. [4] In den nicht zur
Schneidwarenindustrie zählenden Betrieben der Metallindustrie hatte neben den Schirm- [5], Motorrad-, [6] oder
Fahrrad(teile)fabriken die Gruppe des Maschinen-Apparate-
und Fahrzeugbaus seit 1913 kräftig zugelegt. Die Zahl der
Beschäftigten in diesem Bereich war von 955 im Jahre 1913
auf 2.680 im Jahre 1924 angestiegen. [7] Im Maschinenbau waren somit immerhin 4 Prozent der Erwerbspersonen beschäftigt. 1929 tätigten die Maschinenbaubetriebe 7,6 Prozent
des Umsatzes der Solinger Metallindustrie. [8]
Insgesamt beschäftigten die nicht zur Schneidwarenindstrie
zählenden Sparten der Metallindustrie im Jahre 1925 11.883
Personen; dies waren 32,1 Prozent aller Solinger Metallarbeiter. [9]

1) Strukturbericht, a.a.O., Anhang I, S. 3
2) Tab. 2.2.4, vgl. auch Tab. 2.1.9
3) Tab. 2.2.3, vgl. auch Tab. 3.1.5
4) Tab. 2.2.8
5) Vgl. Kap. 1
6) Siehe ST 2.8.1986, S. 14
7) Vgl. Kap. 1 sowie Tab. 2.2.4
8) Errechnet nach: Statistik des Deutschen Reiches, Bd.
   399, Umsatz und Umsatzsteuer in Deutschland nach den
   Umsatzsteuerveranlagungen 1929 und 1930, Berlin 1932, S.
   134 f und S. 155
9) Tab. 2.2.8

In der Schneidwarenindustrie waren 1925 ca. 25.000 Peronen
beschäftigt. Dies waren 50,6 Prozent der Beschäftigten in
Industrie und Handwerk und 67,9 Prozent der Beschäftigten
in der Solinger Metallindustrie. [1]
Das Verhältnis von Heimarbeitern und Fabrikbeschäftigten
war nahezu 1 : 1. 52 Prozent der Beschäftigten in der
Schneidwarenindustrie waren Heimarbeiter. [2] Die Heimindustrie war 1925 nach wie vor in Höhscheid konzentriert.
Nicht weniger als 92.8 Prozent aller gewerblichen Nieder-
lassungen zählten in diesem Stadtteil zur Heimindustrie,
gegenüber ca. 74 Prozent bzw. etwa 78 Prozent in den anderen Stadtteilen. Etwa 60 Prozent aller Heimgewerbebetriebe
konzentrierten sich in den einander angrenzenden Stadtteilen Solingen und Höhscheid. [3]

1) Tab. 2.2.8
Um die wirtschaftliche Bedeutung der Schneidwarenindustrie richtig einzuschätzen, muß berücksichtigt werden, daß sich unter den nicht zur Schneidwarenindustrie
zählenden Betrieben, einschließlich der Metallbetriebe,
zahlreiche Zuliefer- und Hilfsindustrien befanden, die
mehr oder weniger von der Schneidwarenindustrie abhängig
waren. (Vgl. generell: F. Woelke, a.a.O., S. 10 ff) Wie
das Beispiel der Verflechtung von Maniküre-Artikel-
Branche und Lederindustrie zeigt, standen eine ganze
Reihe von kleinen Industrien als Zulieferer in direkter
Abhängigkeit von der Schneidwarenindustrie. In höchstem
Maße trifft dies auf die ca. 40 Kartonagenfabriken zu,
in denen von überwiegend weiblichen Arbeitskräften Ver-
packungsmaterial für Schneidwaren hergestellt wurde,
vgl. W. Halbach, a.a.O., S. 41 f. Weitere Beispiele wären die Streichriemenindustrie, vgl. W. Halbach, a.a.O.,
S. 56 f; die Hefte- und Schalenindustrie; die Schleif-
und Poliermittelfabriken oder die Hornwarenindustrie, W.
Halbach, a.a.O., S. 47 ff. Die Hornwarenindustrie war
auch Zulieferer der Schirmindustrie und beschäftigte
mehrere hundert Arbeitskräfte. Siehe auch: K.G. Weck,
a.a.O., S. 42 sowie: J. Putsch, Horndrechselei Höpp,
Historische Handwerkstätten in der Solinger Schneidwarenindustrie, Brauweiler 1986
2) Tab. 2.3.1
Seit 1907 war die Zahl der Fabrikbeschäftigten ungleich
stärker angestiegen, als die der Heimarbeiter. 1907
stellte die Heimindustrie mit 10.867 Personen 61 Personen der Beschäftigten in der Schneidwarenindustrie.
3) Tab. 2.3.2

Die Verteilung von Betrieben und Beschäftigten auf die Betriebsgrößenklassen veranschaulicht die betriebliche Struktur der Solinger Schneidwarenindustrie. [1] 1925 hatten 96,2
Prozent aller Betriebe weniger als 50 Beschäftigte; in diesen Kleinbetrieben waren immerhin 51,1 Prozent aller Erwerbspersonen der Schneidwarenindustrie tätig. Die Gruppe
der Betriebe mit 50 bis 199 Beschäftigten, zu der nicht
mehr als 70 Betriebe (3,1 Prozent aller Betriebe) gehörten,
vereinigte 25,7 Prozent der Beschäftigten der Schneidwarenindustrie auf sich. In den 15 Betrieben mit mehr als 200
Beschäftigten (0,7 Prozent aller Betriebe) arbeiteten 23,3
Prozent der Beschäftigten. Pro Betrieb waren 1925 somit
durchschnittlich 3,3 Personen beschäftigt [2]; im Deutschen
Reich waren es 6,8 Personen und in der Rheinprovinz 9,1. [3]
Entsprechend war die Struktur der Rechtsformen der Solinger
Unternehmen. Personalunternehmen überwogen gegenüber den
Kapitalgesellschaften (AG, GmbH, KG) ganz eindeutig im Ver-
hältnis von 4,75 : 1. [4]

Der Gesamtwert der Produktion der Solinger Schneidwarenindustrie belief sich im Jahre 1925 auf 105,8 Millionen
Reichsmark. [5] Die Umsätze verteilten sich folgendermaßen
auf die verschiedenen Umsatzgrößenklassen: [6] Die 14,4 Prozent der Betriebe mit mehr als 200.000 RM Jahresumsatz
konnten 69,1 Prozent aller Umsätze der Solinger Schneidwarenindustrie auf sich vereinigen. Die überwiegende Mehrzahl
der Betriebe, nämlich 73,8 Prozent, blieb unter 100.000 RM
Jahresumsatz. Zusammen waren diese Kleinbetriebe mit 19
Prozent an den Gesamtumsätzen der Solinger Schneidwarenindustrie beteiligt.

1) Tab. 2.2.5
2) Errechnet nach: Statistik des Deutschen Reiches, Bd.
   416, Heft 9 a, S. 111 ff
3) Statistisches Jahrbuch für das Deutsche Reich 46/1927,
   S. 80
4) F. Woelke, a.a.O., S. 28, vgl. auch J. Putsch, Soziale
   und wirtschaftliche Probleme, a.a.O., S. 15
5) Tab. 2.2.6
6) Tab. 2.2.1

In der Wirtschaftsstruktur des Solinger Industriegebietes
hatten sich in den 50er Jahren gegenüber der Zeit der Weimarer Republik bemerkenswerte Veränderungen ergeben. Im
verarbeitenden Gewerbe hatte die Bedeutung der Metallindustrie, gemessen an der Zahl der Erwerbstätigen, abgenommen.
[1] Zählten 1925 noch 74,6 Prozent aller in Industrie und
Handwerk Beschäftigten zur Metallindustrie, so lag dieser
Anteil 1950 nur noch bei 58,2 Prozent. Bis 1961 stieg er
zwar wieder auf 68 Prozent; von diesem Anstieg profitierten
aber allein die nicht zur Schneidwarenindustrie gehörenden
Metallbetriebe, die - sieht man sich die Zahl der Beschäftigten an - die Folgen des Zweiten Weltkrieges im Jahre
1950 im Gegensatz zur Schneidwarenindustrie noch nicht
überwunden hatten, danach aber um so stärker expandierten.
1961 waren in diesen Betrieben insgesamt mit Abstand mehr
Erwerbspersonen beschäftigt als in der Schneidwarenindustrie. Obwohl die Bevölkerung anstieg, ging die Zahl der
Beschäftigten in der Schneidwarenindustrie beständig zurück. Zur Schneidwarenindustrie zählten 1961 nur noch 28,2
Prozent aller in Industrie und Handwerk beschäftigten Erwerbspersonen und nur noch 41,5 Prozent der Metallarbei-
ter(innen); die Vergleichswerte für das Jahr 1925 lauten
50,6 bzw. 67,9 Prozent. Die Zahl der metallerzeugenden Betriebe wuchs zwischen 1950 und 1961 von 60 auf 262. [2] Die
Anzahl der Beschäftigten stieg in diesem Bereich um 7.138
auf 8.991. Im Maschinen- und Apparatebau waren die Steige-
rungsraten zwar geringer, aber immer noch beachtlich. 175
Betriebe mit 6.032 Beschäftigten gehörten 1961 zu diesem
Wirtschaftszweig. In der nach wie vor bedeutendsten Gruppe,
derjenigen der Herstellung von Eisen-, Stahl- und Metallwaren, zu der auch die Schneidwarenindustrie zählte, sank
die Zahl der Betriebe zwischen 1950 und 1961 von 2.154 auf
1.267. Die Zahl der Beschäftigten stieg nur um 2.645 von

---

1) Tab. 2.2.9
2) Tab. 2.2.4

19.280 auf 21.925 an. [1] Das geringe Wachstum der Beschäftigung in diesem Bereich war nicht allein ein Indiz für Rationalisierungen. Denn auch das Wachstum des Umsatzes blieb insbesondere aufgrund der Entwicklung des EBM-Bereiches hinter der Wachstumsrate in Land und Bund zurück. Die in der alten Industrieregion Solingen hauptsächlich vertretenen Wirtschaftszweige gehörten nicht zu den neuen Wachstumsindustrien. [2] Aufgrund der Entwicklung der in Solingen dominanten Kleineisenindustrie war das industrielle Wachstum Solingens schwächer als auf Landes- und Bundesebene. [3] Gerade die Schneidwarenindustrie zählte zu den Sparten der EBM-Industrie, die die geringsten Umsatz-Zuwachsraten zu verzeichnen hatten. [4]

Die Bedeutung der Schneidwarenindustrie für das Solinger Wirtschaftsleben hatte im Laufe des Untersuchungszeitraumes und vor allem seit dem Zweiten Weltkrieg stark abgenommen. Bei den Solinger Betrieben mit mehr als 10 Beschäftigten - hierbei bleiben ca. 12,5 Prozent der Beschäftigten und ca. 65 Prozent der Betriebe in der Solinger Schneidwarenindustrie unberücksichtigt [5] - entfielen im Jahre 1959 nur noch 28,8 Prozent des Umsatzes, 32,5 Prozent der Löhne und Gehälter und 35,7 Prozent der Beschäftigten auf die Schneidwarenindustrie. [6] Allerdings blieb dieser Industriezweig mit seinen 16.762 Beschäftigten [7] nach wie vor der strukturbestimmende Wirtschaftszweig des Solinger Indu-

1) Die durchschnittliche Beschäftigtenzahl je Betrieb stieg analog von 8,9 auf 17,3. Tab. 2.2.4
2) Demgegenüber war der monoindustrielle Charakter der Solinger Wirtschaft in der Hochindustrialisierungsphase von Vorteil gewesen, denn gerade die Eisen- und Stahlindustrien gehörten mitsamt ihren Folgeindustrien zu den eigentlichen Wachstumsträgern dieser Zeit.
3) Vgl. H.St. Seidenfus, a.a.O., Tab. 15 im Anhang
4) Vgl. H.St. Seidenfus, a.a.O., Tab. 19 im Anhang
5) Eine detaillierte Analyse wird durch das unzureichende statistische Material beeinträchtigt. Gerade die Betriebe bis 10 Beschäftigten, die die industrielle Aktivität Solingens mehr als in anderen Städten prägten, wurden durch die amtliche Industrieberichterstattung nicht mehr erfaßt.
6) Tab. 2.2.9
7) Tab. 2.3.1

striebezirks. Dies gilt um so mehr als nach wie vor
zahlreiche, nicht direkt zur Schneidwarenindustrie zählende
Betriebe, etwa Teile des Maschinenbaus oder im Bereich der
Stahlverformung sowie die Papier- und Kartonagenindustrie,
um nur die wichtigsten Bereiche zu nennen, stark von der
Schneidwarenindustrie abhängig waren. [1]

Innerhalb der Schneidwarenindustrie machten sich im Laufe
der 50er Jahre Konzentrationstendenzen bemerkbar, die zwar
insgesamt den kleinkapitalistischen Charakter des Industriezweiges nicht aufhoben, aber deutliche Veränderungen
in der Produktionsstruktur signalisierten. [2] Die Verteilung der Betriebe und der Beschäftigten nach Betriebsgrößenklassen unterschied sich 1952, abgesehen von gering-
fügigen Zuwächsen der Betriebe über 50 Beschäftigte, nicht
wesentlich von derjenigen des Jahres 1925. 92,9 Prozent der
Betriebe hatten weniger als 50 Beschäftigte, wobei 46,1
Prozent der Beschäftigten in diesen Betrieben arbeiteten.
1962 betrug der Anteil der Betriebe unter 50 Beschäftigte
zwar noch 90,2 Prozent, allerdings waren nur noch 37,1 Prozent der Beschäftigten in diesen Betrieben zu finden. Der
Anteil der Betriebe mit 50 und mehr Beschäftigten war auf
9,8 Prozent - gegenüber 3,8 Prozent im Jahre 1925 - angewachsen. Die Mehrzahl der Beschäftigten in der Schneidwarenindustrie (62,9 Prozent) arbeitete nun in Betrieben dieser Größenordnung, während es 1925 nur 48,9 Prozent gewesen
waren. Die Tendenz der Abnahme der Schneidwaren-Kleinbe-
triebe war ein internationales Phänomen. Sie hielt auch in
den auf den Untersuchungszeitraum folgenden Jahren an. [3]

---

1) Siehe hierzu u.a. Strukturbericht des Arbeitsamtes
Solingen, Solingen Mai 1959, STA Solingen Bibl. IV-H-15,
S. 29 f; H.St. Seidenfus, a.a.O., S. 76 f: "Es finden
sich nur wenige Städte, die innerhalb ihres Stadtgebietes eine solche Vielzahl von Vorlieferanten für die Industrie vereinen wie Solingen". Ebenda
2) Tab. 2.2.5
3) Vgl. A. Gebhardt, a.a.O., S. 59 ff

Entsprechend hatte sich auch die Verteilung der Umsätze auf die Betriebsgrößenklassen verschoben. 1952 wurden 48,9 Prozent der Umsätze in den Betrieben ab 50 Beschäftigten registriert. 1962 hatte sich dieser Anteil auf 63,5 Prozent erhöht. [1] Die Anzeichen innerbetrieblicher Veränderungsprozesse werden noch deutlicher, wenn man bedenkt, daß die Zahl der Heimarbeiter, die bei der Berechnung der Betriebsgrößenklassen nicht berücksichtigt wurden, 1961 auf unter 30 Prozent des Umfanges von 1925 abgesunken war. [2]

Abb. 9 Ansicht der Stadt Solingen vom IV. Feld aus um 1926
    Im Vordergrund die Stahlwarenfabrik Reinhard Kirschner.

1) Tab. 2.2.7
2) Tab. 2.3.1

3. Die Entwicklung der Solinger Schneidwarenindustrie im Weltmarktzusammenhang I (1914 bis 1929)

3.1 Führend auf dem Weltmarkt - Die Situation vor 1914
(Eine Vorbemerkung)

Vor dem Ersten Weltkrieg fand der Wettbewerb auf dem Weltmarkt primär zwischen der deutschen und der englischen Schneidwarenindustrie statt. Wie in Deutschland, so war auch in England der überwiegende Teil der Betriebe und der Beschäftigten an einem Ort, in Sheffield, konzentriert. [1] Bis in die 1870er Jahre wiesen die Produktionsstrukturen der beiden Hauptherstellungsorte bemerkenswerte Ähnlichkeiten auf. Auch in Sheffield beruhte die Herstellung auf der handwerklichen Arbeit der meist selbständigen Handschmiede, Schleifer und Reider. In der ersten Hälfte des 19. Jahrhunderts konnte Solingen jedoch der englischen Konkurrenz - mit Ausnahme der Waffenbranche - wenig entgegensetzen. Die Gründe dafür waren nicht nur in einer internen krisenhaften Entwicklung des Solinger Produktionssystems zu suchen. [2] Die Rohstoffe waren für die Sheffielder Industrie aufgrund der örtlich stark expandierenden Stahlindustrie und der britischen Kolonialpolitik leichter und billiger verfügbar und das entwickelte britische Handels- und Kreditsystem erleichterte den Absatz. Die Sheffielder Produkte hatten infolge der hohen Qualität der verwendeten Stähle und einer sorgfältigen Verarbeitung einen höheren Gebrauchswert und

1) H. Giese, a.a.O., S. 21
2) Nach der Aufhebung der Zunftverfassung 1809 geriet die Solinger Industrie in eine Krise. Der Zusammenbruch des Lohngefüges und die Gewerbefreiheit wirkten sich vor dem Hintergrund verschlechterter Absatzbedingungen negativ auf die Qualifikation und Arbeitsleistung der Handwerker und schließlich auf die Qualität der Produkte aus. Die Verleger versuchten die Krise durch eine weitere Verbilligung des Produkts auf dem Wege des Trucksystems zu bewältigen und zerrütteten das Gewerbe damit umso mehr. Vgl. J. Putsch, Vom Handwerk zur Fabrik, a.a.O., S. 60ff

ein besseres Aussehen. [1]

Die englische Vormachtstellung wurde seit dem letzten Drittel des 19. Jahrhunderts allmählich und im letzten Jahrzehnt vor dem Ersten Weltkrieg erdrutschartig gebrochen. Die Erklärung war darin zu suchen, daß die Mechanisierung des Schmiedens in Sheffield sehr viel später begonnen hatte und vor dem Ersten Weltkrieg noch nicht abgeschlossen war. Noch im Jahre 1908 gab es in Sheffield 600 Handschmieden. [2] Die bestehenden mechanischen Schmieden waren nicht optimal ausgelastet. Anders als in Solingen hatten sich in Sheffield keine selbständigen Schlägereien herausgebildet, die eine Vielzahl von Schneidwarenfirmen belieferten. Vielmehr betrieben die Schneidwarenfabrikanten eigene Hammeranlagen, deren Kapazität jedoch die eigenen Verarbeitungsmöglichkeiten in vielen Fällen übertraf. Sie standen deshalb tagelang still und verursachten erhebliche Kosten. Der Produktivitätsvorsprung, den die Solinger Industrie aufgrund der vollständigen Mechanisierung des Schmiedens erlangt hatte, wurde daran deutlich, daß im Jahre 1908 der Anteil der Beschäftigten im Schmiedebereich in Sheffield mehr als doppelt so hoch war, als in Solingen, während der Produktionsausstoß - gemessen am Exportvolumen - nur wenig mehr als die Hälfte der Solinger Produktion erreichte. [3] Im Falle des Schmiedens brachte die Mechanisierung auch einen zumindest optisch-ästhetischen Qualitätsvorsprung.

---

1) Der zuerst von dem Sheffielder Benjamin Huntsman entwickelte Tiegelgußstahl hatte einen sehr hohen Reinheitsgrad und ermöglichte nicht nur einen höheren Glanz und eine größere Schnittfähigkeit der Klingen, sondern erleichterte auch die Herstellung besonders kleiner oder reich verzierter Muster. Als Überblick zur Geschichte der Sheffielder Schneidwarenindustrie im Weltmarktzusammenhang eignet sich immer noch vorzüglich, G.I.H. Lloyd, The Cutlery Trades. An Historical Essay in the Economics of Small-Scale Production, Toronto 1913, Reprint London 1968
2) Dies war ca. ein Drittel der im Schmiedebereich Beschäftigten, vgl. R. Boch, Handwerker-Sozialisten, a.a.O., S. 190
3) Vgl. R. Boch, Handwerker-Sozialisten, a.a.O., S. 191

Die Exporte der Solinger Schneidwarenindustrie hatten in den letzten Vorkriegsjahren einen beachtlichen Aufschwung erfahren. Die englische Schneidwarenausfuhr stagnierte seit 1896 auf der Hälfte des Wertes der 1870er Jahre, wobei der Anteil, der in das British Empire exportiert wurde, von 28,3 Prozent im Jahre 1870 auf 57,2 Prozent im Jahre 1913 angestiegen war. [1] Die Solinger Exporteure konnten demgegenüber ihren Absatz zwischen 1900 und 1913 von 16 auf 38 Millionen Mark steigern. [2] Die Solinger Industrie beherrschte den innerdeutschen Markt nahezu vollständig [3] und bestritt 1913 fast 60 Prozent des Weltexportes an Schneidwaren. [4] Ca. 75 Prozent der deutschen Stahlwarenproduktion gingen in den Export. [5]

"Die sehr gute Qualität und die außerordentlich reichhaltige Auswahl der Fabrikate machte es nicht allzu schwer, auf dem Weltmarkt festen Fuß zu fassen und die Konkurrenz immer mehr zu verdrängen". [6] Solingen konnte seinen Handel bis in die entlegendsten Gebiete des Weltmarktes ausdehnen. Großbritannien war weit abgeschlagen [7] und die anderen beiden Haupterzeugerländer Frankreich [8] und die USA - stellten keine ernstzunehmende Konkurrenz dar. Ihr Anteil am Welthandel lag 1913 zusammen bei ca. 16 Prozent. [9]

1) Ebenda
2) Ebenda, S. 189 sowie Tab. 1.1.1, Im gleichen Zeitraum gelang der Sheffielder Industrie nur eine Steigerung von knapp 13 auf 17 Mio. M, vgl. zusätzlich Tab. 1.12
3) Vgl. R. Braunschweig, a.a.O., S. 66, Im Jahre 1913 wurden Messerschmiedewaren im Werte von lediglich 0,53 Mio. RM ins Deutsche Reich eingeführt, siehe Tab. 1.8
4) Vgl. Tab. 1.12
5) Vgl. Tab. 1.11.1
6) O. Beyer, Die handelspolitischen Hemmungen der Solinger Industrie, Diss. Bonn 1929, S. 8
7) Die Exportkraft der deutschen Schneidwarenindustrie zeigte sich besonders daran, daß die Ausfuhr Solinger Schneidwaren nach England und dessen Kolonien ca. 20 Prozent des Wertes der gesamten deutschen Messerwarenausfuhr und gar 45 Prozent des Wertes der gesamten englischen Ausfuhr ausmachte, O. Beyer, a.a.O., S. 9
8) Die französische Schneidwarenindustrie war hauptsächlich in der an dem Fluß Durolle in der Auvergne gelegenen Kleinstadt Thiers beheimatet. Ein weiterer wichtiger Produktionsstandort, insb. für Scheren, war Nogent (en Bassigny). Vgl. hierzu: Das Messer, a.a.O., S. 26 ff sowie D. Berndt, a.a.O., S. 139 ff
9) Tab. 1.12

Im Unterschied zur französischen läßt sich jedoch die Ent-
wicklung und Bedeutung der amerikanischen Schneidwarenindustrie mit dem Indikator "Anteil am Weltexport" nicht hin-
reichend beschreiben. Die USA zählten seit den 1870er
Jahren zu den besten Abnehmern von Solinger Stahlwaren.
Seit der Jahrhundertwende jedoch stagnierte der Wert der
Ausfuhren in die USA und der Anteil der USA-Exporte an den
Gesamtexporten fiel von 28,5 Prozent im Jahre 1900 auf 18,5
Prozent im Jahre 1913. Die stagnierenden Exportmöglichkeiten auf dem nordamerikanischen Markt waren Ausdruck der
gestiegenen Wettbewerbsfähigkeit der amerikanischen
Schneidwarenindustrie. [1] Auch wenn sich die Konkurrenz der
amerikanischen Schneidwarenindustrie hauptsächlich auf dem
amerikanischen Markt selbst bemerkbar machte, so war sie
doch von einer bemerkenswerten inneren Wachstumsdynamik geprägt. Die von R. Boch zusammengestellten Zahlen zeigen,
daß die Gesamtproduktion der amerikanischen Schneidwarenindustrie seit 1900 diejenige der Solinger Industrie übertraf. [2]

Die amerikanische Schneidwarenindustrie war zunächst überwiegend im Connecticut Valley, Massachusetts, konzentriert,
hatte sich aber bis 1900 auf mehrere Staaten - New York,
New Jersey, Ohio und Pensylvanien ausgedehnt. [3] Die Herstellung war von Beginn an in Fabriken organisiert und basierte wegen des Mangels an ausgebildeten Facharbeitern
stark auf dem Einsatz von Maschinen. Bereits in den 1850er
Jahren wurden mechanische Hämmer und seit den 1870 Jahren

---

[1] Auch bei den Exporten nach Mittel- und Südamerika waren
starke Einbußen zu verzeichnen. Der wertmäßige Anteil an
der Gesamtausfuhr Solinger Schneidwaren sank von 17,3
Prozent im Jahre 1907 auf 10,9 Prozent im Jahre 1913.
Siehe H. Möhle, Der Exporthandel der Solinger Schneidwarenindustrie, Frankfurt/M. 1931, S. 33
[2] R. Boch, Handwerker-Sozialisten, a.a.O., S. 195 f
[3] O. Beyer, a.a.O., S. 16, zur Geschichte der amerikanischen Schneidwarenindustrie siehe auch: J.D. Berndt,
Standorte und Struktur der Schneidwarenindustrie ausgewählter Länder - eine Untersuchung wirtschaftsgeografi-
scher Bestimmungsfaktoren dieser Industrie, Diss. ver-
vielfält. MS Kiel 1968, S. 205 ff; Martha van Hoesen-
Taber, A History of the Cutlery Industry in the
Connecticut Valley, Northhampton/Mass. 1955

auch Walzen zur Herstellung der Rohware verwandt. "Der homogene, große Binnenmarkt der USA erlaubte sehr früh die Produktion von großen Serien, welche wiederum den Einsatz von Maschinen begünstigten. Auf die Herstellung arbeitsintensiver Produkte, wie etwa Taschenmesser oder Rasiermesser gehobener Qualität, wurde weitgehend verzichtet, Design und Verarbeitungsqualität der Bestecke, Scheren oder Rasiermesser wurden immer mehr auf die Notwendigkeit der maschinellen Fertigung zugeschnitten und orientierten sich erst in zweiter Linie an der tradierten Bedürfnisstruktur der Käufer." [1] Damit waren wichtige Vorbedingungen für die Einführung von Schleifmaschinen erfüllt. Im ersten Jahrzehnt nach der Jahrhundertwende wurde der Widerstand der den Solingern in vielerlei Hinsicht ähnlichen Schleifergewerkschaften gebrochen und der Arbeitsgang des Schleifers systematisch auf Maschinenarbeit umgestellt. Dieser Prozeß war von einer starken Konzentration der Produktion beglei-

Abb. 10: Stand der Fa. Ed. Wüsthof auf der Industrie-, Gewerbe- und Kunstausstellung in Düsseldorf im Jahre 1902

1) R. Boch, Handwerker-Sozialisten, a.a.O., S. 194

tet. Zwischen 1900 und 1914 sank die Anzahl der Betriebe
von 309 auf 252, während sich die Zahl der Beschäftigten
von 12.069 auf 16.561 erhöhte. [1] Die durchschnittliche Belegschaft je Betrieb stieg somit von 39 auf 65,7 Personen.
Der Wert der Produktion erhöhte sich um 71,5 Prozent, während die Gesamtbelegschaft nur um ca. 25 Prozent angestiegen war. [2]

Trotz dieser bemerkenswerten Entwicklung wurde die amerikanische Schneidwarenindustrie vor dem Ersten Weltkrieg in
Solingen noch nicht als Bedrohung empfunden. Die stagnierenden Exporte nach den USA konnten durch die Ausweitung
der Exporte in andere Länder kompensiert werden, wobei die
USA als Konkurrent kaum in Erscheinung traten.

Solingens Weltmarktposition lag in einem entscheidenden
Vorteil begründet, den es zwar mit der alteingesessenen
Sheffielder Industrie gemeinsam hatte, aber weitaus
geschickter kommerziell zu nutzen verstand. [3] Selbst wenn
es neu aufstrebende Konkurrenzindustrien, wie in den USA,
gelang, die handwerkliche Facharbeit durch eine stärker
parzellierte und maschinengestützte Produktion zu ersetzen
[4], waren die Solinger Hersteller mit ihrer Qualitätsware
eindeutig im Vorteil. Hinzu kam, daß der Musterreichtum der
Solinger Industrie ein großes Anpassungsvermögen verlieh
und es möglich machte, der ausländischen Konkurrenz auch
dort zu begegnen, wo sie preislich günstiger anbieten konnte.

Die flexible, durch die Arbeitsteilung zwischen Fabrikindustrie und Hausindustrie geprägte Organisation des Produktionssystems erlaubte es auch den kleineren Fabrikanten oder
gar reinen Verlegern ein vollständiges Mustersortiment an-
zubieten. Denn sie konnten sich der Arbeitsleistung der
Schlägereibetriebe und der selbständigen heimgewerblichen
Spezialisten gezielt und nach Bedarf bedienen. Ohne auch

---

1) R. Boch, Handwerker-Sozialisten, a.a.O., S. 195
2) Vgl. Tab. 24 bei R. Boch, Handwerker-Sozialisten,
   a.a.O., S. 195
3) O, Beyer, a.a.O., S. 8, 12
4) Vgl. J.D. Berndt, a.a.O., S. 214

nur eine einzige Veränderung im eigenen Betrieb vornehmen zu müssen, konnten sie ihr Sortiment erweitern, umstellen und sich den Wechsellagen der Konjunktur, der Mode und des Geschmacks anpassen.

Damit korrespondierte die Art des Vertriebes der Solinger Stahlwaren. Qualifizierte Vertreter [1] bereisten das traditionelle Absatzgebiet der jeweiligen Firma und ließen die dabei gewonnenen Erfahrungen in den Aufbau der Musterkollektion einfließen. Design und Verarbeitungsqualität wurden laufend den Ansprüchen selbst kleinster Märkte angepaßt. [2] Die Reisenden hatten somit nicht nur die tauschwertorientierte Funktion der Werbung oder der Absatzförderung, sondern fungierten primär als ein für die traditionelle Solinger Industrie charakteristisches Bindeglied zwischen Erzeuger und Verbraucher zum Zweck der optimalen Bestimmung von Gebrauchswerteigenschaften. [3] Sie waren einer der wichtigsten Wirtschaftsfaktoren der Solinger Stahlwarenindustrie. [4] Generell war für die Solinger Schneidwarenin-

---

[1] Häufig waren es die Firmeninhaber selbst, die Reisen in die entlegendsten Winkel der Welt unternahmen, um neue Märkte zu erschließen. Auf jeden Fall gehörte es zur Ausbildung des angehenden Jungunternehmers, der das väterliche Erbe antreten sollte, durch eine mehrjährige Reisetätigkeit Erfahrungen zu sammeln und den Kundenstamm kennenzulernen. Vgl. hierzu z.B. den Briefwechsel zwischen Herrn Hugo Köller und seinem Vater aus den 30er Jahren, Firmenarchiv Köller; das Interview des Verfassers mit Herrn Bertram (Fa. Bertram) vom 26.11.1985, StA Solingen T 78-17 sowie Historische Materialien der Fa. Ed. Wüsthof, StA Solingen Bibl. GA 2546, S. 20 ff
[2] Vgl. H. Holte, a.a.O., S. 40, Zur Organisation des Exporthandels, siehe auch: H. Möhle, a.a.O., S. 41 ff
[3] Vgl. H. Strerath, Die Solinger Schneidwarenindustrie in ihrer Entwicklung seit der Stabilisierung bis Ende 1927, Dipl. MS Köln 1927, S. 66 f
[4] Die Expansionsphasen führender Solinger Stahlwarenhersteller wurden durch intensive Reisetätigkeit eingeleitet. Vgl. z.B. F. Hendrichs, C.F. Ern, Der Bahnbrecher für die Solinger Rasiermesserindustrie, Sonderdruck aus: Beiträge zur Geschichte der Technik und Industrie, Jahrbuch des Vereins deutscher Ingenieure, Berlin 1930, S. 6 oder ders. 100 Jahre Ed. Wüsthof Dreizackwerk Solingen, Festschrift Solingen 1932, S. 17 ff. Die in den 1880er Jahren aufgebauten Kontakte der Fa. Wüsthof nach Nordamerika sind noch heute bestimmend für das Firmengeschehen dieses größeren mittelständischen Schneidwarenunternehmens.

dustrie ein möglichst direkter, durch eine qualifizierte
Beratung getragener Kontakt zum Verbraucher charakteristisch: Das Gros der Schneidwaren wurde über Fachgeschäf-
te, Firmenfilialen oder sog. Stadtschmiedegeschäfte, auf
Messen oder durch die Reisenden vertrieben. Der Verkauf
durch Kommissionäre oder Warenhäuser war kaum üblich. [1]
Bei der gegebenen, durch die Solinger Industrie geprägten,
Struktur des Schneidwarenmarktes hatte Solingen keine Konkurrenz zu fürchten. Doch der Erste Weltkrieg sollte nicht
nur die skizzierte Struktur des Marktes, sondern auch die
Solinger Industriestruktur selbst stark verändern.

3.2 Im Abseits des Weltmarktes - Der Erste Weltkrieg und seine Auswirkungen (1914 bis 1923)

I.

1914 endete der Aufwärtstrend der Solinger Stahlwarenindu-
strie. Infolge konjunktureller Krisentendenzen blieben die
Exporte in den ersten Monaten des Jahres 1914 hinter denen
der Vergleichsmonate des Jahres 1913 zurück. [2] Die mit dem
Kriegsausbruch einsetzende Isolierung vom überseeischen
Ausland und Auftragsannulierungen seitens der europäischen
Kriegsgegner reduzierten die Absatzmöglichkeiten für
Schneidwaren auf einen engen Kreis neutraler Länder und
Verbündeter des Deutschen Reiches, die allesamt niemals zu
den Hauptabnehmern von Solinger Stahlwaren gezählt hatten.
Auf dem Inlandsmarkt war angesichts der Bedeutung des Ex-
portes für die Solinger Stahlwarenindustrie kein nennens-

---

1) Eine ausführliche Skizze der Absatzorganisation der Solinger Industrie bei O. Beyer, a.a.O., S. 12 ff, Beyer
   weißt insbesondere darauf hin, daß die Ausschaltung des
   Zwischenhandels mit ihrem preissenkenden Effekt ein
   wichtiges Element der Solinger Konkurrenzfähigkeit war,
   a.a.O. S. 13
2) R. Rupprecht, a.a.O., S. 22

werter Ausgleich zu erwarten. Während die auf die Herstellung von Säbeln, Degen und Seitengewehren spezialisierte relativ kleine Waffenbranche sofort einen ungeahnten Aufschwung erlebte und die Wochenarbeitszeit hier teilweise auf mehr als 80 Stunden ausgedehnt wurde [1], stieg die Arbeitslosigkeit in den anderen Sektoren der Stahlwarenindustrie bis Mitte August 1914 auf 5.000 Arbeitslose. [2] Kurzarbeit war die Regel und oft waren auch Betriebsstillegungen nicht zu vermeiden. Die Arbeitslosen wurden von den Gemeinden mit Notstandsarbeiten beschäftigt oder sogar nach anderen Städten vermittelt, in denen kriegswichtige Industriezweige beheimatet waren. [3] Lediglich die in Friedenszeiten unbedeutende Waffenindustrie und die Chirurgische Instrumentenindustrie waren im weiteren Verlauf der Kriegswirtschaft voll ausgelastet und zogen Arbeitskräfte aus anderen Produktionsbereichen an. [4]

Die Krise der ersten Kriegsmonate konnte Anfang 1915 überwunden werden. [5] Abgesehen von der zeitlichen Verzögerung

1) BAST 28.10.1914, Die BAST schlug vor, in der Waffenbranche Doppelschichten einzuführen, um weiteren Arbeitskräften eine Beschäftigung zu geben. Siehe auch BAST 22.11.1914
2) H. Rosenthal, Geschichte einer Stadt, Bd. III, Duisburg 1979, S. 338. Im Oktober 1914 waren von den 14.901 Gewerkschaftsmitgliedern des JAV und des DMV 3.226 arbeitslos und 4.183 tageweise bechäftigt, BAST 28.10.1914 Auf der anderen Seite waren bereits Ende Oktober 1914 von 14.091 Gewerkschaftsmitgliedern 3.226 eingezogen, BAST 28.10.1914; Ein großer Teil der männlichen Bevölkerung wurde sehr rasch zum Kriegsdienst eingezogen und wurde somit in den Arbeitslosenstatistiken nicht mehr erfaßt.
3) HSTA Düsseldorf, Reg. Düsseldorf 15.058, Bericht über die Einwirkung des Krieges auf das Wirtschaftsleben, Gewerbeinspektion Solingen 5.12.1914; H. Rosenthal, a.a.O., S. 338, Deutscher Metallarbeiterverband Solingen, Hrsg., Geschäftsbericht für die Jahre 1915 - 1917, S. 37. Die IHK berichtete, daß es ihr gelungen sei, sogar weit über 100 Arbeiter in die staatlichen Artilleriewerkstätten von Lippstadt, Spandau und Danzig sowie in Privatbetriebe in Aachen und Straßburg unterzubringen, IHK-Mitteilungen September 1914
4) R. Rupprecht, a.a.O., S. 21; SZ 24.9.1914, Daneben hatten einige Besteckfabriken Aufträge zur Herstellung von Manöverbestecken erhalten.
5) Im Sommer 1915 war die Arbeitslosigkeit abgebaut. R. Rupprecht, a.a.O., S. 25

war die Umstellung auf Rüstungsproduktion technisch und or-
ganisatorisch für die Solinger Industrie offenbar kein Problem. Während etwa der benachbarten Barmer Textilindustrie
die "Drähte" zu den für die Vergabe von Heeresaufträgen
wichtigen Stellen vollständig zu fehlen schienen [1], konnten sich sowohl die Solinger als auch die Remscheider
Kleineisenindustrie bis zum Ende des Jahres 1914 diejenigen
Aufträge sichern, die zu einem weitgehenden Abbau der Arbeitslosigkeit erforderlich waren. [2] Der Solinger Gewerbe-
inspektor meldete Anfang Dezember 1914, daß die Zahl der
Arbeitslosen auf ca. 2.000 zurückgegangen war, die Mehrzahl
der Betriebe, zumindest teilweise, beschäftigt war und
zahlreiche Betriebe bereits für den Heeresbedarf arbeiteten. Eine Vielzahl von kleinen Betrieben sei jedoch geschlossen worden. [3] Während sich die Zahl der Betriebe mit
mehr als zehn Beschäftigten in der Zeit von 1913 bis 1918
zwischen 249 und 286 bewegte und somit relativ konstant
geblieben war, war die Zahl der Betriebe mit weniger als
zehn Beschäftigten im Jahre 1916 auf fast die Hälfte des
Standes von 1913 zurückgegangen. [4] Entsprechend den Angaben des Gewerbeinspektors lag der stärkste Rückgang (von
1480 auf 972) zwischen 1914 und 1915. [5]

---

1) J. Reulecke, Die wirtschaftliche Entwicklung ...,
   a.a.O., S. 37
2) Die Remscheider Werkzeugindustrie war weniger exportab-
   hängig als die Solinger Stahlwarenindustrie. Die Auswirkungen des Kriegsausbruchs waren deshalb nicht so gravierend. Bereits im September hatte eine ganze Reihe
   größerer und mittlerer Remscheider Betriebe Groß-Auf-
   träge von der Heeresverwaltung erhalten, SZ 26.9.1914.
   Der andauernd hohe Beschäftigungsgrad der Remscheider
   Werkzeugindustrie während des Krieges, veranlaßte viele
   Solinger Fabrikanten - insbesondere Schlägereibetriebe -
   zur Anschaffung neuer Maschinen - z.B. Fallhämmer mit
   höherem Bärgewicht - die während des Krieges und auch
   nach dem Krieg zu einer verstärkten Herstellung "Remscheider Artikel" genutzt wurden. Vgl. Ministerium für
   Handel und Gewerbe (Hrsg.), Jahresbericht der preußischen Regierungs- und Gewerberäthe und Bergbehörden für
   1914 - 1918, Berlin 1919, S. 957; H.Rosenthal, a.a.O.,
   S. 34
3) HSTA Düsseldorf, Reg.D 15058, a.a.O.
4) Tab. 6.3.2.1 u. 6.3.2.2
5) HSTA Düsseldorf, Reg. D. 15058, a.a.O.

Der Rückgang der kleineren Betriebe war Ausdruck der durch
den Krieg ausgelösten Strukturwandlungen. Die Rüstungsaufträge, die seit dem Ende des Jahres 1914 in großer Zahl
nach Solingen gingen [1], waren den meisten Solinger Metallbetrieben [2] und auch den größeren Stahlwarenfabriken [3]
wie auf den Leib geschnitten, für die überwiegende Mehrzahl
der Kleinbetriebe jedoch mangels Maschinenausstattung unge-

[1] Nach einem von der Handelskammer organisierten Besuch
einer Kommission des Kriegsministeriums wurde ein Zwei-
Millionen-Auftrag zur Produktion von Hufstollen, Stie-
feleisen, Gewehrteilen, Granaten etc. nach Solingen vergeben. Eine genaue Aufstellung in: IHK-Mitteilungen,
März 1915
[2] Das Produktionsprogramm vieler Metallbetriebe außerhalb
der Schneidwarenindustrie ließ sich problemlos für den
Heeresbedarf verwenden. Neben den Fahrradteile- bzw.
Fahrradfabriken galt dies z.B. für die Firma Kronprinz,
die sich auf nahtlose Rohre spezialisiert hatte. Die Belegschaft der Firma Kronprinz (vormals Kronenberg und
Prinz) stieg im Jahre 1914 auf rund
2.000 im Jahre 1917 an. Kronprinz war damit zum größten
Solinger Unternehmen geworden. Bericht über die Verwaltung und den Stand der Gemeindeangelegenheiten der Stadt
Ohligs für den Zeitraum vom 1.4.1911 bis 31.3.1922,
Ohligs 1922, S. 174 f. In einigen anderen Bereichen
konnten Produktionsumstellungen ebenfalls leicht vorgenommen werden. So versuchten die Hersteller von Schirmfurnituren, den Rückgang der Nachfrage nach Schirmen
durch die Aufnahme der Produktion von Zeltstockbe-
schlägen und Karabinerhaken auszugleichen. Vgl. HSTA
Düsseldorf, Reg.D 15058. Siehe auch die Firmenfest-
schrift der Gießerei Grossmann, "100 Jahre C. Grossmann,
Eisen- und Stahlwerk AG, Solingen-Wald 1853 - 1953",
o.J., S. 2, deren Belegschaft bis Ende des Krieges auf
700 Personen stieg und die eine neue Stahlgießerei in
Betrieb nahm sowie R. Rupprecht, a.a.O., S. 26
[3] Die Firma Wingen vergrößerte ihre Schlägerei während
des Krieges um das Doppelte und richtete eine neue gal-
vanische Anstalt ein. Siehe: Festschrift Anton Wingen
jr. Solingen 1888 - 1938, Solingen 1938, S. 20. Die
Schlägereien wurden in ihrer Expansion lediglich durch
den seit 1915 auftretenden Facharbeitermangel gebremst.
Die Gesenkschmiede Hendrichs beschäftigte aus diesem
Grunde während des 1. Weltkrieges erstmals Frauen an den
Exzenterpressen in der Schneiderei und stellte auch
Fremdarbeiter aus Holland und Frankreich ein. Die Ein-
berufungen der meist den besten kriegsdienstpflichtigen
Jahrgängen angehörenden Schläger konnten jedoch auch
auf diese Weise nicht ausgeglichen werden. Siehe Perso-
nalunterlagen der Fa. Hendrichs sowie J. Putsch, Die Ge-
senkschmiede F. u. W. Hendrichs in Solingen-Merscheid-
Außenstelle des Rheinischen Museums für Industrie- und
Sozialgeschichte, in: Rheinische Heimatpflege, 23. Jg.
NF 3/1986, S. 201

eignet und für die große Zahl der Heimarbeiter völlig unin-
teressant.

"Für die Produktion von Heeresbedarfsartikeln eigneten sich
besonders Schlägereien und Gießereien, für welche die Umstellung auf die Herstellung verwandter Artikel keine besonderen Schwierigkeiten schuf. Auf diese Weise waren fast
alle größeren Betriebe in der Solinger Schneidwarenindustrie, die über größere Anlagen verfügten, so beschäftigt,
daß sie in der Regel nicht nur eine Amortisation ihrer Anlagen und Maschinen, sondern zum Teil sogar recht beträchtliche Kriegsgewinne erzielten." [1]
Die meisten Kleinbetriebe waren zu kapitalschwach, um die
für die Rüstungsproduktion nötige maschinelle Einrichtung
zu beschaffen. [2] Die kriegsbedingte Steigerung der Nachfrage nach Haarschneidemaschinen, Rasiermessern, Rasierapparaten, Rasierklingen oder Feldbestecken konnte den Verlust des Weltmarktes nicht ersetzen und verschaffte ohnehin
nur wenigen der spezialisierten Berufsgruppen Arbeit. Die
Herstellung dieser Art von Schneidwaren war ohnehin primär
eine Angelegenheit der Fabrikindustrie. Hinzu kam, daß die
während des Krieges produzierten Schneidwaren eine sehr
schlechte Qualität hatten. Großabnehmer, wie z. B. Heeres-
küchen verlangten billigste Stapelware, die unter Verwendung minderwertiger Rohstoffe (Blechschalen, einfache Holz-
hefte etc.) hergestellt wurde. [3] Viele Heimarbeiter mußten, wenn sie nicht zum Heeresdienst eingezogen wurden, Arbeit in den Fabriken suchen. Die Verteilung der Heeresaufträge erreichte meist nur die größeren Betriebe, die die
Aufträge erst nachdem ihre eigenen Kapazitäten ausgelastet

---

1) H. Möhle, a.a.O., S. 21; vgl. auch: W. Grossmann, Die
Solinger Stahlwarenindustrie im 20. Jahrhundert, Diss.,
Würzburg 1925, S. 76. Zum Siegen-Solinger-Gußstahlverein
siehe z.B. BAST 07.09.25. Die Firma Weyersberg, Kirschbaum & Co. erwirtschaftete in den Geschäftsjahren
1915/16 und 1916/17 Gewinne von über 1,3 Mio. Mark. Davon wurden jeweils 560.000 Mark als Dividende ausge-
zahlt, BAST 03.10.16 u. 07.09.17
2) W. Grossmann, a.a.O., S. 77
3) R. Rupprecht, a.a.O., S. 28

waren, auch an kleinere Betriebe weitergaben. [1) Zwar
brachte das Hilfsdienstgesetz vom Dezember 1916, daß die
gesamte deutsche Industrie bis in ihre kleinsten Zweige zur
Herstellung von Kriegsbedarf heranzog, eine gewisse Besserung für die Heimarbeiter, doch die strengen Vergabebe-
dingungen der im Februar 1917 in Solingen errichteten Ne-
benstelle des Waffen- und Munitionsbeschaffungsamtes (Wum-
ba) konnten wohl von den wenigsten kleineren bzw. Hausindu-
striebetrieben erfüllt werden. [2) Immerhin sahen die Richtlinien vor, daß Aufträge grundsätzlich an Selbsthersteller
vergeben werden sollten. Lediglich für den Fall, daß sie
nicht alle Teilarbeiten selbst ausführen konnten, wurde

---

1) Grossmann zitiert ein Schreiben der Königlichen Feld-
zeugmeisterei in Berlin vom April 1915, aus dem hervorgeht, daß den Beschaffungsämtern diese volkswirtschaftlich ineffektive Verteilung der Heeresaufträge nicht
entgangen war. Sie gab deshalb die Anregung, daß die
Handelskammern eine Vielzahl kleinerer Firmen zusammen-
schließen sollten, um dann als "Großunternehmer" in Kontakt mit der Heeresverwaltung zu treten. Dieser Vorschlag, von dem Grossmann sich eine gerechtere Verteilung der Heeresaufträge versprochen hatte, wurde nicht
realisiert. Siehe: W. Grossmann, a.a.O., S. 77. Den Handelskammern gelang es "durch wiederholte Besuche bei den
maßgeblichen Stellen" lediglich, den florierenden Zwi-
schenhandel, der sich an den Rüstungsgeschäften berei-
cherte, hin und wieder auszuschalten. IHK-Mitteilungen,
März 1915 "Lieferungen für die Militärbehörden". Im September 1916 berichteten die IHK-Mitteilungen über die
Ergebnisse eigener Nachforschungen. "Nach den Ermittlun-
gen der Kammer sei im Bezirk eine stärkere Heranziehung
der Heimindustrie zur Ausführung von Heeresaufträgen
nicht festzustellen. Die Zahl der Beschäftigten Heimar-
beitskräfte sei vielmehr, wie die Mitteilungen der berichtenden Firmen erkennen lassen, erheblich zurückgegangen, da nicht genügend Heeresaufträge vorlagen, um
die Heimindustrie ausreichend mit Arbeit zu versehen".
2) Hier hieß es u.a.: "(...) gilt als Grundsatz, daß Arbeiter, Maschinen und Rohstoffe am wirtschaftlichsten in
der Hand erprobter Werksleitungen und im Anschluß an gut
laufende Betriebe ausgenutzt werden. Wenn daher im Kriege mit äußerster Ausnutzung aller Kräfte gerechnet werden muß, ist auch hierdurch eine Beschränkung auf lei-
stungsfähige Werke gegeben." Zit. nach: IHK-Mitteilungen, März 1917

ausdrücklich empfohlen, Unterlieferanten heranzuziehen. [1]
Dies war jedoch bei den Rüstungsprodukten meist nicht erforderlich. [2]

Im Ersten Weltkrieg waren nicht nur die für den Export von
Stahlwaren erforderlichen Handelsbeziehungen aufgehoben, [3]
sondern es war auch die Einfuhr des nötigen Rohmaterials
erschwert. Während der Bedarf an Materialien wie Elfenbein,
Perlmutt, Ebenholz usw., deren Einfuhr aus kriegswirtschaftlichen Gesichtspunkten natürlich unterbunden wurde,
durch Ersatzstoffe ausgeglichen werden konnte, stellte die
Rohstoffbewirtschaftung des Stahles ein ernstes Problem
dar. Stahl wurde, wie auch die Kohle, von den Behördern gezielt in die Rüstungsindustrie gelenkt und war für die
Friedensproduktion an Stahlwaren kaum mehr freizubekommen.
[4] Die Solinger Fabrikanten halfen sich, indem sie die für
die Rüstungsproduktion angeforderten Stahlmengen so hoch
schraubten, "daß nach Erfüllung der Heeresaufträge noch ein
stattliches Quantum für die Erzeugung der Stahlwaren übrig

1) IHK-Mitteilungen, a.a.O.
2) Demgegenüber geht Grossmann davon aus, daß das Waffen-
   und Munitionsbeschaffungsamt für eine gleichmäßigere
   Verteilung der Heeresaufträge gesorgt hatte, von der
   auch kleinere Betriebe - und damit in vielen Fällen wohl
   auch die Reste der Hausindustrie - profitierten.
   W. Grossmann, a.a.O., S. 81
3) Ein regelrechtes Ausfuhrverbot für Schneidwaren hat es
   nicht gegeben. Bereits am 31.7.1914 hatte das Deutsche
   Reich ein Ausfuhrverbot für Artikel des Kriegsbedarfs
   erlassen. Die Ausfuhr von Stahlwaren war zwar darin aus-
   genommen, jedoch in der Praxis durch die Meldepflicht
   ebenfalls behindert. F. Fesenmeyer berichtet z.B., daß
   seit 1915 Ausfuhranträge nach Südamerika nur noch selten
   genehmigt wurden. F. Fesenmeyer, Ursachen und Gründe der
   Wandlungen im Export deutscher Eisen- und Stahlwaren
   nach Südamerika, Diss. Köln 1933, S. 31. Als am
   28.9.1916 ein Ausfuhrverbot für Eisen- und Stahlwaren
   beschlossen wurde, konnte die Handelskammer eine Frei-
   liste für Eisen- und Stahlwaren erwirken, in der die
   wichtigsten Erzeugnisse des Kammerbezirkes aufgenommen waren. Zur Stahlwarenfreiliste siehe IHK-Mitteilungen März 1917, S. 25: ferner W. Grossmann, a.a.O., S.
   131 ff, F. Fesenmeyer, a.a.O., S. 30 f
4) W. Grossmann, a.a.O., S. 84 ff
   R. Rupprecht, a.a.O., S. 28

blieb." [1] Trotzdem litt die Stahlwarenindustrie darunter,
daß sie von den ausländischen Qualitätsstählen - im Falle
Englands bereits seit Beginn des Krieges, im Falle Schwe-
dens seit 1916 - abgeschnitten war. [2]

Dies war um so gravierender, als im Jahre 1916 eine durch
eine steigende Nachfrage aus den neutralen europäischen
Ländern, der Schweiz, Holland und Skandinavien, ausgelöste
Hochkonjunktur des zivilen Sektors der Qualitäts-Stahlwaren
einsetzte. [3] Das für die Friedensproduktion zur Verfügung
stehende Arbeitskräftepotential war zu diesem Zeitpunkt
bereits so weit dezimiert [4], daß die Schneidwarenindustrie
kaum in der Lage war, dieser im Hinblick auf die Aufrechterhaltung der internationalen Handelsbeziehungen so wichtigen Nachfrage nachzukommen. [5] Die meisten qualifizierten
Heimarbeiter waren, sofern sie nicht zum Militär eingezogen
waren, mit der Herstellung von Heeresartikeln beschäftigt

---

1) W. Grossmann, a.a.O., S. 91
2) O. Beyer, a.a.O., S. 15; W. Grossmann, a.a.O., S. 90 f
3) R. Rupprecht, a.a.O., S. 25 f, Der Hintergrund der
   wachsenden Nachfrage war, daß die Sheffielder Stahlwarenindustrie im Zuge ihrer Einbeziehung in die englische
   Kriegswirtschaft nicht mehr in der Lage war, den Bedarf
   auf dem von Solingen hinterlassenen Auslandsmarkt auch
   nur annähernd zu decken.
4) W. Grossmann schätzte den Anteil der in der Rüstungsproduktion Beschäftigten auf 66 - 75 Prozent, a.a.O., S.
   83
5) Die Absatzmöglichkeiten übertrafen den Warenbestand um
   ein Vielfaches. Viele Firmen gingen dazu über, sich von
   anderen - z.T. sogar ausländischen - Betrieben Waren zu
   besorgen, mit der sie ihre Kundschaft belieferten. Vgl.
   Historisches Material der Fa. Ed. Wüsthof, Dreizackwerk,
   a.a.O., S. 11; denn die Solinger Fabrikanten hielten es
   "für eine ihrer vornehmsten Aufgaben, das Auslandsge-
   schäft unter allen Umständen hochzuhalten und die Füh-
   lung mit dem fremden Konsumenten nicht zu verlieren". W.
   Grossmann, a.a.O., S. 135

oder in die Rüstungsbetriebe abgewandert. [1] Zusätzliche
Arbeitskräfte waren nur durch die Einbeziehung von Frauen
und Jugendlichen zu gewinnen. Während die Zahl der Jugendlichen sich insgesamt nur unwesentlich steigern ließ [2],
waren bei den Frauen beachtliche Zuwächse zu verzeichnen.
[3] In der gesamten Solinger Metallindustrie stieg der
Frauenanteil zwischen 1914 und 1917 von 14,2 auf 37,5
Prozent. [4] In den Betrieben mit über zehn Beschäftigten
hatte der Frauenanteil 1913 bei 7,5 Prozent gelegen. [5] Die
Zahl der erwerbstätigen erwachsenen Frauen stieg zwischen
1913 und 1918 zunächst sehr rasch und ab 1916 in verlang-
samten Zuwachsraten von 924 auf 3.968. Der Frauenanteil lag
damit - bei einer fast identischen Gesamtbeschäftigtenzahl
- bei 30 Prozent. Frauenarbeit an sich war eigentlich
nichts Ungewohntes in der Solinger Industrie. (Vgl. Kap. 1
und Kap. 3) Neu war das Ausmaß der Frauenarbeit und die Beschäftigung der Frauen in der Produktion. Sie standen an
den Bohrmaschinen und verrichteten die gleiche Arbeit wie

---

1) Ein interessantes Zeugnis des Arbeitskräftemangels ist
   die Arbeit des Medizinstudenten und Walder Lazarett-
   Assistenten Fritz Wagner vom Juni 1916: Fritz Wagner,
   Technische Handgriffe der Solinger Industrie als Grundlage zur Arbeitsbehandlung und Kriegsbeschädigtenfürsorge, Solingen 1916. Wagner hatte die typischen Handgriffe
   in wichtigen Solinger Berufen eingehend studiert und anhand zahlreicher Beispiele praktische Vorschläge unter
   folgender Zielsetzung entwickelt: "(...) die Beschädig-
   ten während und nach der Heilung mit ihren Versteifun-
   gen, Verkrümmungen und bleibenden Verstümmelungen dem
   alten Berufe wieder einzugliedern, die Anpassung an ihre
   früher geübte Tätigkeit durch geeignete Anleitung bei
   sorgfältiger Überwachung bis zur größtmöglichen Erwerbs-
   fähigkeit zu fördern." (Vorwort)
2) Dies schließt nicht aus, daß einzelne Firmen ihre Produktion in stark zunehmenden Maße von Jugendlichen verrichten ließen. Bei der Fa. Krusius stieg der Anteil der
   Jugendlichen zwischen 14 und 16 Jahren von 9,3 Prozent
   im Jahre 1913 auf 43,2 Prozent (!) im Jahre 1916, vgl.
   Tab. 3.2
   Siehe auch: Beschäftigung jugendlicher Arbeiter bei der
   Firma Grossmann, in: J. Putsch, Vom Handwerk zur Fabrik,
   a.a.O., S. 232 f sowie HSTA Düsseldorf Reg. D 22054,
   Korrespondenz der Fa. Grossmann 19.2.1916 bis 26.3.1916
3) Vgl. Tab. 6.3.1, 6.3.2.1 u. 6.3.2.2
4) Tab. 6.3.1
5) Tab. 6.3.2.2

ihre männlichen Kollegen. Auch in der Solinger Schneidwarenindustrie sind im Ersten Weltkrieg erstmals in größerem
Umfang Frauen beschäftigt worden. Hier versuchte man ab
1916, den Mangel an qualifizierten Facharbeitern durch den
verstärkten Einsatz von Frauen zu beheben, die z.T. bereits
in der Rüstungsindustrie angelernt worden waren. [1] Ab 1916
stieg deshalb auch der Anteil der weiblichen Beschäftigten
in den Kleinbetrieben, die, wie wir gesehen haben, in ungleich geringerem Maße in der Rüstungsproduktion einbezogen
waren, sehr deutlich an. [2] Im letzten Kriegsjahr waren 27
Prozent der in der Heimindustrie Beschäftigten und 33 Prozent der in den Fabriken arbeitenden Frauen. [3]

II.

Die Zahl der Arbeitslosen, die durch die Kriegsheimkehrer
und den Stillstand der Rüstungsproduktion zunächst stark
angestiegen war, sank zwar in der Zeit von Ende Januar bis
Ende September 1919 von 6.000 auf 165, [4] doch in der gesamten exportorientierten Industrie des Bergischen Landes
war Kurzarbeit die Regel. [5] Einer Belebung der Produktion

---

1) Dieser unerwünschte Transfer von Arbeitskräften aus der
Rüstungsproduktion in die Friedensindustrie sollte durch
eine Verordnung des stellvertretenden Generalkommandos
vom 25.9.1917 unterbunden werden. STA Solingen, Akte W
3311
2) Tab. 6.3.2.1; Der DMV stellte in seinem Jahresbericht
fest: "Auch in der Schneidwarenindustrie ist jetzt die
Frauenarbeit anzutreffen. In verschiedenen Schleifkotten
kann man die Frau vom Mann bei der Arbeit kaum unterscheiden. Mit genau demselben Schleiferanzug stehen die
Frauen vor den nassen Steinen oder sitzen an der Pliestscheibe ..." DMV Verwaltungsstelle Solingen, Geschäftsbericht für die Jahre 1915, 1916 und 1917, Solingen
1918, S. 54; siehe auch: Tab. 3.3.1. und H. Wielpütz,
a.a.O., S. 78 f
3) Cäcilie Godek, a.a.O., S. 20
4) H. Giese, a.a.O., S. 43. Siehe auch H. Heinen, Die Fieberkurven der Solinger Industrie, Sonderdruck aus dem
Solinger Tageblatt, April - Mai 1922
5) Jahrbuch des Deutschen Metallarbeiterverbandes, 1921, S.
144

duktion und des Absatzes waren durch die Rahmenbedingungen
[1] der Nachkriegszeit enge Grenzen gesetzt. [2] Nachdem zunächst ein völliges Ausfuhrverbot erlassen worden war,
konnte ab April 1919 bei der englischen Besatzungsbehörde
eine Ausfuhrbewilligung beantragt werden. [3] Abgesehen von
dem schwunghaften Handel mit den Angehörigen der Besat-
zungsarmee [4] waren die Absatzmöglichkeiten gering.

Die Situation änderte sich in der zweiten Jahreshälfte
schlagartig. Die Leipziger Herbstmesse im September 1919
war der Auftakt zu einer Konjunkturperiode, die die Zeitgenossen völlig überraschte. [5] Nach fünfjähriger Unterbrechung wurden erstmals wieder Kontakte zu Kunden aus dem
feindlichen Ausland aufgenommen. Die Nachkriegsinflation
erwies sich für die Solinger Stahlwarenindustrie als ein
"Geschenk des Himmels". Dabei war es nicht die Geldentwer-
tung allein, die so positive Wirkungen auf den Exporthandel
hatte. Entscheidend waren die Schwankungen der inneren und
äußeren Kaufkraft der Währung. Der Wert der deutschen Wäh-

---

1) Der obere Kreis Solingen gehörte von 1919 bis 1925 zum
   englisch besetzten Brückenkopf Köln. Die Grenze zum
   nicht besetzten deutschen Gebiet wurde durch die Stadt-
   grenzen bzw. die Wupper markiert. Zur englischen Besat-
   zung Solingens siehe: F. Zoomers, De engelse besetting
   van Solingen 1918 - 1926, Ex. MS. Amsterdam 1980
2) U.a. Verzögerungen im Post- und Telegraphenverkehr, Aus-
   fuhrzölle an der Grenze des besetzten Gebietes, Roh-
   stoff-Kontingentierung, Stromsperrtage, Zusammenbruch
   des Transportsystems, vgl. R. Rupprecht, a.a.O., S. 30ff
3) F. Hendrichs, Geschichte der Solinger Industrie, a.a.O.,
   S. 266
4) W. Grossmann, a.a.O., S. 148
5) In der Solinger Zeitung vom 8.1.1920 hieß es: "Das ver-
   flossene Geschäftsjahr wird in der Geschichte der Solinger Industrie zweifellos eins der denkwürdigsten bleiben
   und es wird fraglich sein, ob es in allem und jedem, was
   es gebracht hat, in Zukunft noch übertroffen werden
   kann. Schier Unglaubliches hat sich in dieser kurzen
   Spanne Zeit ereignet und niemand, gleichwie in welcher
   Beziehung er zu der hiesigen Industrie steht, hätte dies
   auch nur annähernd für möglich gehalten oder voraussehen
   können. Eine vollständige Umwälzung und Umwertung alles
   Bestehenden hat es gebracht und diese Bewegung hält noch
   weiter an. Noch nie hat die Geschichte von Solingens Industrie Ähnliches erlebt und kommende Geschlechter werden mit Achtung und Bewunderung darüber reden."

rung sank im Ausland früher als im Inland, so daß der Aus-
landspreis der deutschen Zahlungsmittel ständig tief unter
dem Kaufwert stand, den sie im Inland hatten. Die Auswirkungen der Inflation auf Rohstoffpreise, Transportkosten
und Löhne verbesserten die Konkurrenzfähigkeit der deutschen Waren. Unter diesen Umständen setzte ein wahrer
"Heißhunger" nach Solinger Stahlwaren ein. Die Produktion
konnte der Nachfrage kaum nachkommen, Einkäufer aus allen
Teilen der Welt strömten in Solingen zusammen, [1] um möglichst viel von der zu Dumpingpreisen verschleuderten Ware
zu erwerben. [2] Die ausländischen Konkurrenzindustrien, die
Rohstoffe und Löhne entsprechend dem Weltmarktpreisniveau
zu kalkulieren hatten, konnten mit den deutschen Schneidwa-
renpreisen nicht Schritt halten und verloren viele Abnehmer, die den Solingern auch nach der Stabilisierung der
Währung treu blieben. Giese zeigt anhand eines Vergleichs
der englischen und der deutschen Ausfuhren in den ersten
Nachkriegsjahren, daß die englische Schneidwarenausfuhr unmittelbar nach dem Krieg auf das Doppelte der Ausfuhr des
Jahres 1913 gesteigert werden konnte, während die deutsche
Ausfuhr weit hinter dem Ergebnis von 1913 zurückblieb. Mit
dem Anwachsen der Inflation kehrten sich diese Verhältnisse
ins Gegenteil; 1922 lagen die deutschen Ausfuhrmengen deutlich über denen des Jahres 1913, die englischen darunter. [3]

---

1) Es waren nicht die Reisenden die die Kunden aufsuchten,
sondern die - vielfach völlig neuen - Kunden suchten die
Hersteller, darunter sogar die Heimarbeiter, auf. H.
Giese, a.a.O., S. 47
2) "Die deutschen Unternehmer waren aus zwei einleuchtenden
Gründen keineswegs gegen diesen von kritischen Stimmen
als deutschen Ausverkauf und als Verschleuderung deutscher Produkte bezeichneten gewaltig zunehmenden Export
eingestellt: er brachte Devisen ein, die eine solidere
Zahlungsgrundlage als die ihren Wert bis Anfang 1920
ständig mehr verbessernde Papiermark darstellte und ermöglichten die Wiederaufnahme der Außenhandelsbeziehungen, die vor dem Krieg bestanden hatten." J. Reulecke,
Die wirtschaftliche Entwicklung der Stadt Barmen ...,
a.a.O., S. 126. Vor allem den zweiten, für eine export-
abhängige Industrie wie die Solinger Schneidwarenindustrie entscheidenden, Aspekt verkennen Hendrichs und
Strerath, wenn sie die Zeit der Inflation allein negativ
verbuchen. H. Hendrichs, Geschichte der Solinger Industrie, a.a.O., S. 265 ff; H. Strerath, a.a.O., S. 10 ff
3) H. Giese, a.a.O., S. 48

Die Inflationskonjunktur hatte in Solingen zu unzähligen
Betriebsgründungen geführt, womit sich ein, wie eingeses-
sene Fabrikantenkreise meinten, "altes Erbübel der Solinger
Industrie" (Strerath) bemerkbar machte. "Um mit der Leistungsfähigkeit der größeren Firmen konkurrieren zu können
und ihnen möglichst viele Aufträge wegzuschnappen, verkauf-
ten sie (die sog. "Konjunkturfabrikanten", d. Verf.) ihre
Waren zu Preisen, ... die für einen ausländischen Käufer
lächerlich gering waren, wenn man bedenkt, daß man nach dem
jeweiligen Stande der Valuta das zwei- bis dreifache und
noch mehr dafür hätte verlangen können, ohne der ausländischen Kauflust zu schaden". [1]
Die ausländische Schneidwarenindustrie konnte nur durch
drastische Zölle vor der Solinger Konkurrenz geschützt werden. [2] Auf diese Weise beschleunigte sich nach 1918 die
bereits vor dem Krieg bemerkbare Tendenz zu protektionistischen Eingriffen.

Noch in einer anderen Hinsicht muß die durch die Wiederge-
winnung der Außenhandelsbeziehungen gegebene positive Wirkung der Inflation relativiert werden. Die unbegrenzten Absatzmöglichkeiten hatten viele Solinger Hersteller dazu
verleitet, die Qualität der Waren zu vernachlässigen. "Wenn
auch die meisten größeren und alten Firmen an dem bewährten

---

[1] H. Strerath, a.a.O., S. 11. Am 5.2.1920 wurde deshalb
beschlossen, daß die Mitglieder des Verbandes der Solinger Schlägereibesitzer-Vereine Schwarze Ware nur an die
Mitglieder des Verbandes der Solinger Fabrikantenvereine
liefern sollten. K.F. Ganns, a.a.O., S. 50. Doch weder
die Reichweite der Verbände, noch die Vertragstreue der
Mitglieder reichten aus, um dem Treiben der "Konjunkturfabrikanten" ein Ende zu setzen.
[2] Die USA erhöhten die Zölle für Messerschneidewaren, die
vor dem Krieg zwischen 25 und 30 Prozent gelegen hatten,
um 300 Prozent bis 500 Prozent. F. Hendrichs, Geschichte
der Solinger Industrie, a.a.O., S. 269. O. Beyer,
a.a.O., S. 18 f. In diesem Rahmen bewegen sich auch die
Zollerhöhungen Frankreichs, der Schweiz, Italiens, Rumä-
niens, Spaniens und der Tschechoslowakei. Siehe Klinge
und Schere 25.11.1921. "Die Entwicklung der Ausfuhr von
Solinger Stahlwaren nach dem Kriege", S. 522 f

Qualitätsgedanken festhielten, so läßt sich doch nicht
leugnen, daß ein großer Teil der Fabrikanten und vor allem,
die durch die Konjunktur empor gekommenen dieses Prinzip
unbeachtet ließen und vielfach direkte Schundwaren ins Ausland schickten." [1]
Auch die Tatsache, daß die gewohnte Absatzorganisation
nicht mehr funktionierte, wirkte sich nachteilig auf die
traditionellen Solinger Verkaufsprinzipien aus. Die Solinger Fabrikanten überließen ihre Waren "ungewissenhaften Exporteuren", die sie wahllos in jene Länder versandten, wo
sie die besten Preise erzielten, ohne auf die Bedürfnisse
und den Geschmack der betreffenden Bevölkerung Rücksicht zu
nehmen. [2] Viele Zeitgenossen fürchteten zu Recht eine
nachhaltige Schädigung des Weltrufes der Solinger Waren.
Die Zeitschrift "Klinge und Schere", die am 1. April 1921
mit der ersten Ausgabe erschien und sich unter Mitwirkung
zahlreicher Angehöriger der Branche [3] zum Ziel gesetzt
hatte, die Entwicklung der Stahlwarenindustrie anregend und
kritisch zu begleiten [4], beschäftigte sich bereits im Mai
1921 ausführlich mit dieser Thematik. Unter Berufung auf
die Entwicklung in den letzten fünf Jahrzehnten erinnerte
das Fachblatt eindringlich an die Grundlagen des Aufstiegs

---

1) O. Beyer, a.a.O., S. 18, Die minderwertigen Waren wurden
nicht nur zu Spottpreisen verkauft, sondern meist durch
Warenzeichenmißbrauch illegal aufgewertet, so daß seriö-
se Fabrikanten ihr Geschäft ernsthaft gefährdet sahen.
Der Walder Rasiermesserfabrikant C.F. Ern wandte sich am
25.2.1921 deshalb in einem verzweifelten Schreiben an
den Regierungspräsidenten: "Meine eigenen Warenbezeich-
nungen sind in Solingen seit 2 1/3 Jahr in dem Maße mißbraucht und in Verruf gebracht worden, daß ich genötigt
sein werde, meine Fabrik zu schließen. Wäre das nicht
geschehen, so würde ich heute mehr als 2.000 Arbeiter
beschäftigen, ..." HSTA Düsseldorf, Reg. D. 34192, C.F.
Ern an den Regierungspräsidenten, 25.2.1921
2) O. Beyer, a.a.O., S. 18
3) U.a. der Direktor der Fachschule der Stahlwarenindustrie
Solingen, Prof. Bindhardt; der Syndicus des Schlägerei-
besitzerverbandes, Dr. Grocke; der Geschäftsführer des
Verbandes Solinger Fabrikanten-Vereine und des Verbandes
von Arbeitgebern im Kreise Solingen; der Betriebsingenieur Fritz Sommer
4) Th. Haanen, Der Zweck, Klinge und Schere, 1.4.1921

Abb. 11: Warenlager der Stahlwarenfabrik Ernst Dirlam, Hoffnungswerk,
um 1910

der Solinger Industrie: Qualitätsarbeit und Musterreichtum.
1)

Nach der Stabilisierung der Währung Ende 1923 traten die
durch die Scheinblüte verdeckten Weltmarktverhältnisse
offen ans Tageslicht. Die Solinger Stahlwarenindustrie war
während des Krieges und der Besatzungszeit vom Weltmarkt
weitgehend abgeschnitten gewesen. Der Ausfall des Hauptstahlwarenproduzenten hatte eine breite Bedarfslücke hinterlassen, zu deren Deckung auch die Kapazitäten der englischen und französischen Produzenten nicht ausgereicht hat-

1) Ernst Schultze, Exportindustrie und Qualitätsarbeit,
Klinge und Schere 15.5.1921, S. 121 ff, insb. S. 124 f;
siehe auch: Th. Haanen, Um die Zukunft der Solinger
Stahlwarenindustrie, Klinge und Schere, 15.6.1921, S.
195: "Die Schäden, die der Solinger Industrie auf dem
Weltmarkt infolge Verschleuderung von Waren zur Zeit
wirtschaftlicher Hochkonjunktur entstanden sind, sind
von solch nachhaltender Wirkung, daß Jahre nötig sind,
sie zu beheben".

ten, zumal auch sie in die nationale Rüstungsproduktion
einbezogen worden waren. Ehemalige Schneidwaren-Importlän-
der bauten deshalb eigene Stahlwarenindustrien auf oder
nutzten, wo diese schon bestanden, die günstige Situation
auf dem Weltmarkt zu einer Ausweitung der Produktion. [1]
Nach dem Krieg wurden Rüstungskapazitäten z.T. auf die Produktion von Messerschmiedewaren umgestellt. [2] Wie aufgrund
der Analyse der Vorkriegssituation (vgl. Kap. 3.1) zu erwarten, hatte sich die Schneidwarenindustrie der USA am
stärksten entwickelt. Der Wert der amerikanischen Schneidwarenproduktion war - in laufenden Preisen gerechnet - zwischen 1914 und 1924 um das Fünffache gestiegen. [3] Die
deutschen Schneidwarenexporte in die USA, die 1913 trotz
der Einbußen seit der Jahrhundertwende immerhin noch 18,4
Prozent der Gesamtausfuhr betragen hatten, womit die USA
der mit Abstand wichtigste Absatzmarkt gewesen waren, sanken bis 1924 auf zwei Drittel des Wertes von 1913. [4] Doch
die USA waren nicht nur zu einem aus Solinger Sicht zweit-
rangigen Absatzmarkt geworden, sie traten nun auch in
Drittländern als Konkurrenten auf. Die amerikanische
Schneidwarenindustrie steigerte ihre Ausfuhr in den Jahren
zwischen 1913 und 1925 um 841 Prozent. [5] Die deutschen
Schneidwarenexporte stiegen um 80 Prozent, die englischen
um 17 Prozent [6]. Die USA waren auf Kosten von England,
Deutschland und Frankreich an die zweite Stelle der Haupt-

---

1) Der Erste Weltkrieg führte generell zu einer fortschreitenden Industrialisierung außerhalb der klassischen In-
dustriestaaten. Die Schneidwarenproduktion hatte in folgenden Ländern einen größeren Umfang angenommen: Spanien, Schweden, Österreich, Australien, China, Polen,
Brasilien, Japan, Italien, Ungarn, Bulgarien, Rumänien
und der Tschechoslowakei. Außer im Falle der Tschechoslowakei und Japans diente die Herstellung primär der
Versorgung des Inlandsmarktes. O. Beyer, a.a.O., S. 17,
Ingrid Duisberg, Die Solinger Schneidwarenindustrie und
ihre Produktions- und Absatzverhältnisse nach dem Zweiten Weltkrieg, Diss. MS Wien 1949, S. 160 f; H. Möhle,
a.a.O., S. 37 ff
2) O. Beyer, a.a.O., S. 16
3) Nämlich von 20,5 Mio. US-Dollar auf 100 Mio. US-Dollar,
siehe O. Beyer, a.a.O., S. 16
4) Vgl. Tab. 1.4 und 1.5
5) O. Beyer, a.a.O., S. 17, Rechnung in laufenden Preisen
6) Ebenda

herstellungsländer gerückt. Nimmt man die Exporte dieser vier Länder als Gesamtsumme, so bestritten 1928 die USA 33,9 Prozent, Großbritannien 15 Prozent, Frankreich 3,6 Prozent und das Dt. Reich 47,5 Prozent des (Welt-)Exportes. [1] Die USA, die 1913 nur einen geringen Teil ihrer ohnehin bescheidenen Exporte in Europa absetzten, konnten 1928 ca. 60 Prozent der ausgeführten Schneidwaren in Europa unterbringen und dabei selbst im Deutschen Reich, vor allem aber in England, Marktanteile erringen. [2] Auf dem südamerikanische Kontinent, der für die Dauer des Krieges und auch der unmittelbaren Nachkriegszeit für die Solinger Industrie unerreichbar war [3], nahmen die USA im Jahre 1924 mit fast 50 Prozent, der aus Deutschland, England und den USA stammenden Schneidwareneinfuhren, den ersten Rang ein. [4] Nicht nur auf dem amerikanischen Markt hatte die Solinger Industrie starke Einbußen hinnehmen müssen. Auch Rußland bzw. die Sowjetunion, wo vor dem Krieg ca. 10 Prozent der deutschen Schneidwarenexporte abgesetzt wurden und das damit der zweitwichtigste Absatzmarkt überhaupt war, sollte nicht wieder in der Liste der zehn Hauptabnehmer erscheinen. [5] Nach der Oktoberrevolution waren bekanntlich starke Veränderungen in der Außenhandelspolitik eingetreten. Hatte man in Solingen unmittelbar nach dem Ende des Krieges noch die Hoffnung gehabt, durch eine stärkere Orientierung nach Osten gar die Verluste in westlichen Ländern ausgleichen zu können [6], so mußte man Mitte der 20er Jahre feststellen, daß der sowjetische Markt sich als "viel zu wenig aufnahme-

---

1) Vgl. Tab. 1.12
2) Tab. 1.14
3) U.a. als Folge der Reduzierung der deutschen Handelsflotte im Versailler Vertrag
4) Tab. 1.18
5) Tab. 1.4
6) Klinge und Schere 15.6.1921, S. 182 ff, "Die deutschrussische Handelsbeziehungen und die Solinger Stahlwarenindustrie". Der vom Osteuropa-Institut Breslau verfaßte Artikel untersucht die Lage der sowjetischen Kleineisenindustrie und gelangt zu dem Ergebnis, daß infolge der Forcierung der Schwerindustrie die Produktion von Kleineisenerzeugnissen um 80 - 90 Prozent zurückgegangen ist und sich somit gute Exportchancen ergeben.

fähig" erwiesen hatte. [1]

Eine zusammenfassende Wertung, der in der Zeit vom Ausbruch des Ersten Weltkrieges bis zur Stabilisierung der deutschen Währung eingetretenen Entwicklungen, verdeutlicht das labile Gefüge der neuen Schneidwaren-Weltwirtschaft. [2] Die Unterbrechung der weltwirtschaftlichen Arbeitsteilung hatte die bis 1914 bestehende internationale Verflechtung zerstört. Mit dem Übergang von der Kriegswirtschaft zur Friedenswirtschaft wurde offenbar, daß die Produktionskapazitäten der internationalen Schneidwarenindustrie durch den Aufbau neuer und dem Ausbau vorhandener Industrien gegenüber der Vorkriegszeit um ein Vielfaches gewachsen waren. Eine größere Zahl von Anbietern stand sich mit einem bedeutend gestiegenen Warenausstoß auf einem im Osten geschrumpften Markt gegenüber. Die Verschärfung der Konkurrenz drückte das Preisniveau nach unten. Zwar gelang es der Solinger Industrie, unterstützt durch die deutsche Nachkriegsinflation, die völlig brachliegenden Außenhandelsbeziehungen wieder aufzubauen und angesichts eines ausgesprochenen Nachholbedarfs auch gute Handelsergebnisse zu erzielen. Doch wurden gerade dadurch protektionistische Eingriffe hervorgerufen, die eine durchgreifende Anpassung der Ungleichgewichte in der industriellen Entwicklung nachhaltig verhinderten. Mit der amerikanischen Industrie hatte ein Konkurrent auf die Struktur des Marktes Einfluß gewon-

---

1) Messer und Feile 15.11.1925, S. 759, Die Krise in der Solinger Stahlwarenindustrie. Im Zukunftskalkül der Solinger Stahlwarenindustrie kam der Sowjetunion jedoch weiterhin eine zentrale Rolle zu: "Denn ein Ausgleich für das verlorene Absatzgebiet in Nordamerika, das in der Anwendung der ohnehin hohen Zölle nicht gerade entgegenkommend ist, wird sich zum großen Teil nur in Rußland schaffen lassen, wenn dieses Land wieder zu Kräften gekommen sein wird."

2) Vgl. hierzu auch den Artikel des Gewerbelehrers R. Plücker "Weltwirtschaftliche Verschiebungen in der Stahlwarenindustrie" in: ST 28. u. 29.10.1926. Plücker resümiert: "Wohl niemals sind in einem Zeitraum von einem Jahrzehnt so tiefgreifende Wandlungen der Verhältnisse eingetreten, und auch wohl in keiner Vergangenheit sind die engen Verknüpfungen zwischen dem Schicksal der einzelnen Länder und der Ausgestaltung der Weltwirtschaft so deutlich in Erscheinung getreten."

nen, der auf industrielle Massenproduktion setzte. Die Solinger Industrie hatte sich der ähnlich strukturierten
Sheffielder Industrie gegenüber als überlegen erwiesen. Ob
sie diese Überlegenheit auch gegenüber den industriellen
Massenproduzenten bewahren konnte, darüber mußte der Markt
noch entscheiden. Die Frage nach dem Verhältnis von Qualitätsarbeit und Massenware, deren Beantwortung je nach dem
sozialen Standort anders ausfiel, zog sich fortan wie ein
roter Faden durch sämtliche Analysen zur Lage der Solinger
Schneidwarenindustrie. Für die Heimarbeiterschaft wurde sie
zu einer Existenzfrage.

3.3 Dominanz unter veränderten Vorzeichen - Die Solinger Schneidwarenindustrie auf dem Weltmarkt (1924 bis 1929)

I.

Die Stabilisierung der Währung, sinkende Rohstoffpreise und
die einsetzende Beseitigung von Außenhandelsrestriktionen
[1] hatten die Zahl der Erwerbslosen im Solinger Industriegebiet, die in der Phase der Hyperinflation sehr stark angestiegen war, in der Zeit von Januar bis April 1924 von
14.000 auf 1.000 herabsinken lassen. [2] Die monatlich steigenden Ausfuhrziffern [3] spiegelten diese Zunahme der wirtschaftlichen Aktivität nur zum Teil wieder, denn nachdem
der innerdeutsche Markt während der Inflation völlig vernachlässigt worden war, versuchten die Unternehmen nun hier
wieder verstärkt Fuß zu fassen. [4] Diese Akzentverlagerung

---

[1] Z.B. Verringerung der Ausfuhrabgabe nach dem Ausland und
dem unbesetzten Gebiet von 8 Prozent auf 3 Prozent, H.
Strerath, a.a.O., S. 21
[2] H. Strerath, a.a.O., S. 21, vgl. Tab. 4.1
[3] H. Strerath, a.a.O., S. 23
[4] H. Strerath, a.a.O., S. 24

ergab sich auch aus Schwierigkeiten im Exportgeschäft. Denn die während der Inflation massenhaft verschleuderten billigen Waren, die im Ausland noch in großen Mengen lagerten, wurden nun auf den Markt gebracht. [1] Die Verkaufspreise der unter normalen Verhältnissen hergestellten Waren, lagen meist 30 Prozent über der Grenze der Wettbewerbsfähigkeit. [2] Die Inflation hatte das flüssige Betriebskapital der Firmen vermindert. Die Aufnahme von Krediten war angesichts der generellen Kapitalknappheit, der hohen Darlehenszinsen und der infolge des sinkenden Preisniveaus schlechten Rentabilität kaum möglich. [3] Da die Produktionsstrukturen der Solinger Industrie eine lange Umschlagzeit des Kapitals implizierten, hatten die Fabrikanten oft nicht einmal genügend Rückhalt, um größere Aufträge finanzieren zu können. [4] Kleine und kleinste Aufträge bestimmten das Bild.

Die Ausfuhrwerte des Jahres 1925 lassen vermuten, daß die Unregelmäßigkeiten des Krieges und der Nachkriegszeit nun überwunden waren. 1925 wurden mengenmäßig 21 Prozent und wertmäßig 78 Prozent mehr Solinger Stahlwaren ausgeführt als 1913. [5] "Die Solinger Stahlwarenindustrie gehörte (...) zu den wenigen deutschen Industriezweigen, die im Jahre 1925 ihren Export weit über Vorkriegsmenge und -wert steigern konnten." [6] Die Solinger Industrie hatte vor allem auf Kosten der Sheffielder Konkurrenz expandieren können. Allein die Exporte nach England stiegen der Menge nach auf mehr als das Doppelte und dem Wert nach auf mehr

---

1) Kölnische Zeitung 12.4.1924
2) ST 11.10.1924
3) Vgl. BZ 14.1.1924
4) H. Strerath berichtet in diesem Zusammenhang von einer Zunahme der Konkurse im Jahre 1924, a.a.O., S. 28
5) Tab. 1.1.1
6) J. Kretzen, a.a.O., S. 5

als das Dreifache des Volumens von 1913. [1] Auf dem durch sinkende Absatzmöglichkeiten gekennzeichneten amerikanischen Markt hatte die englische Industrie lediglich bei Rasiergeräten (incl. Zubehör) einen geringeren Rückgang als Solingen zu verzeichnen. Bei sämtlichen anderen Produkten konnte die Solinger Industrie ihre relative Marktposition zumindest halten oder - bei Scheren und Haarschneidemaschinen - sogar ausbauen. [2] Besonders deutlich wurde die Krise der englischen Schneidwarenindustrie auf dem südamerikanischen Markt. Hier hatten die Solinger Firmen ihre Verluste bis 1925 auf Kosten der amerikanischen Schneidwarenindustrie wieder einigermaßen ausgleichen können, während die englische Industrie, die 1913 ein gutes Viertel des Marktes beherrscht hatte, unter 10 Prozent fiel. [3] Der englische Schneidwarenexport konzentrierte sich immer mehr auf die britischen Kolonien [4] und blieb selbst dort von der deutschen Konkurrenz nicht verschont. Der Wert der deutschen Ausfuhren z.B. nach Britisch-Indien stieg von 1,6 im Jahre 1913 auf 5,4 Millionen Reichsmark im Jahre 1924. Damit wurde das britische Weltreich in seiner Gesamtheit zum wichtigsten deutschen Exportmarkt überhaupt. [5]

---

1) Tab. 1.5
   Dies ist umso bemerkenswerter als die englische Industrie selbst überwiegend auf den Inlandsmarkt ausgerichtet war. Die Exportquote lag 1928 bei 38 %. H. Giese, a.a.O., S. 29. Am 4.12.1925 beschloß das britische Unterhaus einen 33,3 prozentigen Schutzzoll auf Schneidwaren. "Dem Bekanntwerden der beabsichtigten Schutzzolleinführung in England im Jahre 1925 folgte eine Flut von englischen Bestellungen auf deutsche Schneidwaren. Alles was man eben noch haben konnte, wollte man vor der Zolleinführung über die Grenze schaffen." H. Giese, a.a.O., S. 65. Die hohen Ausfuhren des Jahres 1925 gehen auf die überdurchschnittlichen englischen Importe zurück. Zur Einführung des englischen Schutzzolles siehe ST 5.12.1925
2) Tab. 1.17.1
3) Tab. 1.18.1: Bis 1930 sanken die englischen Exporte auf 20 Prozent des Umfanges von 1913. Dies bedeutete einen Marktanteil von lediglich 3 Prozent, Tab. 1.18.1. In den meisten südamerikanischen Ländern war die englische Schneidwarenindustrie überhaupt nicht mehr präsent. Tab. 1.18.2
4) Den englischen Exporteuren wurde hier ein Vorzugszoll gewährt. Vgl. H. Giese, a.a.O., S. 30
5) Tab. 1.4
   Ähnliche Exportsteigerungen waren auch in den wichtigsten afrikanischen Kolonien zu verzeichnen, vgl. J. Kretzen, a.a.O., S. 14

Worin lag der Solinger Aufstieg gegenüber Sheffield begründet? Die Sheffielder Industrie wies bei ihrem Schutzzollantrag bei der britischen Regierung darauf hin, daß die Arbeitskosten, die angesichts des geringen Materialanteiles [1] den Wert des Produktes entscheidend bestimmten, in Solingen niedriger seien, als in Sheffield. Tatsächlich lag die Arbeitszeit in der Sheffielder Industrie 1924 bei 43 Wochenstunden, während in Solingen 56 Wochenstunden die Regel waren. [2] Die Löhne in der Solinger Industrie waren zwar nicht so niedrig, wie die Experten der Sheffielder Industrie anzunehmen schienen [3], die Lohnkosten lagen jedoch aufgrund der längeren Arbeitszeit deutlich unter dem Niveau der Sheffielder Industrie. [4] Der Wettbewerbsvorteil der Solinger Industrie hatte jedoch nur indirekt mit den gegenüber Sheffield niedrigeren Lohnkosten zu tun. Die niedrigsten Lohnkosten waren primär Ausdruck einer qualitativ anderen Zusammensetzung der Produktpalette. Während die Sheffielder Industrie weiterhin ausschließlich hochwertige und entsprechend teure Ware herstellte, hatte Solingen das An-

---

1) Der Materialwert lag nach den Berechnungen des Enquet-Ausschusses 1928 bei lediglich 12,5 Prozent. Vgl. Enquete-Ausschuß zur Untersuchung der Erzeugungs- und Absatzbedingungen der Deutschen Wirtschaft. Die Deutsche Eisen- und Stahlwarenindustrie, Berlin 1930, S. 242 f
2) H. Giese, a.a.O., S. 28
3) Die Experten der Sheffielder Industrie orientierten sich nach den Angaben des Solinger Tageblattes am Kölner Metallarbeitertarif, dessen Tariflöhne unter denjenigen der Solinger Industrie lagen. Hinzu kam, daß die eigentlich entscheidenden, jedoch nur schwer zu quantifizierenden Heimarbeiterlöhne unberücksichtigt blieben. Überhaupt schien die Sheffielder Industrie ihren Schutzzoll mit unlauteren Methoden durchgesetzt zu haben, indem sie die Preise von ausgesprochener englischer Qualitätsware mit Solinger Waren der 2. Wahl verglich. Siehe: ST 7.11.1925
4) Giese errechnete anhand der Lohnsumme, daß die Lohnkosten in Solingen um ca. 30 Prozent niedriger waren, a.a.O., S. 28

gebot mittlerer und einfacher Qualitäten ausgebaut und auf
diesem Gebiet besonders auf dem englischen Markt Erfolge
erzielt. [1]

II.

Nachdem die saisonbedingte Arbeitslosigkeit zu Beginn des
Jahres 1925 abgeklungen war, verlief die wirtschaftliche
Entwicklung in den einzelnen Branchen ungleich. Die Situation auf dem englischen Markt war für die gesamte Beschäf-
tigungslage charakteristisch. Bei der Fabrikation gewöhnli-
cher Waren war eine recht gute Beschäftigung zu verzeichnen, während die Qualitätsindustrie nicht ausgelastet war
und phasenweise kurzarbeiten ließ. Dies galt besonders für
die Rasiermesserbranche, die unter den hohen amerikanischen
Schutzzöllen am meisten zu leiden hatte. [2] Aber auch in
der Scherenbranche, die ebenfalls primär Qualitätsware herstellte, rissen die Klagen über Auftragsmangel selbst in
einem Jahr der Hochkonjunktur wie 1925 nicht ab. [3]

Die Einführung der neuen Währung und die Verhandlungen über
den Dawesplan hatten die ökonomische Situation im Deutschen
Reich verändert. Die Löhne erhielten als Kostenfaktor wie-

---

[1] Das Solinger Tageblatt argumentierte gegen die englische
Zollpolitik: "Nicht einmal diejenige deutsche Ware, die
auf dem englischen Markt verkauft wird, könnte der Sheffielder Industrie zu ihren Angriffen einen berechtigten
Grund geben. Denn die von Solingen für den englischen
Markt gelieferte Ware ist eine gute Mittelqualität in
einfacher Ausführung, wie sie die englische Industrie
gar nicht herstellt. Die auf den englischen Markt vertriebene Solinger Ware ist in jeder Beziehung auf den
Bedarf der Arbeiter eingestellt, der sich sicherlich dafür bedanken würde, wenn ihm sein Taschenmesser, das er
von der Sheffielder Industrie nicht geliefert erhält,
weil sie es in der für ihn notwendigen Ausstattung nicht
herstellt, infolge einer Zollerhöhung teurer bezahlen
müßte." ST 7.11.1925. Die Sheffielder Fabrikanten, so
darf vermutet werden, versuchten, ihre Kapazitäten mit
Hilfe des Schutzzolles auf den Markt der billigeren Massenware umzuorientieren.
[2] Vgl. H. Strerath, a.a.O., S. 33
[3] Berichte zur wirtschaftlichen Lage, z.B. ST 25.7.1925

der Gewicht, das Valutadumping hatte aufgehört und die Konkurrenz der anderen Länder traf die deutsche Wirtschaft nun
unvermindert. Die Reparationsleistungen reduzierten die
Kaufkraft auf dem Binnenmarkt, während der ausländische
Markt durch die Exporte der Inflationszeit übersättigt oder
aufgrund der Schutzzölle nur schwer zugänglich war. Diese
Faktoren bewirkten seit dem Herbst 1925 bis zum Herbst 1926
einen beträchtlichen Produktionsrückgang, der für die deutsche Wirtschaft 8 bis 10 Prozent betrug. [1] Trotz der insgesamt noch relativ günstigen Exportsituation geriet auch
die Solinger Industrie in den Strudel dieser krisenhaften
Entwicklung. [2] In der Vorweihnachtszeit, die in Solingen
normalerweise durch eine angespannte Beschäftigung gekennzeichnet war, kündigte sich die Rezession in allmählich ansteigenden Arbeitslosenziffern an. Kurz vor Weihnachten
wurden bereits 2.400 Hauptunterstützungsempfänger gezählt.
[3] Die IHK schätzte, daß darüber hinaus noch ca. 15.000 Arbeiter nur zwei bis drei Tage in der Woche beschäftigt wa-

---

[1] Vgl. H. Mottek, Wirtschaftsgeschichte Deutschland, Bd.
III, Berlin o.J., S. 264
[2] Zumal Frankreich, Rumänien und Japan dem englischen Beispiel folgten und 1926 drastische Zollerhöhungen auf
Stahlwaren beschlossen, H. Strerath, a.a.O., S. 49. Zur
Gesamtwertung der wirtschaftlichen Entwicklung in der
Weimarer Republik siehe vor allem: W. Abelshauser, D.
Petzina, Krise und Rekonstruktion. Zur Interpretation
der gesamtwirtschaftlichen Entwicklung Deutschlands im
20. Jahrhundert, in: D. Petzina (Hrsg.) Deutsche Wirtschaft im Industriezeitalter, Düsseldorf 1981, S. 47 -
71; D. Petzina, Die Deutsche Wirtschaft in der Zwischenkriegszeit, Wiesbaden 1977, S. 77 - 86; D. Petzina, W.
Abelshauser, Zum Problem der relativen Stagnation der
deutschen Wirtschaft in den 20er Jahren, in: H. Mommsen,
D. Petzina, B. Weisbrod (Hrsg.), Industrielles System
und politische Entwicklung in der Weimarer Republik,
Düsseldorf 1974, S. 57 - 76
[3] H. Strerath, a.a.O., S. 34

ren. [1] Auf dem Höhepunkt der Krise, im August 1926, waren
in Solingen 7.351 Hauptunterstützungsempfänger gemeldet. [2]
Dies waren 12,9 Prozent der abhängigen Erwerbspersonen. [3]
Im Gesamtdurchschnitt des Deutschen Reiches erreichte die
Arbeitslosigkeit auf dem Höhepunkt der Krise 10 Prozent. [4]
Der Wirtschaftskrise von 1926 fielen einige z.t. erst während
der Inflationszeit auf unsicherer Kapitalbasis gegründete, kleinere Unternehmen zum Opfer. [5]

Charakteristisch für die Krise 1925/26 war, daß der Rückgang der Exporte, die eigentlich immer ein zuverlässiger
Indikator der konjunkturellen Lage in der Solinger Industrie gewesen waren, nicht das Ausmaß erreicht hatte, das
die Arbeitslosenziffern vermuten ließen. Die vermutlich zu
erheblichen Teilen aus Lagerverkäufen gespeiste Ausfuhr im
Januar 1926 lag sogar mengen- und wertmäßig über derjenigen
des Jahres 1925. [6] Die Jahresausfuhr 1926 blieb zwar unter
den Werten des Jahres 1925, übertraf jedoch diejenigen des
Jahres 1924 mengenmäßig um 25 Prozent und wertmäßig um 29
Prozent. [7] Der Eindruck, daß die Solinger Industrie die

1) Mitteilungen der IHK Solingen, Dezember 1925. Die Angaben über die aus Mitteln der Erwerbslosenfürsorge Unterstützten erfassen die Vollerwerbslosen nicht vollständig
und die Kurzarbeiter überhaupt nicht. Die Krise begann
aber in der Solinger Industrie bereits seit Mitte 1925
mit einer immer umfangreicheren Kurzarbeit der Heimarbeiter. Siehe auch J. Kretzen, a.a.O., S. 27 sowie die
von der Stadtverwaltung Ohligs angestellte Untersuchung,
nach der fast alle Betriebe kurzarbeiten ließen, vgl. SV
27.1.1926. Die aufgrund der bevorstehenden Zollerhöhungen plötzlich steil ansteigenden Exporte nach England
wurde durch den Abbau von Lagerbeständen bestritten, dem
keine Neuproduktion folgte.
2) Tab. 4.2
Die übrigen nicht zu der Stahlwarenindustrie gehörigen
Metallindustriezweige waren, wie aus einer Aufstellung
zur Berufsstruktur der Ohligser Arbeitslosen hervorgeht,
von der Krise im gleichen Maße betroffen. SV 27.1.1926
3) Errechnet anhand der Angaben in Tab. 2.1.6
4) D. Petzina, u.a., a.a.O., S. 119
5) Tab. 6.2, vgl. auch: H. Strerath, a.a.O., S. 47
6) BAST 12.3.1926; Die Ausfuhrwerte des ersten Halbjahres
veranlaßten die Zeitschrift Messer und Schere zu dem
Schluß: "Im übrigen braucht man nach dem Halbjahresergebnis der Solinger Ausfuhrtätigkeit die Zukunftsaussichten der Solinger Stahlwarenindustrie nicht als so
pessimistisch anzusehen, wie es in Zeitungsberichten immer wieder geschieht." Messer und Schere, 1.9.1926, "Zur
Lage der Solinger Industrie."
7) Tab. 1.1.1

Auswirkungen der Wirtschaftskrise über den Exportmarkt ab-
federn konnte, wird auch durch die Umsätze der Fa. Köller
bestätigt. Der Anteil der Exporte am Gesamtumsatz der Firma
war hier 1926 mit 42 Prozent - gemessen an den Ergebnissen
der Vorjahre - außergewöhnlich hoch. [1]

Die Parallelität von Exportsteigerung und Steigerung der
Arbeitslosigkeit lenkte den Blick derjenigen, die nach
einer Erklärung für die Krise in der Stahlwarenindustrie
suchten, zu Recht auf dem von der Solinger Industrie vernachlässigten inneren Markt. Die IHK klagte über die "geringe Kaufkraft breiter Schichten" und die "schlechte Beschäftigung vornehmlich derjenigen Firmen, die überwiegend
für das Inland arbeiten". [2] J. Kretzen, der im Auftrag des
Solinger DMV die Lage analysierte, erklärte die Krise ebenfalls primär aus dem Rückgang des innerdeutschen Absatzes.
Kretzen forderte im Sinne der Unterkonsumtionstheorie Lohnerhöhungen und eine Reduzierung der Arbeitszeit. [3] Die Solinger Fabrikanten waren es gewohnt, jede Stockung im Ge-
schäftsgang mit mangelnder internationaler Wettbewerbsfähigkeit zu erklären und entsprechend Zurückhaltung bei Ta-

---

1) Tab. 3.1.1.1
2) IHK-Mitteilungen, Jg. 1925, August, Jg. 1926, Januar und
   Oktober
3) J. Kretzen, a.a.O., S. 28 f u. S. 35, Dieser Argumentation vermochte man in der Redaktion der Zeitschrift
   "Messer und Schere" nicht zu folgen. Vor allem wurde die
   der Analyse von Kretzen zugrundeliegenden Schätzung über
   den Umfang des Inlandsmarktes angezweifelt. J. Kretzen
   berief sich mangels einer genauen Umsatzstatistik auf
   die Angaben des Teilhabers der Fa. J.A. Henckels, Kom-
   merzienrat Wolters, der den Exportanteil auf 66 Prozent
   schätzte. Die Zeitschrift Messer und Schere ging demgegenüber von der Vorkriegsexportquote von 85 - 90 Prozent
   aus und bestritt die Wirkung der Vorschläge Kretzens.
   Messer und Schere, 15.5.1926

rifauseinandersetzungen zu fordern. [1] Da diese Argumentation nun nicht mehr überzeugen konnte, ging man in dem Un-
ternehmerorgan Messer und Schere nun einen Schritt weiter
und deutete die Krise der Solinger Industrie als eine "Produktionskrise". Inspiriert von den technischen und arbeits-
wissenschaftlichen Entwicklungen der amerikanischen (Au-
tomobil-)Industrie wurden die Möglichkeiten einer umfassenden Rationalisierung der Solinger Stahlwarenindustrie diskutiert. "Weitgehendste Heranziehung der Wissenschaft,
restlose Ausnutzung der großen Produktionserfahrung der Arbeiterschaft und ein wachsames Auge auf die Erzeugungsarten
der Konkurrenz sind die Mittel, den Umstellungsprozeß seinem Ende zuzutreiben". [2] Allein auf diesem Wege sei die
Konkurrenzfähigkeit wiederherzustellen. Kretzen räumte zwar
ein, daß etwa durch die Zollpolitik des Auslandes partielle
Erschwernisse vorhanden seien, vermochte aber hierbei Anzeichen internationaler Konkurrenzschwäche, aus der eine
Notwendigkeit zu Preisreduzierungen resultiere, nicht zu
erkennen. Seiner Ansicht nach waren es die Solinger Unternehmer selbst, die sich auf dem Weltmarkt gegenseitig
unterboten. [3] Ganz im Sinne der traditionellen Fachver-
eins-Argumentation machte Kretzen die Umgehung der Tarife,

---

1) J. Kretzen führte hierzu aus: "Es war ebenso bequem, wie
für die Unternehmer der Schneidwarenindustrie nützlich,
die Krise auf Export-Schwierigkeiten zurückzuführen. Mit
dieser Methode haben sie manche Entscheidung zu Ungun-
sten der Arbeiterschaft erreicht. Diese Methode "zog"
immer wieder, weil man seit Dawesplan und Londoner Pakt
in Deutschland ganz allgemein vom Export alles Heil und
Unheil erwartet und die Bedeutung anderer Faktoren (insbesondere des inneren Marktes) nicht richtig ein-
schätzt," a.a.O., S. 27. "In der Praxis trieben diese
Umstände zu so niedrigen Lohnsätzen in den Preisverzeichnissen und in anderen Vereinbarungen, daß speziell
die Stückarbeiter der Solinger Industrie (vornehmlich
die Heimarbeiter) heute ein weit größeres Quantum Arbeit
zur Verfügung haben uund bewältigen müssen, wie vor dem
Krieg, wenn sie auf einen den Vorkriegsverhältnissen
entsprechenden Reallohn kommen sollen", a.a.O., S. 30
2) Messer und Schere, Juli 1926, S. 440
3) J. Kretzen, a.a.O., S. 31

das sog. "Unter-Preis-Arbeiten" für die "Schmutzkonkurrenz"
der Unternehmer und die Krise der Solinger Industrie verantwortlich. Eine Besserung der Lage sei allein auf dem Wege der Rückbesinnung auf Qualitätsarbeit möglich, deren
Voraussetzungen in einer Verkürzung der Arbeitszeit und
einer Erhöhung der Löhne zu suchen seien. [1] Er machte geltend, daß sich die Nachfrage nach Qualitätsware in letzter
Zeit erhöht hätte [2] und resümierte: "Die Qualitätsarbeit
aber ist und bleibt Solingens und Sheffields Aufgabe. Diese
beiden Produktionsstätten müssen damit rechnen, daß ihnen
die industrielle Weltentwicklung die Konkurrenzfähigkeit in
billiger Massenware mehr und mehr erschwert. Für Qualitätsware haben sie jedoch vermöge ihrer Arbeiterschaft ein Monopol! Für diese Qualitätsware bietet die Welt ein immer
größeres Feld". [3]

III.

Mit ihrer Beurteilung der Marktchancen von Qualitätsarbeit
standen die Gewerkschaften keineswegs allein. Der größte
Teil der Fachleute und des Unternehmerlagers waren sich
einig, daß eine generelle Qualitätsverschlechterung der So-

---

1) J. Kretzen, a.a.O., S. 34 f
2) Vgl. Tab. 1.1.1
   1925 und 1926 lagen die Durchschnittswerte je Doppelzentner 27 bzw. 24 RM über dem Wert von 1924. Die Angaben erlauben allerdings nur unzuverlässige Rückschlüsse
   auf die Qualität der Waren, da Veränderungen ebenso
   durch Verschiebungen unter den einzelnen Warengattungen
   durch Verbilligung der Produktion, durch Preisnachlässe
   bzw. Preisverschiebungen hervorgerufen sein konnten.
   Vgl. hierzu H. Strerath, a.a.O., S. 52 ff
3) J. Kretzen, a.a.O., S. 34

linger Industrie auf dem Weltmarkt geschadet hätte. [1)]
Uneinigkeit bestand jedoch in der Frage, welche Rolle die
Produktion minderwertiger Ware neben der Qualitätsprodukti-
on spielen könnte und vor allem, auf welche Weise denn die
Qualitätsware produziert werden sollte; in Heimarbeit oder
in Maschinenarbeit.

Die Frage der Qualitätsarbeit stand im Zentrum des Gegen-
satzes von einzelwirtschaftlicher und gesamtwirtschaftli-
cher Rationalität. Während es für den einzelnen Unternehmer, der an einer kurzfristigen Amortisation seines Kapitals interessiert war, durchaus "rational" sein konnte, den
Weltmarkt mit billiger Schundware zu überschütten, mußte
ein solches Verhalten dem legendären Weltruf der Solinger
Waren schaden und somit die Absatzchancen der gesamten Solinger Stahlwarenindustrie langfristig und nachhaltig be-
einträchtigen.

So hatte z.B. die Rasiermesserbranche nach dem Ersten
Weltkrieg versucht, der Krise dieses Industriezweiges durch
die Verwendung von Bessemer-Stahl, anstelle des teuren
Tiegelgußstahls, zu begegnen. [2)] Rasiermesser aus Bessemer-

---

1) Diese Auffassung wurde nicht nur in nahezu allen, während des Untersuchungszeitraumes erschienenen und überwiegend von ausgesprochenen Branchenkennern verfaßten
Dissertationen und Diplomarbeiten vertreten (vgl. z.B.
H. Strerath, a.a.O., S. 47 und S. 54; W. Riese, Entwicklung, Lage und Aussichten der Solinger Stahlwarenindustrie, Dipl. MS 1956, S. 97 f; G. Giese, a.a.O., S.
35 f), sondern war auch in zahlreichen Aufsätzen der
Fachzeitschriften der Stahlwarenindustrie zu finden.
(Vgl. z.B. Klinge und Schere 15.5.1921 "Exportindustrie
und Qualitätsarbeit, 15.7.1921", Geschichtliche Betrachtungen über den Gütegedanken in der Schneidwarenindustrie, Messer und Feile 15.2.1926, "Wichtige Vorbedingungen bei der Umstellung der Solinger Industrie auf das
amerikanisch-Fordsche-Arbeitssystem".
Auch über den Untersuchungszeitraum hinaus meldeten sich
immer wieder Stimmen, die darauf hinwiesen, daß sichere
Arbeitsplätze nur in der Qualitätsindustrie zu finden
seien, während die Herstellung von Massenschneidwaren
ein sehr unsicheres Terrain sei. Vgl. z.B. ST 8.1.77
2) Die Weiterverarbeitung der Bessemer-Messer war ebenfalls
billiger, da sie nicht so oft gepliestet und poliert
werden mußten.

Stahl waren infolge einer starken Vernickelung äußerlich
von Qualitätsmessern nicht zu unterscheiden, hatten aber
praktisch keine Schnitthaltigkeit. [1] Auch diese Rasiermesser wurden jedoch mit den Zeichen "Solingen" versehen.
[2] "Mit diesem Augenblick begann eine offenbare Täuschung
der Käuferschaft, die sich eines Tages an der gesamten Industrie bitter rächen mußte, indem sie den Namen Solingen
und den deutschen Namen nicht nur in der Rasiermesserfabri-
kation, sondern in der ganzen Stahlwarenindustrie diskredi-
tierte". [3] Viele Zeitgenossen maßen diesen unlauteren
Praktiken ein solches Gewicht bei, daß sie darin die
eigentliche Ursache der anhaltenden Krise in der Rasiermesserindustrie erblickten. Nachdem bereits 1921 erfolglos
versucht worden war, diese Mißstände zu beseitigen, ergriffen die Solinger Gewerkschaften, der Deutsche Metallarbeiterverband, der Industriearbeiterverband und der Christ-
liche Metallarbeiterverband 1925 gemeinsam die Initiative.
In einer konzertierten Aktion mit den Arbeitgebern wollten
sie die Kennzeichnung der Bessemer-Rasiermesser erreichen.
Auf einer zu diesem Zweck organisierten öffentlichen Pro-
testversammlung klagte Gewerkschaftssekretär Mertens die
Schundwaren-Produzenten in scharfem Ton an. Das Solinger
Tageblatt berichtete zu seinen Ausführungen: "Die Ausrede,
die viel von Fabrikanten gebraucht werde, der Markt verlan-
ge die Herstellung von Bessemer-Ware, lasse er nicht gel-
ten. Wenn die Industrie nicht zur Herstellung von Bessemer-
Ware übergegangen wäre, meist um eines augenblicklichen Ge-
winnes willen, würde heute kein Mensch nach ihr fragen". [4]
Die auf der Versammlung anwesenden Fabrikanten konnten diese Auffassung aufgrund der Erfahrungen ihrer Auslandsver-
treter nur bestätigen. Die Versammlung berief einen Ausschuß, der geeignete Richtlinien ausarbeiten sollte. In Zu-
sammenarbeit mit der IHK gelang es diesem Ausschuß, eine

---

1) H. Giese, a.a.O., S. 36, Ein Messer aus Tiegelgußstahl
   ließ sich im Gegensatz zu einem Bessemer-Messer problemlos mit einem Streichriemen wieder schärfen.
2) H. Strerath, a.a.O., S. 38
3) ST 19.3.1925, "Gegen die Schundware in der Rasiermesser-
   Industrie"
4) ST 19.3.1925, a.a.O.

Einigung zwischen den Vertretern der Qualitäts-Rasiermesser
-Industrie, der Bessemer-Rasiermesser-Industrie, der Gewerkschaften, der Schlägereien und des Ausfuhrhandels auf
gemeinsame Richtlinien herbeizuführen. [1] Der Niedergang
der Rasiermesserbranche konnte durch diese Richtlinien
allerdings nicht aufgehalten werden. Denn die Branche litt
nicht allein an der durch die Billigproduktion hervorgerufenen Schädigung ihres Rufes, sondern die Billigproduktion selbst war eine verzweifelte Reaktion auf den Verlust
wichtiger Absatzmärkte (USA und Rußland) sowie auf die Konkurrenz der einfacher zu handhabenden und mit einem riesi-
gen Werbeaufwand vertriebenen Rasierklingen. In einer
anderen Hinsicht erscheinen mir die Richtlinien noch auf-
schlußreicher zu sein: Sie implizieren eine ausdrückliche
Anerkennung der billigen Massenproduktion unter bestimmten
Rahmenbedingungen. Nicht die Herstellung der gebrauchs-
untauglichen Bessemer-Messer an sich wurde unterbunden,
sondern lediglich deren Kennzeichnung als Qualitätsware.

Während die Experten sich gegenseitig immer wieder versicherten, daß die Zukunft der Solinger Industrie allein in
der Qualitätsware zu suchen sei, dehnte sich der Sektor der
minderwertigen Massenware in der zweiten Hälfte der 20er
Jahre auch in Solingen weiter aus. Im Zuge veränderter Kon-
sumgewohnheiten, wie sie etwa im Aufstieg der sogenannten
"Einheitspreisgeschäfte" und der Warenhäuser [2] während der

---

1) Diese Ende des Jahres 1925 erschienenen und von insgesamt 11 Körperschaften anerkannten Richtlinien sahen
vor, daß Rasiermesser mit einem Kohlenstoffgehalt von
weniger als 61 Prozent nicht mit Angaben versehen werden
durften, den den Eindruck erweckten, es handele sich um
Qualitätsware. Die Bessemer-Messer durften nur eine bestimmte Breite haben und nur bis zu einem gewissen Grade
hohl geschliffen sein. Sie durften nicht mit Materialien, wie Elfenbein, Perlmutt oder Schildpatt verbunden werden, H. Strerath, a.a.O., S. 39
2) "Die Schere hat es verstanden, wie nicht manche ihrer
Solinger Kollegen, Gnade zu finden vor den geschäfts-
tüchtigen Augen der Einheitspreisgeschäfte. Man glaubt
nicht, wie viele Sorten Scheren man dort angeboten findet, Taschenscheren, Manikürescheren, Haushaltsscheren -
jedes Stück zu 50 Pfennig. Der Grund liegt darin, daß
diese Geschäfte ungewöhnlich scharf zu kalkulieren pfle-
gen." ST 15.2.1928

Abb. 12: Niederlassung der Firma Henckels an der Avenue de L'Opera, Paris um 1928

Weimarer Republik zum Ausdruck kamen, war der Absatz des Fachhandels - der Messerschmiedegeschäfte und Eisenwaren- handlungen - rückläufig. Das Solinger Tageblatt sah darin zu Recht ein Indiz für einen Rückgang der Qualitätserzeug- nisse und plädierte für den Aufbau einer systematischen und kontinuierlichen Marktanalyse: "Immerhin wäre es außeror- dentlich interessant, wenn man einmal feststellen könnte, welchen Prozentsatz der in Solingen hergestellten Produkte ausgesprochene Qualitätserzeugnisse und welchen Prozentsatz Erzeugnisse minderen Ranges heute noch umfassen. Bei einer im Augenblick allerdings durch nichts zu belegenden ge- fühlsmäßigen Abschätzung scheint die ausgesprochene Quali- tätsware - nach dem Willen des kaufenden Publikums - si- cherlich nicht mehr den überwiegenden Teil der Gesamterzeu- gung auszumachen, und man kommt auf diesem Wege zu dem zwingenden Schluß, daß vielleicht heute schon vom wirt- schaftlichen Standpunkt aus die billigere Ware das tatsäch- liche Rückgrat der Solinger Industrie ist. Je mehr sich nun der Absatz den Weg über die Warenhäuser macht, um so stär- ker wird die Entwicklung von der sogenannten reinen Quali-

tätsware abgehen". [1] Auch wenn eine "gefühlsmäßige" Bestimmung des Umfanges der Massenproduktion mit dem gleichen
Recht zu einem gegenteiligen Ergebnis gelangen konnte [2],
war die Tendenz zu einer Zunahme der Herstellung einfacher
Ware wohl nicht zu bestreiten. [3]

IV.

Die Außenhandelssituation der Solinger Industrie in den
beiden Jahren vor der Weltwirtschaftskrise bestätigte den
Trend, der sich bereits vor der Krise 1925/26 abgezeichnet
hatte. Solingen konnte seine Exporte zwar absolut steigern
und seine führende Rolle auf dem Weltmarkt behalten, mußte
aber trotz aller Anstrengungen, sich auf die durch die neu-
en ausländischen Konkurrenzindustrien entstandene Situation
einzustellen, relative Einbußen hinnehmen.

Die Entwicklung der Schneidwarenausfuhr deckte sich mit der
Entwicklung der Gesamtausfuhr von Eisen- und Stahlwaren.
Sie hatte sich zwischen 1913 und 1929 dem Wert nach fast

1) ST 14.9.1929, "Tagesfragen der Solinger Stahlwaren-
Industrie".
2) Zumal die Unterscheidung von Qualitätsware und minderwertiger Ware nicht wirklich objektiv festgelegt war.
Vor allem ließ sich die Rolle der Massenware auf dem Inlandsmarkt nicht bestimmen.
3) Hierzu etwa H. Tegtmeier in seiner Dissertation aus dem
Jahre 1927: "Der Bedarf an Massenware ist stärker geworden. Alle Momente wirken darauf hin, daß auf die Gebrauchsfähigkeit und nicht so sehr auf die feinere Differenzierung der Ware wert gelegt wird. " Und: "Die gesunkene Kaufkraft des Publikums verlangt billige Ware."
H. Tegtmeier, a.a.O., S. 87 u. S. 90; "Die Tischmesser-
und Gabelherstellung oder kurz die Besteckfabrikation,
die früher fast ausschließlich Ebenholz-, Elfenbein-,
Horn- und Knochenbestecke herstellte, ist infolge der
durch die Auswirkungen des Weltkrieges gesunkenen Kaufkraft breiter Käuferschichten in den letzten Jahren mehr
und mehr dazu übergegangen, billige Backen- Kunstharz-
und Alpakkabestecke herzustellen. (...) Das gute alte
Taschenmesser mit Elfenbein, Perlmutt- und Schildpatt-
beschalung wird der geschmälerten Kaufkraft entsprechend
nur in geringer Menge hergestellt. Taschenmesser mit Be-
schalungen aus Celluloid, Kunstharz oder Holz bilden die
Regel." F. Kurek, Die Solinger Industrie, in: Meine Heimat, Jg. 1934, Heft 7, S. 5

verdoppelt. [1] Unter Berücksichtigung des Inflationskoeffi-
zienten bedeutete dies eine reale Steigerung um ca. 40 Prozent. Dem entsprach die Zunahme der Ausfuhrmenge um 37 Prozent und die Erhöhung des Einheitswertes um 44 Prozent. [2]
Der Anteil des Schneidwarenexportes am Wert der gesamten
Eisen- und Stahlwarenausfuhr blieb mit 7,1 Prozent im Jahre
1913 und 7,7 Prozent bzw. 7,2 Prozent in den Jahren 1928
und 1929 etwa gleich. [3]

Die qualitative Zusammensetzung der deutschen Exporte änderte sich gegenüber dem Vorkriegsstand nur unwesentlich.
Rasierklingen und Haarschneidegeräte waren als neue Produkte in das Exportsortiment aufgenommen worden. Das Schwergewicht der Exporte lag jedoch weiterhin bei Messern und
Scheren aller Art. [4]

Wie entwickelten sich die Exporte auf den einzelnen Absatzmärkten? Die Verteilung der Exporte nach Erdteilen [5]
zeigt, daß sich die bereits 1924 sichtbare Tendenz einer
Verlagerung der Exporte nach Europa verstärkt hatte. Zwischen 1927 und 1929 wurde durchschnittlich 52,8 Prozent der
Schneidwarenausfuhr in europäische Länder exportiert, wobei
die wertmäßige Ausfuhr ein wenig stärker angestiegen war,
als die mengenmäßige. Auch nach Asien sowie besonders
Afrika und Australien konnten die Exporte gesteigert werden. Die mengenmäßigen Zuwächse lagen bei 37,9 Prozent,
93,5 Prozent und 157,7 Prozent. [6] Auf dem amerikanischen
Kontinent hingegen blieben die Ausfuhrmengen absolut unter
dem Niveau von 1913. Der gesamte amerikanische Markt nahm
1928 nur minimal größere Mengen ab, als der asiatische.

---

1) Enquete-Ausschuß, a.a.O., Tab. 124, S. 362 ff sowie Tab.
   1.1.1
2) Tab. 1.1.1
3) Enquete-Ausschuß, a.a.O., S. 367
4) Tab. 1.9 und 1.10
   Enquete-Ausschuß, a.a.O., S. 361
5) Tab. 1.2
6) Tab. 1.3

Zu einer exakten Analyse müssen Ausfuhrmenge und Einheitswert kombiniert betrachtet werden. [1] Auf dem amerikanischen Kontinent waren die Durchschnittswerte leicht und im
Falle Kanadas stark gesunken, während sie in Argentinien
und den USA ungefähr gleich geblieben waren. Die USA und
Argentinien waren zugleich diejenigen wichtigen Exportlän-
der, in denen die Exportmenge von 1928 unter dem Niveau von
1913 lag. Während in den USA und z.T. in Argentinien vorwiegend die traditionelle Qualitätsware Zugang fand, beruhte die Ausdehnung der Exporte nach Mexiko, Brasilien und
vor allem Kanada auf einfacherer Ware. Im Falle Kanadas,
das 1913 ausschließlich Spitzenqualitäten aus Solingen bezog, fällt auf, daß die Einheitswerte auf ein Durch-
schnittsniveau abgefallen waren. In einigen südamerikanischen Ländern konnte die Exportmenge wiederum nur durch
eine Verschiebung zugunsten der Qualitätserzeugnisse gesteigert werden. [2] In Europa waren die Einheitswerte in
der Tschechoslowakei, in den Niederlanden, in Spanien, in
der Sowjetunion, in Frankreich, in Dänemark und in Schweden
stark und in Italien, in der Schweiz leicht angestiegen. In
den übrigen Ländern hatten sie ihr Niveau behalten. Im Falle Englands, Litauens, Lettlands und Estlands waren sie
ebenso wie die mengenmäßigen Ausfuhren stark gefallen. Eine
Korrelation zwischen einer Zunahme der Ausfuhrmenge und
einer Zunahme oder Abnahme der Einheitswerte ließ sich

---

[1] Die folgende Betrachtung stützt sich im wesentlichen auf
Tab. 1.3
Unter Einheitswert bzw. Durchschnittswert ist der durchschnittliche Wert pro Einheit (dz) zu verstehen. Ein
Vergleich des Einheitswertes der Exporte nach verschiedenen Ländern erfolgt unter der theoretischen Prämisse,
daß die Zusammensetzung der in die verschiedenen Länder
exportierten Stahlwaren nach Produktgruppen im Verhältnis von Gewicht und Wert in etwa gleich ist und enthält,
da diese Bedingung praktisch nicht zutrifft, minimale,
hier jedoch zu vernachlässigende statistische Ungenauig-
keiten.
[2] Vgl. Tab. 1.18.2, Diese Tendenz war im Falle Kolumbiens
besonders ausgeprägt. Fesenmeyer stellt fest, daß die
Ausdehung der Exporte der deutschen Eisen- und Stahlwarenindustrie auf den südamerikanischen Markt generell
auf eine Anhebung der Qualität beruhte. F. Fesenmeyer,
a.a.O., S. 17

nicht feststellen. Auffällig war jedoch, daß sich die Solinger Stahlwarenindustrie - außer im Falle Englands, des
Konkurrenten mit ähnlichen Produktionsstrukturen - überall
dort, wo sie auf die Konkurrenz nationaler Schneidwarenindustrien stieß, auf bessere Qualitäten konzentrieren mußte.
Diese Regel galt nicht nur für die meisten europäischen
Länder, sondern auch für die USA und den asiatischen Markt,
der von der japanischen Schneidwarenindustrie mit billigeren Waren versorgt wurde. Die Verschärfung des internationalen Wettbewerbs hätte bei einer vorausschauenden Wirtschaftspolitik somit langfristig zu einer stärkeren Priori-
tätensetzung bei Qualitätswaren führen müssen. (Vgl. Kap.9)

Es zeigt sich, daß die Solinger Stahlwarenindustrie in den
20er Jahren auf die Konkurrenz flexibel reagiert hatte, indem sie sich den jeweiligen Marktstrukturen optimal anpaßte. Überall dort, wo es die Kaufkraft zuließ und es die
Konkurrenz der nationalen Schneidwarenindustrie gebot, si-
cherte sie sich den Markt für beste Qualitätsware, während
sie auf anderen Märkten auch bei einfacheren Qualitäten erfolgreich konkurrierte. In den Ländern, in denen nationale
Schneidwarenindustrien aufgebaut worden waren, konzentrierte [1] sich Solingen auf den Bedarf, der durch die jeweilige
eigene Industrie nicht gedeckt werden konnte. Das beste
Beispiel war England. Trotz der Einführung des englischen
Schutzzolls gelang es der Solinger Industrie, die Exporte
nach England - abgesehen von einem vorübergehenden Rück-
schlag im Jahre 1926, der weniger durch die Zollerhöhung
selbst, als durch die auf die Zollerhöhung motivierte Ausweitung der Exporte im Jahre 1925 bedingt war - auf der Basis einfacher Massenwaren bis 1929 kontinuierlich zu steigern. [2] Großbritannien war auch im Jahre 1929 der Haupt-

---

1) Tab. 1.3 und 1.5, vgl. Anmerkungen
2) Aufgrund der Schutzzölle geschah dies meist zwangsläufig.

abnehmer Solinger Stahlwaren. [1] Die Solinger Industrie war auf dem englischen Markt bei allen Produkten - sieht man von Rasierklingen und Rasierapparaten ab - absolut führend. Die in England eingeführten Rasiermesser stammten zu 93 Prozent, die Scheren zu 89,1 Prozent und die Messer zu 77,2 Prozent aus dem Deutschen Reich. [2] Ca. 55 Prozent der deutschen Exporte nach England bestanden aus Messern und Scheren. [3]

Die englischen Konkurrenten versuchten sich, ebenso wie die amerikanischen mit hohen Schutzzöllen gegen die deutsche Schneidwarenindustrie abzuschirmen. Einzig Solingen konnte es sich erlauben, auf einen ausgebauten Zollschutz zu verzichten. [4] Die Einfuhren von Schneidwaren ins Deutsche Reich waren traditionell sehr gering. [5]

Während die Konkurrenz zu den USA sich nicht so stark bemerkbar machte, weil unterschiedliche Präferenzen in der Zusammensetzung der Produktpalette gesetzt worden waren [6], kam die Konkurrenz zu Sheffield dadurch weniger zum Tragen, daß sich die geographischen Interessensphären zum Teil nicht tangierten. Das Schwergewicht der deutschen Schneidwarenausfuhr lag eindeutig in Europa. Die englische

---

1) Tab. 1.4
2) Tab. 1.16
   Die englische Schneidwarenindustrie hatte den produktions-technischen Vorsprung Solingens im Schmiedebereich Ende der 20er Jahre noch nicht aufgeholt. (Vgl. Kap. 4.1) Die englischen Hersteller bezogen daher große Mengen schwarze Ware aus Solinger Schlägereien. H. Giese, a.a.O., S. 38
3) H. Giese, a.a.O., S. 63 f
4) H. Giese, a.a.O., S. 61
5) In den Jahren 1928 - 1930 war allerdings ein vorübergehender leichter Anstieg zu beobachten, wobei der Einheitswert der in dieser Zeit importierten, überwiegend aus England stammenden Schneidwaren, außerordentlich hoch war, vgl. Tab. 1.8 . Offensichtlich konnten die Absatzmöglichkeiten, die der innerdeutsche Markt für Qualitätsware bot, aufgrund der partiellen Umstellung auf billige Massenproduktion durch die deutsche Schneidwarenindustrie allein nicht mehr voll ausgeschöpft werden.
6) Vgl. weiter oben sowie: Enquete-Ausschuß, a.a.O., S. 378; Tab. 1.4.2

Schneidwarenindustrie hatte ihr Hauptabsatzgebiet in Über-
see, und zwar vor allem in den britischen Commonwealth-
Staaten. Lediglich in einzelnen europäischen Ländern, wie
z.B. den skandinavischen Staaten, stand die deutsche
Schneidwarenausfuhr in starker Konkurrenz zu der englischen. [1]

Einen heftigen Konkurrenzkampf lieferten sich Solingen und
Sheffield hingegen in Britisch-Indien. Während des Ersten
Weltkrieges hatte die englische Stahlwarenindustrie hier
das Erbe der Solinger Industrie, die vor dem Ersten Weltkrieg die Hälfte des Bedarfes gedeckt hatte, antreten können. Nach dem Kriege versuchte England einen Wiederaufstieg
des deutschen Handels mit allen Mitteln, u.a. mit Hilfe
eines Einreiseverbotes für deutsche Verkäufer (das bis zum
31. August 1925 Gültigkeit hatte) zu verhindern. Trotzdem
gelang es der Solinger Industrie, die Ausfuhr nach Britisch-Indien von 1,6 Millionen Reichsmark im Jahre 1913 auf
3,1 Millionen Reichsmark im Jahre 1928 zu steigern, während
der Wert der englischen Exporte 1928 mit 1,3 Millionen
Reichsmark nur um 0,3 Millionen Reichsmark über dem Niveau
von 1913 lag. [2]

Die Voraussetzung der Steigerung der Exporte war vor allem
die Fähigkeit, das Angebot auf die Erfordernisse der einzelnen Detailmärkte, durch ein breites Mustersortiment von
nicht nur gestalterisch, sondern auch preislich bzw. qualitativ unterschiedlichen Waren optimal auszurichten. [3] Auffallend war die breite Streuung der Solinger Exporte. Waren
1924 noch 60,6 Prozent aller Ausfuhren in die zehn Hauptabnehmerländer bestimmt, so waren es 1929 nur noch 50 Pro-

1) H. Giese, a.a.O., S. 79
2) H. Giese, a.a.O., S. 83 - 85
   H. C. Lohmann, Die Ausfuhr Solinger Stahlwaren nach Britisch-Indien, Burma und Ceylon, MS Solingen 1932
3) H. Möhle stellte in seiner Arbeit über den Exporthandel
   der Solinger Schneidwarenindustrie erstaunt fest: "Die
   Bedeutung der einzelnen Erdteile und Länder als Abnehmer
   deutscher Schneidwaren ist einem ständigen Wechsel unterworfen," a.a.O., S. 32

zent. [1] Durch die variationsreiche Produktpalette konnte
Solingen sich außerordentlich flexibel auf veränderte Absatzbedingungen einstellen. Die Durchschnittswerte der exportierten Schneidwaren differierten im Jahre 1928 um ca.
500 Prozent (!), während die Spanne zwischen dem höchsten
und dem niedrigsten Einheitswert im Jahre 1913 nur knapp
über 100 Prozent gelegen hatte. [2] Hier zeigten sich die
Stärken des auf die Arbeitsteilung von Fabrikindustrie und
qualifizierter Heimarbeit gestützten Solinger Produktionssystems.

Die englische Schneidwarenindustrie, der Hauptkonkurrent
der Solinger Industrie, hatte den deutschen Erfolgen auf
dem Weltmarkt nichts Vergleichbares entgegenzusetzen. Während die deutschen Schneidwarenausfuhren nach England gestiegen waren, sanken die englischen Exporte ins Deutsche
Reich, die 1913 immerhin 7,5 Prozent der Gesamtausfuhren
ausgemacht hatten, bis 1928 um 72 Prozent. [3] Die englischen Exporte fielen auf dem gesamten amerikanischen Markt
weit stärker ab als die deutschen. [4] Gleichzeitig konnte
dieser Rückgang weniger durch eine Expansion in andere Regionen aufgefangen werden. Auf dem traditionell vernachlässigten europäischen Markt hatten die englischen Schneid-
warenexporteure nur unbedeutende Zuwächse zu verzeichnen.
[5] Eine nennenswerte Ausdehnung der Exporte gelang allein
in den Staaten des Britisch Commonwealth, in denen den englischen Waren Präferenzzölle eingeräumt wurden. Die engli-

---

1) Tab. 1.4
2) Tab. 1.3
3) Tab. 1.15, vgl. dort auch die Anmerkungen
4) Tab. 1.15; 1.17.1; 1.17.2
   Hierbei muß jedoch differenziert werden: Der deutschen
   Schneidwarenindustrie ist es gelungen, die amerikanische
   Industrie auf dem südamerikanischen Markt bis 1929 wieder einzudämmen und die ursprüngliche Marktstellung wie-
   derzuerlangen. Demgegenüber sanken die Exporte Englands
   hier bis zur völligen Bedeutungslosigkeit ab. Tab.
   1.18.1; 1.18.2; Auf der anderen Seite konnte England
   seine Position in den USA durch den verstärkten Export
   von Rasierartikeln leicht ausbauen (siehe Tab. 1.15 sowie Enquete-Ausschuß, a.a.O., S. 380), während die deutsche Schneidwarenindustrie hier gegenüber 1913 starke
   Einbußen hinnehmen mußte. Tab. 1.4
5) Tab. 1.15 sowie Enquete-Ausschuß, a.a.O., S. 379

sche Schneidwarenindustrie litt in Kanada sehr stark unter
der amerikanischen und in Asien unter der deutschen und japanischen Konkurrenz. [1] Ein Sheffielder Experte beurteilte
1952 die Entwicklung der Zwischenkriegszeit folgendermaßen:
"The most significant feature of the export trade in cutlery products between the wars was the dominant position
which Germany attained. By the middle twenties the pattern
has been established: throughout Europe, Asia and the
Americas where there was no local production. Solingen and
cutlery were almost synonymos". [2]

V.

Trotz der Erfolge auf den einzelnen Absatzmärkten und der
absoluten Steigerung der Exporte schien die relative Weltmarktposition der Solinger Industrie 1928 gegenüber 1913
geschwächt zu sein. Ein Vergleich der Ausfuhr der vier führenden Produktionsländer (England, Deutschland, Frankreich,
USA) 1913 und 1928 zeigt [3], daß die deutschen Exporte mit
der Gesamtentwicklung nicht Schritt gehalten hatten. In
fortlaufenden Preisen gerechnet war die deutsche Ausfuhr
zwar um 82,3 Prozent gesteigert worden; sie blieb aber damit hinter der Steigerung der Gesamtexporte der vier Produktionsländer, die bei 128,2 Prozent lag, deutlich zurück.
England hatte seine Exporte lediglich um 41,2 Prozent
steigern können, während die USA eine 11-fache Steigerung
ihrer Schneidwarenexporte verbuchen konnten. Die Weltmarkt-
positionen waren gegenüber 1913 neu verteilt.

1) Tab. 1.15; Enquete-Ausschuß, a.a.O., S. 379
2) H. Townshend, German Competition and world markets, in:
   International Cutler , Jg. 2, 1952 Nr. 5, S. 15
   Die Zeitschrift International Cutler bzw. die Aufsätze
   von H. Townshend zeichnen sich durch eine erstaunlich
   gute Informiertheit aus. Leider ist die Zeitschrift nur
   in den Jahren 1951 - 1953 erschienen (bzw. vorhanden),
   wobei in der vorliegenden Arbeit nur zwei weitere von
   Interesse waren: H. Townshend, World Trade in Cutlery
   1920 to 1951, ebenda, Jg. 2, 1952, Nr. 4 sowie W. Klein
   (Solingen) German Cutlery Industry, Jg. 2, 1952, Nr. 3
   und Nr. 4
3) Tab. 1.12

Statt 92,2 Prozent deckten die drei europäischen Länder nur
noch 66,1 Prozent der Gesamtausfuhr. Das Deutsche Reich
stand zwar nach wie vor an der Spitze, sein Anteil war aber
von 59,5 Prozent auf 47,5 Prozent zurückgegangen. Der Anteil Großbritanniens sank von 24,2 Prozent auf 15 Prozent,
der Anteil Frankreichs von 9,6 Prozent auf 3,6 Prozent. Die
USA, die 1913 als Exporteur völlig unbedeutend waren, hatten sich einen Anteil von 33,9 Prozent der Exporte der
Hauptherstellerländer sichern können. Die amerikanischen
Ausfuhren hatten auf allen Exportmärkten, ganz besonders
aber in Europa zugenommen. [1] Allein 45,4 Prozent der amerikanischen Ausfuhr gingen 1928 nach England und Spanien.

Eine allein auf die Angaben in Tab. 1.12 gestützte Betrachtung ergibt allerdings ein verzerrtes Bild. Zu einer differenzierten Einschätzung der amerikanischen Konkurrenz ist
es nötig, sich die Zusammensetzung der amerikanischen Exporte genauer anzusehen. [2] Der Wert des Gesamtexportes
setzte sich zu 76 Prozent aus Sicherheitsrasierklingen und
zu weiteren 6,7 Prozent aus Sicherheitsrasierapparaten zusammen. Tafel- und Küchenmesser waren nur zu 4,3 Prozent,
große und kleine Scheren gar nur zu 1,1 Prozent an den amerikanischen Exporten beteiligt; die restlichen 11,9 Prozent
entfielen auf verschiedenste Messerschmiedewaren. Die Zusammensetzung der deutschen Exporte verhielt sich diametral
entgegengesetzt: Während die Rasierartikel einschließlich
der zu 11,2 Prozent an der Gesamtproduktion beteiligten und
überwiegend für den Export bestimmten Rasiermesser [3] nur
23 Prozent der Gesamtausfuhr ausmachten, lag das Schwergewicht der Exporte bei Scheren, Taschenmessern, Berufsmes-

---

1) Tab. 1.14.2
2) Enquete-Ausschuß, a.a.O., S. 378; Tab. 1.14.2
3) Tab. 1.9 und 1.11.2; H. Giese, a.a.O., S. 18

sern sowie Tischmessern und Bestecken. [1] Bei allen diesen
Produkten aber war, wie etwa der englische Markt zeigte,
die Solinger Industrie mit Abstand überlegen. Insgesamt bestritt die deutsche Schneidwarenindustrie 33 Prozent der
Importe Englands. Läßt man die Rasierklingeneinfuhren dabei
außer Betracht, so betrug der deutsche Anteil 83 Prozent.
[2] Die amerikanische Konkurrenz fiel somit, außer auf dem
nordamerikanischen und (mit Einschränkung) südamerikanischen Markt selbst, nicht so stark ins Gewicht als es auf
den ersten Blick schien. Der Aufstieg der amerikanischen
Industrie auf den Weltmarkt war mit einem einzigen -neuen-
Produkt, der Rasierklinge, erfolgt und konnte eigentlich
nur in der Solinger Rasiermesserbranche Schwierigkeiten
hervorrufen. [3]

Die Konkurrenz auf dem Weltmarkt hatte sich im Vergleich
zur Vorkriegszeit dennoch unverkennbar verschärft. Die
Zeiten, in denen den Konsumenten nichts anderes übrigblieb,
als die teuren Waren der englischen und der deutschen
Schneidwarenindustrie zu kaufen, waren endgültig vorüber.

---

1) Tab. 1.10 und 1.11.2
   Eine, wenn auch in einzelnen Positionen abweichende, je-
   doch insgesamt ähnliche Struktur, wiesen die englischen
   Exporte 1928 auf:
       53,9 % Messer mit einer oder mehreren Klingen
       30,4 % Rasierartikel (hiervon 2,2 % Rasiermesser)
        5,1 % Scheren
       10,6 % Sonstige
   Enquete-Ausschuß, a.a.O., S. 379 f
2) Tab. 1.16
3) Vgl. weiter unten sowie die politisch-wirtschaftlichen
   Lageberichte des Polizeipräsidenten z.B. 16.4.1929 Poli-
   zeipräsidium Wuppertal-Elberfeld/Barmen HSTA Düsseldorf,
   Reg. D 30640 a, Bl. 91

Es hatte sich ein Markt für Massenware entwickelt, [1] auf den hin neu aufgebaute Schneidwarenindustrien in anderen Ländern leichter auszurichten waren, als die auf einer langen handwerklichen Tradition basierenden Schneidwarenindustrien Solingens, Sheffields oder Thiers. Während es den Hauptkonkurrenten in Sheffield nicht gelungen war, sich auf die neuen Verhältnisse einzustellen, hatte Solingen es nicht zuletzt aufgrund des produktionstechnischen Vorsprungs im Schmiedebereich besser verstanden, sich durch ein breites Sortiment bis hin zur Integration einfacher, billiger Ware in das Produktionsprogramm zu behaupten. [2] Das Sinken der Exportquote - sie lag 1928 bei nur noch ca. 56 Prozent gegenüber ca. 75 Prozent im Jahre 1913 [3] - signalisierte auf der anderen Seite, daß der Weltmarkt nicht mehr unbegrenzt aufnahmefähig war. Der Erste Weltkrieg hatte zu einem bedeutenden Ausbau der Kapazitäten der internationalen Schneidwarenindustrie geführt, der mit der Umstellung der deutschen und englischen Hersteller auf Friedensproduktion zwangsläufig zu Überproduktion führen mußte. Der Abbau der strukturellen Ungleichgewichte von Produktion und Konsumtion wurde durch den Protektionismus verhindert. Die Ungleichgewichte wurden im Gegenteil durch eine Zunahme der Beschäftigten in der Solinger Schneidwarenindustrie [4] und durch Rationalisierungsanstrengungen noch weiter verschärft. Die Solinger Schneidwarenindustrie sah sich mehr denn je auf den inneren Markt verwiesen, dessen Wachstumsimpulse jedoch insbesondere bei sinkendem Arbeitnehmereinkommen nicht mehr ausreichten, um in Solingen Vollbeschäf-

---

1) "Im allgemeinen legt man in Krisenzeiten mehr Wert auf die Verkaufsfrage, mehr Wert auf den Preiskampf, als auf den Qualitätskampf. Niedrige Preise bedingen aber Massenherstellung ..." H. Giese, a.a.O., S. 35; siehe auch: ST 27.5.1927
2) Vgl. insb. H. Townshend, a.a.O. sowie H. Tegtmeier, a.a.O., S. 100
3) Tab. 1.11.1
4) Tab. 2.3.1

tigung zu garantieren. [1] Petzina/Abelshauser formulieren
auf das Deutsche Reich bezogen: "Der Beitrag der deutschen
Außenwirtschaft zum Sozialprodukt blieb in der Zwischenkriegszeit sehr viel geringer als vor dem Ersten Weltkrieg.
(...) Der traditionelle Wachstumsmotor der deutschen Industrie (der Export, d. Verf.) wurde zum Teil funktionsun-
fähig, ohne daß ein voller Ausgleich auf dem Binnenmarkt
gefunden worden wäre." [2] In der Schneidwarenindustrie waren es die Solinger Fabrikanten selbst, die sich in dieser
Situation die schärfste Konkurrenz machten. [3] Die Leidtra-
genden waren die Solinger Heimarbeiter.

---

1) Vgl. Berichte zur wirtschaftlichen und politischen Lage,
Polizeipräsidium Wuppertal, HSTA Düsseldorf, Reg. D
16869
Bei den männlichen Kassenmitgliedern lag die Arbeitslosigkeit in den Jahren 1927 und 1928 im Jahresdurchschnitt bei 4,0 bzw. 4,7 Prozent; vgl. Tab. 4.1. Die
Zahl der Hauptunterstützungsempfänger im Stadtteil Solingen lag am 1.10.1928 mit 18,2 auf 1.000 Einwohner um
30 Prozent über dem Reichsdurchschnitt. Statistisches
Jahrbuch des Deutschen Reiches, 47. Jg. 1928, S. 391.
Sogar im Ausfuhrrekordjahr 1929 waren die Solinger Produktionskapazitäten nicht voll ausgelastet: "Wenn auch
der Stahlwarenexport im vergangenen Jahr in nicht zu
unterschätzender Weise gestiegen ist, so konnte er doch
der schwer um Absatz kämpfenden Solinger Industrie keine
Erleichterung bringen. Das ist darauf zurückzuführen,
daß die zusätzliche Ausfuhr im vergangenen Jahr im Verhältnis zu der großen Produktionskapazität der Solinger
Industrie als relativ gering bezeichnet werden muß."
Messer und Schere 17.2.1930, S. 108
2) Diese Beurteilung traf für die Solinger Verhältnisse
voll zu. W. Abelshauser, D. Petzina, Krise und Rekonstruktion, a.a.O., S. 67
3) A. Becker analysierte im Solinger Tageblatt: "Fast alle
anderen Industriezweige haben infolge der weltwirtschaftlichen Umwälzungen den gleichen Schwierigkeiten in
der Wiedereroberung des Weltmarktes zu begegnen. Ungleich gefährlicher und verlustreicher ist der Kampf gegen die zweite Front, und daß ist die Konkurrenz im
eigenen Wirtschaftslager. Es ist der aufreibende Abwehr-
kampf gegen die unerhörte Preisschleuderei und Quali-
tätsverschlechterungen derjenigen "Auch-Fabrikanten",
die entweder nicht kalkulieren können, oder die auf dem
Standpunkt stehen, daß im Wirtschaftsleben der Zweck die
Mittel heilige und die ganz offensichtlich mit dem
Gedanken kokettieren: Nach mir die Sintflut!" A. Becker,
Krieg oder Frieden in der Solinger Stahlwarenindustrie? ST 28.6.1928

4. Auflösung der traditionellen Produktionsstrukturen - Die Rationalisierung in der Solinger Schneidwarenindustrie

> "Fort mit der rein handwerksmäßigen Einstellung - hinein in die Betriebe mit dem technischen Geist". [1]

4.1 Das Teilarbeitssystem und die Kapitulation der Heimarbeiter vor dem technischen Fortschritt

I.

Die traditionellen Produktionsstrukturen der Solinger Schneidwarenindustrie waren für die Hersteller von Rüstungsgütern im Ersten Weltkrieg nicht effizient. Hatte die Stärke der Solinger Industrie in Friedenszeiten darin gelegen, sich mit kleinen Serien auf kleinste Märkte einzustellen, so war für die Dauer des Krieges, die hierzu erforderliche Arbeitsteilung von Heimarbeit und Fabrikarbeit nicht mehr gefragt. Rüstungsproduktion war Massenproduktion, bei der es weniger auf Flexibilität, als auf Schnelligkeit ankam. Die Reduzierung der Schneidwaren-Produktionspalette, die Verwendung von minderwertigen Materialien und generell gesunkene Qualitätsstandards ließen die Anforderungen an die Qualifikation der Arbeitskräfte sinken. Der Rückgang der Heimindustrie, die Schließung vieler kleiner Betriebe und die Zunahme der weiblichen und jugendlichen Arbeitskräfte waren die sichtbarsten Folgen der kriegswirtschaftlichen Rationalisierung.

---

[1] E. Graef, Zukunftsfragen der Solinger Stahlwarenindustrie, ZVTI, Jg. 6, Nr. 5, Mai 1926, S. 56

Eine der wichtigsten Voraussetzungen hierbei war die Para-
lyse der Gewerkschaften und insbesondere des IAV. [1] Mit
dem Kriegsbeginn hatten die Heimarbeiter ihre zentrale Position in der Solinger Industrie verloren. Der auf ihrer
Streikfähigkeit basierende soziale Kontrakt, das "Solinger
System", hätte auch ohne die Burgfriedenspolitik der Gewerkschaften nicht mehr aufrecht erhalten werden können.
Durch den Krieg gerieten die Heimarbeiter in jeder Hinsicht
- gewerkschaftlich, sozial und ökonomisch - ins Hintertreffen.

Infolge der rapiden Verschlechterung der Lebensbedingungen
drängten sich die Probleme der materiellen Existenzsicherung und allgemein- bzw. weltpolitische Fragen in den Vordergrund. Die berufsspezifischen Probleme der im Industriearbeiterverband zusammengeschlossenen Fachvereine spielten
während des Krieges in den sozialen Auseinandersetzungen
nur eine untergeordnete Rolle. [2] Die Gewerkschaftspolitik
des IAV unterschied sich nur noch unwesentlich von derjenigen des DMV. [3] In der ersten Phase des Krieges verbrauch-
ten beide Gewerkschaften ihre finanziellen Reserven für die

---

1) Dem Kriegsausbruch war ein "Friedensschluß" in der So-
   linger Industrie vorausgegangen, in der sich bereits der
   Machtverfall der Lokalgewerkschaften angekündigt hatte.
   Trotz eines heftigen Arbeitskampfes mußte der IAV einer
   Vereinbarung mit den Fabrikanten der Waffenbranche zu-
   stimmen, die es den Unternehmern erstmals in der
   Geschichte der Solinger Schneidwarenindustrie ermöglichte,
   Aufträge nach auswärts zu vergeben. Es war klar, daß auf
   diese Weise die Preisverzeichnisse der Waffenbranche
   unterlaufen werden sollten. Vgl. H. Rosenthal, Geschichte einer Stadt, Bd. III, a.a.O. S. 315 ff sowie: R.
   Boch, Handwerker-Sozialisten, a.a.O., S. 250 ff
2) Dies obwohl die Konkurrenz unter den beiden Gewerkschaftsverbänden keineswegs aufgehoben war. Vgl. hierzu
   die Denunziation des IAV bei den Militärbehörden durch
   den DMV in einem Schreiben des DMV Solingen an den
   stellvertretenden Kommandanten des 7. Armeekorps vom
   13.11.1914, in: STA Solingen, S 6242, neuerdings auch
   in: J. Putsch, Vom Handwerk zur Fabrik, a.a.O., S. 224
3) Vgl. auch M. Krause, Die Gewerkschaftsbewegung ...,
   a.a.O., S. 94 ff

Unterstützung der Erwerbslosen. [1] Der DMV bemühte sich um
Rüstungsaufträge und war auch bereit, einen Abbau der Arbeitslosigkeit durch eine Beschränkung der Löhne zu bewir-
ken. [2] Angesichts schwindender Mitgliederzahlen [3] reduzierte sich der gewerkschaftliche Kampf gegen die Unterneh-
merwillkür auf papierne Protestnoten und verbale Drohun-
gen. [4] Sowohl der Solinger DMV als auch der IAV praktizierten Burgfriedenspolitik. [5] Hinter dieser Übereinstim-
mung traten die heftigen Konflikte zwischen den beiden Organisationen vollständig zurück. Zwar versuchte der IAV hin
und wieder mit der traditionellen Methode der auf einzelne
Firmen beschränkten Streiks gegen jene Fabrikanten vorzuge-

1) SZ 25.9.1914, BAST 18.9.1914, 24.10.1914 und 23.11.1914;
M. Krause schätzt, daß die Solinger Gewerkschaften allein bis zum Ende des Jahres 1914 rund 300.000 RM für
Unterstützungszahlungen aufgebracht hatten. M. Krause,
a.a.O., S. 82
2) DMV Geschäftsbericht für das Jahr 1914, a.a.O., S. 10 f,
Ein Antrag des DMV sah vor, es den Fabrikanten durch
kommunale Kredite und Verdienstbeschränkungen zu ermöglichen, auf Lager zu arbeiten.
3) Die Solinger Verwaltungsstelle des DMV hatte zu Beginn
des Krieges 7.020 Mitglieder. Die Zahl der Mitglieder
erreichte 1916 mit 2.010 Mitgliedern einen Tiefstand.
DMV Geschäftsbericht 1915 - 1917, a.a.O., S. 19. Beim
IAV war der Mitgliederschwund zwar nicht so gravierend,
doch waren von den ca. 6.000 Mitgliedern des Jahres 1913
im Jahre 1917 immerhin 3.016 zum Militär eingezogen,
darunter zahlreiche Vorstandsmitglieder der einzelnen
Branchen. M. Krause, a.a.O., S. 106
4) Als Hauptargument in den zahlreichen Beschwerdeschreiben
diente - dies als eine völlige Umkehrung der Friedens-
verhältnisse - das gewerkschaftliche Wohlverhalten: "Der
Deutsche Metallarbeiterverband sowie dessen Vertreter
haben mit allen zu Gebote stehenden Mitteln es bis dato
verhindert, daß Streiks oder Arbeitsniederlegungen während der Kriegszeit ausbrechen konnten". DMV Geschäftsbericht 1915 - 1917, a.a.O., S. 14
5) In der Generalversammlung des IAV vom 15.2.1915 wurde
gar beschlossen, die seit Jahren bestreikte Firma Gottlieb Hammesfahr (vgl. Kap. 1) in Bezug auf die Produktion von Seitengewehren freizugeben, BAST 16.2.1915

hen, die die Tariflöhne nicht zahlten. [1] Es blieb jedoch
bei der Androhung von derartigen Arbeitskämpfen. Neben diesen lohnpolitisch motivierten Aktivitäten kam der für den
IAV charakteristische Widerstand gegen produktionstechnische oder arbeitsorganisatorische Umgestaltungen anscheinend völlig zum Erliegen. Abgesehen davon, daß die Organi-
sationsstrukturen des IAV nach den Einberufungen und der
Arbeitslosigkeit nicht mehr gefestigt genug waren, um einen
Streik konsequent durchzuhalten, waren die Unternehmen bei
der Kriegsproduktion kaum noch auf die Heimarbeiter angewiesen. Hinzu kam, daß die Unternehmer sich bei der Abwehr
gewerkschaftlicher Kampfmaßnahmen mehr denn je der Unterstützung staatlicher Behörden gewiß sein konnten. [2] Die
wirksamste Unterstützung, die der IAV seinen Mitgliedern
unter diesen Bedingungen noch gewähren konnte, war die Hilfe bei der Beschaffung von Rohstoffen, deren Verfügbarkeit
für die übriggebliebenen Heimarbeiter in vielen Fällen eine
Existenzfrage war. [3] Fast war die Hälfte aller tariflichen

---

1) Siehe z.B. die Anzeige in der BAST v. 7.5.1915 sowie
BAST 28.9.1917. Während die Aktivitäten des DMV insbesondere durch die Geschäftsberichte für die Jahre 1915
- 1917 gut dokumentiert sind, ist die Haltung des IAV
während des Krieges nur schwer nachvollziehbar. Der
Stahlwarenarbeiter hatte sein Erscheinen eingestellt und
die Bergische Arbeiterstimme, die dem DMV näher stand,
berichtete nur spärlich über den IAV, vgl. M. Krause,
a.a.O., S. 148 und S. 189
2) M. Krause, a.a.O., S. 97 f
Die Tätigkeit der Gewerkschaften wurde peinlichst über-
wacht. Die Heeresverwaltung reagierte z.B. auf die unten
zitierte Anzeige in der BAST sogleich mit einer Anfrage
beim Deutschen Metallarbeiterverband. Siehe: DMV Geschäftsbericht 1915 - 1917, a.a.O., S. 17. Bei Arbeitsniederlegungen in Betrieben von Heereslieferanten drohte
die Einberufung. IHK-Mitteilungen, März 1915. Eine entsprechende Ankündigung eines Unternehmers findet sich
u.a. in der BAST v. 22.11.1917
3) Vgl. z.B. STA Solingen Akte S 6243, "Gesuch des Industriearbeiterverbandes in Solingen, Hochstr. 42, um
Freigabe von Spiritus zu gewerblichen Zwecken"; siehe
auch BAST 13.7.1916. Auch der DMV bemühte sich um die
Gunst der Heimarbeiter, indem er auf diesem Gebiet aktiv
wurde. Siehe hierzu z.B. das Schreiben an den Oberbür-
germeister Dicke vom 21.7.1916, DMV Geschäftsbericht
1915-1917, a.a.O., S. 47 sowie ST 31.7.1916, 1.8.1916

Vereinbarungen von den Unternehmern gekündigt worden. [1)]
Die Gewerkschaften erwirkten Teuerungszuschläge, die zu den
bestehenden Tarifen hinzugerechnet wurden. [2)] Die Teuerungszuschläge erreichten in den seltensten Fällen das Niveau der Kostensteigerungen. [3)] Eine reale Steigerung des
Verdienstes konnte bestenfalls über eine Ausdehnung der Arbeitszeit erwirkt werden. [4)]

II.

Die kriegswirtschaftlichen Rahmenbedingungen hatten einzelne Unternehmen der Stahlwarenindustrie zu organisatorischen
Umgestaltungen der Produktion veranlaßt, die unter Frie-
densbedingungen wegen der kleinen Serien und der Arbeitskosten betriebswirtschaftlich nicht rentabel, wegen des hohen Qualitätsstandards produktionstechnisch nicht reali-
sierbar und wegen des Widerstandes aus den Reihen des IAV
politisch nicht durchsetzbar gewesen wären. Seit Beginn des
Krieges wurde das Teilarbeitssystem auch bei der Friedensproduktion von Stahlwaren - teilweise in klarer Erkenntnis
der politisch günstigen Situation, teilweise als Reaktion
auf den Facharbeitermangel - ungehindert ausgebaut. [5)] In

---

1) M. Krause, a.a.O., S. 97 und S. 185
2) W. Grossmann, a.a.O., S. 176; ST 6.7.1916, 7.7.1916,
   15.8.1916
3) DMV Geschäftsberichte 1915 - 1917, a.a.O., S. 24 ff. Die
   Teuerungszuschläge bei Nickelpolierern betrugen z.B. Ende 1917 75 %. Der Preis für eine von Nickelpolierern be-
   nötigte Bürstenscheibe, der vor dem Krieg bei 2,40 M gelegen hatte, betrug 1917 40 M, ebenda S. 33. Die im DMV
   organisierten Reider erkannten im Mai 1916 ein Preisverzeichnis von 1911 an, gegen das sie seinerzeit mehrere
   Wochen gestreikt hatten. DMV Geschäftsbericht 1915-1917,
   a.a.O., S. 4 - 10, 22 ff; MAZ 30.10.1915 und 26.2.1916
4) DMV Geschäftsbericht, 1915 - 1917, a.a.O., S. 26 und 29
5) Vgl. M. Krause, a.a.O., S. 124 sowie die Anm. 2 dieses
   Kapitels: Nach der Auffassung von H. Rosenthal waren die
   Weichen durch den sog. "Friedensschluß" bereits gestellt
   worden. "Für den Fabrikantenverband war die Teilarbeit
   an Stahlwaren seit dem "Friedensschluß" im Juli 1914
   kein Problem mehr, alle Arbeitgeberverbände waren sich
   in dieser Hinsicht einig". H. Rosenthal, Der Arbeitgeberverband Solingen e.V., MS Solingen 1962, S. 72

den betreffenden Firmen dachte man natürlich auch nach dem Krieg nicht daran, die dabei erreichten "Fortschritte" wieder preiszugeben.

Die vom Industriearbeiterverband geführte Auseinandersetzung mit der Firma Krusius, die mit knapp über 100 Beschäftigten im Jahre 1913 für Solinger Verhältnisse durchaus zu den größeren Schneidwarenbetrieben zählte, war der einzige gewerkschaftliche Versuch, diese Entwicklung nach dem Krieg generell wieder rückgängig zu machen.

Die Firma Krusius hatte ihre Belegschaft während des Krieges durch die Einstellung von jugendlichen und weiblichen Arbeitern/Arbeiterinnen stark erweitert. [1] Besonders seit der Boomphase der Schneidwarenindustrie im Herbst 1916 griff die Firma dabei verstärkt auf Frauen zurück. [2] Unmittelbar nach dem Krieg wurden die Frauen durch männliche Jugendliche im Alter von 14 bis 16 Jahren ersetzt. Voraussetzung und Hintergrund dieser Belegschaftsstruktur war, daß in vielen Abteilungen die Teilarbeit eingeführt worden war. [3] Das Scherennageln in Teilarbeit war bei Krusius mit einer Reduzierung der Lohnkosten um ca. ein Drittel verbunden.

Der IAV fühlte sich mit einem kräftigen Mitgliederzuwachs im Rücken [4] im Sommer 1919 stark genug, gegen die Firma

---

1) Tab. 3.2
2) In den Jahren 1917 und 1918 stellten die überwiegend jugendlichen Frauen ca. 28 % der Belegschaft.
3) Zur Organisation des Arbeitsprozesses bei der Fa. Krusius vgl. auch J. Putsch, Vom Handwerk zur Fabrik, a.a.O., Abb. 46, S. 271, Abb. 47, S. 278, Abb. 67, S. 351, Abb. 73, S. 354 sowie Abb. 75, S. 355.
4) Die Zahl der Mitglieder stieg in allen Solinger Gewerkschaften nach dem Kriegsende explosionsartig an. Zu Beginn des Jahres 1921 hatten der IAV ca. 8.500 Mitglieder, der DMV ca. 15.000 und der CMV ca. 4.000 Mitglieder, Tab. 5.1

Abb. 13: Scherenhärterei und Bohrerei der Fa. Krusius im Jahre 1922.
Die extreme Arbeitsteilung im Teilarbeitssystem machte den
Einsatz von Jugendlichen möglich.

Abb. 14: Ausmacherei der Fa. Krusius im Jahre 1922.

Krusius ein Exempel zu statuieren. [1] Obwohl die für eine
Lohnerhöhung kämpfenden Scherennagler bei Krusius bereits
eine Einigung mit der Firmenleitung erzielt hatten, rief
der IAV die organisierten Scherenarbeiter zum Streik gegen
Krusius auf. Er ließ sich hiervon auch nicht durch das
daraufhin von der britischen Besatzungsmacht erlassene
Streik- und Aussperrungsverbot abhalten. Wie z.B. im Falle
des Hammesfahr-Streiks (vgl. Kap. 1) unterstützte der DMV
den IAV bestenfalls in der lohnpolitischen Offensive. In
der entscheidenden Frage der Teilarbeit vertrat der DMV die
Ansicht, daß man sich ihr nicht widersetzen solle. Teilarbeit sei erfahrungsgemäß mit akzeptablen Arbeitsbedingungen
verbunden und garantiere gar eine hinreichende Ausbildung
der Lehrlinge. Solange die Teilarbeiter nicht schlechter
bezahlt würden als die Heimarbeiter, sei gegen Teilarbeit
nichts einzuwenden. In Orientierung an der Auffassung des
DMV erkannte der von der Firma Krusius angerufene Schlichtungsausschuß das Teilarbeitssystem an, während der IAV
seine Streikmaßnahmen verschärfte. Der Streikaufruf gegen
Krusius wurde auf sämtliche Branchen ausgedehnt und es kam
zu Gewalttätigkeiten gegen die Arbeitswilligen. Der Verband
der Solinger Fabrikantenvereine drohte mit der Aussperrung
sämtlicher Heimarbeiter. Die Aussperrung trat am 18. Oktober 1919 in Kraft, da die Verhandlungspartner sich zunächst
nicht auf die von einem Kölner Schiedsgericht der Besatzungsmacht vorgeschlagene Kompromißlösung einigen konnten.

Nach zwei Tagen gab der IAV nach. Die Firma Krusius durfte
das Teilarbeitssystem beibehalten, mußte sich allerdings
verpflichten, den Teilarbeitern 90 Prozent des Lohnes der
Heimarbeiter zu zahlen. Obwohl die Preise und Qualitäten
der Preisverzeichnisse somit weiterhin maßgebend blieben
und der Widerstand gegen die Teilarbeit nicht prinzipiell

---

[1] Sofern nicht anders vermerkt, beruht die folgende Darstellung auf: H. Rosenthal, Arbeitgeberverband, a.a.O.,
S. 72 - 75 und der Festschrift "Krusius, Die Geschichte
der Familie und Firma", Ohligs 1922

aufgegeben worden war, hatte der Ausgang des Konfliktes eine grundsätzliche Bedeutung, denn, wie Rosenthal richtig feststellt, es wurde "eine Frage für die Solinger Industrie entschieden, die jahrzehntelang Anlaß von Arbeitskämpfen gewesen war. In diesem Punkte der Teilarbeit wurde die Vorkriegszeit überwunden und ein Modus herausgearbeitet, wie die Teilarbeit im Verhältnis zur Heimarbeit bewertet werden könnte. Die Solinger Gewerkschaften waren harte Gegner; der Widerstand gegen die technische Entwicklung konnte nur durch außerordentliche Gewalten, sei es durch einen Krieg, sei es durch die Hilfe der Besatzungsmacht überwunden werden". [1]

Die Firma Krusius hatte den Konflikt unbeschadet durchgestanden und erlebte in den ersten Nachkriegsjahren einen erstaunlichen Aufstieg, der in einem unglaublichen Anstieg der Belegschaft und in entsprechenden baulichen Maßnahmen deutlich wurde. [2] Der Zwangssparprozeß der Inflation in Verbindung mit den wachsenden Profiten und der Verminderung der Schulden übte bei Krusius und in einigen anderen Solinger Firmen einen beträchtlichen Anreiz zu Erweiterungsin-

---

[1] H. Rosenthal, Arbeitgeberverband, a.a.O., S. 75
[2] Die Belegschaft stieg von 214 Beschäftigte im Jahre 1919 (Tab. 3.2) auf 500 Beschäftigte im Jahre 1922 an. Festschrift Krusius, a.a.O., S. 32; im Herbst 1922 waren zahlreiche Neubauten zur Werksvergrößerung, darunter ein eigenes Kraftwerk und der erste mehrgeschossige Stahlbetonfabrikbau Solinges in Bau. Für die Arbeiter und Angestellten wurde eine firmeneigene Wohnkolonie errichtet. Siehe Festschrift Krusius, a.a.O., S. 40 f

vestitionen aus. [1]
Aber nicht nur der IAV hatte schwere Rückschläge zu verbuchen. Der DMV hatte zwar den Solinger Arbeitgebern direkt
nach dem Krieg beachtliche Konzessionen abgerungen, wozu
die Festlegung der Wochenarbeitszeit auf 46,5 Stunden (im
Deutschen Reich 48 Stunden) ebenso gehörte, wie der Abschluß eines Kollektivvertrages für sämtliche Metallbetriebe des oberen Kreises Solingens, der die Tariflöhne der Fabrikarbeiter in fünf Lohngruppen [2] festlegte und erstmals
einen einwöchigen jährlichen Erholungsurlaub vorsah. [3] Als
nach Ablauf der Geltungsdauer dieses ersten Kollektivvertrages Teuerungszuschläge beraten wurden, weitete sich ein
Streik der Taschen- und Federmesserschläger für eine 33,3

---

[1] Vgl. hierzu das Interview des Verfassers mit dem ehemaligen Prokuristen der Fa. Krusius, Dr. Heinz Risse, StA
Solingen T 79; Auch die Firma Wüsthof nahm 1920 enorme
Erweiterungsbauten in Angriff. Vgl. Historisches Material der Fa. Ed. Wüsthof, Dreizackwerk, S. 15. Die Einführung der Teilarbeit war dennoch in den folgenden Jahren die Ausnahme. H. Tegtmeier, der den Erfolg der bis
zum Jahre 1926 eingetretenen Rationalisierungsmaßnahmen
untersucht hatte, stellte fest, daß in vielen Fällen bei
erhöhter Arbeitsteilung eine Reduzierung der Herstellungskosten ausblieb und die betreffenden Firmen sich
wieder auf Heimarbeit umgestellt hatten. Die Notwendigkeit einer intensiven Kontrolle und die Zunahme der Ausschußproduktion hatten die finanziellen Vorteile weitgehend aufgesogen. "Bisher ist die Teilarbeit nur eine
Ausnahme in der Solinger Industrie. Es ist geschichtlich
erhärtet, daß die Fabrikanten gegen die Teilarbeit sich
ausgesprochen haben. weil mit der Zerlegung der Arbeit
ein Rückgang der Qualität erfolgt war. (...) Qualitativ
reichen nur wenige in Teilarbeit heute hergestellten Waren an die in der Hausindustrie heran". H. Tegtmeier,
a.a.O., S. 91; vgl. auch ders., S. 74 - 85. Eine Qualitätsverschlechterung konnte sich die Mehrzahl der Solinger Stahlwarenfabrikanten jedoch nicht erlauben. (Vgl.
Kap. 5.4)
[2] C. Godek, a.a.O., S. 38
[3] A. Weber, Ein Kampf um Gerechtigkeit, NRZ 19.11.1955 ff,
10. Fortsetzung

prozentige Teuerungszulage zu einem Generalstreik aus. [1]
Der Verband der Solinger Fabrikantenvereine stellte sich
der Machtprobe und beschloß die Aussperrung aller Schlägereiarbeiter. [2] Obwohl die Arbeitgeber ihren Forderungs-
katalog [3] nicht restlos durchsetzen konnten, endete der
Arbeitskampf mit einer Niederlage der Arbeiterschaft. Es
wurden zwar Lohnerhöhungen zugestanden, aber die Streiktage
wurden nicht bezahlt und vor allem wurde das Privileg der
46,5-Stundenwoche, das über ein Jahr lang die Macht der Fabrikarbeiterschaft und die Revolutionserfolge symbolisierte
[4], wieder abgeschafft. Zu Beginn des Jahres 1920 waren damit auf lokaler Ebene die Weichen gestellt. Sowohl die
Macht und die Privilegien der Heimarbeiter, als auch die
der Fabrikarbeiter waren eingeschränkt worden.
Beide Solinger Gewerkschaftsverbände verloren bis zum Jahre
1925 (erneut) einen Großteil ihrer Mitglieder. [5] Wichtiger
Auslöser dieses organisatorisch-politischen Desasters war
offenbar weniger die Inflation [6], als die Niederlage im

---

1) Vgl. die Darstellung bei H. Rosenthal, Arbeitgeberverband, a.a.O., S. 76 ff
2) H. Rosenthal, Arbeitgeberverband, a.a.O., S. 79
3) Siehe G. Hebborn, Festschrift zum 25-jährigen Bestehen
   des Christlichen Metallarbeiterverbandes, Solingen 1928,
   S. 10 f sowie H. Rosenthal, a.a.O., S. 86
4) M. Krause, a.a.O., S. 127
5) Obwohl die Zahl der Heimarbeiter weiter zugenommen hatte
   (Tab. 2.3.1), reduzierte sich die Mitgliedschaft des
   IAV bis 1925 auf ca. 4.800 (Tab. 5.2). Der DMV organisierte 1925 6.940 Mitglieder. Dabei ist zu berücksichtigen, daß auch im DMV bereits eine erhebliche Zahl von
   Heimarbeitern organisiert war. Die Reiderberufe stellten
   hierbei die größte Gruppe. Vgl. M. Krause, a.a.O., S.
   106. Für das Jahr 1925 liegen leider keine Zahlen
   vor. 1923 gehörten von 11.593 Heimarbeitern, die zu 93 %
   organisiert waren, 56,1 % zum IAV, 28,4 % zum DMV und
   8,4 % zum CMV. H. Wielpütz, a.a.O., S. 19
6) Zur Lage der Arbeiterschaft in der Inflation, vgl. W.
   Abelshauser, Verelendung der Handarbeiter - Zur sozialen
   Lage der deutschen Arbeiter in der großen Inflation der
   frühen zwanziger Jahre, in: H. Mommsen/W. Schule, Vom
   Elend der Handarbeit, Stuttgart 1981, S. 445 ff; W.
   Abelshauser zeigt auf, daß sich der Verelendungsprozeß,
   den der Erste Weltkrieg in der Arbeiterschaft ausgelöst
   hatte, nach 1918/19 nicht fortsetzte.

Kampf um den Achtstundentag. [1] Auf seiten der im 19. Jahrhundert noch stark zersplitterten Solinger Unternehmer- verbände hatte sich bereits vor dem Ersten Weltkrieg eine Tendenz zu einem festeren organisatorischen Zusammenhalt bemerkbar gemacht. [2] Die Gründung des "Arbeitgeberverban- des des oberen Kreises Solingen e.V." am 12. April 1922 mit fast 500 Mitgliedsfirmen brachte diese Entwicklung zum Ab- schluß. [3] Der Arbeitgeberverband (AGV) konfrontierte die Solinger Gewerkschaften von Beginn an mit einer kompromiß- losen Haltung. [4] Als aufgrund der Arbeitszeitverordnung vom 23. Dezember 1923 eine 10 - 12-stündige tägliche Ar- beitszeit wieder möglich wurde, kündigte der AGV kurzerhand den bestehenden Kollektivvertrag für die Fabrikarbeiter. [5] Der von den Gewerkschaften ausgerufene Generalstreik hatte angesichts der anhaltenden wirtschaftlichen Krise zu Beginn des Jahres 1924 keinen Erfolg. Die Gewerkschaften mußten nachgeben und schließlich den Schiedsspruch vom 25. Februar 1924, der die wöchentliche Arbeitszeit wieder auf 56 Stun- den festsetzte, anerkennen. [6]

III.

Die nun einsetzende Dekomposition der Arbeiterbewegung [7] ermutigte den Arbeitgeberverband im Herbst 1925, in der ge-

1) Die Tatsache, daß für die Mehrheit der im IAV organi- sierten Mitglieder die Frage der Arbeitszeit nicht zen- tral war, da sie die Dauer des Arbeitstages zum überwie- genden Teil frei bestimmten, erklärt, daß vor allem der DMV unter den Folgen des Kampfes um den Achtstundentag zu leiden hatte.
2) H. Rosenthal, Arbeitgeberverband, a.a.O., S. 100 ff
3) Siehe hierzu: J. Putsch, Vom Handwerk zur Fabrik, a.a.O., S. 122 - 125
4) Selbst der weniger radikale CMV mußte feststellen: "Der Arbeitgeberverband glaubte in den letzten Jahren den Ar- beitern und den Gewerkschaften alles bieten zu können". BZ 16.6.1926
5) H. Rosenthal, Arbeitgeberverband, a.a.O., S. 131
6) Vgl. Uta Stolle, Arbeiterpolitik im Betrieb, a.a.O., S. 143 ff
7) Die Unterbezirksleitung der KPD beschrieb die Entwick- lung nach dem Generalstreik als eine "rückläufige Bewe- gung auf allen Gebieten der Arbeiterbewegung". U. Stol- le, a.a.O., S. 144

werkschaftlich am besten organisierten Scherenbranche einen
Angriff zu starten, der die Kräfte zwischen (Heim-)Arbeit
und Kapital endgültig neu verteilen sollte.

Die Scherenbranche befand sich in einer Krise, in der sich
die Situation auf dem Weltmarkt in typischer Weise spiegel-
te. (Vgl. Kap. 4.3) Das Solinger Tageblatt schrieb im Mai
1925: "Die Geschäftsstille in der Scherenindustrie ist umso
bemerkenswerter, als die Solinger Scherenindustrie die anerkannt besten Scheren macht und vor allem in ihrer Aufma-
chung und Verarbeitung unübertroffen ist, so daß hier eine
bemerkenswerte Flaute in einer ausgesprochenen Qualitätsindustrie festgestellt werden muß, die scheinbar nur durch
Verbilligung des Produktionsprozesses behoben werden kann".
1)

Anfang September 1925 kündigte der AGV die Preisverzeichnisse sämtlicher Scherenarbeiter für den 9. Dezember 1925
mit der Zielsetzung einer zumindest partiellen Lohnsenkung.
2) Die Begründung für die Aufkündigung der Tarife war be-
zeichnend; nicht nur für die Strategie der Unternehmer, auf
welche Weise die wirtschaftliche Krise der Scherenindustrie
überwunden werden sollte, sondern auch für den desolaten
Zustand des IAV und damit des Solinger Systems. In einem
Leserbrief im Solinger Tageblatt dementierte der Arbeitgeberverband zunächst die Behauptung der Gewerkschaften, die
Preise sollten generell um 20 bis 40 Prozent gekürzt werden. 3) Weiterhin führte er aus: "Wenn bei anderen Berufen
der Scherenbranche in der Tat bis zu einem gewissen Grade
ein Abbau gefordert wird, so geschieht dies lediglich deshalb, weil die derzeitige lohnpolitische und wirtschaftliche Lage in der Scherenbranche im Interesse einer Ausgleichung der Beschäftigungsmöglichkeiten dazu zwingt. Lediglich deshalb sind die Arbeitgeber zu derartigen Forderungen

---

1) ST 11.5.1925, Zur Lage der Solinger Stahlwarenindustrie
2) BAST 17.9.1925, 21.9.1925 und 9.12.1925
3) Nach den Angaben der Gewerkschaften sahen die Vorschläge
   der Arbeitgeber eine Erhöhung der Preise lediglich bei
   einigen Sorten vor, die selten produziert wurden, ST.
   11.12.1925

Abb. 15: Geschäftsstelle des Arbeitgeberverbandes an der Solinger Hauptstraße um 1930

gekommen, weil die Gewerkschaften unter den obwaltenden Verhältnissen praktisch nicht dazu in der Lage sind, ihre eigenen Kollegen zur Einhaltung der Tarife anzuhalten." (...) (Somit) "blieb den Fabrikanten der Scherenbranche im Interesse einer Ausgleichung der Konkurrenzfähigkeit nichts anderes übrig, als einen Antrag auf Angleichung der Löhne an die in der Praxis gezahlten Preise zu verlangen." [1] In Wirklichkeit war es so, daß der Arbeitgeberverband nicht das geringste Interesse zeigte, gegen Firmen, die die Preisverzeichnisse nachweislich nicht einhielten, vorzugehen. Sie wurden im Gegenteil von ihm in Schutz genommen. [2] Die Gewerkschaften polemisierten zwar zu Recht gegen die Absicht, die niedrigen Preise der "Schmutzkonkurrenz" nun in den Tarifverträgen zu sanktionieren, mußten aber indirekt zugestehen, daß sie zu einer wirksamen Gegenwehr gegen das Unter-Preis-Arbeiten in ihren eigenen Reihen tatsächlich nicht in der Lage waren. [3]

1) ST 9.12.1925
2) BAST 3.2.1926
3) ST 11.12.1925

Am 6. Januar 1926 empfahl der Arbeitgeberverband seinen Mitgliedern, bei den Scherenarbeitern Lohnabzüge vorzunehmen und das Teilarbeitssystem einzuführen. [1] Von den Gewerkschaften verlangte der Arbeitgeberverband die Anerkennung der Lohnabzüge und der Teilarbeit. [2] Da diese sich erwartungsgemäß weigerten, folgte am 14. Januar 1926 die Kündigung sämtlicher Scherenarbeiter bei der Firma Henckels, der mit 1.000 Beschäftigten größten Solinger Stahlwarenfabrik. [3] Auch an die Heimarbeiter der Scherenbranche wurde keine Arbeit mehr ausgegeben. Als die Gewerkschaften nun mit zaghaften Streiks gegen sechs Firmen reagierten, beschloß der Arbeitgeberverband im Anschluß an ein zweitägiges Ultimatum vom 16. Januar 1926 für den 28. Januar 1926 kurzerhand die Aussperrung sämtlicher Scherenarbeiter. [4] Hiervon waren rund 3.500 Arbeiter betroffen. Das Arbeitsamt Solingen registrierte zu diesem Zeitpunkt bereits über 5.000 Unterstützungsempfänger. [5]

Den durch den Arbeitgeberverband vertretenen Unternehmern ging es nicht um ein paar Prozent Lohnabzüge und auch nicht um die Teilarbeit allein, sondern zweifelsohne um einen generellen Angriff auf die Solinger Heimarbeiterschaft und deren gewerkschaftliche Vertretungsorgane. Die Arbeiterschaft befand sich zu jedem Zeitpunkt des Konfliktes in der Defensive. Die Bergische Arbeiterstimme veröffentlichte den gesamten Briefwechsel zwischen Arbeitgeberverband und Gewerkschaften, der dem Aussperrungsbeschluß vorausgegangen war. [6] Diese Dokumente bestätigen die Auffassung , daß die Aussperrung vom Arbeitgeberverband gezielt provoziert wor-

---

1) BAST 15.1.1926
2) BAST 29.1.1926
3) BAST 15.1.1926
4) BAST 29.1.1926
5) Tab. 4.2, Die überwiegende Mehrzahl der Arbeitslosen gehörte der Schneidwarenindustrie an. Somit waren 30 - 40 % der Mitglieder des IAV und des DMV arbeitslos. Die gezielte Brutalität der Vorgehensweise des Arbeitgeberverbandes geht auch aus der Empfehlung an die Mitgliedsfirmen hervor, daß den ausgesperrten Schwerarbeitern von den Arbeitgebern auf keinen Fall eine Erwerbslosigkeitsbescheinigung ausgestellt werden sollte. BAST 29.1.1926, 9.2.1926
6) BAST 5.2. und 8.2.1926, SV 5.2. und 6.2.1926

den war. Obwohl die Gewerkschaften ausdrücklich erklärt hatten, daß die Streiks im Falle der Festsetzung von Verhandlungen aufgehoben werden sollten, waren die Arbeitgeber nicht zu Verhandlungen bereit. [1] Obendrein begründeten sie die Aussperrung mit den andauernden Streiks. Den Heimarbeitern sollte der Einfluß auf die Gestaltung des Arbeitsprozesses endgültig streitig gemacht werden, um somit den Weg für eine über die bestehenden Ansätze der Teilarbeit hinausgehende grundlegende Rationalisierung zu ebnen. [2] In der Zeitschrift Messer und Feile wurde dies offen ausgesprochen: "Wichtige Produktionsvorgänge vollzogen sich bisher ausschließlich in der Heimindustrie, ohne daß es dem Fabrikanten möglich war, Einfluß auf diese Arbeit zu gewinnen. Der Fabrikant hatte den Preis für die Arbeitsleistung zu zahlen, nach festgelegten Verzeichnissen, gleichgültig ob die Ware billig oder teuer hergestellt war. Vom Standpunkt der Gesamtindustrie aus betrachtet, waren diese Abmachungen ein großes Hemmnis in der freien Entfaltung der schöpferischen Kräfte, da von vorne herein die Unmöglichkeit bestand, technische Neuerungen reibungslos einzuführen. Dem Heimarbeiter, dem Beherrscher seines Arbeitsprozesses fehlte es an Mitteln, an Lust und an der theoretischen Vorbildung, Bahnbrecher zu sein. Die technische Entwicklung ging aber weiter, neue Arbeitssysteme traten in die Erscheinung und der einsichtige Fabrikant in Solingen sah ein, daß er auf dem bisher zwar bewährten aber nunmehr antiquarischen Wege nicht weiter kommen würde. So bereitete man denn auch namentlich in den führenden Werken weitgehende Umgestaltungen vor, die jetzt die Sanktion der Gewerkschaften erhalten sollten. (...) In klarer Erkenntnis der geschilderten Hemmungen beabsichtigt man denn auch nicht, der Heimarbeit das Lebenslicht auszublasen, vielmehr will

---

1) BAST 29.1.1926, SV 29.1.1926, 4.2.1926
2) Daß sich das Vorgehen der Arbeitgeber primär gegen die Heimarbeiter richtete, geht aus Pkt. 8 der Durchführungsbestimmungen des Aussperrungsbeschlusses klar hervor: "Scherenarbeiter, die nicht Heimarbeiter sind und in der Fabrik im Stundenlohn oder im Akkord nach den Kollektivverträgen entlohnt werden, fallen nicht unter die Aussperrung". BAST 29.1.1926

man einer sich schon länger angebahnten Entwicklung die
Möglichkeit eines schnelleren Tempos geben und vor allen
Dingen die Schwierigkeiten aus dem Wege räumen, die sich
denjenigen Firmen durch Teilstreiks bieten, die sich den
Systemen zuwenden". [1]

Am 1. März 1926 fällte der Schlichtungsausschuß für das
Bergische Land einen Schiedsspruch, der vorsah, daß die
Aussperrung bis zum 4. März 1926 beendet werden sollte und
daß bis zum 6. März 1926 Verhandlungen zur Festsetzung
eines neuen Preisverzeichnisses und zur Regelung der Bestimmungen über Teilarbeit aufgenommen werden sollten. In
einem weiteren Passus hieß es: "Die Gewerkschaften üben
wohlwollende Neutralität hinsichtlich der Einführung der
Teilarbeit". [2] Die Branchenversammlungen der Gewerkschaften setzten voll auf die im Schiedsspruch vorgesehenen Verhandlungen und überließen alles weitere ihrem Aktionsausschuß. [3] Der Arbeitgeberverband beantragte eine Verbind-
lichkeitserklärung des Schiedspruches. Diese wurde unter
Hinweis auf die Widersprüchlichkeit von Punkt 2 und 3 des
Schiedsspruches abgelehnt. Der mit dem Antrag befaßte
Staatskommissar führte hierzu aus: "Nach Punkt 2 sollen die
Gewerkschaften wohlwollende Neutralität hinsichtlich der
Einführung der Teilarbeit üben. Das heißt also, daß die
Gewerkschaften bei etwaiger einseitiger Einführung und Anordnung der Teilarbeit sich passiv verhalten sollen, während nach Punkt 3 des Schiedsspruches die Parteien bereits
am 8. März zusammentreten sollen, zwecks gemeinsamer Regelung der Bestimmungen über diese Teilarbeit". [4] Die Vertreter der Gewerkschaften und des Arbeitgeberverbandes nah-

---

1) Messer und Feile, 15.1.1926, Die Einführung der Teilarbeit in der Solinger Industrie, siehe auch: BZ 15.1.1926
   "Rationalisierung - Eine Zukunftsfrage der Solinger Industrie"
2) SV 2.3.1926
3) ST 4.3.1926
4) SV 19.2.1926, ST 20.03.1926

men die im Schiedsspruch vorgesehenen Verhandlungen am 8.
März 1926 auf und einigten sich darauf, Streiks und Aussperrung zu beenden. Bis zur Verabschiedung der neuen
Preisverzeichnisse sollten 90 Prozent der alten Tarife als
Abschlagszahlungen gezahlt werden. [1] Die am 8. März 1926
getroffene Vereinbarung enthielt keinerlei Bestimmungen,
die die Teilarbeit betrafen. [2]

Erst einen Monat später, am 9. April 1926, kam es in der
Frage der Teilarbeit zu einer Einigung. In einer vom Arbeitgeberverband und den drei Gewerkschaftsverbänden [3] un-
terzeichneten Vereinbarung hieß es unter Punkt 3: "Bezüg-
lich der strittigen Punkte in der Scherenbranche erklärt
der Arbeitgeberverband, nicht die Absicht zu haben, die
Heimarbeit i n i h r e r G e s a m t h e i t (Hervorhebung d. Verf.) zu beseitigen. Falls durch technische Verbesserungen einzelne Arbeitsvorgänge, die in den Verzeich-

---

1) ST 9.3.1926, Vgl. hierzu auch: H. Rosenthal, a.a.O., S.
   75
2) Statt dessen fand sich in der Vereinbarung ein längerer
   Passus, der den Ablauf von Arbeitskonflikten regelte.
   Vieles spricht dafür, daß es die Gewerkschaften waren,
   die aus der Erfahrung der Eskalation des aktuellen Konfliktes heraus, auf diese Festlegung gedrängt hatten.
   Der Inhalt der betreffenden Bestimmung sah vor, daß weder Streik noch Aussperrung verhängt werden sollten, bevor nicht Verhandlungen zwischen den Kontrahenten stattgefunden haben. Bei Scheitern dieser Verhandlungen sollte zunächst ein Schiedsgericht angerufen werden. Eine
   Rückkehr zu den alten Vergleichskammergrundsätzen. Wie
   das Solinger Tageblatt urteilte, ST 9.3.1926, vermag
   ich in dieser Abmachung nicht zu erkennen. Während die
   Arbeit der Vergleichskammer die flexible, gezielte und
   spontane Streikfähigkeit der Arbeiterschaft voraussetzte, wurde hier ein schwerfälliges Verfahren institutionalisiert, auf das sich nur Gewerkschaften einlassen,
   die Streik vermeiden wollen.
3) IAV, DMV, CMV

nissen der Heimarbeiter bewertet sind, fortfallen oder,
wenn durch technischen Fortschritt (Einführung von Maschinen, mechanische Neuerungen und dadurch bedingte Änderung
der Fabrikationsweise usw.) sich eine Teilung der bisherigen Arbeitsvorgänge notwendig macht, werden die Gewerkschaften solchen Änderungen keinen Widerstand entgegensetzen. Für die den Heimarbeitern verbleibenden bzw. fortfal-
lenden Arbeiten werden entsprechende Preise bzw. Abzüge von
den vertragsschließenden Parteien festgesetzt". [1] Der gewerkschaftliche Aktionsausschuß stimmte dieser Vereinbarung
zu. Nach vier Monaten war der Konflikt in der Scherenbranche endgültig beendet. Die Düsseldorfer Nachrichten urteilten: "Durch diese Vereinbarung erscheint sowohl der Ar-
beitsfriede, wie auch der technische Fortschritt in der Solinger Stahlwarenindustrie als gesichert, da die Vereinbarung sich zweifellos auch in den anderen Branchen (Taschenmesser, Bestecke, Rasiermesser, Haarschneidemaschinen
usw.) sinngemäß auswirken dürfte. Die für den technischen
Fortschritt in der Solinger Industrie arbeitenden Kräfte
werden durch diese neue Sachlage frei und man kann wohl erwarten, daß die bestehenden Pläne nunmehr zum Besten der
Industrie einer rascheren Verwirklichung entgegensehen". [2]

IV.

Für den DMV, der die Einführung der Teilarbeit niemals
prinzipiell abgelehnt hatte und auch für den in der
Schneidwarenarbeiterschaft nur wenig verankerten CMV bedeutete die Vereinbarung keinen Einschnitt in der Gewerkschaftspolitik. Der IAV jedoch, in dem die Mehrzahl der
Heimarbeiter organisiert war, hatte mit der Verpflichtung,
den Widerstand gegen die Einführung von Maschinen und die

1) BAST 10.4.1926
2) DN 14.4.1926

Teilarbeit aufzugeben, seine Existenzberechtigung als eigenständige Gewerkschaft verloren. Immerhin hatten die im
IAV zusammengeschlossenen Fachvereine sich gegen dieses Zu-
geständnis 50 Jahre lang erfolgreich gewehrt. Der bereits
vor dem Arbeitskampf in der Scherenbranche erwogenen Verschmelzung des IAV mit dem DMV stand somit nichts mehr im

Abb. 16: Die Beschäftigten des heimgewerblichen Familienbetriebes
Schleiferei Brunsbach um 1925

Wege. [1] Am 10. Juli 1926 beschlossen die Mitglieder des IAV, den Lokalverband aufzulösen und in den DMV überzutreten. Die Abstimmungsergebnisse [2] signalisierten, daß der Zusammenschluß für sehr viele im IAV organisierte Heimarbeiter eine Abkehr von der Gewerkschaftsbewegung überhaupt bedeuten würde. An der Abstimmung beteiligten sich lediglich 2.601 der 4.100 Mitglieder. Dies waren nur wenig mehr als 60 Prozent. Von diesen 2.601 Mitgliedern votierten 1.627, also nur 39,6 Prozent der Gesamtmitgliedschaft für die Verschmelzung und 974, also immerhin 37,5 Prozent der an der Abstimmung Teilnehmenden, gegen die Verschmelzung. [3] Nicht nur, daß von nun an ein offener Riß durch die

---

1) Die Bergische Arbeiterstimme widmete der Lage der Heimarbeiter im Jahre 1925 eine Vielzahl von Artikeln und brachte dabei immer wieder die Vereinigungsfrage ins Spiel. Siehe z.B. BAST 2.9.1925. Dem inzwischen von Kommunisten majorisierten Messerschleiferverein, gelang es im September 1925 auf einer Generalversammlung des IAV eine Kommission einsetzen zu lassen, die die Überleitung des IAV in den DMV, vorbereiten sollte. BAST 17.9.1925, 21.9.1925. Abgesehen davon, daß sehr viele Scherenarbeiter im DMV organisiert waren, und daß der Konflikt sich zumindest vordergründig um Tarifangelegenheiten drehte, waren die Zusammenschlußbestrebungen der tiefere Grund dafür, daß der DMV dem IAV in der primär gegen diesen gerichteten Auseinandersetzung bis zuletzt zur Seite gestanden hatte. Es ist nicht auszuschließen, daß der Arbeitgeberverband, der die geschlossene gewerkschaftliche Frontstellung fürchtete, vgl. BAST 30.9.1925, in der Auseinandersetzung in der Scherenbranche deshalb so energisch vorging, weil er die Frage der Teilarbeit auf jeden Fall noch vor dem Übertritt des IAV geklärt haben wollte. Vgl. hierzu auch den Polizeibericht vom 9.8.1925, in dem die Erwartung geäußert wurde, daß die "Schlagkraft" der Solinger Gewerkschaftsbewegung durch den Zusammenschluß verstärkt werden würde. Angesichts der dominierenden Rolle der KPD im Solinger DMV - wohin gegen die Mitglieder des IAV in stärkerem Maße sozialdemokratisch orientiert waren - befürchtete der Berichterstatter zudem eine Radikalisierung der Gewerkschaften. HSTA Düsseldorf Reg. D 16879
2) BAST 12.7.1926
3) Dieser Teil der Heimarbeiterschaft wurde in Zukunft ignoriert. In einem Bericht des Solinger Volksblattes war nur noch von "einigen Dutzend Messer-, Scheren- und Tafelmesserschleifern" die Rede, die den "mit großer Mehrheit" beschlossenen Übertritt in den DMV nicht mitgemacht hätten. SV 22.10.1931

Heimarbeiterschaft ging [1]; es war auch von den im DMV organisierten Heimarbeitern, bei aller Eigenständigkeit, die
ihnen in der neuen Organisation zugestanden wurde [2], eine
wirksame Interessenvertretung in Fragen, die über die
Lohnpolitik hinausgingen, nicht mehr zu erwarten. Hierbei
stand nicht allein die Vereinbarung in der Scherenbranche,
sondern das gesamte Gewerkschaftsverständnis der Dachorga-
nisation, des DMV, im Wege. [3] Der Ausgang des Arbeits-

---

1) Dieser Riß trennte nicht nur die Übergetretenen von den
Ausgeschlossenen, sondern auch innerhalb der organisierten Heimarbeiterschaft gewannen nun parteipolitische Gegensätze, die der IAV durch eine konsequent rein gewerkschaftliche Interessenvertretung immer erfolgreich
vermieden hatte, an Gewicht.
2) Die Vereinbarung zwischen IAV und DMV, die den Übertritt
regelte, gestand den größeren Branchen (Besteckbranche,
Scherenbranche, Rasiermesserbranche und Federmesserbran-
che) das zuvor im IAV übliche Recht zu, die Branchenlei-
ter selbständig zu ernennen bzw. wählen. Die Ortsverwaltung des DMV sollte nach Punkt 5 zur Hälfte aus Heimarbeitern bestehen. Deutscher Metallarbeiterverband, Jahr-
und Handbuch 1926, a.a.O., S. 234, vgl. auch BAST
3.7.1926
3) Gestützt auf neue Arbeiterschichten mit neuen Bedürfnissen und Erfahrungen, setzte der DMV auf den technischen
Fortschritt: "Als technische Weiterentwicklung betrachtet, die die "Rationalisierung" in Wirklichkeit nur ist,
haben die Gewerkschaften ihr stets fördernd gegenüber-
gestanden. Die Zeit der "Maschinenstürmer" ist vorbei.
Die auf die Verkürzung der Arbeitszeit, Erhöhung der
Löhne, Schutz gegen Betriebsunfälle und Erkrankungsge-
fahren gerichteten Bestrebungen der Gewerkschaften haben
vielfach erst technische Verbesserungen ins Leben geru-
fen. Solange billige Arbeitskräfte zur Verfügung stehen
und mit ihnen billiger produziert werden kann, als es
der konkurrierenden Industrie des anderen Landes selbst
mit Maschinenarbeit möglich ist, fehlt der Anreiz zur
technischen Umstellung und stärkeren Verwendung von Ma-
schinenkraft, wenngleich der technische Fortschritt auch
beim Fehlen des besonderen Anreizes nie ruht. Das Tempo
des Fortschritts aber ist verschieden. Die Gewerkschaften setzen sich bewußt für den technischen Fortschritt
ein, der ihren Mitgliedern höhere Löhne und den sozialen
Aufstieg verbürgt." Deutscher Metallarbeiterverband,
Jahr- und Handbuch 1926, a.a.O., S. 54 f; Die "Aufgabe
der Kommunisten unter den Heimarbeitern" war somit klar
bestimmt: "Wir müssen die Heimarbeiter darüber aufklären, daß das Heimarbeitersystem seinem historischen Ende
entgegengeht, weil in den Fabriken durch Maschinen und
Arbeitsteilung alle Produkte schneller hergestellt werden können." BAST 19.9.1925. Die Einführung der Maschinen selbst war dem Heimarbeiter-Korrespondenten der Bergischen Arbeiterstimme kein Problem mehr. Es ging lediglich darum, "daß wir solche Preise für die mit Maschinen
ausgeführten Arbeiten erringen, damit auch der gelernte
Facharbeiter mit seinem Lohn ein auskömmliches Dasein
führen kann." BAST 2.9.1925

kampfes in der Scherenbranche stellte die organisierte Heimarbeiterschaft vor die Aufgabe, Ziel und Inhalt der gewerkschaftlichen Praxis neu zu bestimmen. Durch den Einbruch in der Frage der Teilarbeit war ein strategisches Vakuum entstanden, das infolge des Übertritts in den DMV nicht durch die ehemaligen Mitglieder des IAV, sondern im wesentlichen durch die Übernahme der zentralstaatlich orientierten und zentral definierten Politik des DMV gefüllt wurde. Es war nicht zu übersehen, daß die Auswirkungen des Ersten Weltkrieges und der veränderten Weltmarktsituation, die sich besonders in der unkontrollierten Ausbreitung des Teilarbeitssystems bemerkbar gemacht hatten, die sozioökonomische Schlüsselstellung der Heimarbeiter bereits seit längerem untergraben hatte. Die Dynamik der durch den Krieg eingeleiteten Entwicklung hatte die handwerklichen Fähigkeiten tendenziell entwertet und begann, die Bedeutung der zwischen den Mitgliedern des IAV und des DMV bestehenden Qualifikationsunterschiede zu vermindern. Die Solinger Handwerker-Arbeiter wurden aus dem Status der Arbeiteraristokratie auf den täglichen Überlebenskampf der proletarischen Existenz zurückgeworfen. [1] Attribute dieser proletarischen Existenz waren nicht nur die Erfahrung längerer Arbeitslosigkeit, sondern auch ein im Vergleich zur Vorkriegszeit gesunkenes Lohnniveau. [2] In dem Maße, in dem diese Art materieller Existenzprobleme für eine wachsende Masse von Industriearbeitern in den Vordergrund traten, gewann das Organisationsmodell des DMV an Plausibilität. [3] Mit dem IAV ging in Solingen die Kritik der industriellen Arbeit, die auf die Stellung des Menschen im Produktionsprozeß, auf die Art und Weise und auf das Ergebnis der Produktion gerichtet war, weitgehend verloren. Die materielle Gestaltung der Produktion sollte fortan allein den Unternehmern überlassen bleiben. Den von den größeren Solinger Betrieben ausgehenden Rationalisierungsbemühungen waren von nun an lediglich ökonomische oder technische Grenzen gesetzt. Die Heimarbeiterschaft hatte die Fähigkeit zum Widerstand gegen existenzbedrohende produktionstechnische Neuerungen für alle Zeiten eingebüßt.

---

1) R. Boch, Handwerker-Sozialisten, a.a.O., S. 294
2) Tab. 5.4
3) Das Lohnniveau der verschiedenen Arbeiterkategorien glich sich einander an, vgl. H. Strerath, a.a.O., Tab. S. 91 a.

4.2 Das Modell der Massenproduktion und die Solinger Rationalisierungseuphorie

Die bei Krusius vorgenommenen Veränderungen des Herstellungsprozesses waren kein Einzelfall, aber sicherlich nicht die Regel. Und auch im Fall Krusius war das Teilarbeitssystem nur ein Ausschnitt der Produktionspraxis. Der Arbeitsgang des Schleifens blieb weitgehend ausgespart [1] und neben den 500 Fabrikarbeitern beschäftigte die Firma 1922 immerhin noch 500 Heimarbeiter. [2] Trotz der relativ zaghaften praktischen Umsetzung lief die Rationalisierung auf ideologischer Ebene bereits auf vollen Touren. In den Fachzeitschriften wurde vehement gefordert, die Erfahrungen der Kriegsproduktion konsequent in die alltägliche Produktionswirklichkeit einfließen zu lassen. Der Erste Weltkrieg hatte das Prinzip industrieller Massenproduktion zum Leitbild werden lassen, das man nun nicht mehr aufgeben mochte. [3]

Unter dem Eindruck der durch den Krieg entstandenen internationalen Wettbewerbssituation glaubte man in Zukunft mit dem Produktionssystem der Vorkriegszeit nicht mehr bestehen zu können. [4] Der Blick war eindeutig auf Industriezweige wie die Automobilindustrie gerichtet, die um eine "rationellste Herstellung der Waren" bemüht waren. "Die bisherigen Fabrikations-Methoden werden und müssen umgestellt werden, die teure Handarbeit muß durch Maschinenarbeit in viel stärkerem Maße ersetzt werden, als dies bis heute geschehen ist. Die Fabrikbetriebe müssen sich einer bis ins einzelne gehenden schärferen Fabrik-Organisation unterwerfen, um jeden Arbeitsgang genau kontrollieren zu kön-

---

1) H. Tegtmeier, a.a.O., S. 74 ff
2) Festschrift Krusius, a.a.O., S. 32
3) Vgl. R. Rupprecht, a.a.O., S. 48 f; F. Hendrichs, Geschichtliche Betrachtungen über den Gütegedanken in der Schneidwarenindustrie, in: Klinge und Schere 15.7.1921, S. 37
4) "Es gibt kein Betriebssystem, das für alle Zeiten als das normale, als das ideale anzusprechen ist". H. Tegtmeier, a.a.O., S. 3

nen." [1] Der Verfasser dieser Zeilen, ein Schlägereibesitzer, setzte sich für die Spezialisierung der Schlägereien auf einen einzigen Produkttypus, etwa Tischmesserklingen, ein. Während Schlemper sich von einer Typisierung der Produkte für die Solinger Industrie nicht sehr viel versprach, begrüßte er eine Normierung [2], die sinnvollerweise bei der Erzeugung der Halbfertigprodukte, also in den Schlägereien einsetzen müsse. [3] Die Mechanisierung der Schlägereien war in Solingen bis zum Ersten Weltkrieg ohne eine Normierung der Produkte vonstatten gegangen und hatte deshalb ihre Kostenvorteile gar nicht voll entfalten können. Hier lagen Rationalisierungsmöglichkeiten, die bei der durch die Rüstungsproduktion bedingten Normierung im Ersten Weltkrieg erstmals ausgeschöpft wurden. Es lag auf der Hand, dieses "reiche Feld für Ersparnisse" (F. Hendrichs) nach dem Krieg nicht mehr aus den Händen zu geben: "Denn zugegeben, daß es z.B. des Verkaufsanreizes halber eine Unmenge verschiedener Taschenmessermuster geben muß, ist es denn auch nötig, daß

---

1) E. Schlemper, Die wirtschaftliche Warenherstellung in der Solinger Stahlwarenindustrie, Klinge und Schere, Nov. 1921, S. 86

2) Unter Normierung (oder Normalisierung) wird die Vereinheitlichung und Standardisierung der Einzelteile eines Produktes verstanden, wie sie für die Austauschbarkeit von Teilen unabdingbar ist. Die Schaffung von Normen hatte während des Krieges im Maschinenbau begonnen und war eine wichtige Vorbedingung für Mechanisierung und Massenproduktion. Um rasche Reparatur oder Ersatz zu ermöglichen wurden die Teile des Armeebedarfs normiert. Vgl. H. Kubitschek, Zur kapitalistischen Rationalisierung und ihre Auswirkungen auf die Qualifikationsstruktur der Arbeiterklasse in Deutschland. Habil. MS Berlin (Ost) 1965, S. 84 f. Die Typisierung ist eine der Normierung entsprechende Vereinheitlichung des Endproduktes. Eine Typisierung wurde von Schlemper mit dem Hinweis auf den individuellen Käufergeschmack abgelehnt.

3) Es war kein Zufall, daß die Normierung von einem Schlägereibesitzer propagiert wurde, denn gerade in diesem am stärksten mechanisierten Bereich der Stahlwarenindustrie verursachte die Vielgestaltigkeit der Solinger Produktpalette die höchsten Kosten. Für jeden einzelnen Schneidwarentyp mußten spezielle, teure Werkzeuge - Leisten, Gesenke und Schnitte - hergestellt werden.

alle Einzelteile, dieser nach außenhin verschiedenen Taschenmesser unter sich noch wahllos verschieden sind? Ist
es nicht möglich (...), in die Fülle von Taschenmesserklingen, -erlen, -federn, -korkenziehern, -nagelfeilen und alles was dazu gehört, eine feine Ordnung zu bringen? Oder
muß es so bleiben wie bisher, daß z.b. Taschenmesserklin-
gen-Schlägereien, die schon Gerätschaften für über 10.000
verschiedene Klingen besitzen, noch fast jeden Tag neue Gerätschaften ähnlicher Art herzustellen haben?" [1]

Die Entwicklung des Industriedesign kam den Vereinheitli-
chungs-Bestrebungen entgegen. [2] Einigendes Band der 1907
zum Deutschen Werkbund zusammengeschlossenen Künstler und
Unternehmer der Kunstindustrie etwa war der Wunsch, vom
teuren Einzelobjekt für wenige auf den billigen Massenartikel für alle überzugehen. Durch den Werkbund verlief allerdings noch ein tiefer Riß zwischen den Anhängern einer
materialgerechten und am "Geist der Maschine" (Friedrich
Naumann) orientierten Typenbildung und den Vertretern der
individuellen Gestaltung. Das von Walter Gropius 1919 in
Weimar gegründete Staatliche Bauhaus mit seinem dynamisch-
sozialtheoretischen Erneuerungsgedanken hatte sich dann
eindeutig für die schmucklose Form entschieden. Das äußere
Erscheinungsbild der im Bauhaus entworfenen Gegenstände war
durch eine ausgesprochene technische Glätte charakterisiert. Während Gebrauchsartikel in der Gründerzeit des 19.

---

1) F. Hendrichs, Lassen sich Solinger Stahlwaren verein-
heitlichen? in: Klinge und Schere Nov. 1921, S. 91;
Hendrichs ging noch weiter als Schlemper, indem er für
eine ganze Reihe von Erzeugnissen, wie Messer und Scheren für Küchen- oder Hausgebrauch eine Typisierung, d.h.
eine Reduzierung des endgültigen Produktionsprogrammes
auf die gebräuchlichsten Muster forderte, ders., a.a.O.,
S. 89, siehe auch R. Rupprecht, a.a.O., S. 50
2) Siehe hierzu: G. Selle, Die Geschichte des Design in
Deutschland von 1870 bis heute. Entwicklung der industriellen Produktkultur, Köln 1978, S. 221

Jahrhunderts nach dem Vorbild der an Pomp und Pracht gewöhnten Aristokratie reichlich mit Schnörkel und Verzierun-
gen versehen wurden - das elegante Ornament des Jugendstils
überdeckte hier die reine Zweckform -, verschwand das Ornament in den 1920er Jahren allmählich aus dem Gebrauchsge-
genstand. [1]

Seit 1924 wurde die bis dahin allein um die Fragen der Normierung und Typisierung kreisende Rationalisierungsdiskussion um eine neue Dimension erweitert. Das Problem der Rationalisierung der menschlichen Arbeit drängte die Frage
der Rationalisierung der Produkte in den Hintergrund. Die
standardisierte Massenproduktion der amerikanischen Industrie wurde zum Vorbild industriellen Arbeitens schlechthin. [2] Hermann Bick, der Inhaber der Fa. Herder, eines
größeren Solinger Stahlwarenbetriebes, stellte in einem
ausführlichen Aufsatz in der Zeitschrift des Vereins für
Technik und Industrie das Modell des Fordismus vor und ap-

---

[1] Inwieweit sich die Masse der Bevölkerung mit rein funk-
tionalen Gebrauchsgegenständen zu identifizieren vermochte, ist schwer zu entscheiden. Während die kulturellen Normen und Erwartungshaltungen des bürgerlichen
Blocks nach wie vor eher auf ein Dekor und eine Alltags-
kultur gerichtet waren, die Herrschaft zu symbolisieren
hatte, bevorzugte der Mittelstand und die Arbeiterschaft
eine Mischform von Historismus, Jugendstil und Art Deco.
Vgl. Cl. Pese, Serielle Massenproduktion, in: Leben und
Arbeiten im Industriezeitalter, Nürnberg 1985, S. 583
sowie H.G. Pfaender, Das Tischbesteck - Eine kulturgeschichtlich-technologische Untersuchung unter besonderer
Berücksichtigung der industriellen Formgebung. MS Diss.
Stuttgart 1957, S. 74 ff
[2] Die amerikanische Schneidwarenindustrie spielte dabei
als Vorbild bezeichnenderweise kaum eine Rolle. In den
Fachzeitschriften der Solinger Industrie fand sich nicht
ein einziger Artikel, der sich direkt auf den Herstellungsprozeß von Schneidwaren in den USA bezog. Entsprechend verbreitet war das Vorurteil, die amerikanische
Schneidwarenproduktion sei, wie die fortschrittlichen
Sektoren, äußerst rationell organisiert; ein Bild, das
nicht ganz der Wirklichkeit entsprach. (Vgl. weiter
oben)

pellierte an die Solinger Industrie, sich dessen Prinzipien
zu eigen zu machen. [1]

Die Rezeption des Fordismus hatte kaum begonnen, als die
Ende des Jahres 1925 beginnende Wirtschaftskrise den Blick
der Zeitgenossen vollends auf die Produktionsstrukturen der
Solinger Industrie lenkte. Die Krise wurde weniger als eine
Absatzkrise, denn als eine "Produktionskrise" (Messer und
Schere) gedeutet. Im Zuge der nun einsetzenden Flut von
Beiträgen [2], die sich allesamt vom amerikanischen Modell
der Massenproduktion inspiriert zeigten, wurden die Mög-
lichkeiten einer umfassenden Rationalisierung der Solinger

---

[1] H. Bick, Henry Ford und sein System, in: ZVTI 4. Jg.,
Nr. 7, Sept. 1924, S. 119 ff; G. Ottlilienfeld gab in
einer zeitgenössischen Definition folgende Prinzipien
des Fordismus an: 1. Einschränkung der Produktion auf
ein oder wenige Schlüsselprodukte. 2. Stetiger Preisab-
bau und Erhöhung der Löhne. 3. Reinvestition der Erträ-
ge. 4. Unausgesetzte Rationalisierung auf der Basis des
steigenden Absatzes; nach: Elisabeth Schalldach, Rationalisierungsmaßnahmen der Nachinflationszeit im Urteil
der freien Gewerkschaften, Jena 1930, S. 50 f; siehe
auch: ST 11.3.1926, A. Erkelenz, Schaffen die neuen Arbeitsmethoden mehr Arbeitslosigkeit?
[2] Die wichtigsten Aufsätze bzw. Artikel seien hier genannt: Messer und Feile, 15.1.1926. Die Einführung der
Teilarbeit in der Solinger Industrie; BZ 15.1.1926, Rationalisierung - eine Zukunftsfrage der Solinger Industrie; Messer und Schere 15.6.1926, Seelische Anteil-
nahme an der Arbeit beim Teilarbeitssystem; Messer und
Schere 15.9.1926, Die Arbeitsteilung in der Solinger Industrie; Messer und Feile, 15.2.1926, Wichtige Vorbedingungen bei der Umstellung der Solinger Industrie auf
das "amerikanisch-Fordsche-Arbeitssystem". ST 11.3.1926,
A. Erkelenz, Schaffen die neuen Arbeitsmethoden mehr Arbeitslosigkeit? E. Graef, Zukunftsfragen der Solinger
Stahlwarenindustrie, ZVTI Jg. 6, Nr. 5, Mai 1926.

Industrie diskutiert. [1] Während sich die Rationalisierungsdiskussion zunächst noch primär auf den fabrikindustriellen Bereich, d.h. insbesondere die Schlägereien bezogen hatte, konzentrierten sich die Bemühungen nun vorwiegend auf die Weiterverarbeitung. Damit erreichte die Rationalisierungsdiskussion eine qualitativ neue Stufe, denn nun
gerieten die in den Händen der Heimarbeiter gelegenen Produktionsstufen in den Blickpunkt des Interesses.

Wie wir gesehen haben, war der Schmiedeprozeß schon seit
dem Ende des 19. Jahrhunderts fabrikmäßig organisiert und
voll mechanisiert. Hier waren einschneidende Fortschritte
kaum zu erzielen. Die Möglichkeiten der Arbeitsteilung waren in den Schlägereien weitgehend ausgeschöpft, so daß
diese sich über Jahrzehnte hinweg nicht grundlegend ändern

---

[1] Ausgehend von einer geradezu fatalistischen Entwicklungslogik der Technik wurde die Rationalisierungsfrage
dabei zur Existenzfrage stilisiert: "Wir leben noch in
der Technik von 1913, die Amerikaner von 1926. Wir müssen ihnen nacheifern und nachahmen oder wir müssen zu
Grunde gehen". ST 11.3.1926, hierzu auch: BZ 15.1.1926
Die Bergische Zeitung berichtete - dies einer der wenigen Hinweise überhaupt - von der amerikanischen Konkurrenz: "Was ein sachkundiger Fabrikant beispielsweise
über einen Besuch in der Taschenmesserfabrik der Reming-
ton Arms Company zu berichten wußte, sollte ein nicht
übersehbares Warnzeichen sein. Die erst einige Jahre bestehende Fabrik beschäftigt 650 - 700 Mann. Die Produktion geschieht überwiegend auf maschinellem Wege, Ein-
zelarbeit ist gänzlich unbekannt. Nur verhältnismäßig
wenige Typen werden hergestellt. Die produzierte Menge
belief sich in den ersten drei Vierteln des vergangenen
Jahres auf 256.000 Dutzend Taschenmesser. Dabei sind
diese Taschenmesser auch guter Solinger Ware völlig
ebenbürtig. Dasselbe gilt in gewissem Maße bereits von
der Fabrikation von Scheren. Einstweilen sind alle diese
Werke vollauf beschäftigt, den amerikanischen Inlandsbe-
darf zu decken. Früher oder später - mag es auch noch
Jahre dauern - wird sich ihre Produktion so steigern,
daß sie exportieren können und dann droht für Solingen
ein Konkurrenzkampf, der nur zu bestehen ist, wenn sich
die Industrie in der Zwischenzeit aus dem - ach so be-
quemen - Beharrungszustand zu neuen Wegen aufgerafft
hat". BZ 15.1.1926

Abb. 17: Steinhaus (Naßschleiferei) der Fa. Henckels um 1930
Die hier beschäftigten Schleifer waren keine lohnabhängigen
Fabrikarbeiter, sondern selbständige Stellenmieter.

sollten. [1] Demgegenüber lagen in der überwiegend heimgewerblich organisierten und auch in den Fabriken meist handwerklich betriebenen Weiterverarbeitung noch gewaltige Ra-
tionalisierungspotentiale. Der vom Arbeitgeberverband in
der Scherenbranche initiierte Arbeitskampf und die Vereinbarung vom 9. April 1926 hatten den Weg frei gemacht, die
im Schmiedebereich erreichte Produktivitätssteigerung durch

[1] Dennoch stand die technische Entwicklung auch hier nicht
still. 1926 gelang es der Fa. Hartkopf nach längeren
Versuchen, beide Scherenhälften in einem Gesenk zu
schlagen und auch die Kapazität der Härteöfen konnte bis
1930 um ein Vielfaches erhöht werden. Nach F. Hendrichs
hatte der neue Ofen der Fa. Hartkopf eine tägliche Leistung von 20.000 Scheren, während die alten Öfen nur
1.200 Scheren täglich verarbeiten konnten. Vgl. F. Hendrichs, Von der Handschmiede zur Schlägerei, Fa. Hartkopf Solingen, MS Solingen 1952, S. 85 f; Hatten an den
Fallhämmern zunächst jeweils zwei Personen gearbeitet,
so gingen die Firmen in den 20er Jahren verstärkt dazu
über, die Bedienung des Hammers nur durch eine Person
ausführen zu lassen. Vgl. die Betriebsansichten der Fa.
Wüsthof im Bildarchiv des STA Solingen, Gruppe 1422.

eine technische Rationalisierung auch in den übrigen Produktionsbereichen durchzusetzen. Für F. Hendrichs stand
fest, daß die Solinger Industrie aus ihrer Not nicht durch
ein Regulieren der Preisverzeichnisse nach oben oder nach
unten gelangen konnte, sondern einzig durch eine "glückli-
chere Einstellung zur Technik". [1]

Der hohe Arbeitsanteil am Wert der Produkte [2], die relativ
hohen Schleiflöhne, die Transportkosten [3], die äußerst
langen Bearbeitungszeiten [4], die Abhängigkeit von den Lieferfristen der Heimarbeiter, [5] und der mangelnde Einfluß
auf den Herstellungsprozeß [6], waren die von der bestehen

1) F. Hendrichs, Rationalisierung in der Solinger Industrie, in: Technik und Wirtschaft, Jg. 1929, H.3, S. 67
2) Für 1925 schätzte O. Beyer den Lohnanteil am Wert der
   einzelnen Stahlwaren auf 60 - 95 % (je nach Produkt), O.
   Beyer, a.a.O., S. 101; siehe auch: H. Giese, a.a.O., S.
   34; Der Bericht des Enquete-Ausschusses gab den Anteil
   von Löhnen und Gehältern 1928 mit 57 bzw. 2 % an,
   a.a.O., S. 242 f
3) Hierbei ist allerdings zu bedenken, daß der Transport
   der Halbfertigwaren von der Stahlwarenfabrik in die
   Werkstatt der Handwerker und wieder zurück, in den meisten Fällen vom Heimarbeiter selbst oder seinen Angehörigen übernommen wurde. Die größten Transportproble-
   me traten in den häufig planlos entstandenen und immer
   wieder durch kleinere Anbauten erweiterten Fabrikbetrieben selbst auf. Die Geschoßebenen des 1922 errichteten
   Stahlbetonbaus der Fa. Krusius befanden sich z.B. nicht
   auf dem gleichen Niveau, wie die der bestehenden Gebäu-
   de.
4) Strerath sah nicht zu Unrecht in der Länge der Zeitspanne zwischen dem Beginn der Warenerzeugung und der Bezahlung der Ware, d.h. der Zirkulation des Kapitals, die
   eigentliche Ursache, der in den 20er Jahren chronischen
   Kreditnot der Solinger Industrie. H. Strerath, a.a.O.,
   S. 29 f
5) O. Beyer berichtet, daß die Verleger sich in Zeiten guter Konjunktur häufig gezwungen sahen, den Heimarbeiter
   mehrmals aufzusuchen und ihm für möglichst schnelle Fertigung eine besondere Zulage zu vergüten. O. Beyer,
   a.a.O., S. 95
6) Als Nachteil des Heimarbeitssystems wurde immer wieder
   besonders hervorgehoben, daß es für den Unternehmer unmöglich war, "den Werdegang der Schneidwaren genau zu
   verfolgen und die Arbeitsvorgänge zu kontrollieren", und
   daß somit die Einführung technischer Neuerungen so gut
   wie unmöglich war. Vgl. O. Beyer, a.a.O., S. 95. Eine
   gute Zusammenfassung der Rationalisierungsmotive auch
   bei: E. Graef, ZVTI, a.a.O., S. 54 ff

den Organisation der Produktion direkt ausgehenden unternehmerischen Rationalisierungsmotive. Die Einführung der Teilarbeit bedeutete für die einzelnen Berufe der Heimarbeiter eine Aufteilung ihrer Tätigkeit in 10 bis 15 Teiloperationen, die von angelernten Arbeitskräften im Farikbetrieb ausgeführt wurden. Die Preisverzeichnisse waren bei Teilarbeit faktisch außer Kraft gesetzt, die Festlegung der Löhne, des Design und der Verarbeitungsqualität allein den Unternehmern überlassen. Die Bergische Arbeiterstimme prognostizierte: "Die gelernten Solinger Stahlwarenarbeiter (die Heimarbeiter, d. Verf.) werden dann nur noch beschäftigt, wenn sie bereit sind zu denselben, also schlechteren Lohn- und Arbeitsbedingungen zu schaffen, wie Ungelernte und Jugendliche". [1] J. Kretzen brachte die Zusammenhänge auf den Punkt: "Wenn die Solinger 'Rationalisierung' (kapitalistisch gesehen) einen Sinn haben soll, so muß sie zu einer weiteren Senkung des Lohnanteils am Produktionswert führen. Nach der Zerlegung der jetzigen Tätigkeit eines Tafelmesserschleifers, beispielsweise in zahlreiche von ebenso oft spezialisierten Arbeitskräften ausgeführte Teilarbeiten, sollen ja die an der Fertigstellung eines bestimmten Messer-Quantums beteiligten Spezialarbeiter nicht mehr den gleichen Lohn erhalten, den heute die Heimarbeiter abzüglich ihrer Sachauslagen dafür bekommen. Dabei würde die Lohnminderung nicht Auswirkung technischer Fortschritte, nicht Folge der Einführung arbeitsparender Maschinen sein, sondern (da ja nach der 'Rationalisierung' 100 Dutzend Messer nicht weniger menschliche Arbeitskraft erfordern wird, wie vorher) allein erreicht werden durch eine stärkere Auspressung der menschlichen Arbeitskraft, durch Mechani-

---

[1] BAST 20.1.1926; A. Erkelenz, der Vorsitzende der DDP in Solingen vertrat demgegenüber die reine Lehre des Fordismus und gelangte zu Schlußfolgerungen, die selbst dem unternehmerfreundlichen Solinger Tageblatt als zu optimistisch erschienen. Das Tageblatt ironisierte: "Die moderne Arbeitsmethode hebt also die Lage, sie ist arbeiterfreundlich, ist infolgedessen gewerkvereinsfreundlich. Sie schade niemandem und nutzt allen und die einzige Schwierigkeit, die vielleicht vielfach entstehen wird, ist, daß man einige alte Gewohnheiten aufgeben und sich einige neue Erfahrungen aneignen muß". ST 11.3.1926

sierung der ins Hetztempo gebrachten Arbeitsleistung". [1]

Seitens der Fabrikanten schätzte man Grenzen und Reichweite
einer Rationalisierung des Solinger Produktionssystems zunächst durchaus realistisch ein: "Bei der Zusammensetzung
und der Arbeitsweise der Solinger Stahlwarenfabriken ist es
natürlich, daß an der Einführung der Teilarbeit zunächst
nur verhältnismäßig wenig Firmen, und auch diese nicht für
ihre gesamte Produktion, interessiert sind". [2] Auch die
eifrigsten Verfechter der Rationalisierung erkannten durchaus die gewaltigen Schwierigkeiten, die mit einer so umfassenden Umstellung der Solinger Industrie, wie sie nun beabsichtigt war, verbunden waren und richteten ihre Überzeu-
gungsarbeit entsprechend aus. Im Vordergrund, der in diese
Richtung gehenden Überlegungen, stand die Frage, ob die gewohnten Qualitätsstandards bei modernisierter Arbeitsweise
aufrecht erhalten werden könnten und die Frage, ob die an
selbständiges Arbeiten gewöhnten Heimarbeiter an die neuen
Arbeitsbedingungen herangeführt werden könnten. [3]

Wie die Bemühungen in der Rasiermesserbranche zeigten,
(vgl. Kap. 3.3) war man keineswegs gewillt, den Anspruch
der Qualitätsarbeit einfach fallenzulassen. Während jedoch
bislang allseits unbestritten war, daß Qualitätsarbeit allein mit dem Heimarbeitersystem der qualifizierten Handarbeit hergestellt werden konnte, wurde nun erstmals die Auffassung vertreten, daß Massenproduktion und Qualitätspro-

---

1) J. Kretzen, a.a.O., S. 32 f; Die Analyse Kretzens war
die einzige offizielle (überlieferte) gewerkschaftliche
Analyse der Weimarer Zeit, in der die Argumentationswei-
se der ehemaligen Gewerkschaftszeitung der Handwerker-
Arbeiter "Der Stahlwarenarbeiter" (vgl. Kap. 1) wieder
aufgegriffen wurde. Dies ausgerechnet von einem Gewerk-
schafter, der sich vor dem Ersten Weltkrieg u.a. in Aufsätzen in der Neuen Zeit als entschiedener Opponent der
Solinger Lokalgewerkschaften erwiesen hatte. Kretzen hob
sich in seinem Urteil deutlich von der allgemeinen gewerkschaftlichen Haltung zur Rationalisierung ab, die,
wie G. Stollberg nachweist, ausgesprochen unkritisch
war. Vgl. G. Stollberg, a.a.O., S. 82 ff, S. 91 f und S.
123 ff
2) Messer und Feile 15.3.1926, a.a.O.
3) Messer und Feile 15.2.1926, a.a.O.

duktion keine Gegensätze mehr seien. "Was die Qualität angeht, so erkundige man sich mal an informierter Stelle, wie
und zu welchen Preisen in den Vereinigten Staaten, zum Beispiel in der Fließarbeit, hochwertige Taschenmesser hergestellt werden, die an Qualität auch dem verwöhntesten Ge-
werkschaftsauge genügen". [1] Insgesamt schien sich - offenbar als ein Reflex der Entwicklung auf den Absatzmärkten
(vgl. Kap. 3.3) - die Ansicht einer notwendigen Dualität
von primär heimgewerblicher Qualitätsproduktion und primär
fabrikindustrieller Massenproduktion durchzusetzen.

Die Zeitschrift Messer und Feile machte keinen Hehl daraus,
daß die Auseinandersetzung in der Scherenbranche mit dem
Ergebnis der Anerkennung der Teilarbeit durch die Gewerkschaften eine Übergangsphase einleiten sollte, an deren Ende die Abschaffung der Heimarbeit stehen würde [2]; eine
Auffassung, die ja auch vom DMV geteilt wurde. (Vgl. Kap.
5.1) In dieser Sicht war die Umstellung der Solinger Industrie primär eine Frage der Gewinnung der Seele des Arbeiters. [3] Die darauf zielende Argumentation reichte vom Versuch aufzuzeigen, daß die Organisation der Arbeit im Heimarbeitersystem ohnehin bereits eine Art dezentralisierter
Teilarbeit darstelle, zumal wenn man die Arbeitsteilung
zwischen Meister, Gesellen und Lehrlingen berücksichtige,
[4] bis hin zu der Auffassung, daß Teilarbeit nicht nur eine

1) Messer und Feile, 15.1.1926, a.a.O.; vgl. auch BZ
   15.1.1926
2) Messer und Feile, 15.1.1926, S. 46; Mit dieser Auffassung war immer ein Blick auf die Konkurrenzindustrien
   verbunden, in denen die Heimarbeit gar keine Rolle
   spielte oder - wie im Falle Sheffields - an Bedeutung
   verlor. Vgl. O. Beyer, a.a.O., S. 93
3) Dieses Problem stellte sich auch in der gewerkschaftlichen Rationalisierungsdebatte, vgl. hierzu A. Hoff, Gewerkschaften und Rationalisierung, a.a.O., S. 185
4) Messer und Schere, 15.1.1926, S. 45 sowie Messer und
   Schere, 15.9.1926, S. 581 f. Von diesem Standpunkt aus
   war es dann nur noch ein kleiner Schritt zu folgender
   unsinnigen Schlußfolgerung: "Die Arbeitsteilung in der
   Solinger Industrie hat ihren Ursprung nicht im Fabrikbetrieb, sondern ist wie aus dem urkundlich nachweisbaren
   Zusammenschluß der Arbeiter zu den der Teilarbeit entsprechenden Brüderschaften hervorgeht, in ihrer Ausbildung bis ins 14. und 15. Jahrhundert zurückzuverfolgen",
   ebenda, S. 581

Optimierung der individuellen Arbeitsfertigkeiten bedeute
[1], sondern darüber hinaus im hohen Maße "Lustgefühle" ver-
schaffe. [2] "Wer lange Zeit ein und dieselbe Arbeit betrieben hat, findet die unbegrenzte Mannigfaltigkeit heraus und
fühlt, wie jeder Einzelfall von jedem anderen wieder verschieden ist." [3] Arbeitsfreude ist also auch im rationalisierten Arbeitsprozeß für jeden Arbeiter, in der passenden
Position, möglich. Es ist kaum anzunehmen, daß diese frühen
Zeugnisse der deutschen Arbeitswissenschaften in der Solinger Heimarbeiterschaft besondere Überzeugungskraft entfalten konnten. Das Selbstwertgefühl und der Berufstolz der
alten, qualifizierten Arbeiterschichten konnte auch durch
noch so euphemistische Beschreibungen nicht in das neue
System der Arbeit hinübergerettet werden. Hinsichtlich der
an repetitive Fabrikarbeit gewohnten Arbeiterschichten, wäre es wahrscheinlich erfolgversprechender gewesen, auf
Freizeit- bzw. materielle Kompensation zu setzen. Bezeichnenderweise wurde jedoch beim Kampf um die Seele des Arbeiters das Verständnis der Arbeit als zentrales Moment der
Selbstverwirklichung - im Gegensatz zur Haltung des DMV -

---

1) Vgl. hierzu u.a. J. Müller, Die Organisation der Produktion in der Solinger Schneidwarenindustrie, Diss. MS
Köln 1923, S. 49
2) Mit einem geradezu erstaunlichen Zynismus beschrieb die
Zeitschrift Messer und Schere die Arbeit der Ver-
packerinnen in der Rasierklingenindustrie (also eine der
"monotonsten" Tätigkeiten, die die Solinger Industrie
Mitte der 20er Jahre zu bieten hatte) als abwechslungs-
reiche Tätigkeit. Weiterhin hieß es: "Wenn man einen
solchen Arbeiter, dem man in seiner rein mechanischen
Tätigkeit noch viele andere an die Seite stellen kann,
beobachtet, so wird man in den meisten Fällen feststellen können, daß sich der Arbeiter nicht nur um des Verdienstes willen anstrengt, sondern, daß ihm auch die Arbeit interessant ist, auch wenn er sie jahrelang immer
wieder betreibt. Man kann sogar die Feststellung machen,
daß sie ihm interessanter wird, je länger er sie verrichtet". Messer und Schere, 15.6.1926
3) Messer und Schere, 15.6.1926, S. 377

noch nicht aufgegeben. [1] Das Dilemma der Rationalisierung
bestand somit darin, daß es nicht ausreichte, den Arbeitern
in einem Vertrag die Zustimmung zur Teilarbeit abzuringen.
E. Graef hatte dies klar erkannt: "Die ganze Einführung der
rationelleren, besseren und billigeren Produktionsmethoden
ist in dem Augenblick völlig nutzlos, wo die Arbeiterschaft
nicht innerlich damit einverstanden ist. Sonst findet sie
Möglichkeiten genug, den Erfolg in Frage zu stellen; und
hier ist denn auch die Grenze der Macht der Arbeitgeber".
[2] Auf der anderen Seite waren durch die lokale gewerkschaftspolitische Entwicklung die Weichen dafür gestellt
worden, daß auch die Heimarbeiter sich mit den neuen Formen
der Arbeit abfinden würden. Die sozialen Spannungen, die im
Zusammenhang der Integration von 12 bis 13.000 Heimarbeitern in den fabrikindustriellen Produktionsprozeß befürchtet werden konnten, blieben jedenfalls aus.

4.3 Von der Teilarbeit zur Maschinenarbeit - Die Mechani-
sierung des Schleifens von Schneidwaren

Die Vereinbarung in der Scherenbranche vom 9. April 1926
sah vor, die Teilarbeit nur dort einzuführen, wo der technische Fortschritt nach ihr verlangt. Von den Gewerkschaften war in den Beratungen über die Teilarbeit immer wieder
eingewendet worden, daß zunächst einmal die Maschinen er-
funden werden müßten, ehe man über die an diesen zu lei-

---

1) Drei Jahre später konzedierte Hendrichs, daß die Umstellung des Produktionsprozesses von einer "Umstellung
des Arbeiters" begleitet sein müsse: "Für Hilfsdienste
kommen nur Hilfskräfte in Betracht. Oft genügen Mädchen
ohne jede technische Vorbildung derartigen Anforderungen, ja erfüllen sie in vollkommener Weise aufgrund
ihrer besonderen Eignung zur Verrichtung leichter, in
kurzen Zwischenräumen zu wiederholender Arbeit. Diese
Art einer Tätigkeit will ich nicht als ideal hinstellen,
(...)". F. Hendrichs, Rationalisierung in der Solinger
Industrie, in: Technik und Wirtschaft 1929, H. 3, S. 69
2) E. Graef, ZVTI. a.a.O., S. 57. Siehe auch H. Tegtmeier,
a.a.O., S. 91: "Die Arbeitsfreude des Arbeiters ist von
nicht zu unterschätzender Wichtigkeit. Den Heimarbeiter
interessiert die nachfolgende Arbeit, nicht aber den
Akkordarbeiter".

stende Teilarbeit zu beraten hätte. Wie war also der Stand
der Technik zum Zeitpunkt der "Legalisierung" der Teilarbeit und wie entwickelte sich dieser unter den neuen Aus-
gangsbedingungen?

Die Zeitschrift Klinge und Schere veröffentlichte in der
Januar-Ausgabe des Jahres 1925 einen Briefwechsel zwischen
der Handelskammer und dem Verein für Technik und Industrie,
aus dem wir Aufschlüsse über den Stand der Mechanisierung
der Weiterverarbeitung von Stahlwaren gewinnen können. [1]
Die Solinger Handelskammer hatte versucht, ein Ausfuhrverbot von Spezialmaschinen der Solinger Industrie zu erwirken. [2] Der Verein Deutscher Maschinenbau-Anstalten, der
diesen Antrag zu beurteilen hatte, kam zu dem Ergebnis, daß
es Spezialmaschinen, die allein in der Solinger Industrie
gebräuchlich waren, nicht gab. Sämtliche Werkzeugmaschinen,
etwa der Gesenkschmieden, einschließlich der zum Teil als
Eigenbau konstruierten kleinen Federhämmer oder der kurio-
sen Vierschlaghämmer seien Allgemeingut der Technik, deren
Funktionsweise in jedem Fachlexikon beschrieben sei. [3]
Hinsichtlich der Maschinen zum Schleifen, Pliesten und Polieren von Rasiermessern stellten die Gutachter fest, daß
diese Maschinen sich im Prinzip nicht von den lange und
allgemein bekannten Schleifmaschinen unterschieden. [4] Die

1) Klinge und Schere, Januar 1922, Mitteilungen des Vereins
   für Technik und Industrie, Solingen - Ausfuhr von Spezialmaschinen der Solinger Industrie, S. 11 ff
2) Zur Zeit der Zünfte galt eine vergleichbare Regelung.
   Die Angehörigen der Solinger Zünfte mußten den sog. Ver-
   bleibungseid schwören, wonach sie ihr Gewerbe ausschließlich in Solingen ausführen durften. Verstöße wurden hart bestraft. Vgl. hierzu etwa: H. Rosenthal, Geschichte einer Stadt, a.a.O., S. 162 ff
3) Siehe: Das Buch der Erfindungen, Gewerbe und Industrien,
   Bd. 6, Die Bearbeitung der Metalle, Leipzig 1900, S.
   145 ff
4) Vgl. hierzu auch: Die Woche; Jg. 1902, Nr. 12, S. 428 f,
   Schleifen sonst und jetzt; sowie die Ausführungen über
   die Schneidwerkzeuge in Rübenverarbeitungsmaschinen und
   die zu deren Herstellung bzw. Wartung erforderlichen
   Schleif- bzw. Schärfmaschinen, in: F. Stohmann-Schander,
   Handbuch der Zuckerfabrikation, 5. Aufl., Berlin 1912,
   S. 148 - 167

Maschinen zum Schleifen von anderen Messern, die mit einer
Walkvorrichtung versehen waren, seien amerikanischen Ur-
sprungs. [1] Die Gutachter vertraten die Auffassung, daß die
Überlegenheit der Solinger Industrie keineswegs auf dem
Einsatz von Spezialmaschinen beruhe, sondern vor allen Dingen auf der Handfertigkeit ihrer (Heim-)Arbeiter. Die meisten in der Schneidwarenindustrie (insbesondere in der Weiterverarbeitung) verwendeten Maschinen hatten nach dem Urteil der Gutachter einen stark "handwerksmäßigen" Charakter. Die Solinger Handelskammer gab das Gutachten des Vereins Deutscher Maschinenbau-Anstalten an den Verein für
Technik und Industrie zur Stellungnahme. Dessen Vorsitzen-
der, F. Hendrichs, schloß sich den Ausführungen der Gutachter insofern an, als daß er einen Anspruch auf eine Sonder-
stellung der in Solingen gebräuchlichen Maschinen ebenfalls
nicht für gerechtfertigt hielt. Gleichzeitig wies er darauf
hin, daß die auf dem Markt allgemein verfügbaren und nicht
allein für die Solinger Industrie bestimmten Maschinen erst
durch zusätzliche, von den Solinger Fabriken selbst hergestellte Vorrichtungen für die speziellen Erfordernisse der
Stahlwarenbearbeitung brauchbar gemacht würden. Solange
diese Vorrichtungen nicht Bestandteil der von den Maschi-
nenherstellern gelieferten normalen Maschinen seien, sei
ein wirksamer Schutz gegen ungewollten Technologietransfer
gewährleistet.
"Der Verein für Technik und Industrie sieht den Weg künftiger Entwicklung gerade darin vorgezeichnet, möglichst solche Maschinen herauszubringen, die die vielfach heute noch
ausgeführten Arbeitsvorgänge in eine Anzahl genau begrenz-
ter Teilvorgänge einzugrenzen und diese dann vollkommener,
schneller und zugleich billiger als bisher vorzunehmen in
der Lage sind. In diesem Sinne gibt es bereits eine Reihe

1) Vgl. auch KIB 1912, ohne genaue Zeitangabe, STA Solingen
   Bibl. FA 11/3, Bl. 2-3

von Maschinen zum Schleifen von Tafelmesser-, Rasiermesser-
klingen und dergl. Einige Firmen stellen diese Maschinen
für den eigenen Bedarf her. Andere Schleifmaschinen-Systeme
sind von Maschinenfabriken herausgebracht und stehen allen
Fabrikanten zur Verfügung. Die bisherigen Maschinen erfüllen indes ihren Zweck nur sehr bedingt, sie leisten die Arbeit eines geübten Schleifers nur teilweise und machen daher meistens eine Nacharbeit erforderlich." [1] Nach Hendrichs war die Wirkung der existierenden Maschinen so gering, "daß Solingen erst recht durch die Ausfuhr recht vieler dieser Maschinen keine Beeinträchtigung erfahren wird".
[2] Ein Ausfuhrverbot hielt er von daher nicht für nötig. [3]

Die Ausführungen von Hendrichs führen uns zum tieferen Sinn
der Teilarbeit. Es ging bei ihrer Einführung nicht allein
darum, die Tätigkeit des Handwerkers in diejenigen regelmä-
ßigen Teiloperationen zu zerlegen, die dann durch eine Maschine ausgeführt werden konnten. Das eigentliche Ziel war
die Überführung der handwerklichen Arbeit in den Fabrikbetrieb. Die Teiloperationen, die der einzelne selbständige
Handschleifer ausführte, waren prinzipiell dieselben, die
bei der Überführung der komplexen handwerklichen Arbeit in
die Teilarbeit verschiedener Teilschleifer auszuführen waren. Solange allerdings das Schleifen heimgewerblich betrieben wurde, war der Maschineneinsatz zwar technisch möglich, nicht jedoch ökonomisch. Kein Heimarbeiter hätte sich
eine, den Verdienst eines Jahrzehnts verschlingende, Maschine angeschafft bzw. anschaffen können, mit der er nur
wenige von unzähligen Teiloperationen ausführen konnte.

1) Klinge und Schere, 1/1922, a.a.O., S. 15
2) Klinge und Schere, 1/1922, a.a.O., S. 16
3) Damit erübrigte sich auch die Aufregung über die Visi-
   tation Solinger Betriebe durch Vertreter der Sheffielder
   Industrie, während der englischen Besatzungszeit. So
   groß, wie von Heimathistorikern immer wieder behauptet
   wurde, kann der durch die Besichtigungen entstandene
   Schaden angesichts des Standes der Mechanisierung kaum
   gewesen sein. Vgl. stellvertretend: F. Hendrichs, Geschichte der Solinger Industrie, a.a.O., S. 266

Alle vorangegangenen Versuche der Mechanisierung des
Schleifens krankten daran, daß die konstruierten Schleifmaschinen im Hinblick auf die real vorhandenen Einsatzmöglichkeiten mit universellen Eigenschaften ausgestattet werden sollten. In der Praxis führten diese Maschinen schließlich keine einzige Teiloperation zufriedenstellend aus. [1]
Während sich die Kombination von "single-purpose maschines
and unskilled labour to produce standard goods" [2], die
Massenproduktion, in vielen anderen Industriezweigen relativ leicht durchsetzen konnte, stand sie in der Schneidwarenindustrie vor besonderen Schwierigkeiten. Das Problem
der Mechanisierung des Schleifens bestand darin, daß selbst
bei gleichbleibender Produktion eine große Anzahl von Teiloperationen unter Verwendung sehr verschiedener Hilfswerkzeuge notwendig war, um der zu bearbeitenden Ware das er-
wünschte Aussehen und die erforderliche Schnittfähigkeit zu
geben. Obwohl abzusehen war, daß das Problem der Mechanisierung einzelner Schleifoperationen technisch durchaus gelöst werden konnte, war der Weg der Massenproduktion damit
allein noch nicht geebnet. Denn da der Schleifprozeß vollständig in der Hand der selbständigen Schleifer lag, die
- wenn überhaupt - nur über wenig Kapital verfügten, bestand in Solingen kein Markt für Schleifmaschinen. Nicht
nur aus politischer, sondern vor allem aus ökonomischer
Sicht war somit der Durchbruch der Mechanisierung erst zu
erwarten, nachdem die politischen Rahmenbedingungen es gestatteten, die heimgewerbliche Arbeit in die Fabrik zu
überführen. Erst dann konnten selbständige Maschinenfabriken das Risiko auf sich nehmen, Spezialmaschinen zu konstruieren, die überwiegend in Solingen abgesetzt werden
mußten. [3] In diesem Sinne waren Mechanisierung und Teilar-

---

1) Vgl. KIB 1912, a.a.O., "Schleifmaschine für Messer,
   Schlittschuhe, Scheren usw."
2) Vgl. Ch. Sabel, J. Zeitlin, a.a.O., S. 133
3) Schon allein aus diesem Grunde waren Maschinenbaubetriebe, die Schleifmaschinen für die Schneidwarenindustrie
   herstellten, hauptsächlich in Solingen zu finden.

beit aufeinander verwiesen. Die Teilarbeit war nicht, wie
die Vereinbarung der Scherenbranche unterstellte, eine Folge neu entwickelter Maschinen, sondern umgekehrt. Die Teilarbeit war vielmehr das Vehikel der Mechanisierung; denn
sie implizierte die Fabrikarbeit.

Tatsächlich waren die Fortschritte der Mechanisierung bis
1926 recht bescheiden. Solange die Teilarbeit generell nur
in relativ wenigen Firmen und fast ausschließlich im Bereich der Montage - und hier noch mit einem Hauch der
Illegalität und unter der ständigen Gefahr, den Zorn des
IAV zu erregen - eingeführt war, war die Herstellung von
Schleifmaschinen wenig lukrativ. Mit der "Legalisierung"
der Teilarbeit im Jahre 1926 änderte sich diese Situation.

Die Entwicklung der zunächst wichtigsten Solinger Schleif-
maschinen-Fabrik, der Firma Siepmann, korrespondierte mit
dieser Phaseneinteilung. Die 1885 von dem Schleifermeister
Emil Siepmann gegründete Firma hatte zunächst hauptsächlich
Küchen- und Tischmesser produziert. Nachdem die Expansion
des Betriebes bis zur Jahrhundertwende so weit gediehen
war, daß ein neues, größeres Betriebsgelände bezogen werden
konnte, begann die Firma Siepmann 1906 mit den ersten Versuchen, die Messerklingen auf selbst konstruierten Maschinen zu schleifen. Nach den Angaben der zum 75-jährigen Fir-
menjubiläum erstellten Chronik wurden 1910 erstmals
Schleifmaschinen für den Verkauf hergestellt. [1] Die Stahlwarenproduktion wurde jedoch beibehalten, denn der Absatz
der Schleifmaschine stand in Solingen vor ernsthaften
Schwierigkeiten. Der Industriearbeiterverband versuchte,
deren Einsatz mit allen Mitteln zu verhindern und selbst

---

[1] Festschrift zum 75-jährigen Bestehen der Firma Siepmann,
Solingen 1960. Die Fa. Siepmann war zwar der bedeutenste
aber nicht der einzige Solinger Schleifmaschinenhersteller. Neben einigen Kleinbetrieben wären besonders die
Firmen Jansen und Berger zu nennen, wobei die Fa. Berger
das Schwergewicht auf die Herstellung von Schleifmaschinen für Produkte der Remscheider Industrie gelegt hatte.

der größte Teil der Fabrikanten stand der neuen technischen
Errungenschaft skeptisch gegenüber. Der Kauf einer Schleifmaschine war eine sehr risikobeladene Kapitalanlage. Ausgehend von der Auffassung, daß die komplizierte und stark von
der Erfahrung und dem Gefühl bestimmte Arbeit des Schleifers (Vgl. Kap. 2) durch Maschinen nur sehr unvollkommen
ausgeführt werden könnte und angesichts der Gefahr, daß der
Einsatz dieser Maschinen existenzgefährdende Sanktionen des
Industriearbeiterverbandes hervorrufen könnte, waren nur
einige größere Firmen in Solingen bereit, dieses Risiko
einzugehen [1] und auch hier hatte der Einsatz der
Schleifmaschinen eher experimentellen Charakter.

Guten Absatz fanden die Schleifmaschinen der Firma Siepmann
nach dem Ersten Weltkrieg in den übrigen deutschen Regionen, in denen Schneidwaren hergestellt wurden, in Thüringen
und in Baden-Württemberg sowie im Ausland, besonders in
Frankreich. [2] Es gehörte zu den Kuriosa der Solinger Wirtschaftsgeschichte, daß die Maschinen für die internationale
Massenproduktion, deren Konkurrenz die Solinger Unternehmer
immer wieder beklagten, zu einem erheblichen Teil aus Solingen stammten. [3] Der Druck bzw. das Vorbild der ausländischen Konkurrenz beschleunigte die Einführung der
Schleifmaschinen auch in Solingen. Der Antrag der Handelskammer auf ein Ausfuhrverbot für Spezialmaschinen war kei-

---

1) In einem Rückblick auf die 65-jährige Geschichte der Fa.
   Siepmann werden z.B. genannt: Rich. Abr. Herder, Carl
   Schmidt, Gebr. Christians, J.A. Henckels.
2) ST 30.1.1951 sowie Auskunft von Herrn Siepmann
3) In einem nicht aufgezeichneten Gespräch mit dem heutigen
   Inhaber (Herrn Siepmann) mund dem Betriebsleiter der Fa.
   Siepmann (Herrn Datum) (14.3.85) wurde mir folgende
   Anekdote berichtet: Der Solinger Fabrikant Krusius hatte
   Anfang der 20er Jahre in Frankreich eine Schleifmaschine
   entdeckt, die er ebenfalls gerne in seiner Fabrikation
   eingesetzt hätte. Nach aufwendigen Recherchen, wobei die
   auf dem Elektromotor der Maschine angegebene Adresse des
   Antriebsmotorherstellers eine wichtige Hilfe war, mußte
   er schließlich feststellen, daß diese Schleifmaschine
   500 Meter von seiner Fabrik entfernt, von der ihm bis
   dahin unbekannten Fa. Siepmann, hergestellt worden war.

neswegs so abwegig, wie der Verein der Deutschen Maschinenbau-Anstalten aus einer klaren Interessenpolitik heraus [1]
glauben machen wollte, zumal die Siepmann'schen Schleifmaschinen von Anbeginn an mit den für die Bearbeitung be-
stimmter Schneidwaren notwendigen Vorrichtungen bestückt
und insofern durchaus als Spezialmaschinen anzusehen waren.
[2]

Die Herstellung von Schleifmaschinen bei der Firma Siepmann
erfuhr ab der Mitte der 20er Jahre einen enormen Aufschwung, der dazu führte, daß die Fabrikation von Stahlwaren im Jahre 1929 völlig eingestellt und die Firma zu einer
reinen Maschinenbaufabrik wurde. [3] Die Firma Siepmann produzierte eine Vielzahl von Spezialmaschinen, die in kleinen
Serien fertiggestellt wurden. [4] Die Grundprinzipien der
bei Siepmann hergestellten Schleifmaschinen sind seit dem
ersten Maschinentyp von 1910 bis heute gleich geblieben [5]:
1. Verwendung von Topfschleifsteinen. Mit den Topfschleif-
ringen, die von der Firma Siepmann selbst hergestellt wurden [6], konnten alle Formgebungsprozesse ausgeführt werden.

[1] In seinem Gutachten hieß es u.a.: "Die Solinger Stahlwa-
    renindustrie ist auch nicht in der Lage, die gesamte Er-
    zeugung der einschlägigen Maschinenindustrie aufzuneh-
    men. Diese ist infolgedessen auf den Absatz nach dem
    Ausland angewiesen und die von einer Sperre betroffene
    Zahl der Arbeiter würde sehr groß sein". Klinge und
    Schere, a.a.O., S. 13
[2] Vgl. hierzu die Abbildungen aus einem alten Katalog der
    Fa. Siepmann im Bildarchiv des STA Solingen, Gruppe 1422
[3] Vgl. Festschrift Siepmann, a.a.O.
[4] Neben Schleifmaschinen für die Stahlwarenindustrie waren
    dies Flächen-, Langflächen- und Nachschleifmaschinen für
    gebrauchte Maschinenmesser sowie Werkzeugmaschinen für
    die Remscheider Industrie, wie etwa Schleifmaschinen für
    Kreissägenblätter oder Feilenschleifmaschinen. Vgl.
    Festschrift Siepmann, a.a.O., ST 15.1.1927, 9.4.1927,
    10.12.1927
[5] Gespräch mit Herrn Siepmann und Herrn Datum, 14.3.1985
[6] Es handelte sich um Kunststeine aus Karborund. Diese
    Steine waren im Gegensatz zu den auch in den Handschlei-
    fereien kaum noch verwendeten Natursteinen nicht nur we-
    niger gesundheitsschädlich, sondern ließen sich auch in
    beliebiger Form, Körnung und Härte herstellen.

Konkave (sog. "ballige") Flächen wurden in den Topf hineingeschliffen, konvexe (sog. "hohle") Flächen wurden außen
schräg am Stein, ebene Flächen an der glatten Außenkante
des Steines vorbeigeführt. 2. Die Oberfläche wurde nur ein
einziges mal überschliffen und erhielt dadurch ihre endgültige Form [1]. 3. Bewegung, Führung und Andruck des Werkstückes erfolgte auf mechanischem Wege mittels Zahnradgetriebe. [2] Das Werkstück wurde dabei in einer Auflage (Vorrichtung) bewegt. [3] 4. Vor- und Rückseite einer Messerklinge, (bzw. Scherenhälfte) wurden auf zwei verschiedenen
- spiegelbildlich aufgebauten - Maschinen nacheinander bearbeitet. [4]

Obwohl die genannten Konstruktionsmerkmale der Schleifmaschinen langfristig beibehalten wurden, konnte ihre Wirksamkeit durch Detailverbesserungen kontinuierlich verbes

---

1) Beim Handschliff war auch der Formschliff in mehrere
   Arbeitsgänge zerlegt. Durch die aufeinanderfolgenden
   Operationen wurden eventuell auftretende Unregelmäßigkeiten des vorherigen Arbeitsganges ausgeglichen.
2) Damit war im Gegensatz zu den sog. "Kesselschleifmaschinen", bei denen der Schleifer trotz des fußbetriebenen
   Hilfsmechanismus noch die Stärke des Druckes und m.E.
   auch dessen Richtung bestimmte, der Übergang zur Maschine vollzogen. "Erst wenn das Werkzeug und/oder das Werkstück durch den Bau der Maschine selbst eine Bewegungsbahn vorgeschrieben bekommt, beginnt die Entwicklung der
   Maschine im modernen Sinne". H. Braverman, a.a.O., S.
   147. Die Führung des Werkstückes wurde der menschlichen
   Hand abgenommen und einem Mechanismus übertragen. Vgl.
   A. Paulinyi, a.a.O., S. 179 ff; Die Bedienungsperson
   mußte lediglich die Werkstücke einlegen und die Dicke
   der geschliffenen Klingen optisch beurteilen, um ggf.
   die Abnutzung des Schleifsteines durch ein Nachstellen
   des Vorschubs auszugleichen.
3) Hier wird die Orientierung am Handarbeitsprozeß besonders deutlich. Der Ortspohn des Handschleifers entsprach
   dem Vorschub der Schleifmaschine (vgl. Kap. 2) sowie H.
   Braverman, a.a.O., S. 145
4) Das Prinzip der Doppelschleifmaschine, bei der beide Maschinen auf einem Block vereinigt waren, setzte sich
   nicht durch, vgl. Festschrift Siepmann, a.a.O., S. 26
   sowie Messer und Schere, 15.2.1926

sert werden. Die Konstrukteure konzentrierten ihre Bemühungen fortan besonders darauf, durch Verbesserungen der Vorschubmechanik und der Lagerung eine dauerhaft exakte Führung der Werkstücke zu gewährleisten. Hierbei kam ihnen die Entwicklung der Schmiede- und Härtetechnik entgegen, die es möglich machte, den Werkstücken eine gleichmäßigere Härte und Dicke zu geben. [1]

Von der Konstruktion von Schleifmaschinen für den groben Vorschliff war es nur ein kleiner Schritt zur Entwicklung von Pliest- bzw. Poliermaschinen. Bereits Ende 1925 konnte ein Ingenieur namens Horn in der Technischen Beilage des Solinger Tageblattes eine Poliermaschine der Fa. Siepmann vorstellen, die den Stahlwaren in zwei Arbeitsgängen, die auf zwei hintereinander aufgestellten Maschinen ausgeführt wurden, eine fertige Politur verlieh. [2] Zum Zeitpunkt des Berichtes von Horn waren in der Solinger Industrie etwa 40 dieser Maschinen in Betrieb. Die Maschinen arbeiteten mit Werkzeugen, wie sie aus den Handschleifereien bekannt wa-

[1] Seitdem im Jahre 1893 erstmals in der Fa. Hammesfahr Gesenke mit Stoßflächen verwendet wurden, blieben die Grundlagen der Gesenkschmiedetechnik für mehr als ein halbes Jahrhundert unverändert. Durch zahlreiche Detailverbesserungen konnte jedoch die Präzision der Arbeitsmaschinen weiter erhöht werden. Die Präzision der Werkzeuge etwa, hing von der Genauigkeit der Bearbeitungsmaschinen in den Werkzeugschlossereien ab. In den 20er Jahren wurden z.B. wichtige Hilfswerkzeuge geschaffen, die es ermöglichten, die Gesenke und Schnitte genauer auszuarbeiten. Vgl. z.B. ST 3.12.1927, Neuerungen beim Ausarbeiten unregelmäßiger Vertiefungen, siehe auch: ST 27.3.1926, Ein neues Gesenkschmiedeverfahren. Das der Fachschule der Stahlwarenindustrie angegliederte Forschungsinstitut trug besonders durch seine Werkstoffprüfungen dazu bei, die Fehlerquellen beim Schmieden und insb. beim Härten auszumachen. Vgl. F. Kurek, Aus dem Laboratorium und Forschungsinstitut an der Fachschule für die Stahlwarenindustrie in Solingen, ZVTI, Jg. 13, 10/1933, S. 45 ff. Vgl. auch Anm. 1, S. 180
[2] ST 28.11.1925. Es wurde zwischen einer Vorpoliermaschine und einer Fertigpoliermaschine unterschieden. Während das Vorpolieren in einem Arbeitsgang ausgeführt wurde, konnten beim Fertigpolieren durch eine Variation der Drehzahl und Austausch der Pliestscheiben auch verschiedene Polituren erzielt werden.

ren, nämlich mit lederbespannten Pliestscheiben, die sich
von ihren Vorgängern allein durch eine angeblich sorgfälti-
gere Verarbeitung unterschieden. [1] Das eigentliche Novum
der Maschine bestand auch hier in der Zuführung der Werkstücke. In dem erwähnten Beitrag von Horn findet sich eine
genaue Beschreibung der Arbeitsweise der Vorpoliermaschine.
"Jedes Stück wird einzeln in eine Anspannvorrichtung eingelegt, welche an einem Schlitten befestigt ist. Dieser
Schlitten wird durch einen Handhebel von einem Arbeiter in
der Art betätigt, daß er hin- und hergeschoben wird. Sein
Hub ist durch Anschläge entsprechend der Länge einzustellen. Das Polieren erfolgt in der Querrichtung. Die meisten
Stahlwaren dürfen aber nicht in starrer, senkrechter Stellung an der Scheibe vorbeibewegt werden, sondern müssen in
der Art, wie es auch von Hand geschieht, auch an der Scheibe gewalkt werden. (...) Die Tätigkeit des bedienenden Arbeiters umfaßt in der Hauptsache folgende drei Arbeitsvorgänge. Erstens das Einlegen des Arbeitsstückes, zweitens
das Hin- und Herfahren des Schlittens und drittens das Ab-
legen des Arbeitsstückes. Selbstverständlich hat der Arbeiter beim Vorpolieren Obacht zu geben, daß die beim Schleifen entstandenen Risse herausgearbeitet werden, deshalb
darf der Schlitten nicht einfach ein paar Mal hin und hergeschoben werden, sondern da, wo die Rillen oder Riefen etwas tiefer eingerissen sind, muß das Arbeitsstück länger an
der Scheibe verweilen bzw. öfters vorbeibewegt werden.
Außerdem muß die Bedienung der Maschine für die Instandhaltung der Scheibe sorgen. Immerhin sind alle diese Tätigkeiten im Gegensatz zur Handarbeit so verblüffend einfach, daß
sich im Bedarfsfall leicht ungeschultes Personal anlernen
läßt. Allerdings soll damit durchaus nicht gesagt sein, daß
es etwa nicht vorteilhaft wäre, sich an der Maschine der
Hilfe gelernter Arbeiter zu bedienen". [2] Ein halbes Jahr

1) Vgl. hierzu ST 8.5.1926, Die Entwicklung der Pliestscheibe
2) ST 28.11.1925, Das Polieren von Stahlwaren mit Hilfe von
Maschinen

Abb. 18: Scherenschleifmaschine der Fa. Siepmann, Baujahr um 1928
Die Maschinen wurden paarweise aufgestellt.

später stellte Horn eine Weiterentwicklung der Siepmann-
Poliermaschine vor, die noch exakter arbeitete und angeblich bedenkenlos durch ungelernte Kräfte bedient werden
konnte. [1] Bei dieser Maschine war es nicht mehr nötig
(möglich?), Unregelmäßigkeiten des Werkstückes durch die
eigene Geschicklichkeit im Umgang mit der Maschine auszugleichen; die Maschine wurde durch einen Handhebel und ein
Fußpedal in Bewegung gesetzt und führte den Pliestvorgang
selbsttätig aus.

[1] ST 2.4.1926, Eine selbsttätige Poliermaschine zum Vorpolieren von Messerklingen. Die Zeit um den Jahreswechsel
1925/26, also die Zeit des Konfliktes in der Scherenbranche, scheint bei der Fa. Siepmann durch eine ange-
strengte Aktivität gekennzeichnet gewesen zu sein. Es
verging kaum ein Monat, in dem nicht irgendeine Neuent-
wicklung der auf Schleifmaschinen spezialisierten Ma-
schinenbauabteilung vorgestellt wurde. Vgl. auch ST
28.11.1925, a.a.O., ST 27.2.1926 Eine Langpliestmaschi-
ne.

Die Bearbeitung von Scheren stellte besondere Anforderungen
an die Präzision der Schleifmaschinen. Die Scherenblätter
mußten auf der Innenseite, also im Querschnitt hohl (kon-
kav) und im Längsschnitt gekrümmt sein. Hinzu kam das Problem der starken Formabweichungen zwischen innerer und
äußerer Seite der Scherenblätter, zwischen Ober- und Unter-
teil (Griff und Beck) der Schere sowie der spitze Zulauf
der Scherenblätter. Es war ebenfalls die Firma Siepmann,
die auf dem Gebiet des maschinellen Schleifens von Scheren-
becken nach jahrelangen vergeblichen Bemühungen, den Durchbruch erzielte. Auf der Kölner Frühjahrsmesse 1928 wurde
eine Doppelschleifmaschine für Scheren ausgestellt, die von
der Firma Siepmann erst wenige Wochen vorher auf den Markt
gebracht worden war. [1] Horn, der die Arbeitsweise der
Maschine wie alle Neuentwicklungen in der Technischen
Beilage des Solinger Tageblattes ausführlich beschrieb [2],
hielt das Problem des maschinellen Schleifens von gedrehten
Scherenblättern für gelöst und auch die Fabrikanten, die
eine solche Maschine erwarben, schienen offenbar dieser
Auffassung zu sein. Die innere und die äußere Seite der
Scherenblätter wurden auf zwei verschiedenen Maschinen geschliffen, wobei durch mehrere Einstellmöglichkeiten eine
optimale Anpassung an die jeweilige Form der Schere ermög-
licht wurde. [3] Nach Horn waren sämtliche Einstellarbeiten
an der Maschine so einfach, daß keine "besonders geschulten
Kräfte" erforderlich waren. Dies galt für die Bedienung der
Maschinen erst recht: "Die Bedienung eines solchen zusam-
mengehörigen Maschinenpaares geschieht in der Art, daß auf
der einen eingelegt und eingerückt wird. Darauf kann die
Bedienung das gleiche an der zweiten Maschine tun, ohne be-
fürchten zu müssen, daß an der ersten irgend etwas pas-
siert. Denn diese erledigt ihre Aufgabe nun ohne menschli-

---

1) ST 13.2.1928
2) ST 25.2.1928, Eine Selbsttätige Scherenschleifmaschine
3) Die Fa. Siepmann entwickelte auch eine kombinierte Sche-
   ren- und Messerschleifmaschine, die jedoch wegen der
   langen Umrüstzeiten von ca. einem Tag kaum gefragt war.

che Hilfe und ruckt sich nach erfolgter Arbeit auch selbst
wieder aus. Darauf wird das geschliffene Stück aus der
ersten ausgeworfen und ein neues eingelegt, während die
zweite in der gleichen selbständigen Weise schleift. So
kann ein Mann ohne besondere Hast und ohne körperliche An-
strengung beide Maschinen bedienen".[1]

Aus technischer Sicht war das Problem der Mechanisierung
des Schleifens in der zweiten Hälfte der 20er Jahre bewältigt.[2] Eine wichtige Einschränkung muß allerdings gemacht
werden: Es war mit dem damaligen Maschinen nicht möglich,
wirkliche Qualitätsware herzustellen.[3] "Trotz der hohen
Präzision der Schmiedestücke und Stanzteile war es ohne
pneumatische und hydraulische Steuerung nicht möglich, ein
gleichmäßiges Ergebnis des Schleifvorganges zu erzielen,
weil die Steine je nach Härte von Werkstück und Stein unterschiedlich abnutzten. Erst die jeweilige Messung von
Werkstück und Steinverschleiß, die bei modernen Maschinen
bei jedem Schleifvorgang automatisch erfolgt, erreicht ein
brauchbares Ergebnis".[4] Während die Handschleifer die

1) ST 25.2.1928, a.a.O.
2) Auf dem Gebiet der Rasiermesser blieb die Entwicklung
aufgrund des absehbaren Niedergangs der Branche auf dem
Stand der von C.F. Ern in den 1890er Jahren konstruierten Schleif- und Abziehmaschinen stehen. Vgl. hierzu
auch: R. Boch, Handwerker-Sozialisten, a.a.O., S. 135ff.
Selbst die Fa. Siepmann, die für unzählige Produkte Spezialmaschinen konstruiert hatte, verzichtete auf die
Weiterentwicklung der Rasiermesserschleifmaschinen! Die
Ern'sche Rasiermesser- "Schleifmaschine" wies einen wesentlichen Unterschied zu den Scheren- und Messer-
schleifmaschinen auf: Die Rasiermesser wurden nicht
durch einen Schlitten, sondern durch die menschliche
Hand auf einem Anschlag zwischen zwei rotierenden, kleinen Schleifsteinen geführt und konnten deshalb nur durch
erfahrene Arbeitskräfte bedient werden. (Vgl. Kap. 1)
3) Dies galt besonders bei Scheren, siehe Enquete-Ausschuß,
a.a.O., S. 230; O. Beyer, a.a.O., S. 103
4) S. Rosenkaimer, Messergeschichten Teil 3, in: Das Messer
3/1983, S. 14
Verbesserte Kunststoffe, Polierscheiben und Poliermittel
(-pasten) waren weitere, erst viel später geschaffene
Voraussetzungen einer durchgängigen Mechanisierung des
Schleifens.

beim Schmieden oder Härten entstandenen Unebenheiten der Rohware problemlos ausgleichen konnten, gingen die gleichmäßig arbeitenden Maschinen über diese Ungleichmäßigkeiten hinweg. So kam es sehr oft vor, daß die Klingen zu dick oder zu dünn wurden. Solange Messerklingen noch unter dem Breithammer, also nicht im Gesenk, geschmiedet wurden - dies war besonders bei größeren rostfreien Messern noch in den beginnenden 50er Jahren der Fall. Waren diese sehr ungleichmäßig, so daß sie für eine maschinelle Weiterverarbeitung nicht in Frage kamen. Technisch waren die Einsatzmöglichkeiten der Schleifmaschinen aufgrund der Probleme bei Scheren, langen Messerklingen und auch Taschenserklingen [1], bei Tischmesserklingen noch am ehesten gegeben. [2] Die Zeit der Handschleifer war in Solingen trotz der technischen Entwicklung auf dem Sektor des Schleifmaschinenbaus noch nicht zu Ende. Bessere Qualitäten mußten weiterhin ausschließlich von Hand geschliffen werden und auch bei maschinell vorgeschliffenen einfacheren Schneidwaren wurden die letzten Arbeitsgänge von Handschleifern ausgeführt.

4.4 Probleme und Erfolge der Mechanisierung in der Solinger Schneidwarenindustrie

I.

So oft Normierung, Typisierung und Mechanisierung auch gefordert wurden, so schwierig war die Umsetzung in der Praxis. Der von E. Schlemper vorgeschlagenen Normenausschuß

1) Bei den winzigen Taschenmesserklingen, die zudem leicht gebogen waren, traten ähnliche Probleme in der Werkstückführung auf wie bei Scheren.
2) Hinzu kam, daß Tischmesserklingen wie kein anderes Schneidwerkzeug in einer relativ hohen Auflage gleichmäßiger Muster hergestellt wurden. Dies war der Hintergrund, daß sich die Besteckherstellung zunehmend stärker in andere deutsche Regionen verlagern konnte.

für die Solinger Industrie [1] kam niemals zustande und wäre
er zustandegekommen, so hätte sich kein Solinger Fabrikant
vorschreiben lassen, welche Muster er zu produzieren habe.
Die kleinbetriebliche Struktur der Solinger Industrie und
die Absatzverhältnisse standen einer systematischen Rationalisierung auf dem Wege der Normierung im Wege. Ein Ausweg
wurde in der Kooperation gesucht: "Auf Dauer ist aber ein
durchschlagender Erfolg nur bei einer Mitarbeit der Mehrzahl der Fabrikanten eines Zweiges möglich. Diese haben
dann die Arbeitsteilung so zu regeln, daß schließlich jedes
Werk nur wenige Sorten (...) herstellt." [2] Die Zeitschrift
Messer und Schere wurde nicht müde, diese Form der Gemeinschaftsarbeit zu propagieren, mußte sich aber selber einge-
stehen, daß die Vielzahl der Betriebe kaum "unter einen Hut
zu bringen" waren. [3] Während kleinere und mittlere Betriebe befürchteten, bei genormten Artikeln von den kapital-
kräftigeren größeren Betrieben niederkonkurriert zu werden,
bestand für die größeren Betriebe die Gefahr, daß einzelne
Betriebe sich nicht an die Abmachungen halten und sich so
mit durch eine bessere Anpassung an die vielseitigen Wünsche der Abnehmer Marktvorteile verschaffen würden. [4] Bereits 1921, als die Normierung in der Schneidwarenindustrie
erstmals vehement diskutiert wurde, waren viele der Ansicht, daß die Solinger Industrie sich nicht einfach mit

1) E. Schlemper, a.a.O., S. 88
2) R. Rupprecht, a.a.O., S. 51
3) Ist in der Solinger Schneidwaren-Industrie eine Senkung
   des Selbstkostenniveaus möglich? in: Messer und Schere
   17.8.1929, S. 524; Am 1.2.1929 berichtete die Zeitschrift von einem Vortrag zum Thema Gemeinschaftsarbeit,
   bei dem sich nicht ein einziger der aus den Kreisen der
   Solinger Wirtschaft stammender Teilnehmer von den Gedanken des Referenten überzeugen ließ. Man kam zu dem
   Schluß, "daß eine Gemeinschaftsarbeit in der Solinger
   Schneidwarenindustrie in absehbarer Zeit als undurch-
   führbar angesehen werden müsse". Messer und Schere,
   1.2.1929, S. 75; siehe auch A. Becker, Krieg oder Frieden in der Solinger Stahlwarenindustrie, Teil III, ST
   30.6.1928
4) Messer und Schere, 17.8.1929, a.a.O.; Enquete-Ausschuß,
   a.a.O., S. 233

den fortschrittlichen Industriezweigen vergleichen ließ. K. Dinger aus Essen, ein ehemaliger Solinger DDP-Parteisekretär, hielt die Normierung von Autos, Eisen- und Straßenbahnwagen oder Schreibmaschinen für sinnvoll, während er sie im Hinblick auf die Solinger Fabrikate als eine ernste Gefahr ansah. [1] Und auch sieben Jahre später betonte K. Matthiolius, Syndikus der IHK Solingen, daß die Vielseitigkeit der Erzeugung die Hauptstütze des Absatzes, besonders auf dem Außenmarkt, darstellte. "Eine besondere Stärke der deutschen Schneidwarenindustrie liegt nämlich darin, daß sie alle gleichwie geartete Wünsche der Abnehmer der ganzen Welt - mögen sie sich auf die technische oder geschmackliche Ausführung erstrecken - befriedigen kann. Das setzt eine so hohe Beweglichkeit und Anpassungsfähigkeit voraus, wie sie von einem bis zum letzten mechanisierenden Industriezweig nicht erwartet werden kann." [2] Was für die Normierung galt, galt natürlich für die Typisierung erst recht. Alle während der 20er Jahre in der Schneidwarenindustrie vorgenommenen Normierungs- und Typisierungsversuche waren von daher auf einzelbetrieblicher Ebene angesiedelt und angesichts der kleinteiligen Struktur der Solinger Industrie in ihrer Wirkung begrenzt. Gegen eine Spezialisie-

---

1) Klinge und Schere, 1.4.1921, S. 13; Dinger fragt: " Was würde aber aus unserer Solinger Industrie, wenn ihr die Möglichkeit des individuellen Schaffens irgendwie genommen würde? Ihre Eigenart beruht ja gerade auf der Mannigfaltigkeit ihrer Erzeugnisse und der Anpassungsfähigkeit an Geschmack und Nützlichkeit." Siehe auch: H. Möhle, a.a.O., S. 66
2) K. Matthiolius, Bericht über die Wandlungen in den Produktionsverhältnissen der Solinger Schneidwarenindustrie, 10.2.1928, hier zit. nach: Enquete-Ausschuß, a.a.O., S. 232. Unter diesen Umständen verblaßte auch die Attraktivität des amerikanischen Modells: "Aber trotz der rationellen Gestaltung des Produktionsprozesses unter stärkster Verwendung von Maschinen zeigt diese Industrie (gemeint ist die amerikanische, d. Verf.) einen großen Nachteil gegenüber der Solinger, nämlich den Mangel an Anpassungsfähigkeit an den Geschmack des Käufers. Es fehlt in dieser Industrie die letzte Vollendung, jenes Unwägbare, das erst Gefühl und Geschmack des kultivierten Käufers restlos befriedigt, das der Ware nur durch die Hand des geschickten Qualitätsarbeiters gegeben werden kann". H. Strerath, a.a.O., S. 76; vgl. auch O. Beyer, a.a.O., S. 108

rung auf wenige oder gar einzelne Produkte, sprach nicht
allein das generelle Problem, daß ein spezialisierter Betrieb konjunkturell oder modebedingten Schwankungen des
Marktes gegenüber anfälliger geworden wäre, sondern auch
die spezifische Struktur der Absatzverhältnisse in der Solinger Industrie. "Gerade von den Industrien, die wie die
Schneidwarenindustrie, die Werkzeugindustrie, die Emaille-
industrie usw. - eine Unzahl verschiedener Sorten herstellen, wird meist Sortimentslieferung verlangt. Der Handel
und insbesondere der direkt kaufende Detailhandel ist in
der Regel nicht geneigt, einen Auftrag auf verschiedene Fabriken zu verzetteln. Die Fabrikanten werden hierdurch genötigt, das ganze Sortimentsprogramm herzustellen". [1] Die
Einheit von Produktion und Absatz verhinderte eine Arbeitsteilung unter den verschiedenen Herstellern.

Ohne eine auf Normierung und Typisierung gestützte Spezialisierung war aber die Mechanisierung des Schleifens nicht
rentabel. Es gab - und gibt bis heute - keine Universal-
schleifmaschine auf der sich auch nur die Hauptartikel des
Schneidwarensortiments, wie Tischmesserklingen oder Taschenmesserklingen, schleifen ließen. Die zur Verfügung
stehenden Schleifmaschinen waren Spezialmaschinen, die sich
nur für das eine oder das andere Produkt und dabei meist
nur für ganz bestimmte Abmessungen eigneten. [2] Es war für
die meisten Betriebe einfach undenkbar, alle Spezialmaschinen anzuschaffen, die nötig waren, um auch nur ein einigermaßen vielseitiges Sortiment zu produzieren. Auch wenn es

---

1) Enquete-Ausschuß, a.a.O., S. 234 f
2) Die Einsatzmöglichkeiten der Maschine wurden darüber
hinaus durch das verspielte Design der Muster eingeschränkt. "Denn nicht alle Muster, ja wahrscheinlich
kaum eins unserer bisherigen gangbarsten Muster, weisen
Formen auf, die für die Herstellung nach neuzeitlichen
Gesichtspunkten besonders geeignet sind. Hier wird aus
der Herstellung heraus manche Anregung für oft ganz geringfügige Formänderungen kommen, die, wenn sie sich
durchführen lassen, ein weiteres Senken der Gestehungs-
kosten herbeiführen werden". F. Hendrichs, Rationalisierung in der Solinger Industrie, in: Technik und Wirtschaft 1929, Heft 3, S. 69

technisch gelungen war, den Arbeitsgang des Schleifens
durch teure Maschinen ausführen zu lassen, hieß dies noch
nicht, daß diese Maschinen bei Berücksichtigung sämtlicher
Kosten wirklich produktiver waren als die Handarbeit. Denn
solange jeweils nur ein Werkstück eingesetzt und bearbeitet
werden konnte, war im Vergleich zur Handarbeit kein wesentlicher Zeitgewinn möglich. Strerath gibt an, daß die Produktivität der Maschine doppelt so hoch war, wie die Handarbeit. Durch eine erhöhte Ausschußproduktion sei dieser
Produktivitätszuwachs jedoch weitgehend wieder aufgesogen
worden. Sieht man von einer denkbaren Reduzierung der Anzahl der Schleifoperationen ab, so beruhte der Rationalisierungseffekt der Schleifmaschinen im wesentlichen auf der
Möglichkeit, billige, angelernte Arbeitskräfte an die
Schleifmaschinen zu stellen. Der Vorteil der Maschinenan-
wendung war im wesentlichen eine Folge des Lohngefälles. [1]
Das Urteil, das der Stawa in Bezug auf die Schleifmaschinen
der Firmen Ern und Hammesfahr im Jahre 1906 vertreten hatte, war 20 Jahre später keineswegs überholt: "Unter normalen Verhältnissen geht der Kapitalist nur dann zur Anwendung von Maschinerie über, wenn mit derselben menschlichen
Arbeitskraft gespart wird, das heißt, wenn die Arbeitsmenge, die von der Maschinerie bewältigt wird, nicht nur
größer ist als diejenige, die von menschlicher Arbeitskraft
geleistet werden kann, sondern auch noch die Arbeitsmenge
deckt, die zur Herstellung der Maschinerie angewendet werden mußte, oder kapitalistisch gesprochen, die Zinsen für
das Kapital herauswirft, das zur Herstellung und Anwendung
der Maschinerie erforderlich ist. In diesem Falle ist die
Anwendung von Maschinerie ein technischer Fortschritt.
(...) Die obigen Voraussetzungen sind aber bei den im Betrieb befindlichen Schleifmaschinen nicht vorhanden. An und
für sich sind diese Maschinen unproduktiv. Die Herab-

---

1) Vgl. H. Holte, a.a.O., S. 6

drückung der Arbeitslöhne und intensivere Ausbeutung der
Arbeitskraft durch Einführung der Teilarbeit allein genügt
nicht, die Anwendung von Schleifmaschinen profitabel zu
machen. Nur durch Verwendung minderwertigen Materials und
Anfertigung von Zwischenqualitäten, [1] (...) sind die Firmen Ern und Hammesfahr in der Lage, ihre unproduktiven Maschinen 'produktiv' zu machen ". [2]
Wie wir gesehen haben, war die mangelnde Rentabilität der
Schleifmaschinen weniger durch technische Unvollkommenheit,
als durch die bestehenden Produktions- und Absatzstrukturen
in der Solinger Industrie, also letztlich durch die Mustervielfalt, bedingt. Die Voraussetzungen, unter denen die
neuen Schleifmaschinen ihre volle Stärke entfalten konnten,
waren in der durch jahrhundertealte handwerkliche Traditionen gekennzeichneten Schneidwarenindustrie nicht gegeben. Hinzu kam das Qualitätsproblem. Der Einsatz von
Schleifmaschinen kam nur bei minderwertiger Massenware in
Betracht, wie sie in einigen größeren, vor allem im
Ohligser und Walder Bezirk gelegenen, Firmen hergestellt
wurden. [3] Damit bildete sich in der Solinger Industrie
eine stärkere Polarisierung von Qualitätsproduktion auf der
einen und qualitativ schlechterer Massenproduktion auf der
anderen Seite heraus. [4]

1) Mit Zwischenqualitäten waren Ausführungen der Ware gemeint, die in den Preisverzeichnissen nicht vorgesehen
   waren. Durch die Einführung von Zwischenqualitäten versuchten die Fabrikanten die Preisverzeichnisse zu umgehen.
2) Die Qualitätsfrage in der Solinger Industrie, Teil 2,
   in: Stawa 10.8.1906; H. Holte, der sich in seiner Dissertation eingehend mit dem Problem der Kostenanalyse
   beschäftigt hatte, formulierte 1939: "Obschon nun diese
   Schleif- und Pliestmaschinen eine Entwicklung von rund
   zwei Jahrzehnten durchlaufen haben, sind sie bis heute
   noch nicht so durchkonstruiert, daß sie methodisch oder
   arbeitszeitlich einen Fortschritt gegenüber der Handarbeit darstellen". Solange mehr als eine einzige Sorte
   geschliffen werden mußte, war Handarbeit seiner Ansicht
   nach genauer und billiger. H. Holte, a.a.O., S. 5 f,
   vgl. auch: J. Kretzen, a.a.O., S. 32 f
3) Die billigen Massen-Schneidwaren wurden auch "Ohligser
   Ware" genannt, siehe: ST 25.5.1928 sowie H. Tegtmeier,
   a.a.O., S. 77
4) Vgl. H. Tegtmeier, a.a.O., S. 84, S. 92 f u. S. 100

Die Befürworter der Rationalisierng waren denn auch vornehmlich unter den Unternehmern zu finden, die ohnehin schon einen Großteil der Arbeitsvorgänge im eigenen Betrieb verrichten ließen und die sich kapitalkräftig genug fühlten, eine stärkere Mechanisierung durchzuführen. Demgegenüber waren die meisten Solinger Fabrikanten nicht einmal in der Lage, die Teilarbeit einzuführen: "Man muß davon ausgehen, daß ein großer Teil der Solinger Arbeiter, den die Unternehmer selbst auf knapp die Hälfte der Gesamtzahl der Beschäftigten in der eigentlichen Schneidwaren-Industrie schätzen, daß die Heimarbeiter ganz überwiegend im Eigenbesitz der in Sachform gebundenen Produktionsmittel sind, die ihr Beruf erfordert. An diesen Produktionsmittel-Besitz der Arbeiter ist der größte Teil der Unternehmungen insofern auf Gedeih und Verderb gebunden, als ihr Kapital für die Abwicklung ihrer Geschäfte nur ausreicht, wenn es die "flüssige" Form behalten, immer wieder in Geldform reproduziert werden kann, nachdem es vorübergehend (wenn auch in einem kontinuierlichen Prozeß) in Rohmaterial, Löhne und Unkosten "verwandelt" war. "Rationalisierung" soll nun in der Solinger Industrie in erster Linie immer weitere Differenzierung der bereits vorhandenen Teilarbeit bedeuten.
[1]) Diese Differenzierung setzt aber selbstverständlich die Zusammenfassung immer zahlreicherer Arbeitskräfte in immer größeren Betrieben, setzt die Ausstattung dieser Betriebe mit technischen Produktionsmitteln, setzt die Umwandlung immer größerer Teile bisher flüssigen Kapitals in die Sachform voraus. Zu solchen Kapitals-Leistungen sind die meisten Solinger Unternehmungen nicht fähig. Damit ist die Frage der "Rationalisierung" im Sinne der Solinger Schneid-

[1]) Das Schleifen eines Tischmessers z.B. erforderte ca. 30 Teilarbeiten. "Würde also der Solinger Fabrikant das Teilarbeitsystem einführen, so müßte er für jede Spezialarbeit so viele Leute einstellen, daß die Kosten infolge der notwendig werdenden vielen Kontrollstellen nicht mehr gedeckt werden könnten". W. Woebber, Die Heimarbeit in der Kleineisenindustrie des Bergischen Landes, Diss., Frankfurt 1933, S. 73

waren-Industrie als eine Angelegenheit ganz weniger Großun-
ternehmungen zu erkennen, für die sich die kleineren Unternehmungen mit einspannen lassen." [1]

Abgesehen von diesen betriebswirtschaftlichen Gesichtspunkten herrschte aus der Perspektive der gesamten Schneidwarenindustrie große Unsicherheit, ob die Tendenz einer Ausdehnung des Marktes für Massenprodukte von Dauer sei und ob
es gelingen würde, die Absatzmöglichkeiten im gleichen Maße
zu steigern, wie die Produktionskapazitäten. [2] Die Rationalisierung war infolge des Problems der Qualitätsverschlechterung und der Musterreduzierung damit verbunden,
daß man sich kommerziell auf ein völlig neues, risikobehaf-
tetes Terrain begeben mußte. Ein solches Risiko gingen die
meisten Unternehmen höchstens für einen kleinen Ausschnitt
aus der Produktionspalette ein.

II.

Die Erfolge der Rationalisierung in der Solinger Schneidwarenindustrie bis zur Weltwirtschaftskrise lassen sich quan-

[1] J. Kretzen, a.a.O., S. 32
Die Klagen über die Kapitalknappheit der Solinger Industrie waren in den 20er Jahren notorisch und angesichts
der kleinkapitalistischen Struktur, des kapitalaufwendigen Systems der Heimarbeit (vgl. Strerath, a.a.O., S.
29 f sowie Kap. 5.2) und der teuren Lagerhaltung - in
dieser Hinsicht war die Kapitalknappheit Rationalisie-
rungsmotiv und -hindernis zugleich - keineswegs über-
trieben. Der Zugang der - in der Schneidwarenindustrie
dominierenden - Personalgesellschaften zum Kapitalmarkt
war wesentlich schwieriger als bei den Kapitalgesellschaften. Investitionsmittel mußten im wesentlichen
stets aus den begrenzten eigenen Gewinnen aufgebracht
werden. Darüber hinaus verhinderte auch die verschärfte
Preiskonkurrenz die Bildung einer stabilen Eigenkapital-
basis. Das vorhandene Kapital reichte meist soeben, um
den normalen Geschäftsfluß aufrechtzuerhalten. Vgl. A.
Becker, ST 29.6.1928, a.a.O.; H. Strerath, a.a.O., S. 29
u. S. 36; O. Beyer, a.a.O., S. 107; H. Tegtmeier,
a.a.O., S. 91; H. Matthiolius: "Mit einigen Ausnahmen
leben alle Solinger Unternehmer von der Hand in den Mund
und für die Lösung wirklich großer Fragen fehlt dem Einzelnen einfach das Geld", a.a.O., S. 91
[2] H. Möhle, a.a.O., S. 66

titativ kaum bestimmen. [1] Auf einzelbetrieblicher Ebene
stehen die erforderlichen Daten entweder nicht zur Verfügung [2] oder sie zeigen keine signifikanten Ergebnisse. [3]
Die vorhandenen Angaben zur gesamtwirtschaftlichen Situation der Schneidwarenindustrie reichen zu differenzierten
Aussagen bei weitem nicht aus. [4] Indizien, wie die Zunahme
der Hand- und Fingerverletzungen in der Solinger Kleineisenindustrie [5] oder die Klagen der Allgemeinen Ortskrankenkasse über eine Steigerung der Krankmeldungen [6] deuten
auf eine verstärkte Mechanisierung und Intensivierung der
Arbeit.

1) Vgl. auch G. Stollberg, a.a.O., S. 47
2) Materialien zur wirtschaftlichen Kalkulation und zu den
   tatsächlich verwendeten Produktionstechnologien sind
   entweder nicht existent - wie bei den zahlreichen kleineren und mittleren Betrieben - oder nicht zugänglich.
3) Vgl. Tab.-gruppe 3.1
4) H. Strerath schließt aus der Zunahme der Ausfuhren in
   den Jahren 1926 und 1927, die zudem 1926 sogar trotz ho-
   her Arbeitslosigkeit zu registrieren waren, auf technische Umstellungen. H. Strerath, a.a.O., S. 42 u. S. 51.
   Ebenso in: Messer und Schere, 15.8.1926, S. 515; Die
   gleiche Argumentation in BAST, 1.6.1929. Diese allein
   auf die Ausfuhrstatistik gestützten Schlußfolgerungen
   sind angesichts einer auf 56 % gesunkenen Ausfuhrquote
   (vgl. Tab. 1.11.1) spekulativ.
5) Tab. 6.1
6) ST 17.9.1929. Im Geschäftsbericht der AOK für das Jahr
   1928 hieß es: "Es soll nicht bestritten werden, daß die
   Zahl der Krankmeldungen im Gegensatz zu den früheren
   Jahren eine außerordentliche Steigerung erfahren hat.
   Die Gründe hierfür liegen unseres Erachtens nicht allein
   bei den Versicherten. Die hohe Krankheitsziffer ist nach
   unserer Meinung nicht zuletzt auch auf das Tempo der Rationalisierung im hiesigen Industriebezirk zurückzuführen. Allgemein wird von den Versicherten über die bestehenden Arbeitsmethoden, die eine viel stärkere Abnutzung der Arbeitskräfte mit sich bringen, geklagt,"
   zit. nach: F. Hendrichs, Rationalisierung, a.a.O., S.
   66. Die durchschnittliche Krankenzahl stieg in den Jahren 1928 und 1929 um ca. 1 % von 3,6 % auf 4,5 % der
   Mitglieder; vgl. Geschäftsberichte der AOK - Solingen
   1923 - 1930, STA Solingen Bibl. IV-H-4.

Stellenmarktanzeigen wie: "Jugendliche Arbeiter in jeder
Anzahl gesucht", die zuweilen in den Tageszeitungen zu finden waren, waren sicherlich ebenfalls Ausdruck arbeitsorga-
nisatorischer Umstellungen. [1] Doch die Rolle der Schneidwarenindustrie bei diesen Vorgängen war nur schwer zu bestimmen. [2] Auch die aus den Angaben des Enquete-Ausschusses hervorgehende Zunahme des Motorisierungsgrades [3], erlaubte keine Schlußfolgerungen, da auch die Zunahme der
Heimarbeit mit einer stärkeren Motorisierung einherging und
die Umstellung von transmissionsbetriebenen Maschinen auf
elektrischen Einzelantrieb in der Solinger Stahlwarenindustrie nicht mit einer Neuorganisation der Arbeitsprozesse,
im Sinne der Fließarbeit, verbunden war. In den Firmenfestschriften, in denen keine technische Errungenschaft unerwähnt bleiben würde, finden sich keinerlei Hinweise auf
eine Rationalisierung der Schneidwarenproduktion. Das gleiche gilt für die in den Firmenarchiven erhobenen Daten. [4]

Die Einschätzung der Rationalisierungsvorgänge muß sich
deshalb mit den Angaben in den zeitgenössischen Monogra-

---

1) Vgl. ST 28.12.1925, BAST 4.1.1926
2) Das gleiche gilt für die seit 1925 vom Arbeitgeberverband mit Erfolg angeregten Refa-Arbeiten. Siehe hierzu:
   Fünf Jahre Refa-Arbeit, in: ZVTI, 9. Jg. 10/1929, S.
   48 f
3) Vgl. Enquete-Ausschuß, a.a.O., S. 228
4) Weder bei Köller noch bei Bertram wiesen die erhobenen
   Angaben etwa zur Belegschaftsstruktur oder zur Produktivitätsentwicklung bemerkenswerte Veränderungen auf. Vgl.
   die Tab. 3.1.3, 3.1.5, 3.3.1. Der 1928 rückläufige Anteil der Heimarbeiterentgelte am Gesamtumsatz bei der
   Firma Köller ist auf das Sinken des Heimarbeiter-Lohnni-
   veaus zurückzuführen und nicht etwa auf Rationalisierungsmaßnahmen. (Vgl. Kap. 6) Diese Einschätzung wurde
   durch die Interviews mit den beiden um 1930 in den vä-
   terlichen Betrieb eingetretenen Firmeninhabern bestätigt. Vgl. STA Solingen T-78-17 und T-78-18

phien begnügen. [1] Wie angesichts der dargestellten Probleme der Rationalisierung zu erwarten, waren sich alle mit dem Thema befaßten Autoren darin einig, daß die Bedeutung der eingetretenen Veränderungen gering war. O. Beyer kam in seiner Dissertation im Jahre 1929 zu dem Ergebnis: "Alle Versuche, die bisher in der Solinger Industrie hinsichtlich der Rationalisierung gemacht worden sind, haben die Organisation und den Aufbau der Industrie nicht entscheidend beeinflussen können". [2] Und auch F. Hendrichs, einer der entschiedensten Verfechter der Rationalisierung, mußte feststellen, daß die Maschinenarbeit sich bestenfalls in den Randbereichen der Schalen- und Heftenherstellung durchgesetzt hatte, während das Schleifen noch überwiegend von Hand ausgeführt wurde. [3] Obwohl der Weg zur Einführung der

---

1) Hierbei scheidet das Propagandamaterial der Rationalisierungspropheten, das häufig fälschlicherweise als Basis für eine Bewertung der Rationalisierung in der Weimarer Republik gedient hat (vgl. stellvertretend: P. Hinrichs, L. Peter, Industrieller Friede, a.a.O.; P. Chr. Witt u.a. (Hrsg.), Die Republik von Weimar, Band 2, Das sozialökonomische System, Düsseldorf 1979) natürlich aus. Die zuverlässigsten Zeugen schienen mir in dieser Hinsicht noch die mit den Solinger Industrieverhältnissen bestens vertrauten und um eine realistische Einschätzung bemühten Verfasser betriebswirtschaftlicher Dissertationen oder Monographien o.ä. zu sein. Die Empirie dieser Arbeiten bestand aus aktuellen Recherchen in Solinger Betrieben, bei Verbands- und Kammervertretern sowie z.T. Gewerkschaften oder Heimarbeitern.
2) O. Beyer, a.a.O., S. 106
3) F. Hendrichs, Rationalisierung ..., a.a.O., S. 66, vgl. auch H. Strerath, a.a.O., S. 58. Hier heißt es: "Große technische Umwälzungen, wie Erfindungen und Einführung von Maschinen mit wesentlicher Vereinfachung und zugleich Verbilligung des Produktions-Prozesses, haben in den letzten Jahren nicht stattgefunden. Was sich an technischen und organisatorischen Verbesserungen in der Schneidwarenindustrie gezeigt hat, sind fast ausnahmslos Vervollkommnungen an den bestehenden Maschinen und Verbesserungen in der Organisation der Produktion durch weitgehende Arbeitsteilung und durch zweckmäßige Anordnung der einzelnen Arbeitsvorgänge und möglichste Transportvereinfachung". H. Strerath, a.a.O., S. 58

Teilarbeit und zur Mechanisierung durch die Vereinbarung in der Scherenbranche politisch und durch die Entwicklung der Schleifmaschinen technisch geebnet worden war, erfolgte die Weiterverarbeitung der Stahlwaren fast ausschließlich auf herkömmliche Art durch die Heimarbeiter. [1] Dies galt nicht nur für den Schleifprozeß, sondern auch für den Reidebereich. Generell stellten sich bei der Rationalisierung von Montagetätigkeiten kaum überwindbare Hindernisse entgegen. Auch in anderen Sektoren, wie etwa der Bauwirtschaft, blieb die Montage eine Festung geschickter Handwerker. [2] Erst Mitte 1929 begann die Firma J.A. Henckels damit, den Produktionsprozeß in einem eigens zu diesem Zweck errichteten Neubau stärker zu zentralisieren. [3] Die Anfang der 30er Jahre entstandene Serie von Fabrikphotographien der Firma Henckels bestätigt jedoch die Vermutung, daß dabei im Bereich des Reidens die traditionellen Arbeitsmethoden beibehalten wurden, während der Schleifprozeß in der fabrikindustriellen Arbeitsteilung weiterhin völlig ausgespart blieb. [4]

III.

Die Beurteilung des Rationalisierungsprozesses wäre ohne eine Betrachtung der zeitgenössischen Einschätzung seitens der Organe der Arbeiterschaft unvollständig. Die meisten Berichte in dem KPD-Organ "Bergische Arbeiterstimme", die zur Überprüfung der Ergebnisse in den relevanten Jahrgängen

---

1) Messer und Schere, 17.7.1929
2) Vgl. auch: O. Mickler, a.a.O., S. 40 sowie: D. Landes, Der entfesselte Prometheus, Köln 1973, S. 287
3) Messer und Schere, 17.7.1929
4) Bildarchiv im STA Solingen, Gruppe 1422

vollständig durchgesehen wurde [1], vermitteln einen fal-
schen Eindruck von der Rationalisierung. Der Begriff der
Rationalisierung wurde in der BAST zu einem inhaltsleeren
Etikett, mit dem sämtliche betrieblichen Konflikte belegt
bzw. "erklärt" wurden und entsprechend leichtfertig, unprä-
zise und inflationär verwendet. Die Auffassung der BAST
glich von den Grundannahmen her der Theorie der "Fehlrationalisierung", die der österreichische Sozialist O. Bauer
vertrat. [2] Die BAST war der Ansicht, daß die von den Solinger Unternehmern aus reinen Profitinteressen durchge-
führten Maßnahmen keine wahre Rationalisierung, sondern
eine "mit raffinierten Methoden durchgeführte Antreiberei"
seien. [3] Gegen eine wirkliche Rationalisierung auf der Basis technischer Verbesserungen sei demgegenüber nichts einzuwenden. [4] In einer Sozialismuskonzeption, die nicht auf
die Form der Arbeit, sondern lediglich auf ihre Früchte abhob, war die kapitalistische Rationalisierung kein prinzi-

---

1) In dem SPD-Organ "Solinger Volksblatt", das ebenfalls
   unter dieser Fragestellung untersucht wurde, fanden sich
   - offenbar nicht zuletzt aufgrund der im Vergleich zur
   BAST ungleich schlechteren Korrespondentenausstattung -
   nur äußerst selten Artikel zu der Situation in den Solinger Betrieben. Wie G. Stollberg aufzeigt, bestanden
   in der Einschätzung des Rationalisierungsprozesses durch
   die beiden Arbeiterparteien zwar graduelle, nicht aber
   qualitative Unterschiede. Vgl. G. Stollberg, a.a.O., S.
   105 ff
2) O. Bauer, Rationalisierung - Fehlrationalisierung, Wien
   1931 (= ders., Kapitalismus und Sozialismus nach dem
   Weltkrieg, Bd. 1) Auch Naphtali und Leipart, als führende ADGB-Vertreter, sprachen von einer "Pseudo-Rationa-
   lisierung", die der Arbeiterschaft keinerlei Verbesserungen brachte. Der stattfindenden Rationalisierung wurde der Begriff einer wahren Rationalisierung gegenüber-
   gestellt, die erst in einer sozialistischen Gesellschaft
   real werden könne. Siehe hierzu: G. Stollberg, Die Rationalisierungsdebatte 1908 - 1933, Frankfurt/M. 1981,
   S. 102 ff sowie H. Kern, Gewerkschaft und Rationalisierung in der Weimarer Zeit, in: Gewerkschaftliche Monatshefte 29, 1978, S. 413
3) BAST 8.1.1927, An alle Metallarbeiter des oberen Kreises
   Solingen, siehe auch: Bast 24.1.1927, Der Kampf der Belegschaft des Ritterwerks sowie allg.: G. Stollberg,
   a.a.O., S. 105 ff
4) Vgl. BAST, 24.1.1927, a.a.O.

pielles Problem. Infolge der Funktionalisierung des Ratio-
nalisierungsbegriffs zum politischen Kampfbegriff, neigte
die Bergische Arbeiterstimme zur Übertreibung. Folgt man
den Ausführungen der Bergischen Arbeiterstimme, dann hat es
in der 2. Hälfte der 20er Jahre in Solingen so gut wie keinen Betrieb gegeben, in dem nicht "Stoppuhr, Zeitakkord,
Teilarbeit und laufendes Band" angewandt wurden [1] - ein
Bild, das selbst heute nicht der Wirklichkeit entspricht.

Neben diesen pauschalen Angaben fanden sich in der BAST
einige konkrete Hinweise auf Rationalisierungsmaßnahmen in
einzelnen namentlich genannten Firmen, die anzuzweifeln
kein Grund besteht. Die Bergische Arbeiterstimme brachte
fast täglich Meldungen über Arbeitshetze, Lohnsenkungen,
Dequalifizierung und Steigerung der Unfallzahlen, als Folgen der Rationalisierung. [2] Das Gros dieser Meldungen bezog sich jedoch auf die nicht zur Schneidwarenindustrie ge-

---

[1] BAST 8.1.1927, a.a.O., Nach Auffassung der Bergischen
Arbeiterstimme war "ein ganzes Heer von Ingenieuren" damit beschäftigt, Maschinen zu bauen, um die Produktion
der Solinger Industrie zu vereinfachen und zu verbilligen, BAST 2.9.1925
[2] Siehe z.B.: BAST 11.11.1926, Rationalisierung bei Felix,
Mangenberg; BAST 2.12.1926, Rationalisierung bei C.A.
Schlemper; BAST 17.12.1926, Der Rationalisierungsdikta-
tor bei der Firma A. Coppel; vgl. BAST, 24.1.1927, Kata-
strophale Folgen der Rationalisierung bei der Firma
Klein; BAST 28.1.1927, Weitere Betriebe in der Kampf-
front; BAST 12.2.1927, Ein Rationalisierungserfolg der
Firma Gebr. Richartz AG, Ohligs; BAST 28.5.1927, Die
Lage der Arbeiterinnen in den Betrieben; BAST 7.10,1927,
Rationalisierung im Ritterwerk, siehe auch G. Stollberg,
a.a.O., S. 105; BAST 103.1928, Aus dem Betrieb Gottlieb
Hammesfahr, Foche; BAST 9.5.1928, Viel Arbeit wenig
Lohn; BAST 5.4.1929, Schrittmacher des Unternehmertums;
BAST 9.4.1929, Belegschaft Engels im Kampf; hierzu auch:
BAST 24.5.1929

hörigen Sektoren der Solinger Metallindustrie. [1] Obwohl
die Bergische Arbeiterstimme die Rationalisierungsvorgänge
mit wachsamen Augen beobachtete und über einen relativ guten Einblick in das Innenleben der Betriebe, in denen organisierte Genossen arbeiteten, verfügte, fand sich nicht ein
einziger Hinweis auf arbeitsorganisatorische oder technische relevante Umstellungen in den Kernbereichen der
Schneidwarenindustrie. Nichts deutet darauf hin, daß die in
anderen Branchen üblichen organisatorischen Methoden zur
Ökonomisierung der menschlichen Arbeitskraft sich auch in
der Schneidwarenindustrie durchgesetzt hätten. [2] Lediglich
in der Haarmaschinenindustrie [3] und in der Rasierklingenindustrie, beides Zweige, die nicht zu den klassischen
Schneidwarenbranchen zählten, kamen die fordistischen Prinzipien teilweise zur Anwendung. In beiden Industrien konnte
die Arbeitsteilung unbeeinflußt von handwerklichen Tradi-

---

1) In diesen Metallbetrieben bestanden die unten skizzier-
ten Probleme der Rationalisierung nicht. Technische und
organisatorische Umstellungsmaßnahmen bis hin zu Fließ-
und Fließbandarbeit scheinen hier im weit größeren Umfang stattgefunden zu haben. Einige Beispiele: In der
Fa. Coppel wurden durch einen eigens zu diesem Zweck
eingestellten Betriebsingenieur systematische Rationalisierungsmaßnahmen durchgeführt, vgl. BAST 17.12.1926,
In der Firma Boge und Kasten wurde bei der Herstellung
von Türschließern ein laufendes Transportband eingeführt; In der Firma WKC, Abteilung Wald, wurden die Maschinen "so aufgestellt, daß die zu verarbeitenden Gegenstände laufend ohne Aufenthalt von Maschine zu Maschine befördert werden". Zum Transport der Werkstücke
wurden spezielle Wagen angeschafft und die Akkordsätze
wurden durch Refa-Spezialisten neu berechnet. BAST
22.1.1927
2) Diese Einschätzung wurde in allen vom Verfasser durch-
geführten Interviews (STA Solingen T-78-1-18), in denen
die Frage nach der Rationalisierung in der Weimarer Republik immer wieder eine wichtige Rolle spielte, bestätigt.
3) In der Haarmaschinenindustrie war Teilarbeit die Regel,
BAST 24.1.1927, a.a.O.; BAST 3.3.1927, Wie sieht es im
Ritterwerk aus?; BAST 21.5.1927, Die Lage im
Pränafa-Werk.

tionen, frei nach ökonomischen Zweckmäßigkeitskriterien
festgelegt werden. Das Gesamtergebnis wird durch die 1933
erschienene Studie des Deutschen Metallarbeiterverbandes
über die Rationalisierung in der Metallindustrie bestätigt.
[1] Unter den detailliert aufgelisteten Rationalisierungsmaßnahmen in den einzelnen Industriezweigen und -branchen
blieb die (gewerkschaftlich gut organisierte) Solinger
Schneidwarenindustrie unerwähnt.

Die reale Umgestaltung der Produktionsstrukturen blieb
mithin hinter den Ankündigungen der Rationalisierungsdiskussion weit zurück. Die Veränderungen in der Organisation
der Arbeitsabläufe und die Aufstellung von Schleifmaschinen
hatte überwiegend Experimentalcharakter und es wäre weit
gefehlt, von einer durchgreifenden Rationalisierungswelle
zu sprechen. Was die Entwicklung in Solingen angeht, so
bestätigt sich damit das Urteil von J. Bönig, daß die Rationalisierung in der Weimarer Republik den Charakter einer
Zwischenphase hatte, in der eine partielle Ökonomisierung
der Produktion einsetzte, ohne daß grundlegende Neuerungen
eingeführt worden wären. [2] Der zuweilen konstatierte, gewaltige, durch technische Neuerungen vielfältiger Art geprägte Wandel des industriellen Produktionsprozesses fand
in der Solinger Schneidwarenindustrie nicht statt. [3] Die
Rationalisierung spielte sich - abgesehen von ganz wenigen
Betrieben - fast überwiegend in den Köpfen ihrer Propagan-
disten ab, während sich die vorhandenen Produktionsverhältnisse insgesamt als überaus resistent erwiesen.

1) Deutscher Metallarbeiterverband (Hrsg.), Die Rationalisierung in der Metallindustrie, Berlin 1933, insb. S. 67
ff
2) J. Bönig, Technik und Rationalisierung in Deutschland
zur Zeit der Weimarer Republik, in: U. Troitzsch und G.
Wohlauf, (Hrsg.), Technikgeschichte - Historische Beiträge und neuere Ansätze, Frankfurt/M. 1980, S. 399 u.
S. 408 f
3) Siehe z.B. H. Böhme, Prolegomena zu einer Sozial- und
Wirtschaftsgeschichte Deutschlands im 19. und 20. Jahrhundert, Frankfurt/M. 1968, S. 117 f; Eva Cornelia
Schoeck, Arbeitslosigkeit und Rationalisierung, Frank-
furt/New York 1977, S. 163

5. Lebendig begraben - Zur Geschichte der Solinger Heimarbeiterschaft vom Ersten Weltkrieg bis zum Beginn der
Weltwirtschaftskrise

> "Über die Existenz einer so-
> zialen Institution entscheidet
> in unserer Volkswirtschaft nun
> aber nicht zum mindesten das
> Interesse des Arbeiters, son-
> dern allein das Interesse des
> kapitalistischen Unterneh-
> mers". [1]

I.

Im Jahre 1911 vermochte R. Braunschweig in seiner Dissertation über die Solinger Stahlwarenindustrie noch keinerlei
Anzeichen dafür sehen, daß die Konstellation von Heimindustrie und Fabrikindustrie sich einmal ändern würde. [2]
Beide Betriebsformen bestanden seiner Ansicht nach gleich-
berechtigt nebeneinander und ihr komplementäres Zusammen-
wirken war für Braunschweig die Voraussetzung für Solingens
Erfolge auf dem Weltmarkt. Eine generelle Zurückdrängung
der Heimindustrie war nach Braunschweig von niemandem beabsichtigt. Sieht man einmal von den Konflikten bei Ern und
Hammesfahr ab, hatten alle vorangegangenen Unternehmerat-
tacken auf die Gewerkschaften der Handwerker-Arbeiter tatsächlich lediglich das Ziel, die "Schleiferbarone" politisch zu entmachten. Die vorhandenen Produktionsstrukturen
sollten dabei keineswegs beseitigt werden. Sie wurden - wie
bei Braunschweig - als eine nicht zu hinterfragende Norma-
lität empfunden. [3] Dies sollte sich im Ersten Weltkrieg

1) W. Sombart, Die Hausindustrie, in: Handwörterbuch der
Staatswissenschaften, Bd. V, 4. Aufl., Jena 1923
2) Vgl. R. Braunschweig, Die Solinger Stahlwarenindustrie,
Diss. Halle 1911, S. 53
3) Vgl. hierzu auch: R. Boch, Handwerker-Sozialisten,
a.a.O., S. 230 ff u. S. 247 ff

Abb. 19: Schleifer des Evertskotten am Weinsbergerbach um 1910

ändern. Im Bericht über die "Verhandlungen der Ausschüsse der vereinigten Rasiermesserfabrikanten und des Rasiermesserschleifervereins" vom 7. Dezember 1917, hieß es: "Von den Arbeitgebern wurde betont, daß die Tage der Hausindustrie insofern gezählt sein dürften, als die größeren Arbeitgeber jetzt schon im Begriff seien, das Fabriksystem einzuführen, daß aber erst eine Übergangszeit ergeben würde, in welcher Weise sich der Prozeß der Umwandlung der Hausindustrie in die Fabrikindustrie vollziehen werde". 1)

Auch wenn sich diese "Übergangszeit" noch mehrere Jahrzehnte hinzog, kam dem Ersten Weltkrieg in diesem Zusammenhang

1) Zit. nach: Deutscher Metallarbeiter Verband Solingen, Geschäftsbericht über die Jahre 1915 - 1917, a.a.O., S. 32

eine eminente Bedeutung zu, denn die Existenzbedingungen der Solinger Heimarbeiterschaft hatten sich in dieser Zeit stark verändert. Durch den Zusammenbruch des Welthandels und durch die Umstellung auf Rüstungsproduktion wurde vielen Heimarbeitern ihre (gewohnte) Arbeit genommen. Viele der nicht zum Militär eingezogenen Heimarbeiter mußten Ihre Werkstätten schließen und in den Fabriken einer berufsfremden Arbeit nachgehen. Die Heimarbeiter, die in ihren Kotten blieben, hatten Schwierigkeiten, die zu ihrer Arbeit dringend erforderlichen Roh- und Hilfsstoffe zu bekommen. Sie mußten sich auf die Bearbeitung einfacher Massenware umstellen. Auf diese Weise brach auch das in den Händen der Heimarbeiterschaft gelegene Ausbildungssystem zusammen. Die Zahl der abgeschlossenen Lehrverhältnisse tendierte gen Null. Zahlreiche Ausbildungsverhältnisse mußten abgebrochen werden. Die Fabriken gingen dazu über, die Heimarbeit durch arbeitsorganisatorische Veränderungen zu ersetzen. Komplexe Arbeitsgänge wurden so weit zerlegt, daß auch ungelernte Arbeitskräfte sie ausführen konnten. Die Zahl der Motorwerkstätten reduzierte sich zwischen 1913 und 1916 auf fast die Hälfte, wobei die Zahl der Beschäftigten bei einer Zunahme des Anteils der Frauen (von 3,5 auf 17,3 Prozent) sogar um mehr als 50 Prozent zurückging. [1] Demgegenüber konnte der Rückgang der männlichen Beschäftigten in den Betrieben mit mehr als zehn Beschäftigten durch die Ausdehnung der Frauenarbeit auf über 50 Prozent weitgehend kompensiert werden. [2] Ende 1918, als die Zahl der Beschäftigten in den Motorwerkstätten trotz des durch die Ende 1916 einsetzende Konjunktur des Schneidwarenexports bedingten leichten Anstiegs noch immer unter 60 Prozent des Vorkriegsniveaus lag, hatte die Zahl der Fabrikarbeiter und -arbeiterinnen den Vorkriegsstand wieder erreicht. Die Zahl der Fabrikbetriebe war während des gesamten Krieges relativ konstant geblieben.

---

1) Tab. 6.3.2.1
2) Tab. 6.3.2.2 Neben den Frauen hatte auch die Zahl der Jugendlichen und z.T. Kinder erheblich zugenommen.

II.

Nach dem Ersten Weltkrieg erlebte die Solinger Heimindustrie - quantitativ gesehen - einen ungeahnten Aufschwung.
Gestützt auf den durch die Inflationskonjunktur verstärkten
Nachkriegsboom nahm die Zahl der Motorwerkstätten zwischen
1918 und 1922 um mehr als das Doppelte auf 2.276 und die
Zahl der Beschäftigten sogar um mehr als das Dreifache auf
8.392 zu. [1] Bei den Schleifern stieß die rasche Zunahme
der Berufszugehörigen an die Grenze der Schleifstellenkapa-
zitäten. [2] Die Kraftstellenvermieter nutzten den Andrang
auf die vorhandenen Schleifstellen zu kräftigen Mieterhö-
hungen [3] und versuchten - oft mit Erfolg - ihre Stellenmieter zu zwingen, allein für sie zu arbeiten. [4] Die Zahl
der Stellenmieter, die nicht nur den Arbeitsplatz, sondern
auch die Arbeitsgeräte mieten mußten, weil sie deren Anschaffung nicht finanzieren konnten, nahm in diesen Jahren
zu. Der IAV drängte die Fabrikanten in diesen Fällen, es
den Stellenmietern zu ermöglichen, ihre Arbeitsgeräte durch
Ratenkauf zu erwerben. [5] Der IAV wollte auf diese Weise
verhindern, daß die Unternehmer die Verfügung über Produktionsmittel im Schleifbereich erhielten.

1) Tab. 6.3.2.1; Tab. 2.3.1
Zu den in Tab. 6.3.2.1 angegebenen Arbeitskräften müssen noch ca. 2.000 - 3.000 Stellenmieter hinzugerechnet
werden, die in der Statistik der Gewerbeinspektion den
Fabrikbeschäftigten zugezählt wurden. (Tab. 6.3.2.2)
2) Als der Besitzer der Dahmannschen Schleiferei an der
Oststraße, der Bücherrevisor W. Steinhausen, 1921 den
älteren Teil der Schleiferei mit ca. 70 - 80 Schleifstellen abbrechen wollte, um an der Stelle Wohnhäuser zu
errichten, wurde von den Behörden unter Hinweis auf den
Mangel an Schleifstellen die Abrißgenehmigung verwei-
gert. Dies, obwohl der Zustand der Schleiferei aus hy-
gienischen- und Arbeitsschutz-Gesichtspunkten äußerst
bedenklich war. Vgl. HSTA Düsseldorf, Reg. D. 34192; W.
Steinhausen an den Regierungspräsidenten, 23.1.1921
3) Die Schleifstellenmiete hatte vor dem Ersten Weltkrieg
ca. 10 % des Bruttolohnes betragen, 1923 lag sie bei ca.
33 %, BAST 6.3.1923
4) BAST 6.3.1923
5) M. Krause, a.a.O., S. 144

Während die Heimindustrie in anderen Industriezweigen, in denen sie einst eine wichtige Bedeutung gehabt hatte - wie etwa der Textilindustrie -, spätestens im ersten Viertel des 20. Jahrhunderts auf eine marginale Größe zusammenschrumpfte, hatte die Zahl der Heimarbeiter im Falle der Solinger Stahlwarenindustrie sogar zugenommen.[1] Der gleichzeitige Anstieg der Zahl der heimgewerblichen Betriebe signalisierte die verstärkte Vereinzelung der Heimarbeiter - als Folge des Einsatzes elektrischer Kraft.[2]

Die "Renaissance" der Heimindustrie nach dem Ersten Weltkrieg bedeutete nur äußerlich eine Wiederanknüpfung an die Vorkriegsverhältnisse. Die durch die Dumpingpreise angeregte Nachfrage konnte nur durch eine rasche Zunahme der Beschäftigen im Bereich der handwerklichen Weiterverarbeitung befriedigt werden. Nur wenige Firmen reagierten wie die Firma Krusius auf die steigenden Absatzmöglichkeiten mit einem konsequenten Ausbau der Teilarbeit. Die Zunahme der Beschäftigten in der Heimindustrie, die bis 1925 anhielt, basierte nicht mehr auf geordneten Ausbildungsverhältnissen und diente, nicht anders als die Fabrikarbeit, überwiegend der Befriedigung des Massenbedarfs. Während des Krieges war die Ausbildung des Heimarbeiternachwuchses zum Erliegen gekommen. Woher also sollte sich die nach dem Krieg rasch über Vorkriegsniveau steigende Zahl der Heimarbeiter rekrutieren, wenn nicht aus den Kreisen der Fabrikarbeiterschaft. Angesichts der relativ günstigen Absatzverhältnisse zogen viele - häufig auch minderqualifizierte - Fabrikarbeiter es vor, "auf eigene Rechnung", d.h. als Heimarbeiter[3] zu arbeiten.

1) Tab. 2.3.1; Enquete-Ausschuß, a.a.O., S. 98 f, siehe auch S. 100 f sowie: Ausschuß zur Untersuchung der Erzeugungs- und Absatzbedingungen der deutschen Wirtschaft, Die Deutsche Eisen- und Stahlwarenindustrie, Berlin 1930, S. 61 f. Vgl. auch: W.H. Schröder, a.a.O., S. 170 ff sowie W. Sombart, a.a.O.
2) Die Zahl der Betriebe war von 4.762 auf 7.219 gestiegen und die durchschnittliche Arbeiterzahl der Betriebe entsprechend von 1,97 auf 1,31 gesunken, Enquete-Ausschuß, a.a.O., S. 98 f
3) Z.T. etablierten sie sich auch als Kleinfabrikanten bzw. Hausgewerbetreibende

Nicht zuletzt infolge der quantitativen Zunahme der Heimarbeiter verschlechterte sich die Lage der Heimarbeiterschaft. Trotz beachtlicher Organisationserfolge hatte der
gewerkschaftliche Organisationsgrad mit dem Zuwachs an
Heimarbeitern nicht Schritt halten können. [1] Vor allem
aber geriet die alltägliche Berufspraxis völlig aus der
Kontrolle des IAV. Nicht nur, daß überwiegend Schundware
produziert wurde, die mit den traditionellen Qualitätsstandards des IAV nicht vereinbar waren (Vgl. Kap. 4.2); auch
war eine wachsende Zahl von Heimarbeitern - sei es weil sie
als ehemalige Fabrikarbeiter aus anderen gewerkschaftlichen
Traditionen kamen, oder sei es aufgrund der wachsenden Konkurrenz von Berufskollegen [2] - bereit, zu Preisen zu arbeiten, die deutlich unter den in den Preisverzeichnissen
festgelegten Entgelten lagen. Es handelte sich hierbei
nicht mehr um Einzelfälle, die durch ein gezieltes Vorgehen
der Gewerkschaft beseitigt werden konnten. Das Solinger System war de facto zusammengebrochen. Der IAV, der von allen
Solinger Gewerkschaften seit 1921 die stärksten Mitglieder-
verluste zu verzeichnen hatte [3], hatte die Fähigkeit zu
einer umfassenden Kontrolle der Tarife verloren, während
die Arbeitgeberseite kein Interesse zeigte, die Einhaltung
der Tarife zu überwachen. Die Solinger Heimarbeiterschaft
der 20er Jahre - dies galt auch für die Schleifer - war nur
noch eingeschränkt mit der Heimarbeiterschaft in den Jahrzehnten vor dem Ersten Weltkrieg zu vergleichen. Abgesehen
von Ausnahmen, wie sie einige gesuchte, hochqualifizierte
Spezialhandwerker darstellten, hatte sie ihre aristokrati-
sche Stellung eingebüßt. Die Löhne der Heimarbeiter, dies
zeigte bereits die nur vor dem Hintergrund sinkender Heimarbeiterlöhne denkbare Vereinbarung mit der Firma Krusius
(Vgl. Kap. 4.2), hatten sich im Durchschnitt denen der Fa-

---

1) Vgl. Tab. 5.1
2) Tab. 2.3.1; siehe auch Kap. 4.1
3) Tab. 5.1

brikarbeiter angenähert. [1] Die Stundenlöhne der besser bezahlten Heimarbeiterkategorien - dies waren in allen Branchen nach wie vor meist die Schleifer - lagen zwar weiterhin über dem Niveau der Fabrikarbeiter [2], berücksichtigt
man jedoch die starken Schwankungen des Beschäftigungsgra-
des, so muß man davon ausgehen, daß die Unterschiede real
relativ unbedeutend waren. [3] Bei den weniger qualifizierten und z.t. durch die Konkurrenz der Teilarbeiter bedroh-
ten Heimarbeitern waren die Löhne unter den Vorkriegsstand
gefallen. Das Niveau der Fabrikarbeiterlöhne wurde in diesen Berufen - es handelte sich vor allem um die Reider -
nur selten erreicht. [4] Insgesamt hatte bereits bis 1925
eine Nivellierung der sozialen Lage von Heimarbeitern und
Fabrikarbeitern stattgefunden; die in dem Zusammenschluß
von IAV und DMV einen deutlichen Ausdruck fand. Obwohl die
Überfüllung der Heimindustrie in der zweiten Hälfte der

1) Vgl. Tab. 5.4 und 5.5; Die Löhne in der Heimindustrie
sind nicht exakt zu ermitteln. Der Zugang über die Firmenarchive ist nicht möglich, da die Heimarbeiter in den
allermeisten Fällen für mehrere Auftraggeber gearbeitet
haben. Die in den Preisverzeichnissen angegebenen Stück-
preise erlauben keine Angaben über die realen Verdienste
und auch ein Vergleich der Preisverzeichnisse aus verschiedenen Zeiten ist nicht möglich, da sich Form, Material und Qualität, der am häufigsten bearbeiteten Erzeugnisse laufend geändert haben. Teilweise wurden bereits Vorarbeiten in den Fabriken auf Maschinen ausgeführt. In einer genauen Berechnung müßten ferner die den
Heimarbeitern für Material, Miete und sonstigen Wer-
bungskosten zugebilligten Abzüge vom Bruttolohn, die in
den einzelnen Branchen und Berufen sehr unterschiedlich
waren, mit berücksichtigt werden. Für die 1930er Jahre
siehe hierzu: Tarifordnung zur Regelung des Urlaubs in
der Schneidwaren- und Besteck-Heimindustrie, 25.5.1939,
in: HAIGM, Ordner Heimarbeitervorstand. Hinzu kommt, daß
die Preisverzeichnisse im Laufe der 1920er Jahre immer
weniger eingehalten wurden. Die sicherste, wenn auch
komplizierteste Berechnungsmöglichkeit, der Zugang über
die Entgeltbücher der Heimarbeiter scheidet aus, da diese nicht in die Archive überführt wurden. Die vorhandenen Angaben sind meist Schätzwerte des Arbeitgeberverbandes oder der Gewerkschaften.
2) Seit dem Abschluß des Kollektivtarifvertrages 1919 auch
"Kollektivarbeiter" genannt.
3) Tab. 5.4 und Tab. 5.5
4) Ebenda

20er Jahre abgebaut wurde [1], war keine Besserung der materiellen Lage der Heimarbeiter zu registrieren. [2] Im Gegenteil, die Verbilligung der Heimarbeit war einer der
Gründe dafür, daß die Rationalisierung der Solinger Industrie nur sehr schleppend voranschritt. Denn auch abgesehen
von den technischen und ökonomischen Problemen der Mechanisierung, blieb die Heimarbeit auch bei der Herstellung von
Massenware rentabel.

III.

Als in der Mitte der 20er Jahre die Fragen und Problemstel-
lungen einer Rationalisierung der Solinger Industrie verstärkt diskutiert wurden, geriet die Heimindustrie erneut
in den Blickpunkt des Interesses. Während diejenigen, die
die Heimindustrie schon lange für historisch überkommen
hielten, nun ihre Stunde gekommen sahen und die Abschaffung
des heimindustriellen Systems forderten, versuchten die
Heimarbeiter und ihre Mitstreiter, die bestehende Arbeitsteilung in der Solinger Industrie argumentativ zu verteidi-
gen. In zahlreichen betriebswirtschaftlich orientierten,
aus der (durchaus nicht monolithischen) Interessenlage der
Unternehmer heraus geschriebenen Studien wurden die Vor-
und Nachteile der Heimarbeit gegeneinander abgewogen. [3]
Die wichtigsten in der Diskussion angeführten Nachteile
lassen sich folgendermaßen zusammenfassen:

1) Vgl. Tab. 2.3.1
2) Vgl. BAST 18.5.1928; ST 12.7. und 20.7.1929; vgl. auch
   Tab. 3.1.4
3) Vgl. hierzu: W. Woebber, a.a.O., S. 57 ff u. S. 68 ff;
   H. Tegtmeier, a.a.O., S. 78 ff; O. Beyer, a.a.O., S. 94
   ff u. 101 ff; W. Grossmann, a.a.O., S. 31 f u. S. 46;
   H. Wielpütz, a.a.O., S. 25 ff, 158 ff und 207 ff; H.
   Strerath, a.a.O., S. 59 f; G. Kreideweiß, a.a.O., S. 56
   ff; J. Müller, Die Organisation der Produktion in der
   Solinger Schneidwarenindustrie, Diss. MS Köln 1923, S.
   32 u. S. 76 ff

1. Die technisch rückständigen Arbeitsmethoden der
   Heimarbeiter und die Schwierigkeit, ja Unmöglichkeit
   technische Neuerungen und moderne Produktionsverfah-
   ren einzuführen. [1]

2. Die zerstreute Lage der Werkstätten, der dadurch bedingte Zeitverlust und die mehrfachen Transporte erhöhen die Herstellungskosten.

3. Das Verlagssystem macht es den Unternehmern unmöglich, den Werdegang der Schneidwaren genau zu verfolgen und die Arbeitsvorgänge zu kontrollieren. Dadurch wird die Einhaltung der Lieferfristen erschwert.

Auf der anderen Seite wurden folgende Vorteile hervorgehoben.

1. Die Heimarbeit steht in einem betriebswirtschaftlich und produktionstechnisch idealen Komplementär-
   verhältnis zur Fabrikarbeit.

   a) Musterreichtum, kleinserielle Herstellung und
      hochwertige Qualitätsarbeit sind allein mit Hilfe
      der Heimindustrie möglich.

   b) Das Unternehmerrisiko kann partiell auf die Haus-
      industrie abgewälzt werden. Die Heimarbeiter sind
      für die Ablieferung fehlerfreier Ware allein ver-
      antwortlich. Sie sind nicht durch einen festen
      Arbeitsvertrag an das Unternehmen gebunden, so
      daß elastisch auf Konjunkturschwankungen reagiert
      werden kann.

2. Die Heimindustrie erleichtert den Aufstieg zum selbständigen Unternehmer.

---

[1] Dies war der mit Abstand wichtigste bzw. meistgenannte
Einwand gegen die Heimindustrie. Typisch die Formulierung von O. Beyer:
"Der Heimindustrielle verfügt über zu geringe Geldmit-
tel, als daß er neue Maschinen kaufen könnte, andererseits ist er von der Unübertrefflichkeit seines von Vä-
tern und Urvätern ererbten empirischen Arbeitsverfahrens
überzeugt und steht den Fortschritten der Technik mit
Voreingenommenheit gegenüber". O. Beyer, a.a.O., S. 95
Siehe auch: W. Sombart, a.a.O.

3. Die Arbeitszufriedenheit der Heimarbeiter ist ungleich höher als die der Fabrikarbeiter. [1]

Die Mehrzahl der Autoren kam zu dem Schluß, daß das heimindustrielle System für die Unternehmer mehr Vor- als Nachteile hatte. Sie galt es zu nutzen, solange die Heimarbeiterschaft noch existierte. An eine systematische Förderung der Heimindustrie dachte allerdings niemand. Nach Tegtmeier mußten die Unternehmer größeren Einfluß auf die Gestaltung des Arbeitsprozesses bekommen. Die momentane Konstellation war für ihn nicht haltbar: "Aber auch die Hausindustrie wird sich etwas verändern (...). Die einzelnen Betriebsstätten werden in eine Zentralwerkstatt zusammengezogen werden. Eine gewisse Rationalisierung wird auch hier eintreten. (...) Eine kluge Wirtschaftspolitik wird darauf abzustimmen sein, daß eine Abwanderung der Qualitätsarbeiter, die den Standort Solingen bestimmt haben, in nicht zu großen Maße auftreten wird, indem nicht so sehr die Augenblickserfolge, sondern die Zukunftsfragen in den Vordergrund der Betrachtungen gestellt werden. Daher wird der Übergang von der Hausindustrie zum Fabrikbetrieb in der Solinger Stahlwarenindustrie in dem Maße vor sich gehen, daß die Heimarbeit nicht durch die Fabrik verdrängt, wohl aber auf ihre wirtschaftliche Berechtigung zurückgeführt wird". [2]

---

[1] "Der Schein der Selbständigkeit genügt schon, um für hausindustrielle Betätigung größere Arbeitsfreude zu geben, als für die Fabrikarbeit. Zwischen seinen vier Pfählen jeder Aufsicht entzogen, nach eigenem Behagen die Arbeit beginnend, unterbrechend und schließend, nimmt der Heimarbeiter Isolierung, geringeren Verdienst, Unregelmäßigkeit des Arbeitseinkommens, Störung des Haushalts und des Familienlebens mit in Kauf; alle Unlustgefühle wiegen die Befriedigung, der Fabrik entronnen zu sein, nicht auf". H. Bittmann, Hausindustrie und Heimarbeit im Großherzogtum Baden, Karlsruhe 1907, S. 1033, zit. nach: W. Woebber, a.a.O., S. 60

[2] H. Tegtmeier, a.a.O., S. 100 f

IV.

Im Jahre 1927 entstand als Reflex der durch die Rationalisierungsdiskussion ausgelösten Infragestellung der Solinger
Heimindustrie in verschiedenen, bürgerlichen Parteien nahe-
stehenden Tageszeitungen [1] eine leidenschaftliche Diskussion zur Situation und historischen Standortbestimmung der
Solinger Industrie und zur Rolle der Heimindustrie in diesem Zusammenhang.

Im Hinblick auf die bevorstehenden Lohnverhandlungen veröffentlichte der leitende Angestellte einer kleinen Stahlwarenfabrik, W. Schöler, im Mai 1927 einen offenen Brief an
die Gewerkschaften und den Arbeitgeberverband. [2] Es ging
dem Autor um nicht weniger als die "schonungslose Auf-
deckung der wahren Ursachen der schlechten Lage der Arbeiter und reellen Arbeitgeber". Ganz im Sinne der Argumentation des ehemaligen IAV [3] sah W. Schöler das Problem nur
sekundär durch die von außen auf die Solinger Industrie
wirkenden Faktoren verursacht - die von ihm angeführte Auflistung der üblichen Argumente reichte von den handelspolitischen Folgen des Ersten Weltkrieges bis hin zu angeblich
überspannten Steuer- und Soziallasten. Das Grundübel war
seiner Ansicht nach die aus dem Inneren der Solinger Industrie wie ein Krebsgeschwür wirkende "Unaufrichtigkeit".
Gemeint war damit die Nichteinhaltung der Tarifverträge.
Nach Schöler lagen die tatsächlich gezahlten Löhne bis zu
50 Prozent unter den in den Tarifverträgen festgelegten
Löhnen. Das Unterpreisarbeiten werde meist vertuscht, indem
den Heimarbeitern die tariflichen Preise für eine schlechtere Qualitätsstufe gezahlt würden, während die Ware real
in einer besseren Qualitätsstufe geliefert würde. Die Leid-
tragenden des stark verbreiteten Unterpreisarbeiten seien
die "reellen" Heimarbeiter, die immer schwieriger Arbeit
bekämen, und die "reellen" Arbeitgeber, die mit der unter
Umgehung der Tarife hergestellten Ware nicht konkurrieren

---

1) Solinger Tageblatt, Bergische Post, Ohligser Anzeiger
2) ST 19.5.1927
3) Siehe hierzu: J. Kretzen, a.a.O.

könnten. Während die "ehrlichen und aufrichtigen" Arbeitgeber sich gegen weitere Lohnerhöhungen sträubten, um die
Spanne zwischen ihren Lohnkosten und denen der unlauteren
Konkurrenz nicht noch weiter zu vergrößern, befürworteten
andere die Lohnerhöhungen aus - wie Schöler meinte - faden-
scheinigen Gründen. Diese Arbeitgeber "segelten unter der
Flagge der Arbeiterfreunde" und bewilligten den Arbeitern
jegliche Lohnerhöhung, wobei sie selbst die Löhne nie zu
zahlen hätten, da sie bei Kleinfabrikanten einkauften, die
unter Tarif arbeiten ließen. Diesen Kreisen unterstellte W.
Schöler eine heimtückische Zielsetzung: "Durch glatte Be-
willigung immer höherer Heimarbeiterlöhne (die sie ja nie
selbst zu zahlen brauchen) es dahin zu bringen, daß die Fabrikarbeit sich billiger stellt als die Heimarbeit, um zu
guterletzt die Heimarbeiter durch diese Manöver in ihre Fabrikbetriebe zu zwingen!" [1] Solange weder Gewerkschaften
noch Arbeitgeber die bestehenden Tarife einhielten, wäre es
nach Schöler unsinnig, ja sogar schädlich, weitere Lohnerhöhungen zu beschließen: "Neue Lohnforderungen oder Lohnbe-
willigungen können angesichts dieses Zustandes nur die eine
Wirkung haben, daß die Spanne zwischen freivereinbarten Abmachungen und Tarifabmachungen künstlich noch mehr ver-
größert und dadurch der Anreiz zu unredlichen Machenschaf-
ten verstärkt wird. Die ehrliche Arbeiterschaft und Arbeit-
geberschaft würden außerordentlich benachteiligt, wohinge-
gen die Unterpreisarbeiterei, Schmutzkonkurrenz und Quali-
tätsschleuderei stark gefördert werden". [2]

Seinen nächsten Beitrag widmete Schöler der Frage, wie die
"Schmutzkonkurrenz" denn nun wirksam bekämpft werden könnte. [3] Er schlug die Einrichtung eines, in den Bestimmungen
des Hausarbeitsgesetzes vom 30.06.1923 vorgesehenen, Fachausschusses vor, der die bestehenden Tarifabmachungen für

1) ST 19.5.1927
2) W. Schöler, Gegen den unlauteren Wettbewerb in der Solinger Industrie, ST 23.5.1927
3) W. Schöler. a.a.O., 23.5.1927 und 24.5.1927

allgemein verbindlich erklären und deren Einhaltung
überwachen sollte. [1] Dieser "Fachausschuß für die Solinger
Industrie" sollte im Prinzip die Arbeit der früheren Vergleichskammern wieder aufnehmen und Verstöße gegen die Ta-
rifabsprachen mit Sanktionen, die von Bußgeldern bis zur
Gewerbeentziehung reichen, verfolgen.

Ein ungenannter "Vertreter der Solinger Industrie" stellte
die Analyse Schölers in Frage. [2] Die Nichteinhaltung der
Tarife sei nicht die Ursache, sondern die Folge des niedrigen Preisniveaus. Der entscheidende Druck auf das Preisniveau werde durch das Überangebot an Stahlwaren auf dem
Markt ausgeübt. Ferner sei die Konkurrenz der Kleinfabrikanten, die nicht richtig kalkulieren würden, Schuld am
Zerfall der Preise. Die "Lohndrückerei", mit der viele Unternehmer auf diese Situation reagierten, sei keine dauer-
hafte Lösung. Langfristig könne nur auf zwei Wegen Abhilfe
geschaffen werden. Erstens müßten die Herstellungskosten
durch die "Dienstbarmachung der modernen technischen Errungenschaften" dem niedrigen und "unveränderbaren" Preisniveau angepaßt werden und zweitens müßte die Nachfrage durch
den Aufbau einer gezielten Reklame gesteigert werden. [3]

In der Fortsetzung des Artikels, die eine Woche später erschien [4], wurde vollends deutlich, daß die Zukunft der Solinger Heimindustrie zur Diskussion stand. Die Schleifmaschine hatte nach Ansicht des Solinger Industriellen, die
Karten zwischen Heimarbeit und Fabrikbetrieb neu verteilt:
"Das fabrikmäßig hergestellte Messer kann billiger auf dem
Weltmarkt angeboten werden, als ein aus der Heimarbeit be-
zogenes. Die Folge des Umgreifens der Fabrikarbeit war also

---

1) Zur Arbeit des Fachausschusses vgl. H. Karpf, Heimarbeit
   und Gewerkschaft - Ein Beitrag zur Sozialgeschichte der
   Heimarbeit im 19. und 20. Jahrhundert, Köln 1980
2) ST 27.5.1927, Solinger Industriesorgen
3) Schöler sprach sich in seiner Entgegnung gegen diesen
   voreiligen "Amerikanismus" aus, ohne jedoch seinen bisherigen Ausführungen grundsätzlich neue Argumente zuzu-
   fügen. ST 1.6.1927
4) ST 2.6.1927, Nochmals: Solinger Industriesorgen

eine Senkung des Preisniveaus. Der Fabrikant, der ausschließlich auf die Heimindustrie angewiesen war, mußte auf irgendeine Art und Weise dem Preisdruck nachgeben und mit seinen Notierungen mitgehen. Die einzige Möglichkeit, Ersparnisse in der Herstellung zu erreichen, war eine Verhandlung mit dem Heimarbeiter, ob er nicht zu niedrigeren Löhnen, als das Preisverzeichnis vorschrieb, zu arbeiten bereit sei. Der Arbeiter, unter dem Drucke der Verhältnisse, vor die Wahl gestellt, entweder stempeln gehen zu müssen oder zu einem geringeren, wenn auch kaum auskömmlichen Preis arbeiten zu können, wählte natürlich das letztere und der Fabrikant war in der Lage, in Konkurrenzangebote der Fabrikbetriebe einzutreten. Das kann natürlich eine Schraube ohne Ende sein. Daß wir in Solingen ein von Jahr zu Jahr schlechter werdendes Preisniveau zu verzeichnen haben, daß es zum Beispiel im Augenblick unmöglich ist, die gestiegenen Herstellungskosten bei der Festsetzung der Verkaufspreise zu berücksichtigen, beweist, daß der Konkurrenzkampf im Inneren immer schärfer wurde. Bedenkt man aber, daß der Fabrikbetrieb eine ganz andere Einwirkung auf den Produktionsprozeß hat, daß er mit der Technik immer wieder mitgehen kann, daß er Verbilligungen durch neue modernere Maschinen erreichen kann, daß auf der anderen Seite der von der Heimarbeit abhängige Fabrikant immer wieder nur durch eine auf dem Verhandlungswege zu erreichende Lohnermäßigung vorgehen kann, so sind die beiden Kräfte im Konkurrenzkampf wahrlich nicht ebenbürtig. Eine Zeitlang ist es möglich, daß die Heimarbeit dem Preisdruck der Maschinenarbeit folgt, sie wird es so lange machen, wie das zu erzielende Existenzminimum - übrigens in diesem Zusammenhang ein recht dehnbarer Begriff - es zuläßt. (...) Es liegt nun einmal in der Richtung des wirtschaftlichen Fortschritts, daß er die Handarbeit durch die Maschinenarbeit ersetzt". [1]

_____

[1] ST 2.6.1927, a.a.O.; siehe auch: Messer und Schere, 17.7.1927, S. 453

Im letzten Teil der dreiteiligen Artikelserie [1] ging der
Verfasser auf den Vorschlag der Einrichtung eines Fachausschusses ein. Seiner Ansicht nach gab es weder ein "brauchbares Mittel zur Unterdrückung der untariflichen Entlohnung", noch bestand überhaupt Anlaß zu künstlichen Eingriffen in den Kampf Aller gegen Alle: "Nein, der Wirtschafts-
kampf läßt sich nicht vom grünen Tisch einer noch so wohl-
gemeinten Vereinstätigkeit austragen, es gibt nur eine
Entscheidung in offener Feldschlacht". [2] Selbst in dem
Fall, daß es gelänge, Fachausschüsse mit einer funktionie-
renden Kontrolltätigkeit zu etablieren, sei damit noch lange keine Erhöhung des Preisniveaus verbunden, denn im Gegensatz zu der Auffassung von Schöler, hätten die ausländischen Abnehmer durchaus die Möglichkeit, ihre Waren anders-
wo als in Solingen zu beziehen.

Die Kontroverse im Solinger Tageblatt hatte eine lebhafte
Diskussion unter den Heimarbeitern ausgelöst. Die Beiträge
von W. Schöler wurden in den Kreisen der sog. "Separa-
tisten", die 1926 den Übertritt in den DMV nicht mitgemacht
hatten, mit großem Interesse aufgenommen. In der Leser-
briefspalte des Solinger Tageblattes meldete sich ein "alter Gewerkschaftler" zu Wort, der das Dilemma der Heimindustrie auf die "Parteipolitik und Pöstchenjägerei" - gemeint war die Gewerkschaftspraxis des DMV - zurückführ-
te. [3] Er kritisierte die Zurückhaltung des DMV in der ge-
genwärtigen Diskussion und forderte die Rückkehr zu der alten gewerkschaftlichen Praxis, die sich primär auf Fach-
und Berufsfragen bezog und die Parteipolitik außen vor
ließ. [4]

1) ST 4.6.1927, Solinger Industriesorgen - Ein vorläufiges
   Schlußwort
2) ST 4.6.1927
3) ST 7.7.1927
4) Vgl. Zur Gewerkschaftspraxis der Fachvereine bzw. des
   IAV den Abschnitt "Gewerkschaftlicher Traditionalismus
   als Wurzel einer radikalen Kritik am DMV", in: R. Boch,
   Handwerkersozialisten, a.a.O., S. 199 ff

In der Bergischen Post, dem Organ des Zentrums, wurde die
Diskussion unter der Fragestellung, "Wie kann der Heimarbeiter bei fortschreitender Technik in das neue Fabrika-
tionssystem eingeordnet werden?" wieder aufgenommen. [1] Die
Lösung des Problems wurde in der Bergischen Post wie einst
bei Kettler - oder Lasalle - folgendermaßen gesehen:
"Wenn die Heimarbeiter nicht auf die Dauer zum großen Teil
in die Fabriken gehen wollen, so müssen sie darauf bedacht
sein, die Arbeitsverrichtungen, die heute billiger durch
Schleifmaschinen und ähnliche technische Neuerungen geleistet werden, in eigener Regie mit auszuführen. Das kann auf
zweifacher Weise geschehen: Entweder tun sich die mittleren
Fabrikanten, die einzeln zur Anschaffung neuer kostspieli-
ger Hilfsmaschinen nicht in der Lage sind, zusammen und
vermieten wie bisher die Schleifstellen, ja die gemeinsam
beschafften Maschinen an die Heiamrbeiter, um dadurch den
Gesamtarbeitsprozeß zu verbilligen. Oder die Heimarbeiter
schließen sich auf genossenschaftlicher Grundlage zusammen
und kaufen oder mieten ihrerseits die heute in den Großbe-
trieben verwendeten Maschinen, um dadurch sich selbst mehr
Arbeit und breiten Schichten der mittleren und kleineren
Fabrikanten eine größere Konkurrenzmöglichkeit den Großbe-
trieben gegenüber zu verschaffen." [2] Auch wenn dieser Vorschlag hinsichtlich der Interpretation des technischen
Fortschritts nicht weit von derjenigen des DMV entfernt
war, hatte die Bergische Post begriffen, was den Schleifern
ihre selbständige Arbeitssituation bedeutete; und vielleicht war der Vorschlag, Genossenschaften zu bilden, der
einzig realistische Ausweg, diese Autonome zu erhalten. Die
sozialistische Tradition, auch der außerhalb des DMV stehenden Heimarbeiter, war jedoch zu stark, als daß dieser
eindeutig parteipolitisch identifizierbare Vorstoß bei
ihnen auf Resonanz stoßen konnte.

---

1) BP 5.7.1927 u 9.7.1927, Heimarbeiterfrage und technischer Fortschritt im Solinger Stahlwarenindustriegebiet,
Teil I und II
2) BP 9.7.1927, a.a.O. Die gleiche Überlegung auch bei A.
Becker, Krieg oder Frieden in der Solinger Stahlwarenindustrie? Teil II, ST 29.6.1928

Abb. 20: Taschenmesserreiderei Weyersberg um 1922
Die drei Brüder Weyersberg betrieben gemeinsam eine heimgewerbliche Taschenmesserreiderei an der Klingenstraße in Solingen

Um so mehr Anklang fanden die Aktivitäten des als neutral
eingestuften Schöler. Am 18. Juli 1927 fand in Solingen
eine Heimarbeiterversammlung statt, auf der W. Schöler zum
Thema: "Welche Gefahren drohen der Heimindustrie und wie
kann denselben begegnet werden" referierte. Als Veranstalter traten der "Solinger Scheren- und Schleifer-Verein" und
die "Freie Vereinigung der Messerschleifer des Kreises Solingen" auf. [1] Das SPD-Organ "Solinger Volksblatt" und die
kommunistische "Bergische Arbeiterstimme" waren sich im Urteil über die seit längerem angekündigten und mit Spannung

1) Siehe BP 1.8.1927, über diese Ansätze einer Neuauflage
der gewerkschaftlichen Fachvereine liegen außer den vom
Verfasser entdeckten Zeitungsmeldungen bislang keine
weiteren Informationen vor.

erwartete Heimarbeiterversammlung einig. In wörtlich identischen Artikeln berichteten sie mit vernichtender Polemik
über die Versammlung. [1] Sieht man einmal davon ab, daß die
Einrichtung von Fachausschüssen natürlich als Konkurrenz
zur industriegewerkschaftlichen Organisation gesehen werden
mußte und daher vom DMV kaum begrüßt werden konnte [2], war
es erstaunlich, wie weit sich die in diesen Beiträgen zum
Ausdruck kommende Haltung des DMV bereits von den gewerkschaftlichen Traditionen der erst ein Jahr zuvor beigetre-
tenen IAV-Mitglieder entfernt hatte. In der folgenden Pas-
sage werden sowohl die Ausführungen von W. Schöler als auch
die Position des DMV deutlich: "Ein ernstlich denkender
Mensch kann wohl Kritik an den Verhältnissen üben, aber
nicht um Übelstände zu beseitigen, die Entwicklung überge-
hen und Einrichtungen fordern, die wohl im vorigen Jahrhundert zeitgemäß waren. (...) Fachausschüsse müssen gebildet
werden in Gemeinschaft mit den Bären und Zwischenmeistern,
damit dieselben nicht mehr unter Preis arbeiten. Die Fachausschüsse werden die Qualitätsware wieder hochbringen. Das
Zeichen Solingen darf dann nur noch auf gute Ware geschlagen werden. Weil einige alte Rasierer auch wieder handge-
schmiedete Rasiermesser haben wollen, wird wieder handge-
schmiedete Ware hergestellt werden, die mit dem Zeichen
"Handarbeit" versehen wird, während die andere Ware die Be-
zeichnung "Maschinenarbeit" tragen muß. Die Fachausschüsse
haben für den nötigen Nachwuchs zu sorgen, damit der
Selbstmord der Heimindustrie verhindert wird. Das Nichtanlernen des Nachwuchses ist der Masse von den Führern ein-
suggestiert worden, damit die Fabriken schnell gefüllt werden können. - Das alles sind die "Mittel" und Erfolge, mit
denen nach dem Rezept des Herrn Schöler das Los der Heimarbeiter gebessert wird. Man mußte schon an sich halten, um
ernst zu bleiben". [3]

---

1) SV und BAST 21.7.1927
2) Die Diskussionsredner des DMV hatten auf der Versammlung
   gar - vergeblich - versucht, eine prinzipielle Ent-
   schließung gegen die Einrichtung von Fachausschüssen
   herbeizuführen, BP 30.7.1927
3) BAST 21.7.1927

Auch wenn die Versammlung entgegen den Erwartungen der Veranstalter nur von 100 - 150 Teilnehmern besucht wurde, war sie kein Reinfall, wie die Korrespondenten der Arbeiterpresse Glauben machen wollten. Ohne mit den Ansichten von W. Schöler gänzlich übereinzustimmen, betrachteten die anwesenden Heimarbeiter die neuerliche Diskussion zur Lage der Heimindustrie als einen Hoffnungsschimmer, der sich positiv von der gewerkschaftlichen Tatenlosigkeit abhob, von der auch noch so verbalradikale Polemik nicht ablenken konnte. [1] Dem DMV warfen sie vor, daß er hinsichtlich der Lebensfrage der Heimarbeiter "Schulter an Schulter mit den Großfabrikanten an der Grabaufwerfung des Heimarbeiterstandes mitwirkt". [2] Die in der zweiten Hälfte der 20er Jahre bemerkbare materielle Verelendung der Heimarbeiter verstärkte die in der Vereinigung von IAV und DMV ohnehin angelegte Tendenz, die Interessen von Heimarbeitern und Fabrikarbeitern über einen Kamm zu scheren. Eine wirksame Interessenvertretung war jedoch im Falle der Heimarbeiter allein lohnpolitisch nicht zu realisieren. Dies hatte W. Schöler richtig gesehen. Eine zunehmende Zahl von Heimarbeitern fühlte sich im "Massenkonzern" des DMV fehl am Platze, wurde aber ohne gewerkschaftliche Organisation um so leichter zum Opfer der Lohndrückerei. Alle Versuche, neben dem DMV eine eigenständige Interessenvertretung der Heimarbeiter aufzubauen, scheiterten und boten den Vertretern des DMV immer wieder Gelegenheit zu vernichtender Kritik bzw. Polemik. [3]

---

1) Vgl. hierzu BP 30.7.1927 und 1.8.1927, Gefahren für die Solinger Heimarbeit sowie den Bericht eines Versammlungsteilnehmers in: BP 1.8.1927
2) BP 1.8.1927, Die Heimindustrie stand quer zu dem linearen Geschichtsbild des DMV. Geradezu typisch für dieses Geschichtsbild war etwa folgende Formulierung der BAST: "Wir müssen die Heimarbeiter darüber aufklären, daß das Heimarbeitersystem seinem historischen Ende entgegengeht, weil in den Fabriken durch Maschinen und Arbeitsteilung alle Produkte schneller hergestellt werden können". BAST 19.9.1925
3) Vgl. SV 22.10.1931, "Ein sagenhafter Verband - Was den Heimarbeitern nicht alles zugemutet wird".

V.

Die Diskussion der Existenzfrage der Heimindustrie im Sommer 1927 verebte ebenso schnell, wie sie aufgekommen war und blieb ohne Folgen für die weitere Entwicklung. Die Frage nach der Zukunft der Heimindustrie wurde, so sehr sie einen wesentlichen Teil der Solinger Arbeiterschaft auch beschäfigte, zum Gegenstand politisch irrelevanter wissenschaftlicher Untersuchungen. Für die Zeitgenossen stand fest, daß die Heimarbeiterschaft mit großen Schritten ihrem historischen Untergang entgegen eilte und in den meisten Publikationen zur Solinger Industrie war fortan ein gewisses Staunen darüber, daß es die Heimindustrie immer noch gab, nicht zu übersehen. [1]

Obwohl nur in sehr wenigen Betrieben eine Rationalisierung und Mechanisierung der Produktion eingesetzt hatte und die Herstellung der Stahlwaren nach wie vor überwiegend auf der handwerklichen Arbeit der Heimarbeiter basierte, war die Solinger Heimindusttre in eine schwere Krise geraten. Die Heimarbeiterschaft war durch den Verlust einer effektiven gewerkschaftlichen Vertretung, durch die unkontrollierte Überschwemmung der einzelnen Berufe und durch die technischen Neuentwicklungen in die Defensive gedrängt worden. Die unterschiedlichen Antworten auf die Frage nach den Gründen des niedrigen Preisniveaus, die in der zuvor dargestellten Diskussion gegeben wurden, waren nur die Kehrseiten einer Medaille. Die verschärfte Weltmarktkonkurrenz wurde auf dem Rücken der Solinger Heimarbeiterschaft ausgetragen. Die Heimindustrie war vollends in die Rolle eines Puffers geraten, mit den nicht nur, wie bisher, konjunktu-

---

[1] Siehe z.B. K.F. Ganns, a.a.O., S. 13 f

relle Schwankungen [1], sondern nun auch die Folgen der
strukturellen Umstellung der Solinger Industrie wirksam abgefedert werden sollten. Im Solinger Tageblatt wurde dies
offen ausgesprochen: "Natürlich fehlt es gerade in vielen
kleinen Betrieben auch an der Möglichkeit, die für eine
grundsätzliche technische Umstellung und Moderisierung des
Produktionsapparates erforderlichen Kapitalien flüssig zu
machen, und so wird zweifellos von manchen Fabrikanten mit
dem Festhalten am Alten aus der Not eine Tugend gemacht.
Die Tatsache, daß sich die Herstellungsweise der Stahlwaren
auch heute noch zum großen Teil auf dem Himarbeitersystem
aufbaut und daß, so lange eine volle Beschäftigung der Industrie nicht zu verzeichnen ist, sich gerade die Heimarbeiter bereit zeigen, hat viele dieser kleinen Fabrikanten
immer wieder der Notwendigkeit oder doch ihrer Dringlich-
keit überhoben und sie indirekt in den Stand gesetzt, trotz
der Rückständigkeit ihrer Betriebe mit den modernisierten
Betrieben zu konkurrieren". [2]

1) Die Arbeitsmarktlage in den Jahren "relativer Prosperität" war durch extreme Schwankungen gekennzeichnet, die
sich bei den Heimarbeitern am stärksten bemerkbar machten. Vgl. hierzu die Lageberichte des öffentlichen Ar-
beitsnachweises für den oberen Kreis Solingen, Neben-
stelle Höhscheid STA Solingen, Akte H 186, insb. der Bericht vom 19.3.1927, Die Lage der Heimarbeiter im Falle
der Arbeitslosigkeit wurde noch dadurch erschwert, daß
es keine abrupten Übergange zwischen Beschäftigung und
Arbeitslosigkeit, wie bei den Fabrikarbeitern, gab. Die
Arbeitslosigkeit der Heimarbeiter wurde immer durch wo-
chenlange Kurzarbeit eingeleitet. Vgl. BAST 31.3.1927.
Die Folge war - angesichts des Berechnungsmodus der Un-
terstützungssätze -, daß die Heiamrbeiter nur geringe
Arbeitslosenunterstützungssätze erhielten. Vgl. BAST
18.5.1928
2) ST 18.6.1927, Der Fortschrifft in der Solinger Industrie
und sein Auswirkungen

Ebensowenig wie es möglich war, die Solinger Industrie bin-
nen kurzer Zeit auf den neuesten technischen Stand zu bringen, war es denkbar, die Heimarbeiter einfach an die neuen
Maschinen zu stellen. Der Heimindustrie wurde nach Maßgabe
des Mechanisierungsgrades die Arbeit entzogen. Während einzelne Produkte bereits mit den "neuen Methoden" hergestellt
wurden, wurden andere weiterhin mit Hilfe der Heimarbeit
fertiggestellt. Gab es Probleme mit der neuen Technik, so
konnte jederzeit auf die Heimindustrie zurückgegriffen werden. Der Preis der handwerklichen Arbeit wurde längst nicht
mehr allein in den Auseinandersetzungen der Tarifvertrags-
partner bestimmt. Real hatte sich die handwerkliche Arbeit
bereits nach den fiktiven Maßstäben der neuen Herstellungsmethoden zu richten. Nur einer kleinen Schicht von unent-
behrlichen Spezialhandwerkern [1] gelang es, ihre Arbeitskraft zum realen Wert zu verkaufen. Allein die Diskussion
der Fragen der Rationalisierung und der technischen Fortschritte war ein zentrales Element in der Auseinandersetzung von Arbeit und Kapital. Ob beabsichtigt oder nicht
hatte die Beschwörung der technischen Möglichkeiten - auch
ohne deren praktische Umsetzung - den Effekt, daß die Kräfte neu verteilt wurden. Den Vertretern der 'Amerikanisie-
rung' gelang es, die Heimarbeiterschaft mit einem Gespenst
einzuschüchtern und zu freiwilliger Mehrarbeit bzw. Unter-
preisarbeit und zur Flucht in den DMV zu veranlassen. Das
der kapitalistischen Fortschrittslogik entstammende Bild
vom bevorstehenden Untergang der Heimindustrie, das von den
Arbeiterparteien und den Gewerkschaften unkritisch rezi-
piert wurde [2], machte die Heimarbeiter zu einem willen-

---

1) Das handwerkliche Können der Heimarbeiter war durchaus
   unterschiedlich. In allen Berufen existierten bei den
   Firmen hochgeschätzte Spezialisten mit überdurchschnittlichen Fähigkeiten.
2) Mit der Folge, daß das politische Potential der durch
   frühe sozialistische Traditionen gekennzeichneten Heimarbeiterschaft zu erheblichen Teilen dem Zentrum (Bergische Post) oder Fabrikanten (W. Schöler) überlassen
   wurde. Nach 1933 versuchten die Nationalsozialisten,
   dieses Vakuum politisch auszufüllen.

losen Objekt der unternehmerischen Kalkulation. Dies war
die ideologische Funktion der Rationalisierungsdiskussion.
Für die Heimarbeiter waren die negativen Auswirkungen der
Rationalisierung somit bereits spürbar, bevor diese überhaupt stattgefunden hatte. Die auf diese Weise forcierte
reale Auflösung der traditionellen Produktionsstrukturen,
die sichtbaren technischen Errungenschaften, trugen ihrerseits wieder dazu bei, die Einschüchterung der alten qualifizierten Arbeitergruppen zu vertiefen.

V.

Im Laufe der 1920er Jahre hatte die Heimarbeiterschaft sowohl von den materiellen Lebensbedingungen her, als auch im
öffentlichen Bewußtsein die gewohnte Stellung verloren.
Nirgends wurde die Krise der Heimindustrie so deutlich, wie
in der Krise des Ausbildungssystems, die sich als regel-
rechter Zusammenbruch des handwerklichen Reproduktionszusammenhangs beschreiben läßt. War es in der Zeit vor dem
Ersten Weltkrieg eine Ehre, einen Stahlwarenberuf, insbesondere das Schleiferhandwerk, zu erlernen (bzw. eine
Selbstverständlichkeit, den Beruf des Vaters zu ergreifen),
so wurden diese Berufe nun aus Mangel an Alternativen gewählt. Da die überwiegende Mehrzahl der Schleifer sich in
dieser Zeit gleich nach der Ausbildung selbständig machte -
1905 waren nur 2 Prozent der Messerschleifer und nur 8,3
Prozent der Scherenschleifer im Status eines Gesellen [1] -
konnte der ausbildende Meister an der Lehrlingsausbildung
kaum etwas verdienen. Im Gegenteil, selbst die Kosten der

[1] Siehe hierzu: Tab. 6 in R. Boch, Handwerker-Sozialisten,
a.a.O., S 103

Grundausstattung eines angehenden Meisters, die um die
Jahrhundertwende bei 400 bis 800 Mark lagen, wurden vom
ausbildenden Meister zumindest teilweise getragen. "Es wurde von den Fachvereinen als soziale Pflicht des Lehrherrn
angesehen, dem Gesellen beim Aufbau einer selbständigen
Existenz behilflich zu sein". [1] Für die 1920er Jahre war
es nicht möglich, die Relationen zwischen Meistern, Gesellen und Lehrlingen exakt zu rekonstruieren. Es ist jedoch
davon auszugehen, daß eine wachsende Zahl von heimgewerblichen Gesellen es nicht mehr zum selbständigen Schleifermeister brachte. Überhaupt waren die Lohnverhältnisse in
der Heimindustrie nicht dazu angetan, die Ausbildung von
Nachwuchskräften anzuregen. Der Ehrenkodex des handwerklichen Reproduktionszusammenhangs ließ sich unter diesen Umständen nicht halten. Die Mentalität des größten Teils der
nach dem Ersten Weltkrieg ausgebildeten Heimarbeiter war
sehr verschieden von der ihrer älteren Berufskollegen. Der
handwerkliche Berufsstolz war einem eher instrumentellen
Verhältnis zur Arbeit gewichen. Dieser Teil der Heimarbeiterschaft begann eine den Fabrikarbeitern vergleichbare
Job-Mentalität zu entwickeln, die gegenüber dem konkreten
Inhalt der Arbeit indifferent war. [2] Ihre Arbeitszeiten
und ihr Arbeitsrhytmus wiesen kaum Unterschiede zur Fabrikarbeit auf. [3] Auch Arbeitslosigkeit bzw. Mehrarbeit zählten zunehmend zu den alltäglichen beruflichen Erfahrungen
einer Vielzahl von Heimarbeitern. Die Folgen für die Gewerkschaftsfähigkeit lagen auf der Hand: Ein entschiedenes
Eintreten für die übergeordneten Interessen ihres Berufsstandes war von dieser Gruppe der Heimarbeiter ebensowenig

---

1) Ebenda, S. 104
2) Dieser Entwicklung wurde durch die Tendenz zur Herstellung einfacher und billiger Massenware gefördert. Vgl.
   auch B. Berkenhoff, a.a.O., S. 128 f
3) BAST 25.11.1926, Das Milieu der Solinger Heimarbeiterschaft

zu erwarten, wie von ihren älteren Kollegen. Die Bergische
Arbeiterstimme gelangte zu der Einschätzung, "daß die Be-
rufs- und Klasseninteressen einem ausgesprochenen individuellen Egoismus Platz machen und jeder solidarische Gedanke
zu Grabe getragen wird". [1]

Die Qualität der Ausbildung verschlechterte sich zusehends.
Bereits 1922 wurde der Lehrlingsmangel bemerkt und mit
Blick auf die Schmalkaldener Konkurrenz [2] wurden seitens
der Industrie Überlegungen zu einer Neuordnung des Ausbildungswesens angestellt. [3] Dabei setzte sich die Auffassung
durch, daß die Ausbildung des Nachwuchses nicht mehr allein
der Heimarbeiterschaft überlassen werden konnte, sondern
analog zu den im Ersten Weltkrieg verstärkt hervorgetrete-
nen interventionsstaatlichen Prinzipien in staatliche Regie
überführt werden müsse: "Bei keiner Berufsgruppe wird die
Unterbringung der Lehrlinge in so bedenklichem Maße von
Jahr zu Jahr schwerer, als bei der Heimindustrie und die
Zahl der guten Lehrstellen ist verhältnismäßig gering. Es
wäre von unschätzbarem Vorteil, wenn alle Lehrlinge der
Heimindustrie eine gemeinsame praktische Grundschule durch-
machen müßten, in der sie mit den grundlegenden technischen
Arbeiten und Handfertigkeiten vertraut gemacht werden. In
den Reider- und Schleiferklassen ist oft ein erschreckender

1) BAST 19.11.1926. Zur Position der BAST im Rahmen der Sozialstruktur der Solinger Arbeiterschaft vgl. Kap. 4.4.
   In diesem Zusammenhang ist im übrigen auch zu bedenken,
   daß die Tendenzen zur Vereinzelung und zur Entwicklung
   einer regelrechten "Unternehmermentalität", die durch
   die Verbreitung des Elektromotors gefördert wurden,
   nicht mehr durch die soziale Kontrolle einer intakten
   Fachvereinswelt aufgefangen wurde.
2) Schmalkalden, in Thüringen, war einer der wenigen Orte
   in Deutschland, an dem Schneidwaren in größerem Umfang
   hergestellt wurde.
3) Siehe hierzu: F. Sommer, Die Ausbildung der Arbeitskräfte in der Industrie des Solinger Wirtschaftsbezirks, in:
   Klinge und Schere/ZVTJ, Sonderheft zum Thema Lehrlingsausbildung, Febr. 1922, S. 21 - 29; H. Huth, Die Ausbildung der Solinger Industriearbeiter, in: ZVTI, Jg. 2,
   1922, Heft 8/9, S. 114 - 124

Mangel an technischem Verständnis vorhanden, der meines Erachtens nur auf eine solche Weise von Grund auf behoben
werden kann. Eins allerdings muß zuvor von den beteiligten
Kreisen erkannt und anerkannt werden, daß der Reider- und
Schleiferberuf auch Berufe sind, an denen die Errungenschaften neuzeitlicher Technik nicht spurlos vorüber gehen
dürfen. Die Meisterlehre soll in diesen Berufen nicht durch
eine Ausbildung in der Industrielehrwerkstatt ersetzt oder
verdrängt werden, die einzelnen Fertigkeiten und Handgriffe
des Sonderfaches soll der Lehrling auch weiter wie bisher
in einer guten Meisterlehre erlernen, aber vorher muß ihm
die allgemeine technische Ausbildung gegeben werden, die
die Heimarbeiter der Solinger Industrie für ihre zukünftige
Einstellung dringend gebrauchen werden. (...) Mit der ganzen Regelung hängt natürlich eng zusammen, die Frage der
Schaffung eines von allen Beteiligten anerkannten Kontroll-
organs, Einsetzung eines Prüfungsausschusses und Ablegung
von Jahresabschlußprüfungen und Gesellenprüfungen". [1]

Die angetrebte Neuordnung des Ausbildungswesens konnte sich
in den 20er Jahren nicht durchsetzen. Die Ausbildung blieb
weiterhin in den Händen der Heimarbeiter und wurde nach wie
vor ohne formelle Abschlußprüfung nach vier Jahren abgeschlossen. [2] Ein Indiz für eine automatische Lösung der
Probleme war darin jedoch nicht zu sehen. Im Gegenteil, die
von den "Rationalisierungseuphorikern" unermüdlich vorge-
tragene Prognose des Untergangs der Heimindustrie ließ das
Interesse der Jugendlichen an der Stahlwarenindustrie
schwinden. [3] Seit 1925 war es nicht mehr möglich, alle

1) H. Huth, a.a.O., S. 123
2) Vgl. hierzu: Bundesanstalt für Arbeitsvermittlung und
   Arbeitslosenversicherung, Handbuch der Berufe, Leipzig
   1930, Teil I, 2. Band, S. 144 - 161
3) In dem Maße, in dem die (z.B. materiellen) Vorteile der
   Heimarbeit gegenüber der Fabrikarbeit sich abschliffen,
   galt die Abneigung der Jugendlichen nicht allein der Solinger Industrie als solcher, sondern speziell der
   Heimarbeit. Unter den schlechten konjunkturellen Vorzeichen der 20er Jahre erhielten Nachteile, wie unregel-
   mäßige Beschäftigung bzw. unregelmäßiger Verdienst,
   stärkeres Gewicht.

Lehrstellen zu besetzen. [1] Es war ein deutlicher Traditionsbruch spürbar: Während die älteren Heimarbeiter sich mit dem bevorstehenden Untergang ihres Berufsstandes bereits abgefunden hatten und lediglich individuell darauf hofften, ihren Beruf wenigsten bis zur Pensionierung in traditioneller Weise ausüben zu können, traten die jüngeren Heimarbeiter ihre Arbeit bereits in dem Bewußtsein an, einer aussterbenden Berufsgattung anzugehören. Es ist kaum anzunehmen, daß diese Bedingungen junge Menschen anregen konnten, das Messerschleifer- oder Reiderhandwerk zu erlernen. Hinzu kam, daß das Vertrauen in die Stabilität der Schneidwarenindustrie im Vergleich zu der Vorkriegszeit stark abgenommen hatte. Der konjunkturelle Einbruch des Jahres 1926 brachte die Rationalisierungsdiskussion auf die Ebene der Tageszeitungen und die Vereinbarung in der Scherenbranche (vgl. Kap. 4.1) bestätigte den Eindruck, daß in der Solinger Schneidwarenindustrie gewaltige Umstrukturierungen bevorstanden bzw. bereits im Gange waren.

Hatten 1925 noch 48 der in einer Umfrage des Arbeitsamtes befragten Schüler in den Abschlußklassen als Berufswunsch einen der Schleiferberufe genannt, waren es 1927 nur noch 13. Bei den Reiderberufen war das Verhältnis 19 zu 3. [2] Immer häufiger sah sich das Arbeitsamt mit dem Pessimismus der alten Facharbeiter konfrontiert, die ihre Söhne zur Berufsberatung brachten: "Aber um Gottes willen nicht in die

---

1) Vgl. hierzu: Öffentlicher Arbeitsnachweis des Berufsamtes Solingen, Berufsamt-Mitteilungsblatt Nr. 4, Solingen Juni 1927, STA Solingen, Akte W 2260
2) O. Pucklitsch, Berufsberater, Um die Zukunft der Solinger Stahlwarenindustrie - Eine arbeitsmarktpolitische Betrachtung über die Solinger Stahlwarenindustrie unter Zugrundelegung der Ab- und Zugänge in den letzten zwei Jahren, BZ 24.9.1927 und 29.7.1927

Solinger Industrie, die geht todsicher zugrunde". [1] Die
Solinger Industrie hatte mit ihrer vollmundigen Rationali-
sierungspropaganda und der zur Einschüchterung der Heimindustrie geschürten Krisenstimmung zu dieser Beurteilung
selbst beigetragen. Nun sorgte sie sich um den Nachwuchs
und appellierte an die Berufsberater. Die Bergische Arbeiterstimme spottete: "Die Unternehmer, die noch vor Jahres-
frist im großen Chorus geschrieen haben, die Solinger Industrie fußt auf veralteten Produktionsmethoden, die Heimarbeit ist ein Hemmschuh für die gesamte Wirtschaftlichkeit
der Produktion, holen sich heute den Berufsberater, daß er
ihnen helfen soll". [2]

Die Chancen, den Nachwuchs in die Schneidwarenberufe zu
lenken, waren nicht allein aufgrund der inneren Entwicklung
der Schneidwarenindustrie gesunken. Insbesondere durch den
Aufstieg der nicht zur Schneidwarenindustrie gehörigen Metallbetriebe stand der Stahlwarenindustrie auf dem Ausbildungsmarkt eine leistungsstarke Konkurrenz mit attrakti-
ven Ausbildungsplatzangeboten gegenüber. Diese meist weniger exportabhängigen und im Falle des Werkzeugmaschinenbaus
ausgesprochenen expansiven Industrien galten als krisenfester und vielseitiger. Eine Ausbildung in einem qualifizierten Metallberuf, etwa als Dreher oder Schlosser, eröff-
nete viel breitere Berufs- und angesichts der größeren Be-

---

1) BZ 27.9.1927, a.a.O., In den Jahren 1926 und 1927 nahm
die Auswanderung Solinger Heimarbeiter bis dahin unbe-
kannte Ausmaße an. "Wenn man sieht, daß der übergroße
Teil der Auswanderer auf die Zeit vom 1.4.1926 bis
31.3.1927 fällt, dann ist sehr wohl anzunehmen, daß die
Krise der letzten Jahre den Entschluß zur Auswanderung
hat reifen lassen". BP 24.9.1927, a.a.O.; Nach den Angaben von O. Pucklitsch waren 223 Heimarbeiter, davon mehr
als die Hälfte Schleifer, ausgewandert. Ebenda
2) BAST 13.4.1927, Die Solinger Industrie, die Heimarbeiter
und die Lehrlingsfrage. Die BAST zweifelte daran, daß es
den Unternehmern wirklich um eine qualifizierte Nachwuchsausbildung auf der Basis der Heimindustrie ging.
"Das Gerede von Erhaltung der Solinger Heimindustrie ist
Lug und Trug. Es geht ihnen für die Zukunft nur um gute,
billige Ausbeutungsobjekte, was aber bei Nichtanlernen
ausgeschlossen ist". Ebenda

Abb. 21: Messerpliesterei der Fa. Henckels um 1930

triebsgrößen auch Aufstiegsperspektiven, als die einseitig
auf die Solinger Industrie hin ausgerichteten Berufe, mit
denen man außerhalb Solingens keine Arbeit finden konnte.
Das Sozialprestige der Schneidwarenberufe war spürbar gesunken. Seit 1925 nahm die Zahl der Neuzugänge zur Schneidwarenindustrie unaufhaltsam ab; sie war geringer als die
der Abgänge durch Überalterung. [1] Dieser Trend wurde in
der Weltwirtschaftskrise beschleunigt, wobei die pessimi-
stischen Prognosen eine Bestätigung erfuhren. Zwischen 1928
und 1936 schrumpfte die Zahl der Stahlwarenarbeiter insgesamt um 34,7 Prozent, die Zahl der Heimarbeiter ging sogar
um 58,2 Prozent (!) zurück. Der Anteil der Heimarbeiter an
der Stahlwarenarbeiterschaft, der 1925 noch bei über 50
Prozent gelegen hatte, sank auf 23 Prozent. [2] Von insgesamt ca. 4.600 Heimarbeitern waren im September 1937 lediglich 65 jünger als 25 Jahre. [3]

1) Vgl. V. Ebel, Das Nachwuchsproblem in der Schneidwarenindustrie, in: Die Klinge, Jg. 1950, S. 5
2) Alle Angaben nach Tab. 2.3.1
3) ST 1.10.1937

6. Bruch der Traditionen - Solinger Wirtschafts- und Sozialgeschichte unter dem Einfluß von Krise und Krieg

6.1 Von der Weltwirtschaftskrise bis zum Beginn des Zweiten Weltkrieges (1930 bis 1939)

I.

Die Exporte des Jahres 1929 hatten sowohl der Menge als auch dem Wert nach das höchste Niveau der zwanziger Jahre überhaupt erreicht. Die Ausfuhrmenge war auch in den letzten Monaten stabil geblieben [1] und lag 37 Prozent über dem Ergebnis von 1913. [2] Im Laufe des Jahres 1930 waren die Schneidwarenausfuhren zwar in allen Branchen rückläufig, insgesamt konnte jedoch immer noch ein Jahresergebnis erzielt werden, das deutlich über dem Vorkriegsniveau lag. [3] Zudem hatten die Hauptkonkurrenten in England und besonders in den USA größere Einbußen zu verzeichnen, als die deutsche Schneidwarenindustrie. [4] Das Niveau der Ausfuhren nach einzelnen Bestimmungsgebieten konnte - abgesehen von wenigen Ausnahmen wie Argentinien, Spanien oder den Niederlanden - auch 1931 noch einigermaßen gehalten werden. [5] In einigen Fällen - insbesondere im Falle Englands - waren sogar Exportsteigerungen zu verbuchen. Seit Beginn des Jahres 1932 fielen die Ausfuhren dann rapide ab. 1932 wurde weniger als 66 Prozent der Ausfuhrmenge des Jahres 1930 exportiert. [6]

1) H. Möhle, a.a.O., S. 75. Demgegenüber zeigten sich auf dem Inlandsmarkt in der zweiten Jahreshälfte 1929 deutliche Krisentendenzen. Messer und Schere, 1.1.1930
2) Tab. 1.1.1
3) Ebenda
4) Nach den Angaben der Zeitschrift Messer und Schere war die Ausfuhr im ersten Halbjahr 1930 in England um 17 % und in den USA um 42 % gegenüber den Vorjahreswerten gefallen. In einigen Ländern wurde die Stahlwarenproduktion sogar eingestellt. Messer und Schere, 1.1.1931, S. 9
5) H. Giese, a.a.O., S. 94 - 96
6) Tab. 1.1.1

Am 20. September 1931 hatte England den Goldstandard verlassen und das englische Pfund um ca. 40 Prozent abgewer-
tet. [1] An die Stelle stabiler Wechselkurse bei schwanken-
dem Preisniveau traten nun nach den wirtschaftspolitischen
Zielen der einzelnen Staaten bestimmte Preisniveaus mit
schwankenden Wechselkursen. Die englische Abwertung war der
Ausgangspunkt einer Welle von Abwertungen, zunächst in den
Ländern mit Pfunddevisenwährungen [2], dann aber auch in den
skandinavischen Ländern, in Portugal und schließlich (1933)
in Japan und in den USA. Mitte der 30er Jahre folgten
Frankreich, Holland, Italien und die Schweiz. [3] Die Abwertung verteuerte die ausländischen Waren und wirkte somit
importhemmend. Die Mehrzahl der Länder des "Sterling-
blocks", die der englischen Abwertung gefolgt waren, zählten zu den besten Abnehmern der Solinger Industrie. [4] Die
stärksten Einbußen waren jedoch auf dem englischen Markt
selber zu spüren. Die ohnehin protektionistische Wirkung
der Abwertung wurde hier durch die Erhebung eines Zusatz-
zolles noch gesteigert. Für das Jahr 1930 wurde die Aufhebung des 1925 beschlossenen und auf fünf Jahre befriste-
ten 33 prozentigen Schutzzolles auf Schneidwaren erwartet.
Der Eintritt der Konservativen Partei in die englische
Regierung und die von ihr entfachte "buy-british"-Bewegung
bereiteten diesen Hoffnungen ein Ende. Statt dessen wurde
Ende 1931 ein Zusatzzoll von 50 Prozent beschlossen. [5]
Ähnlich wie vor der Zolleinführung 1925 stiegen die
englischen Importe noch einmal heftig an - die deutsche

1) Als direkte Folge der englischen Abwertung hatten zahlreiche Solinger Betriebe mit Forderungen und Guthaben in
   englischer Währung schwere Verluste zu verbuchen. H.
   Giese, a.a.O., S. 57 sowie: Messer und Schere 1.7.1931
2) Britisch-Indien, Ägypten, Palästina, Irland, Neuseeland,
   Südafrika
3) Siehe A. Predöhl, Die Epochenbedeutung der Weltwirt-
   schaftskrise von 1929 bis 1931, in: D. Petzina (Hrsg.),
   Deutsche Wirtschaftsgeschichte im Industriezeitalter,
   Düsseldorf 1981, S. 276; K. Löhmer, Die Situation der
   Heimarbeiter in der Solinger Schneidwarenindustrie,
   Diss. MS Köln 1951, S. 156 ff; F. Henckels, Die Solinger
   Schneidwarenindustrie im internationalen Handel, Diss.
   MS, Köln 1949, S. 23
4) Vgl. Tab. 1.4
5) H. Giese, a.a.O., S. 66 ff

Ausfuhr der Monate September bis November lag aus diesem
Grund mehr als 100 Prozent über der gewöhnlichen Monatsaus-
fuhr [1] -, um dann umso heftiger zusammenzubrechen. [2] Die
Ausfuhrmenge fiel deutlich unter das Vorkriegsniveau, das
erst 1937 wieder - allerdings nur knapp - übertroffen
wurde. [3] Der Wettbewerbsvorteil auf dem Weltmarkt, den
sich die englische Industrie durch die Abwertung gegenüber
dem Deutschen Reich verschafft hatte, reichte allerdings
nicht aus, um die deutsche Konkurrenz abzuschütteln; Solingen blieb bei allen Produkten konkurrenzfähig. [4] Immerhin
konnten die englischen Schneidwarenexporte z.T. auf Kosten
der Solinger Industrie wieder gesteigert werden. [5]

Die katastrophalen Auswirkungen der Abwertungen und die
nicht allein auf England beschränkten protektionistischen
Maßnahmen [6] wurden durch andere Beeinträchtigungen des
Welthandels, etwa durch Einfuhrkontingentierungen [7] und

1) H. Giese, a.a.O., s. 52
2) Siehe die differenzierten Angaben bei F. Henckels,
   a.a.O., Anhang III sowie Tab. 1.5. Infolge der Überflu-
   tung des englischen Marktes war auch nach der Senkung
   der Zolltarife, die im Mai 1932 erfolgte, keine wesentliche Belebung mehr zu bemerken. H. Giese, a.a.O., S.
   67. Siehe auch: Messer und Schere 17.11.1934, S. 535f
3) Vgl. Tab. 1.1.1
4) Messer und Schere 17.3.33, Solingen als Konkurrent der
   englischen Schneidwarenindustrie
5) H. Giese, a.a.O., S. 53; K. Löhmer, a.a.O., S. 156;
   Messer und Schere 1.3.1932, S. 95, 1.11.1933, S. 488,
   1.7.1935
6) Kein nennenswerter Markt blieb von einer Zollerhöhung
   verschont. Vor allem die billigen Schneidwaren wurden
   mit hohen Zöllen belegt, da die konkurrierenden nationalen Schneidwarenindustrien in erster Linie geringwerti-
   gere Schneidwaren produzierten; vgl. K. Löhmer, a.a.O.,
   S. 157; I. Duisberg, a.a.O., S. 165 f
7) Die Schneidwarenausfuhr wurde in folgenden Ländern durch
   Kontingentierungen behindert: Polen, Estland, Lettland,
   Griechenland, Italien, Niederlande, Rumänien, Schweiz,
   Ungarn, Türkei und Persien; K. Löhmer, a.a.O., S. 157,
   K. Matthiolius, a.a.O., S. 53

Devisenbeschränkungen noch verstärkt. [1] Wie sich anhand
der Butterzölle nachweisen läßt, führte der Agrarprotektio-
nismus der Reichsregierung zu einer empfindlichen Schädigung der Solinger Exportinteressen. [2] Trotz der vielfälti-
gen interventionistischen Behinderungen des Exporthandels
gerade auf dem europäischen Kontinent war der Rückgang der
Nachfrage in den anderen Teilen der Welt noch stärker. Während der Anteil Europas am deutschen Schneidwarenexport in
normalen Jahren bei ca. 50 Prozent gelegen hatte, gingen
nun 60,2 Prozent aller exportierten Schneidwaren in ein
europäisches Land. [3] Der Export in die anderen Erdteile
hatte - außer im Falle Afrikas - abgenommen. Der stärkste
Rückgang war auf dem amerikanischen Kontinent - und hier
besonders in den USA [4] - zu verzeichnen.

Die Krise des Exporthandels machte sich nicht allein in
sinkenden Ausfuhren bemerkbar. Mit dem Tiefpunkt der Krise

1) Die Devisenbeschränkungen waren eine Folge der englischen Abkehr vom Goldstandard. Um nicht in den Sog der
englischen Pfundabwertung zu geraten, versuchten einige
Länder - unterstützt durch eine gezielte Devisenzutei-
lung, die natürlich Konsumgüter, wie es die meisten
Schneidwaren waren benachteiligte - die Verbindung mit
dem englischen Pfund zu lösen. In Europa waren es vor
allem die Balkanstaaten, Griechenland und Bulgarien
sowie Österreich, aber auch Polen und die Tschechoslowakei, die auf diese Weise die Schneidwarenausfuhr des
Deutschen Reiches beeinträchtigten. Siehe H. Giese,
a.a.O., S. 56 f. Zur Lage auf dem Weltmarkt siehe auch:
Messer und Schere 1.3.1932, S. 95; Die Klinge 7/1935, S.
438
2) Die Einführung von Butterzöllen führte seitens der But-
terlieferanten (Holland, Finnland und Dänemark) zu einem
Boykott deutscher Waren. Für Importe deutscher Fertig-
produkte wurden keine Devisen mehr bewilligt. Die von
der Einführung des Butterzolles am meisten betroffenen
Länder, Holland und Dänemark, die bedeutende Abnehmer
der deutschen Schneidwarenindustrie waren, wandten sich
der englischen Industrie zu. Die dänische Landbevöl-
kerung lehnte jede Ware aus Deutschland ab und verlangte
ausdrücklich englische Schneidwaren. Der deutsche
Schneidwarenexport nach Dänemark und Holland sank um ca.
50 %, während der englische um ca. 15 % anstieg. H.
Giese, a.a.O., S. 74 - 76, vgl. auch: Messer und Schere
1.6..1932, Die Solinger Industrie lehnt Autarkie ab.
3) Vgl. Tab. 1.2, siehe auch: Tab. 1.4
4) Tab. 1.5 und 1.6

1932 setzte ein Trend zu einer fortschreitenden Abnahme des
Durchschnittswertes der exportierten Stahlwaren ein.
Der Wert je Doppelzentner hatte 1931 noch bei 944 Reichsmark gelegen. 1935 erreichte er mit 573 Reichsmark einen
Tiefstand, der auch in den folgenden vier Jahren nur minimal überschritten wurde. [1] Dieser Rückgang war nicht
allein eine Folge von Preissenkungen. Der Schwerpunkt der
Exporte hatte sich auf einfachere Erzeugnisse verschoben.
[2] Dies hatte zur Folge, daß die Heimarbeiterschaft am
stärksten von dem Arbeitsmangel betroffen war. Sinkende
Durchschnittswerte bedeuteten in den meisten Fällen, daß
der Arbeitsanteil der Heimarbeiter am Wert der Schneidwaren
abgenommen hatte, sei es, weil sie real weniger Arbeit hatten oder sei es, weil sie nominal schlechter bezahlt wurden. [3] Bereits 1930 hatte die Zeitschrift Messer und Schere die Devise herausgegeben, unter der die Krise zu bewältigen sei: "Durch Hinüberführung der Solinger Stahlwaren
aus der Klasse der Gebrauchsgüter mit langsamen Verschleiß
in die Klasse der Geschmacksgüter mit wesentlich schnelle-
rem Verschleiß." [4] Die Krise schien die letzten Skrupel
beim Verlassen der traditionellen Qualitätsstandards zu beseitigen. Die Weltwirtschaftskrise hatte die Gewichte zugunsten der Billigschneidwaren verschoben. Der Markt für

---

1) Tab. 1.1.1 sowie Tab. 1.5
2) IHK-Mitteilungen Dezember 1932, S. 126. Anhand der Tab.
   1.9, die den Anteil einzelner Erzeugnisse an der Gesamtproduktion veranschaulicht, läßt sich erkennen, daß
   die Rolle der (teuren) Geschenkartikel, wie Taschenmesser oder Bestecke, zugunsten der Gebrauchsartikel, wie
   Arbeitsmesser, Rasiergeräte, chirurg. Instrumente und
   dergl. abgenommen hatte.
3) "Eine sechszöllige Stahlschere kostet in einfacher Ausführung im Engrosverkauf etwa 3,80 bis 4 RM. Dieselbe
   Schere aber in bester Ausführung 6 - 6,20 RM, also etwa
   50 % mehr. Da der Materialwert hierbei der gleiche ist,
   erhöht sich der Arbeitswert um eben diese 50 %, d.h. der
   Arbeiter hat umso mehr Arbeit an einer Sache, je besser
   sie ausgeführt ist". Messer und Schere 17.8.1935, S.
   336; Etwas anders lagen die Dinge bei Messern. Hier war
   es möglich, durch die Verwendung geringwertiger Materialien, etwa für die Beschalung, zusätzliche Einsparungen
   zu erzielen. Bestecke, Taschenmesser und Rasiermesser
   wurden z.B. mit lackierten Blechschalen versehen. Messer
   und Schere 1.9.1935, S. 335
4) Messer und Schere 17.8.1930, S. 482

die zwar qualitativ besseren aber teureren Produkte aus
England oder Deutschland hatte sich durch die materielle
Verarmung verengt. Notgedrungen mußte die Solinger Indu-
strie das Schwergewicht ebenfalls mehr denn je auf billige
Massenware verschieben. [1] Die Produktion ausgesprochener
"Schundware" nahm jedoch so sehr zu, daß selbst in der
Zeitschrift Messer und Schere wieder eine Rückbesinnung auf
die traditionellen Qualitätsstandards gefordert wurde, da-
mit der Ruf der Solinger Industrie nicht vollends ruiniert
werde. [2]

Die Lage auf dem inneren Markt entwickelte sich noch un-
günstiger als auf den Exportmärkten. Dies zeigt sich auch
an den Daten aus den beiden untersuchten Solinger Stahlwarenbetrieben, die - wie die meisten Klein- und Mittelbe-
triebe [3] - bereits vor der Krise stärker als der Durchschnitt auf den Inlandsmarkt konzentriert waren. [4]
Gemessen am Vorkriegsstand waren in der Umsatzentwicklung
der beiden Betriebe im Vergleich zum Stahlwarenexport des
Deutschen Reiches stärkere Einbußen festzustellen. [5] Es

[1] Siehe K.F. Ganns, a.a.O., S. 81
[2] Messer und Schere 1.7.1932, S. 259 f; "Hauptsächlich Taschenmesser, Bestecke und Rasierklingen wurden und werden heute noch in Ausführungen angeboten, die vom Qualitätsbegriff nicht einmal angehaucht, geschweige denn
durchdrungen sind. (...) Weg mit jenen Messerwaren, die
nur das Auge betrügen, deren Kern aber minderwertig
ist". Messer und Schere 1.9.1933, S. 385; siehe auch:
Die Qualitätsfrage auf dem Auslandsmarkt, in: Die Klinge
9/1936, S. 521 f
[3] Siehe K.F. Ganns, a.a.O., S. 21. Der größte Teil (72 %)
des Exportes im Jahre 1928 wurde von den Betrieben mit
mehr als 200.000 RM Jahresumsatz getätigt.
[4] 1928 hatte die Exportquote in einem Fall (Bertram) bei
33,8 % (Vgl. StA Solingen Fi-1-300) und im anderen Fall
(Köller) bei 37,9 % (Vgl. Tab. 3.1.1) gelegen. Die
durchschnittliche Exportquote der Schneidwarenindustrie
lag bei 56 %. Während die Firma Köller verstärkt auf dem
Außenmarkt einen Ausgleich für den Rückgang der innerdeutschen Absätze suchte und ihre Exporte bis 1938 auf
42,3 % des Gesamtumsatzes steigerte (Vgl. Tab. 3.1.1.1),
konnte die Firma Bertram die Produktion seit der natio-
nalistischen Machtübernahme mit öffentlichen Aufträgen
(SA-Dolch, HJ-Messer) ankurbeln. Die Exportquote blieb
relativ konstant. Sie lag 1936 bei 31 %. STA Solingen
Fi-1-300
[5] Siehe Tab. 3.1.1, Tab. 3.3.2 und Tab. 1.1.1.1

war klar, daß die Unternehmer die Erschwernisse des Außenhandels durch eine verstärkte Hinwendung zum deutschen Markt auszugleichen bestrebt waren. [1] Durch eine Intensivierung der Reisetätigkeit, durch gezielte Reklame und durch gemeinschaftliche Aktionen [2] versuchten die Solinger Unternehmer ihre Inlandsabsätze zu beleben. [3] Zwar konnten aufgrund dieser Anstrengungen die Importe von Messerschmiedewaren ins Deutsche Reich, die in der zweiten Hälfte der 20er Jahre und besonders 1930 relativ angestiegen waren, auf einen verschwindent geringen Anteil zurückgedrängt werden; [4] jedoch sahen sich die Solinger Firmen gezwungen, ihren Kunden erhebliche Preisnachlässe und Zahlungsaufschübe zu gewähren und selbst kleinste Aufträge, sog.

---

[1] Im Jahre 1928 war in Solingen eine Produktionserhebung durchgeführt worden, deren Ergebnisse erst im Laufe des Jahres 1931 veröffentlicht wurden. Die größte Überraschung der statistischen Analyse war, daß die Exportquote bei nur 56 % gelegen hatte. (Vgl. die Analyse des Gewerkschafters J. Kretzen, a.a.O., der bereits 1925 zu ähnlichen Ergebnissen gekommen war, die derzeit jedoch von den Industrieverbänden heftig bestritten worden waren). Die Zeitschrift Messer und Schere rief daraufhin dazu auf, sich verstärkt dem inneren Markt zuzuwenden. Messer und Schere, 1.1.1932, S. 10 sowie Messer und Schere 1.8.1932

[2] In diesem Zusammenhang stehen etwa die Gründung einer weiteren Fachzeitschrift, "Die Klinge", im September 1933, die sich im Gegensatz zu der Zeitschrift Messer und Schere weniger an die Schneidwarenindustrie, als vielmehr mit einer Vielzahl von Werbeartikeln und praktischen Vorschlägen für den Verkauf an den Schneidwarenhandel richtete oder die vom 28.7. - 2.8.1934 veranstaltete "Stahlwarenwoche", in deren Rahmen Händlern und Verbrauchern aus allen Teilen des Landes eine Leistungsschau der Solinger Stahlwarenindustrie geboten wurde: Ingrid Duisberg, a.a.O., S. 167, Zum Programm der Stahlwarenwoche siehe: Messer und Schere 17.6.1934 S. 268. Sowohl auf einzelbetrieblicher (Vgl. die Rundschreiben der Fa. Bertram in: STA Solingen Fi-1-295) als auch auf gemeinschaftlicher Ebene wurden Werbefeldzüge zuvor unbekannten Ausmaßes gestartet. Siehe z.B. die Werbung für das HJ-Messer, in: Historische Materialien der Fa. Wüsthof, STA Solingen Bibl. GA 2546, S. 98 ff oder die Broschüren "Das Küchenmesser hat Ihnen etwas zu erzählen" (Auflage 0,5 Mio Exemplare) und "Solinger Facharbeit - schön und praktisch zugleich" STA Solingen, Bibl.; vgl. K. Matthiolius, a.a.O., S. 74 ff

[3] Ingrid Duisberg, a.a.O., S. 130; siehe auch: Messer und Schere 1.1.1932, S. 10

[4] Tab. 1.8

"Vierteldutzend-Aufträge" anzunehmen. [1] Die fixen Kosten
wurden, wie der Betriebswissenschafter E. Schmalenbach bereits vor der Weltwirtschaftschaftskrise prophezeit hatte,
zum entscheidenden Problem. [2] Die Verengung des Geld- und
Kapitalmarktes und die daraus resultierenden hohen Zins-
sätze erschwerten den Unternehmern die Kreditaufnahme. [3]
Die schlechten Absatzbedingungen und die daraus folgende
Notwendigkeit, auf Lager zu produzieren [4], setzten eine
hinreichende Reserve flüssigen Eigenkapitals voraus, über
das die wenigsten Solinger Betriebe verfügten. [5]
Obwohl sich die Bedingungen einer Mechanisierung aufgrund
der eindeutigen Verschiebung zu billiger Ware an sich verbessert hatten, war unter diesen Voraussetzungen an kapitalaufwendige Rationalisierungsmaßnahmen nicht mehr zu denken. [6] Im Gegenteil, selbst die wenigen, bereits eingeführten Maschinen wurden explizit als Fehlinvestitionen
eingeschätzt. In der Zeitschrift Messer und Schere erhielt
die gesamte Rationalisierungsdiskussion eine neue Bewertung:

---

1) Messer und Schere 1.7.1930, S. 396; siehe auch: Messer
   und Schere 1.6.1930, S. 335
2) "Und so ist die moderne Wirtschaft mit ihren hohen fixen
   Kosten des Heilmittels beraubt, das selbsttätig Produktion und Konsumtion in Einklang bringt und so das wirtschaftliche Gleichgewicht herstellt. Weil die proportio-
   nalen Kosten in so großem Umfang fix geworden sind,
   fehlt der Wirtschaft die Fähigkeit der Anpassung der
   Produktion an die Konsumtion (...)". E. Schmalenbach,
   zit. nach: A. Sohn-Rethel, Ökonomie und Klassenstruktur
   des deutschen Faschismus, Frankfurt/M. 1973, S. 43
3) Messer und Schere, 1.1.1930, S. 10, 12
4) Messer und Schere, 17.8.1930, S. 481
5) Ein ausführlicher Bericht zu diesem Problem in: Messer
   und Schere 1.7.1931, Die finanzielle Lage der Solinger
   Stahlwaren-Industrie
6) Bereits zu Beginn des Jahres 1930, als die Krise noch
   gar nicht voll eingesetzt hatte, hieß es in der Zeitschrift Messer und Schere: "In der technischen Entwicklung sind zwar Fortschritte zu verzeichnen, doch hat
   die Entwicklung der Geld- und Kreditlage stark hemmend
   gewirkt. Über die Notwendigkeit weiterer technischer
   und organisatorischer Maßnahmen zur Verbilligung der
   Produktion dürfte es heute kaum noch Meinungsverschie-
   denheiten geben. Die Entwicklung des Exports drängt geradezu zu solchen Maßnahmen, doch zwingen die zahlreichen Finanzschwierigkeiten auch bei Betrieben, die ge-
   sund und fortschrittlich gesinnt sind, zur Zurückstel-
   lung mancher in Aussicht genommener Maßnahmen". Messer
   und Schere 1.1.1930, S. 12

"Die Überschätzung der Rationalisierung, die als unwirt-
schaftlich und kostspielig bezeichnete Handarbeit, die allgemein propagierte Notwendigkeit, sie auf der ganzen Linie
und um jeden Preis in Maschinenarbeit umzuwandeln, waren
nicht eine Eigentümlichkeit der Solinger Stahlwarenindustrie, sie beherrschten die gesamte internationale Industrieentwicklung. Nur schien in Solingen der Zwang um so
größer, als fest umrissene Arbeitsgruppen ausschließliches
Monopol der Handarbeit waren. Man prophezeite damals - es
mögen 10 Jahre her sein - den Fabrikbetrieben eine erfolg-
reiche Zukunft, man schaufelte gleichzeitig dem Verteiler,
der seine Messer in den Kotten schleifen ließ ein baldiges
Ende, ein Überrennen durch den maschinell bis an die Zähne
bewaffneten Fabrikbetrieb. Und wie ist die Lage heute? Die
Großbetriebe leiden unter der mangelnden Ausnutzung der Maschinen, auch die stillstehende Maschine frißt Geld, der
Verwaltungsapparat läßt sich einschränken, aber nicht aus-

Abb. 22: Schleifer des an der Wupper gelegenen Obenrüdener Kottens bei
einer Kaffeepause um 1935

schalten. Miete muß auch für produktionslose Räume bezahlt
werden, - im Gegensatz dazu der Verteiler, der seine "Produkte" aus der Heimindustrie bezieht, geht sein Auftragsbestand zurück; so lastet auf ihm nicht der Druck der zu ver-
zinsenden Maschinenteile, die Amortisation großer Betriebs-
anlagen. Er hat alles ja viel, viel einfacher. Er braucht
nur zu erklären, daß keine Arbeit vorliege und seine Fabrik
ist kostenlos geschlossen (...). Schlußfolgerung: Wer in
vergangener Zeit modern sein wollte, ist heute veraltet -
wer bei dem jahrhundertelangen bewährten Heimarbeitersystem
blieb, hat den besseren Teil erwählt". [1]

Die Betriebe, bei denen die variablen (Lohn-)Kosten gegenüber den fixen Kapitalkosten überwogen und die gegenüber
ihren heimgewerblichen Arbeitskräften durch keinerlei Ar-
beitsvertrag gebunden waren, konnten ihren Produktionsausstoß ohne bemerkenswerte Erhöhung der Kosten flexibel vari-
ieren.

II.

Die Kehrseite der konjunkturellen Entwicklung und der betriebswirtschaftlichen Zusammenhänge war, daß die Heimarbeiter ihre konjunkturelle Pufferfunktion mehr denn je zu
spüren bekamen. [2] "Das ständige Absinken der Wirtschafts-
kurve in Verbindung mit einer stets wachsenden Zahl der Arbeitslosen führte dazu, daß das Heer der Tag für Tag um Arbeit bittenden Heimarbeiter immer größer wurde. Um Arbeit
zu bekommen, verlangte und akzeptierte man einen Lohn, zu
dem der Tariflohn nur der Ausgangspunkt einer stets stei-

1) Messer und Schere 17.7.1931, S. 116 f
2) Bei K.F. Ganns heißt es: "Da die Solinger Industrie immer ein Spielball der Konjunktur gewesen ist, leuchtet
somit der Wert des Heimarbeitersystems ein". K.F. Ganns,
a.a.O., S. 14

genden Rabattverrechnung abgab". [1] Für den Arbeitgeberverband stelle sich damit die Frage, "ob eine Aufrechterhaltung des Tarifgedankens in der Heimindustrie mit den für
die tariftreuen Mitglieder sich daraus ergebenden Schädi-
gungen noch vor der Mitgliederschaft verantwortet werden
könne". [2] Ende 1931 kündigte der Verband 12 der 36 abgeschlossenen Preisverzeichnisse. [3] Wenn man bedenkt, daß es
sich bei den gekündigten Tarifen ausnahmslos um Schleifer-
preisverzeichnisse handelte, dann wird klar, daß hiermit
tatsächlich ein "grundlegender Kurswechsel" (Arbeitgeberverband) eingeleitet werden sollte. Zwar konnten im Falle
der Messerschleifer und der Gabelschleifer am 1. bzw. 4.
Dezember noch einmal Preisverzeichnisse in Kraft treten,
die allerdings bei Messern 6,3 bis 14,7-prozentige und bei
Gabeln bis zu 23,7 prozentige Preissenkungen vorsahen, doch
blieb das erklärte Ziel des Arbeitgeberverbandes weiterhin
die Abschaffung sämtlicher Preisverzeichnisse. [4] Die Heimarbeiter und ihre gewerkschaftlichen Vertretungsorgane waren angesichts der sozialen und ökonomischen Krise gegenüber diesen Bestrebungen machtlos. Die "4. Notverordnung
zur Sicherung von Wirtschaft und Finanzen und zum Schutze
des inneren Friedens", die eine Reduzierung der Lohnsätze
in den laufenden Tarifverträgen auf dem Stand vom 1. Oktober 1927 vorsah, war dem Arbeitgeberverband "ein willkomme-
nes Hilfsmittel, den von der Mitgliederschaft verlangten
Lohnabbau in der Heimindustrie ohne besondere Schwierigkei-

---

1) W. Großmann, Geschäftsbericht über die Tätigkeit des Ar-
beitgeberverbands von Solingen und Umgebung e.V.,
1931/32, S. 9
Der DMV wählte für das gleiche Phänomen folgende Formulierung: "In der Kleinindustrie in Solingen entwickeln
sich durch die Verhältnisse durch die Wirtschaftskrise geradezu katastrophal. Die Unterbietungen der Fabrikanten in
Preisen führten ständig zu neuem Lohndruck, vor allem
auch bei den Heimarbeitern. Gerade sie sind es, die bei
jeder Gelegenheit (...) benachteiligt sind. Die größte
Gefahr sind die unzähligen Außenseiterfirmen, die in allen Bedingungen Ware verkaufen, dadurch aber auch die
Arbeiten zu den schlechtesten Bedingungen an Heimarbeiter vergeben". Jahrbuch des Deutschen Metallarbeiterverbandes 1931, S. 26
2) Geschäftsbericht, a.a.O., S. 11
3) Ebenda, S. 12 f
4) Geschäftsbericht, a.a.O., S. 11 ff

ten (d.h. ev. auch ohne Abschaffung der Preisverzeichnisse,
d. Verf.) durchzuführen". [1] Die Möglichkeiten der Entgeltkürzungen, die mit dem tariflosen Zustand und der Notverordnung geschaffen waren, schienen den Unternehmern nicht
mehr auszureichen. Die Zeit für grundsätzliche Lösungen war
gekommen. Nicht nur die Tatsache, daß die Heimarbeiterschaft angesichts der wachsenden Arbeitslosigkeit zu keinerlei Widerstand mehr fähig war, sondern auch der Trend zu
einfachen Massenprodukten hatten seit 1930 optimale Bedingungen für einen Generalangriff auf das Heimarbeitersystem
entstehen lassen. Nun ging es darum, die Kontrolle über den
gesamten Herstellungsprozeß zu gewinnen und die Kosten ohne
eine kapitalaufwendige Mechanisierung zu reduzieren. [2] Die
einzelnen Arbeitsgänge des Schleifens und Reidens wurden so
weit zerlegt, daß es bei ihrer Ausführung nicht mehr auf
langjährige Erfahrung und Übung, sondern allein auf Schnelligkeit ankam. Zur Verrichtung dieser Teilarbeiten wurden
billige, ungelernte Arbeitskräfte, häufig Mädchen und Jungen, eingestellt. Die dabei zur Verwendung kommenden Werkzeuge und Arbeitsgeräte waren prinzipiell die gleichen wie
in den Heimarbeiterwerkstätten. Komplizierte Arbeiten, die
nicht von den fabrikindustriellen Teilarbeitern ausgeführt
werden konnten, gab man weiterhin an die Heimarbeiter aus.

---

1) Ebenda, a.a.O., S. 15
2) H. Holte faßte die Entwicklung in seiner Dissertation
1939 zusammen: "Die Anwendung der Maschine beschränkt
sich darum bis heute auf Massengüter mittlerer und bil-
ligerer Qualität, bei denen nicht in erster Linie Präzi-
sionsarbeit erfordert wird, sondern nur eine durchschnittliche Gebrauchsfähigkeit erzielt werden soll.
Wenn die Anwendung der Maschine als Arbeitsweise bis
heute in der Solinger Industrie nicht vorherrschend geworden ist und sich auf die Fabriken mit Massenfertigung
beschränkt, so wird das Teilarbeitssystem überall weiter
ausgebaut. Die Arbeiten, die beim Schleifer, Härter usw.
gemäß den Tarifverzeichnissen noch in einer Hand lagen,
werden in den Fabriken so weit zerlegt, daß bei einer
großen Zahl der vorkommenden Arbeiten die einzelnen
Handgriffe von angelernten jugendlichen Arbeitern ausgeführt werden können und vielfach nur noch die Kontrolle
und die Arbeitsverteilung von Facharbeitern besorgt
wird. Aber auch die Heimarbeiter selbst werden in die
Fabriken einbezogen, um Verlustquellen auszumerzen, die
durch den Transport der Waren von und zu den Heimarbei-
terstätten, durch die geringeren Ausnutzungsmöglichkei-
ten der Energiestoffe und die größere Zersplitterung der
Arbeitskraft entstehen." H. Holte, a.a.O., S. 7

Kein Heimarbeiter konnte es sich leisten, die Annahme dieser Restarbeit, mit der er die Teilarbeit stützte, zu verweigern. Durch das Absinken der Heimarbeiterentgelte und
durch den Ausbau des Teilarbeitssystems wurde die Weiterverarbeitung so verbilligt, daß sogar die vorhandenen
Schleifmaschinen als unrentabel angesehen wurden: "Aber es
kann gar nicht geleugnet werden, daß in der Tischmesser-
branche die Schleifmaschinen das nicht gehalten haben, was
man sich anfangs von ihnen versprach. Und daß sie alles in
allem genommen, kaum einen Vorteil in der Herstellung aufweisen. Ja mancher Fabrikant wünschte, er hätte die hohen
Anschaffungskosten wieder, weil der zu schleifende Gegenstand, Kniep und Federmesser zu klein ist und ein geübter
Handschleifer, b e s o n d e r s u n t e r d e n j e t -
z i g e n U m s t ä n d e n (Hervorhebung des Verf.),
ebenso preiswert und dabei besser arbeitet wie eine Maschine". [1]

Der Druck auf die Heimarbeiterentgelte wurde somit nicht
allein - wie der Arbeitgeberverband immer wieder behauptet
hatte - durch die zu jeder Preisunterbietung bereiten arbeitslosen Kollegen, sondern auch durch die Konkurrenz der
Teilarbeiter in den Betrieben ausgeübt. Es waren somit
letztlich die Mitglieder des Arbeitgeberverbandes selber
gewesen, die die Zustände (des Unterpreisarbeitens) herauf-
beschworen hatten, die sie nun als Vorwand für die völlige
Aufhebung der Tarife benutzten. [2]
Während die handwerklichen Arbeiter auf der einen Seite
seit 1933 nostalgisch glorifiziert wurden [3], wurden

1) Messer und Schere 1.8.1934, S. 371
2) Vgl. auch die Kontroverse im "Sprechsaal" des Solinger
   Tageblattes. Die Branchenleitung der Scherenschleifer
   hatte den Arbeitgebern bereits 1929 vorgeworfen, durch
   Herabsetzung der Qualität einen gewaltigen Lohnabbau zu
   betreiben. 90 % der Scheren wurden nur noch in "1/4-Qua-
   lität" hergestellt. ST 12.7.1929. Die Arbeitgeber hielten dem entgegen: "Wenn auch die qualitätsmäßige Ausführung der Waren nicht den Vorschriften der Verzeichnisse
   restlos entspricht, so ist sie auf dem Markt doch umso
   verwendungsfähiger, weil sich im Laufe der letzten Jahre
   immer mehr herausgebildet hat, daß weniger die Qualität,
   als den Preis für die Abwicklung ihres Geschäftes von
   ausschlaggebender Bedeutung ist". ST 20.7.1929
3) Siehe hierzu etwa die Reihe: "Der Arbeiter spricht" in
   der Zeitschrift "Die Klinge", 10/1933, S. 64 ff; 3/1934,
   S. 314 ff; 5/1934, S. 408

- 241 -

gleichzeitig die Bedingungen ihrer Existenz unaufhaltsam
untergraben.

Die Heimarbeiterschaft geriet untereinander in einen heftigen Konkurrenzkampf, bei dem viele aufgeben mußten. Je geringer die spezifische Qualifikation der Heimarbeier war,
je schwieriger war es, in diesem Konkurrenzkampf zu bestehen. [1] Neben den sinkenden Verdienstmöglichkeiten waren
es auch die starken Auftragsschwankungen, die viele Heimarbeiter veranlaßten, nach alternativen Beschäftigungsmöglichkeiten zu suchen. Einigen gelang es, bei einem ihrer
Auftraggeber eine gute Position, etwa als Vorarbeiter, Fa-
brikationsleiter oder zumindest eine sichere Stellung in
der Produktion zu bekommen. [2] Dieser Weg war den weniger
qualifizierten bzw. gefragten Heimarbeitern versperrt.
Durch die Einführung der Teilarbeit hatten sich zahlreiche
Firmen weitgehend unabhängig von den qualifizierten
Handwerkern gemacht. [3] Viele Heimarbeiter mußten in einen
der verschiedenen Metallbetriebe eine berufsverwandte oder

1) Die niedrigsten Löhne wurden dementsprechend aus der
Halbzeug-Industrie (z.B. Herstellung von Heften für
Messer und Bestecke) gemeldet. Siehe HSTA Düsseldorf BR
1015, Nr. 80, Bl. 423
2) Aus den zugänglichen Unterlagen geht hervor, daß solche
Fälle sowohl bei der Fa. Köller als auch bei der Fa.
Bertram vorgekommen sind. Siehe STA Solingen
Fi-1-203-11, Fi-1-300; Firmenarchiv Köller: "Bruttolöhne
und Gehälter, Fabrikarbeiter 1928-1953, Heimarbeiter
1930 - 1953, Angestellte 1942 - 1953", Nachweisungen der
Hausgewerbetreibenden; siehe auch den Jahresbericht des
Gewerbeaufsichtsamtes Opladen über die Verhältnisse des
Heimgewerbes vom 30.1.1935: "Ungleichmäßige Beschäftigung fanden die Handschleifer und Reider und zwar je
nachdem, wie die die Arbeit ausgebenden Firmen in Solingen beschäftigt waren. Eine Reihe von Heimschleiferbe-
trieben sind eingegangen. Teilweise sind aus dieser
Gruppe Heimarbeiter nunmehr als Schleifer in den Betrieben tätig, die sie früher als Heimarbeiter beschäftigt
haben". HSTA Düsseldorf BR 1015/61, Bl. 172
3) Messer und Schere 17.1.1935, S. 29

auch völlig berufsfremde Arbeit aufnehmen. [1] Diejenigen, denen alle diese Möglichkeiten versperrt blieben, hatten lediglich die "Wahl", arbeitslos zu werden [2] oder mit ihren Entgeltforderungen unter das Niveau der Teilarbeit zu

[1] Die Chancen waren nach mehreren größeren Firmenzusammenbrüchen allerdings gering. Vgl. hierzu HSTA Düsseldorf, Reg.D 34192-34196, Die Betriebe mit mehr als 50 Beschäftigten waren bei Entlassung von mehr als 10 Arbeitskräften nach der Stillegungsverordnung vom 8.11.1920 (Siehe RGBL 81, Jg. 1920 Nr. 223, S. 1901) verpflichtet, Anzeige zu erstatten. Seit 1928 wurde von den größeren, überwiegend nicht zur Schneidwarenindustrie zählenden Betrieben laufend Anträge auf Massenentlassungen eingereicht; häufig vorsorglich, da die Auftragsbestände nur für wenige Tage oder Wochen reichten. Eine systematische Durchsicht der Akten ergab, daß es kaum einen Solinger Metallbetrieb gab, dessen Belegschaft bis zum Tiefpunkt der Krise nicht um mehr als 50 % zurückgegangen war. (Später, als gerade diese Solinger Metallbetriebe vom nationalsozialistischen Rüstungsprogramm profitierten, waren die Aussichten natürlich besser.) Zwei Ausnahmen wären hier hervorzuheben: Der Werkzeugmaschinenfabrik Fa. Kieserling u. Albrecht gelang es durch eine rechtzeitige Umorientierung auf den russischen Markt, während der gesamten Krise einen ausreichenden Auftragsbestand zu sichern. Vgl. hierzu z.B. RP 26.5.1948. Die Landmaschinenfabrik Fa. Rasspe, die von den nationalsozialistischen Autarkiebestrebungen profitierte, expandierte beträchtlich und modernisierte die Fertigung bis 1935 grundlegend. Siehe hierzu: 125 Jahre P.D. Rasspe Söhne Solingen (1827 - 1952), Solingen o.J., S. 22

[2] Die Heimarbeiter schienen sich als Arbeitslose besonders schlecht zu stehen. Auf dem Bundeskongreß der Gewerkschaften vom 31.8. - 4.9.1931 führte A. Wagner aus Solingen aus: "Der § 105 sieht grundsätzlich noch vor, daß bei der Berechnung (der Arbeitslosenunterstützung d. Verf.) der Durchschnittsverdienst der letzten 26 - jetzt 13 - Wochen zugrundegelegt werden kann. Von diesem Grundsatz weichen die Arbeitsämter des Kreises Solingen ab und legen nunmehr den letzten Wochenverdienst zugrunde. Nun kommt es vor, daß die Ausführung eines größeren Auftrages durch einen kleineren unterbrochen wird und auf diese Weise ergeben sich dann durch Zufall zu niedrige Wochenverdienste, weil nur das Entgelt für den kleinen Auftrag erhoben werden konnte". Protokoll der Verhandlungen des 14. Kongresses der Gewerkschaften Deutschlands (4. Bundeskongreß des ADGB) Frankfurt/M. 31.8. - 4.9.1931, Berlin 1931, S. 130; Der nach der Notverordnung vom 5.6.1931 vorgesehene Ausschluß der Heimarbeiter aus der Arbeitslosenversicherung, der in Solingen katastrophale Folgen gehabt hätte (vgl. ebenda) konnte sich nicht durchsetzen, da die Solinger Heimarbeiter eindeutig Arbeitnehmer und nicht etwa selbständige Gewerbetreibende waren.

gehen. Die Zustände waren derart katastrophal, daß der Treuhänder der Arbeit für das Wirtschaftsgebiet Westfalen sich veranlaßt sah, "in die heillose Unordnung der Solinger Heimarbeiterverhältnisse nunmehr endlich die von vielen Teilen der Unternehmerschaft, wie der Heimarbeiterschaft dringlichst ersehnte Ordnung hereinzubringen". [1] Für die verschiedenen Branchen wurden 1934 wieder Preisverzeichnisse in Kraft gesetzt [2]. Mit dem unter starker Berücksichtigung der Solinger Verhältnisse verfaßten Heimarbeitergesetz vom 23. März 1934 wurde ein gesetzliches Instrumentarium geschaffen, das die Einhaltung der Tarife gewährleisten sollte. [3] Da viele verzweifelte Heimarbeiter das Unterpreisarbeiten zu legalisieren versuchten, indem sie ein Gewerbe anmeldeten und sich als selbständige Unternehmer ausgaben, wurden diese "gegen Rechnung arbeitenden sogenannten selbständigen Gewerbetreibenden" in einer zusätzlichen Verfügung vom 5. November 1934 den Heimarbeitern gleichgestellt. [4] Damit war es schwieriger geworden, die Tarife zu

1) Vgl. die nicht exakt datierte Zeitungsnotiz aus dem Jahre 1939, in: STA Solingen II-N-16
2) "Zur Erleichterung des Übergangs" von den Preisen des tariflosen Zustandes zu tariflich geordneten Verhältnissen wurde in manchen Branchen ein Abschlag von bis zu 20 % auf die im Preisverzeichnis festgelegten Preise verfügt, der stufenweise wieder abgebaut werden sollte. W. Halbach, Die Lohnverhältnisse in der Solinger Industrie im Jahre 1934, Messer und Schere 1.1.1935
3) U.a. waren für die Unternehmer die Führung von Heimarbeiterlisten und die Offenlegung der Entgeltverzeichnisse und Entgeltbelege vorgeschrieben. Die Heimarbeiter waren zur Führung eines Kontobuches verpflichtet. Für Vergehen gegen diese Bestimmungen war eine Geldbuße von 150 RM festgelegt. Der Text des Heimarbeitergesetzes in: STA Solngen II-N-16. Unverkennbar versuchten die Nationalsozialisten über die von den Gewerkschaften und den Arbeiterparteien zuvor vernachlässigten Heimarbeiter (vgl. Kap. 6) in der durch linke politische Traditionen gekennzeichneten Solinger Arbeiterschaft Fuß zu fassen.
4) W. Halbach, Die Lohnverhältnisse ..., a.a.O., STA Solingen II-N-16, a.a.O. Die Gleichstellungsverfügung des Treuhänders der Arbeit wurde im Heimarbeitergesetz vom 14.3.1951 beibehalten und war in den 1950er Jahren ein wichtiges rechtliches Instrumentarium zur Bekämpfung der untertariflichen Arbeit. Siehe: HAIGM, Ordner Heimarbeiterangelegenheiten, IGM an Solingia v. 7.11.1953; FV 6.3.1954

Abb. 23: Besuch von Robert Ley in Solingen, 14.4.1934

umgehen. Zwar drohte schon lange nicht mehr das nächtliche
"Orakel", das Femegericht der Berufskollegen, aber immerhin
schien ein mit allen denkbaren Repressalien ausgestatteter
autoritärer Staat es mit der Einhaltung der Tarife ernst zu
meinen.

Nachdem die Heimarbeiter lange Zeit auf eigene Kosten mit
dem Teilarbeitssystem konkurriert hatten, wurde nun offenbar, wie es um die Heimarbeit als sozialem System bestellt
war. "Für manchen Heimarbeiter ist ein jähes Ende gekommen,
weil er jetzt ja nicht unterhalb der festgesetzten Preis-
verzeichnisgrenze arbeiten darf und der Fabrikant, der nach
dem Teilarbeitssystem außerhalb seines Betriebes arbeiten
läßt, außer einer mehr oder weniger empfindlichen Strafe
auch den zu wenig bezahlten Arbeitslohn, bemessen nach dem
Preisverzeichnis, nachzahlen muß." [1] Auf der anderen Seite

1) Messer und Schere 17.1.1935, Das Teilarbeitsverhältnis
   in Solingen - Wie es kam und wohin es führt, S. 32

darf die Wirkung der gesetzlichen Maßnahmen angesichts des Fehlens gewerkschaftlicher Vertretungsorgane und angesichts der anhaltenden Krise nicht allzu hoch eingeschätzt werden. 1)

Mit der Wiederherstellung der Heimarbeitertarife versuchten die Nationalsozialisten offensichtlich, in Solingen politischen Boden zu gewinnen, denn eine unklare Tarifsituation wurde seit der Zeit der ersten Lohnsatzungen im 18. Jahrhundert als ein unbedingt zu vermeidendes Grundübel des Fabriksystems angesehen. Daneben spielte das Bestreben, eine geregelte Grundlage für eine sichere unternehmerische Kalkulation zu schaffen, vor dem Hintergrund des Ausbaus der Teilarbeit wohl eine untergeordnete Rolle. Der im Rahmen der Rationalität seines eigenen Betriebes denkende Unternehmer setzte auf das Teilarbeitssystem und die Billigproduktion, zumal die schlechten Absatzchancen bei teuren Qualitätswaren dies nahelegten. Für diejenigen, die die Interesse der gesamten Stahlwarenunternehmerschaft vertraten, stellte sich die Frage, wie beides, das Teilarbeitssystem und ein tariflich geordnetes Heimarbeitssystem, miteinander zu vereinbaren wären 2). C. Schütz schrieb in der Zeitschrift Messer und Schere: "Es ist nur erforderlich, beides - Preisverzeichnis und Teilarbeitssystem - für die in Frage kommenden Qualitäten gegeneinander abzustimmen und zwar so, daß der Heimarbeiter, weil er ja in eigenem Raum und eigener Regie arbeitet, einen entsprechenden Aufschlag auf die im Fabrik-Teilarbeitssystem gezahlten Preise erhält". 3) Soweit war es also inzwischen mit den Solinger Heimarbeitern gekommen: das Teilarbeitssystem diente als Bemessungsgrundlage für die Heimarbeiterentgelte. Dies bedeutete eine Umkehrung der Verhältnisse, denn seit den ersten Konflikten

---

1) Vgl. hierzu: Messer und Schere 17.12.1935, Ungesunde Herstellungsweise im Solinger Gebiet
2) C. Schütz, Technik und Handarbeit bzw. Heimarbeit in der Solinger Industrie, in: Messer und Schere 1.1.1935, S. 6. Siehe auch: Messer und Schere 17.1.1935, S. 32, a.a.O.
3) Messer und Schere 17.1.1935, S. 32

um die Teilarbeit in den 1890er Jahren hatten die Fachvereine immer wieder versucht, eine Bewertung der Teilarbeit
auf der Basis der Preisverzeichnisse der Heimarbeiter zu
erreichen. Noch beim Krusius - Konflikt nach dem Ersten
Weltkrieg galten die Heimarbeiterentgelte als Bemessungsgrundlage für die Teilarbeiterlöhne. (Vgl. Kap. 4.1) Eine
Arbeitsteilung zwischen Heimarbeit und Teilarbeit, entlang
der Grenze zwischen einfacherer und besserer Ware, war ohnehin produktionstechnisch unumgänglich; was sollte also
die von Schütz vorgeschlagene Berechnungsmethode den Heimarbeitern nutzen, solange keine oder nur wenige Aufträge in
Qualitätsware vorlagen.

Hieran konnte auch die wiederholte Beschwörung des "Qualitätsgedankens" [1] und der Schutz des Namens "Solingen"
nichts mehr ändern. Pünktlich zum 1. Mai 1933 hatte die IHK
Solingen eine Anordnung erlassen, die dem Namen "Solingen"
seinen "alten Glanz wiedergeben sollte". [2] "Es ist in Zukunft nicht mehr möglich, minderwertige Waren mit neutralen
Angaben wie "Solingen", "Feinstahl Solingen" oder "Garantie
Solingen" zu versehen, sondern jeder der den Namen "Solingen" für seine Stahlwaren benutzt, muß sich offen zu der so
bezeichneten Ware durch seine Firma oder sein Warenzeichen
bekennen". [3] Ein von der Handelskammer eingesetzter "Eh-
renrat zum Schutz des Namens Solingen" sollte die Einhaltung der Anordnung überwachen und Verstöße sanktionieren.
Die Herstellung von Schundware ließ sich angesichts der
Komplexität der Krisenfaktoren auf diese Weise nicht mehr
verhindern. Ein generelles Verbot minderwertiger Ware lehnten IHK und FSI deshalb zu Recht mit dem Hinweis auf die
Struktur des Absatzmarktes ab. [4] Eine bessere Verarbei-

---

1) Z.B. Messer und Schere, 17.6.1935
2) Messer und Schere 17.5.1933. Hier auch der genaue Wort-
   laut der in sechs Paragraphen formulierten Anordnung.
   Vgl. auch: K.F. Ganns, a.a.O., S. 98 f
3) Messer und Schere, 17.5.1933, S. 222
4) K. Matthiolius, a.a.O., S. 88 ff "Diese Auffassung ver-
   kennt vollständig, daß geringwertige Schneidwaren zur
   Deckung eines tatsächlich vorhandenen Bedarfs hergestellt werden müssen, sei es von Solingen, sei es von
   seinen ausländischen Wettbewerbern", a.a.O., S. 90

tungsqualität ließ sich ohnehin nicht auf dem Verordnungswege herstellen. Es entbehrt nicht einer gewissen Komik
wenn ausgerechnet nach den Jahren sukzessiver Qualitätsverschlechterung am 25. Juli 1938 ein Gesetz verabschiedet
wurde, das den Namen "Solingen" als Qualitätsbegriff für
Solinger Waren reservieren sollte. In § 1 hieß es: "Mit dem
Namen 'Solingen', einem sonstigen Hinweis auf Solingen oder
einem entsprechenden Warenzeichen dürfen nur solche
Schneidwaren bezeichnet werden, die

1. in allen wesentlichen Herstellungsstufen innerhalb
   des Solinger Industriegebietes bearbeitet und fertiggestellt worden sind und
2. nach Rohstoff und Bearbeitung geeignet sind, ihren
   arteigenen Verwendungszweck zu erfüllen". [1]

Faktisch hatte die Herkunftsbezeichnung "Solingen" schon
lange nichts mehr mit einer Qualitätsbezeichnung zu tun,
doch das Etikett "Solingen" zog im Ausland immer noch und
man wollte wenigstens verhindert wissen, daß die italieni-
sche oder japanische Konkurrenz sich diesen Vorteil ebenfalls zunutze machte. [2] Das Solingen-Gesetz war eine Konzession des nationalsozialistischen Staates an die Solinger
Industrie, die sich von dem politischen Umschwung des Jahres 1933 ursprünglich mehr versprochen hatte. Für den Hei-
matforscher H. Rosenthal war das Gesetz "das einzig Bemerkenswerte, was in nationalsozialistischer Zeit für Solingen
getan wurde". [3] Zur Erhaltung eines qualifizierten Fachar-
beiterstandes - derzeit noch die wesentliche Voraussetzung
für Qualitätsarbeit - reichte es freilich nicht aus.

Die Existenz der Solinger Heimarbeiterschaft war an eine
bestimmte Klasse von Qualitätsgütern gebunden. Je mehr es
möglich wurde, einfache Massenschneidwaren mit Hilfe von

1) RGBl, Jg. 1938 I, S. 953. Siehe auch: Messer und Schere
   17.8.1938, S. 301 f; 1.9.1938, S. 319
2) K. Matthiolius, a.a.O., S. 63 f
3) H. Rosenthal, Geschichte einer Stadt, Bd. 3, a.a.O., S.
   428

Maschinen [1] und mit Hilfe der Teilarbeit herzustellen und
je mehr diese billigeren Schneidwaren im Zuge der vielfäl-
tig motivierten und teilweise bewußt herbeigeführten Veränderungen im Konsumentenverhalten oder einfach aufgrund
wirtschaftlicher Krisen nachgefragt wurden, je weniger
Heimarbeiter wurden benötigt. [2] Die Weltwirtschaftskrise
hatte diese Dynamik so sehr beschleunigt, daß die Unternehmer es später noch einmal bereuen sollten, nichts für die
Bewahrung der Heimarbeiter als sozialer Gruppe getan zu haben. Entgegen allen Prognosen wurde die Solinger Heimarbeiterschaft nicht durch den technischen Fortschritt verdrängt
[3], sondern sie fiel den Krisen der Weltwirtschaft zum
Opfer. Die Heimarbeiterschaft war das Strandgut des einzel-
wirtschaftlichen Krisenmanagements; eine variable Manö-
vriermasse, mit der es den Unternehmen gelang, auch die
Weltwirtschaftskrise relativ unbeschadet zu überstehen. [4]
Schließlich diente die Heimarbeiterschaft nur noch dazu,
die Lücken zu schließen, die das Teilarbeitssystem gelassen
hatte. Im Unterschied zu allen vergleichbaren, vorausgegan-
genen (Krisen-)Phasen war die Weltwirtschaftskrise, auf die
mit kurzem Abstand ein erneuter Weltkrieg folgte, zu lang
und einschneidend, als daß die Heimarbeiterschaft sich noch
einmal aus eigener Kraft hätte regenerieren können. Die
Weltwirtschaftskrise hatte die Zahl der Heimarbeiter dauerhaft vermindert; hieran hatte auch der vorübergehend bemerkbare Trend, daß arbeitslose Fabrikarbeiter, die sich

---

1) Die Zeitschrift Messer und Schere berichtete 1936, daß
   billige Taschenmesser inzwischen fast ausschließlich in
   Maschinenarbeit hergestellt wurden. Nicht nur das
   Schleifen der Klingen und die Herstellung der Zubehörteile, sondern auch die Zusammensetzung des Messers erfolge maschinell, Messer und Schere, 1.9.1936, S. 368
2) Bezeichnenderweise war in Sheffield die gleiche Entwicklung zu beobachten. Messer und Schere, 17.6.1935, S.
   257 f
3) Vgl. auch: Messer und Schere, 1.11.1935, S. 6 f sowie
   Kap. 5.4
4) Trotz der einschneidenden Geschäftseinbußen waren in der
   Solinger Stahlwarenindustrie spektakuläre Geschäftszuam-
   menbrüche ausgeblieben, während sie in den übrigen Branchen an der Tagesordnung waren. Zu den bekanntesten Beispielen zählen die Siegen-Solinger-Gußstahl-AG, die
   Fahrradfabrik Weyersberg, Kirschbaum und Co. (WKC) und
   die Metallwarenfabrik C.W. Engels.

einer Teilarbeit mächtig fühlten, ihr Glück als Heimarbeiter versuchten, nichts geändert. [1] Im Gegenteil, die Billigkonkurrenz dieser "Schwarzarbeiter", die weiterhin als Arbeitslose gemeldet waren und somit die Sozialversicherungsbeiträge einsparten, beschleunigte noch den Rückgang der Zahl der regulären Heimarbeiter. Die bereits vor der Krise rückläufige Zahl der Heimarbeiter sank zwischen 1929 und 1936 von ca. 12.000 auf 4.173, also um mehr als 60 Prozent [2]. Obwohl auch die Zahl der Beschäftigten in der Stahlwarenindustrie insgesamt stark zurückgegangen war - von 28.000 auf 18.273 - sank der Anteil der Heimarbeiter an den Stahlwarenarbeitern von etwa 50 auf weniger als 25 Prozent. [3] Die bei Piore/Sabel gepriesene Flexibilität einer gleichermaßen handwerklich und fabrikindustriell geprägten Industriestruktur [4] ging in Krisenzeiten offensichtlich zu Lasten der wirtschaftlich Schwächeren.

III.

Der Zusammenbruch der Konjunktur und des freien Welthandels in der Weltwirtschaftskrise hatte für das Solinger Industriegebiet katastrophale Folgen. Die starke Abhängigkeit von einem einzigen - zudem exportabhängigen - Industriezweig trug dazu bei, daß Solingen von der Krise ungleich härter betroffen wurde, als viele andere deutsche Städte. [5] Die Arbeitslosigkeit in Solingen lag während der gesamten Weltwirtschaftskrise deutlich über dem Reichsdurchschnitt. Auf dem Höhepunkt der Krise, im Jahre 1932, waren in Solingen 24.000 Erwerbslose - dies waren ca. 30 Prozent der Erwerbspersonen - gemeldet. [6] Auf 1.000 Einwohner ka-

1) Siehe IHK-Mitteilungen Juli 1931, S. 99 f und August 1932, S. 92, Messer und Schere, 17.1.1935, S. 29
2) Tab. 2.3.1
3) Ebenda
4) Vgl. M.J. Piore/Ch. F. Sabel, a.a.O., S. 37 ff
5) Zu den Auswirkungen der Krise in Solingen siehe: J. Putsch, Soziale und wirtschaftliche Probleme, a.a.O., S. 100 - 146
6) Tab. 4.3

men im Jahresdurchschnitt 170 Erwerbslose, der Reichsdurchschnitt lag bei der Hälfte. [1] 88 Prozent der Arbeitslosen
zählten im Juni 1933 zu dem Sektor Industrie und Handwerk.
40,8 Prozent der in diesem Bereich beschäftigten Personen
waren arbeitslos. [2] Am 16. Juli 1934 wurde Solingen zum
Notstandsgebiet erklärt [3] und selbst am 30. September
1936, als die Arbeitslosigkeit im Deutschen Reich bereits
auf 15,7 je 1.000 Einwohner gesunken war, waren in Solingen
noch 5.877, also 42 Arbeitslose auf 1.000 Einwohner registriert. [4]

F. Hendrichs, der die Aussichten im Jahr der nationalsozialistischen Machtübernahme noch so euphorisch beurteilt hatte [5], mußte 1936 enttäuscht feststellen, "daß Solingen mit
seiner ausgesprochenen Verbrauchsgüterindustrie an der allgemeinen Belebung im Gegensatz zur Investitions- und Pro-
duktionsgüterindustrie nur in sehr geringem Maß teilgenommen hat". [6] Hendrichs war der Überzeugung, daß die de-
solate Lage der Solinger Schneidwarenindustrie keine vorübergehende Erscheinung, sondern eine, nicht zuletzt durch
die verschärfte Weltmarktkonkurrenz seit dem Ende des Ersten Weltkrieges bedingte, strukturelle Krise war, der man
allein durch eine Umstellung der Produktionskapazitäten auf
andere Produkte begegnen konnte. [7] Die Lage in den anderen
Solinger Industriezweigen schien diese Auffassung zu bestätigen. Im Gegensatz zur Schneidwarenindustrie war in den
übrigen Metallindustriezweigen, in den Maschinenfabriken,
den Gießereien oder Autozubehörfabriken bereits seit Anfang

1) Ebenda
2) Errechnet nach: Statistik des Deutschen Reiches, Bd.
   455, 1 Heft 16, S. 54 f
3) Vier Jahre nationalistische Kommunalpolitik 1933 - 1937,
   Ein Rechenschaftsbericht, Solingen 1937, S. 233
4) Tab. 4.3, siehe auch: D. Petzina, u.a., a.a.O., S. 121
5) F. Hendrichs, Geschichte der Solinger Industrie, a.a.O.,
   S. 275
6) F. Hendrichs, Die wirtschafts- und sozialpolitische Entwicklung im Solinger Industriebezirk seit dem 30.1.1933,
   Reichsarbeitsblatt Nr. 1/1936, S. 4 f
7) F. Hendrichs, Die wirtschafts- und sozialpolitische Entwicklung, a.a.O., S. 5. Der gleiche Vorschlag bereits
   in: Messer und Schere, 17.4.1934, S. 170

1935 ein lebhafter Aufschwung zu verzeichnen. [1] Bezeichnenderweise hatte die Firma Henckels auf diesen Trend bereits mit der Aufnahme der Produktion von Dauermagneten für
Lautsprecher, elektrischen Stromzählern und dergleichen
reagiert. [2] Die Solinger Gesenkschmieden, in denen eine
Umstellung auf andere Produkte am leichtesten möglich war,
hatten ebenfalls auf diese Weise eine gute Auftragslage erreichen und ihre Belegschaften in vielen Fällen erheblich
aufstocken können. [3] Aus eigener Kraft schien sich die Solinger Schneidwarenindustrie nicht mehr aufrichten zu können.

Nach der nationalsozialistischen Machtübernahme waren in
der Solinger Schneidwarenindustrie alle Hoffnungen auf die
Erlangung öffentlicher Aufträge gerichtet. [4] Im Sommer
1933 wurde ein größerer Auftrag zur Herstellung des
HJ-Fahrtenmessers erteilt und über die IHK an die Betriebe
vermittelt. [5] Auch die Herstellung des SA-Dolches, den
größten Gemeinschaftsauftrag, konnte die IHK, die im März
1933 gleichgeschaltet worden war [6], der Solinger Industrie
sichern. Dieser Auftrag verschaffte 4.000 Arbeitskräften,
darunter auch Teilen der Heimarbeiterschaft [7], eine vor-

1) Notiz über eine Besprechnung des Regierungspräsidenten
   mit Vertretern der Solinger Industrie, Düsseldorf,
   20.3.1935, HSTA Düsseldorf BR 1015, Nr. 80, Bl. 421-423
2) HSTA Düsseldorf BR 1015, Nr. 80, Bl. 421
3) RLZ 1.4.1936 und Tab. 3.4.1.; F. Hendrichs, Fa. Hartkopf, a.a.O., S. 89; Messer und Schere, 1.7.1935
4) "Der Stahlwarenbedarf wird (durch die Verlagerung vom
   Warenhaus ins Stahlwarenfachgeschäft, d.Verf.) im min-
   desten der gleiche bleiben; er wird durch bestimmte Vorgänge aber noch größer werden; man denke nur an die Einrichtung der Arbeitsdienstlager, an die Ausrüstung der
   Formationen," (...) Messer und Schere, 1.4.1933
5) Zunächst war es einer Solinger Firma gelungen, von der
   Reichsjugendführung, die ausschließlichen Rechte zur
   Herstellung des HJ-Fahrtenmessers eingeräumt zu bekommen. Durch die Intervention der IHK wurde der Auftrag
   auf mehrere Firmen verteilt. K. Matthiolius, a.a.O., S.
   69
6) Siehe Messer und Schere, 1.6.1933
7) Vgl. Die Klinge 3/1934. Die arbeitsmarktpolitische Bedeutung des SA-Dolch-Auftrages wurde in der Propaganda
   hoch gespielt. In Wirklichkeit war der Auftrag in wenigen Wochen erledigt. Vgl. Interview mit einem ehemaligen
   Beschäftigten einer der größten Solinger Waffenfabriken,
   Weyersberg, Kirschbaum u. Co., STA Solingen T-78-12

Abb. 24: Straßenfront der Fa. Carl Eickhorn, eine der führenden Solinger Waffenfabriken um 1937

übergehende Beschäftigung. [1] Neben der Waffenbranche, der Gemeinschaftsaufträge dieser Art natürlich auf den Leib geschnitten waren, waren auch andere Messerbranchen - etwa die Taschenmesserindustrie - beteiligt.

In der Besteckbranche wurde als Reaktion auf die verschärfte Preiskonkurrenz ein Standard-Kunsthornbesteck entworfen. Ausführung, Herstellung sowie Kalkulation des Bestecks waren, wie im Falle der SA-Dolch- und HJ-Messer-Aufträge, in detaillierten Richtlinien vorgegeben, die der Verband Solinger Schlägereibesitzer-Vereine, der Verein der Kunsthornhefte-Fabrikanten, die Zwangsinnung der Galvaniseure und die in der DAF organisierten Heimarbeiter festgelegt

---

[1] Vgl. F. Hendrichs, Die wirtschaftliche und sozialpolitische Entwicklung, a.a.O., S 4 f. Die Vergabe-Voraussetzung lautete allerdings: "Nationale Zuverlässigkeit der Firma unter besonderer Berücksichtigung der Parteizugehörigkeit und die Bevorzugung kleinerer Unternehmen, deren Betrieb durch die Inanspruchnahme für die nationale Bewegung wirtschaftlich gelitten hatte". K. Matthiolius, a.a.O., S. 70

hatten. [1] Die Bestimmungen reichten von der Verpflichtung,
die Rohware allein bei den Mitgliedern des Verbandes der
Schlägereibesitzer zu beziehen, über das Verbot, Schleifer
zu beauftragen bzw. zu beschäftigen, die nicht aus der
Heimindstrie hervorgegangen waren oder eine vergleichbare
Ausbildung vorweisen konnten, bis hin zu exakten Qualitäts-
richtlinien für das Rohmaterial und dessen Bearbeitung sowie Mindestverkaufspreisen. Das Standardkunsthornbesteck
war ein Besteck "geringstzulässiger Qualität zu niedrigstem
Preis". Keiner Firma, die diese Bestecke vertrieb, war es
gestattet, ein billigeres Besteck im Programm zu haben. [2]

Der krisenbedingte Kaufkraftschwund, verbunden mit der
staatlichen Nachfrage, hatte in der Solinger Industrie eine
partielle Standardisierung, wie sie als Voraussetzung der
Rationalisierung seit langem herbeigesehnt worden war, bewirkt. Es hatte fast den Anschein, als würde die amerikanische Standardisierung nun durch den autoritären nationalsozialistischen Staat auf dem Verordnungswege eingeführt.

[1] K.F. Ganns, a.a.O., S. 69 - 78; Es wurde gar der Vorschlag eingebracht, nach dem Modell des Kunsthornbe-
stecks für jedes Land einige Standardmuster zu schaffen,
die in drei verschiedenen Qualitäten hergestellt werden
sollten, vgl. K. Matthiolius, a.a.O., S. 90
[2] Demgegenüber hatte man gleich nach der Machtübernahme
geglaubt, die Zeit der Einheitspreisgeschäfte sei vorbei. Die Zeitschrift Messer und Schere etwa hatte die
auf die Warenhäuser bezogene, radikale Programmatik der
NSDAP sehr ernst genommen und ausdrücklich begrüßt.
Nachdem sich der Schwerpunkt des Warenvertriebs in den
20er Jahren auf die Warenhäuser verschoben hatte, sah
man 1933 die "historische Stunde" des Stahlwarendetail-
geschäfts wieder gekommen. Messer und Schere, 1.4.1933,
S. 156, 1.7.1933, S. 312; Doch schon bald mußte man
feststellen, daß der Warenhausvertrieb keineswegs rückläufig war. Messer und Schere, 1.9.1933, S. 385

Doch Kunsthornbesteck, HJ-Messer und SA-Dolch blieben Ausnahmen. Die alltägliche Geschäftsrealität war seit dem Beginn der Krise keineswegs durch den Massenabsatz standardi-
sierter Produkte geprägt. Die Branchenexperten hatten ausdrücklich vor einer Reduzierung der Muster gewarnt, da dies
insbesondere im Export nur eine weitere Verschlechterung
der Auftragslage zur Folge haben würde. [1] Die Vorzeichen
hatten sich verkehrt. Statt Musterreduzierung wurde ein
stärkeres Eingehen auf den Zeitgeschmack des Konsumenten,
also die Schaffung neuer Muster angeraten. [2]

Durch das im Jahre 1934 eingerichtete Arbeitsbeschaffungs-
amt versuchte die Kammer, weitere öffentliche Aufträge nach
Solingen zu ziehen. Gemessen an dieser Zielsetzung scheiterte das Amt vollständig. Es wurde 1936 wieder aufgelöst
und konnte als Ergebnis der zweijährigen Tätigkeit lediglich verbuchen, "daß es gelungen ist, die Aufmerksamkeit
der vergebenden Stellen wieder auf Solingen zu lenken." [3]
Es waren keine weiteren öffentlichen Gemeinschaftsaufträge
erteilt worden. Die zuständigen Behörden waren nicht bereit, der Solinger Industrie Sonderrechte einzuräumen; u.a.
hatten sie die von der Solinger Industrie eingebrachten
Vorschläge zur Herstellung eines Militärmessers oder eines
Winterhilfsabzeichens abgelehnt. [4]

Die anhaltende Absatzkrise auf dem Inlandsmarkt und das
Ausbleiben weiterer öffentlicher Aufträge konnten auf dem
Außenmarkt nicht kompensiert werden. Zwar ließ sich die
mengenmäßige Ausfuhr bis 1936 wieder annähernd auf das Niveau von 1913 steigern, doch war die deutsche Schneidwarenindustrie noch weit von dem Ergebnis des Jahres 1929 entfernt. Wertmäßig betrachtet, wurde erst 1937 nominal der
Vorkriegsstand erreicht. [5]

---

1) C. Schütz, Können wir in der Stahlwarenindustrie die
   Muster verringern?, Messer und Schere, 1.6.1934, S. 240f
2) C. Schütz, a.a.O., S. 242; K. Matthiolius, a.a.O., S.
   90 f
3) K. Matthiolius, a.a.O., S. 73
4) Ebenda, S. 93
5) Tab. 1.1.1.1

Die Schwierigkeiten auf dem Schneidwaren-Exportmarkt waren
zu einem nicht unerheblichen Teil durch den politischen
Kurswechsel seit dem 30. Januar 1933 noch verstärkt worden.
Angesichts der generellen rüstungswirtschaftlichen Akzentverlagerung in den bilateralen Handelsbeziehungen, verbunden mit der international anhaltenden Krise, konnte nicht
einmal die staatliche Exportförderung greifen. Aufgrund
ihres hohen Lohn- und entsprechend niedrigen Rohstoffan-
teils galten Solinger Stahlwaren als devisenschaffende Produkte. Die direkte Ausfuhr war deshalb von der Umsatzsteuer
befreit. Im sogenannten Zusatz-Ausfuhrverfahren wurde die
Differenz zwischen dem Inlandspreis und dem jeweilig erzielbaren Exportpreis durch staatliche Zuschüsse ausgeglichen. [1] H. Bick, der Geschäftsführer der Firma Herder,
wies darauf hin, daß diese Maßnahme in erster Linie dem
Ausfuhrhandel zugute kam, ohne den Bedürfnissen der Aus-
fuhrindustrie Rechnung zu tragen. [2] In diesem Zusammenhang
müssen auch die heftigen Klagen der Solinger Unternehmer
über die der nationalsozialistischen Rüstungspolitik ver-
pflichteten Devisenbewirtschaftung gesehen werden. Durch
den bürokratischen "Papier-Krieg" seien die Verwaltungs-
kosten des Exporthandels so sehr angestiegen, daß die Konkurrenzfähigkeit beeinträchtigt und die finanziellen Vorteile des Zusatz-Ausfuhrverfahrens wieder aufgesogen worden
seien. [3] Trotz des relativ geringen Rohstoffverbrauchs der
Solinger Schneidwarenindustrie machte sich auch die Roh-

---

1) Johanna Katharina Hohns, a.a.O., S. 154 f; Die Exportförderung wurde zunächst nach dem Brutto-Auslandspreis
   bemessen. Da die Mittel bei dieser großzügigen Zuteilung
   bald erschöpft gewesen wären, wurde die Berechnungsgrundlage Ende 1934 geändert. Als Grundlage diente nun
   der Preis, der sich nach Abzug des Auslandszolles ergab.
   HSTA Düsseldorf, BR 1015, Nr. 80, Bl. 421 f, siehe auch
   V.E. Volkmann, a.a.O., S. 92
2) HSTA Düsseldorf, BR 1015/78, Bl. 54, H. Bick bemühte
   sich deshalb in einem Schreiben an den Regierungspräsidenten vom 8.2.1935 um eine effektivere Förderung der
   Solinger Exportinteressen, ebenda
3) Messer und Schere 17.11.1935, S. 466 f; siehe auch: Die
   Klinge 10/1936, S. 548 ff

stoffbewirtschaftung des NS-Staates nachteilig bemerkbar.
[1] Die wiederholten Forderungen nach Qualitätsarbeit sind
in diesem Zusammenhang zu sehen. Denn angesichts der Probleme bei der Rohstoffbeschaffung lag es, obwohl die Verhältnisse auf dem Markt dagegen sprachen, auf der Hand,
eine Einschränkung der Herstellung von wertlosen "Material-
fressern" (Die Klinge) zu propagieren. [2]

Zu den exporthemmenden Wirkungen der nationalsozialistischen Außenhandels- und Wirtschaftspolitik kamen die Folgen
der Innenpolitik. So klagte beispielsweise der Johannisbur-
ger Vertreter der Solinger Stahlwarenfabrik Picard und
Felbeck bereits 1933 über schwindende Geschäftsmöglichkei-
ten als Folge der NS-Judenpolitik. [3] Die Firma, die 52 Arbeiter beschäftigte und vornehmlich nach Südafrika exportierte, beantragte die Stillegung des Betriebes. Es handelte sich hierbei nicht um einen Einzelfall. Selbst die
gleichgeschaltete Zeitschrift Messer und Schere hatte im

---

1) Sowohl die besseren Stahlqualitäten als auch eine Reihe
von Nichteisenmetallen wie Kupfer, Nickel usw. mußten
aus dem Ausland bezogen werden. Am 2.8.1935 trat eine
Anordnung in Kraft, nach der Kupfer, Nickel und deren
Legierungen bei einer ganzen Reihe von Solinger Produkten oder Teilprodukten von Taschenmesserschalen bis zu
Scheren nicht mehr verwendet werden durften. Vgl. die
genauen Angaben bei D. Dienstbach, Solinger Stahlwaren
unter dem Einfluß der Rohstoffbewirtschaftung, in: Die
Klinge 2/1937, S. 61. Während etwa die Rostanfälligkeit
der betroffenen Schneidwaren durch den Wegfall von
Kupfer und Nickel stark erhöht wurde, suggerierte das
später verabschiedete Solingen-Gesetz die Beibehaltung
des traditionellen Qualitätsstandards.
2) Aus der Not wurde eine Tugend: "Unsere Aufgabe muß es
vielmehr sein, mit einem Minimum von Rohstoffen ein Ma-
ximum von volkswirtschaftlich nützlichen Gegenständen zu
erzeugen und erzieherisch dahin zu wirken, daß auch aus
der Reihe der Schneidwaren der wertlose Kitsch ver-
schwindet, der bewußt auf die Unkenntnis der Masse abge-
stellt ist und unsere Volksgenossen zu überflüssigen
Ausgaben verleitet". H. Bick, Deutsche Stahlwaren heute
und morgen, Vortrag vor der Wirtschaftsgruppe Einzelhan-
del und des Verbandes der Deutschen Eisenwarenhändler
e.V., Goslar 25.2.1937, in: Die Klinge 2/1937, S. 56
3) HSTA Düsseldorf, Reg. D 34196, Fa. Felbeck u. Picard an
das Gewerbeaufsichtsamt Solingen, 11.8.1933; auch in: J.
Putsch, Vom Handwerk zur Fabrik, a.a.O., S. 315

Sommer 1933 den Boykott deutscher Waren, von dem besonders die Exporte in die USA betroffen waren, zugegeben. [1]

Die Schwierigkeiten des Schneidwarenexportes waren von daher auch mit dem Ende der Weltwirtschaftskrise nicht behoben. Nach einer vorübergehenden Steigerung in den Jahren 1936 und 1937 sanken die Exporte 1938 und 1939 wieder merklich unter das Niveau von 1913. [2] Trotz der Begünstigungen durch die staatliche Exportförderung sank die Exportquote der deutschen Schneidwarenindustrie während der Zeit des Nationalsozialismus auf einen Tiefstand. [3]

Die bereits 1929 bemerkbare Tendenz einer zunehmenden Streuung der Exporte (vgl. Kap. 3.3) hatte sich noch weiter verstärkt. Die zehn Hauptabnehmerländer vereinigten 1935 nur ca. 48 Prozent und 1939 gar nur ca. 42 Prozent der Solinger Schneidwarenexporte auf sich. [4] Das Gewicht der einzelnen Kontinente entsprach 1936 wieder dem durchschnittlichen Stand der 20er Jahre. [5]

Obwohl die Exporte im Vergleich zu 1929 absolut gefallen waren, hatte die deutsche Schneidwarenindustrie ihre relative Weltmarktposition verbessern können. [6] Unter den Haupterzeugerländern bestand 1937 eine der Vorkriegssituation ähnliche Konstellation. Der Anteil der USA am Export der Haupterzeugerländer, der 1928 bei 33,9 Prozent gelegen hatte, war auf 13,3 Prozent abgesunken [7], während England und das Deutsche Reich die jeweilige Position von 1913 nahezu exakt wieder erreicht hatten. Frankreich war weit ab-

---

1) Messer und Schere 1.7.1933, S. 288; siehe auch K. Matthiolius, a.a.O., S. 51
2) Tab. 1.1.1
3) Die Exportquote sank dauerhaft unter 50 %, Tab. 1.11.1
4) Tab. 1.4
5) Tab. 1.2
6) Tab. 1.12 und 1.19
7) Tab. 1.12; vergl. hierzu auch: Tab. 1.14.1 und 1.14.2

geschlagen. [1])

Die flexibleren Produktionsstrukturen der traditionellen
Standorte der Schneidwarenindustrie hatten sich gegenüber
der primär auf ein Produkt (Rasierklingen) fixierten amerikanischen Konkurrenz als überlegen erwiesen.
Auf dem inneren Markt bewirkte die zunächst durch das Ar-
beitsbeschaffungsprogramm und schließlich durch Zunahme der
Beschäftigung in den Rüstungssektoren gesteigerte Kaufkraft
der deutschen Bevölkerung seit 1935 eine Belebung, an der
auch die Schneidwarenindustrie mit einer etwa einjährigen
Verzögerung teilhatte. [2]) Der Bestand an qualifizierten Arbeitskräften war so sehr geschrumpft, daß sich nun - trotz
der nach wie vor unbefriedigenden Exportsituation - in der
Schneidwarenindustrie ein akuter Facharbeitermangel bemerkbar machte. Die Weltwirtschaftskrise hatte die Solinger
Wirtschaftsstruktur verändert. Die Schneidwarenindustrie,
die 1925 noch 50,6 Prozent der Beschäftigten in Industrie
und Handwerk und 67,9 Prozent der Beschäftigten in der Metallindustrie auf sich vereinigen konnte, war stark zurück-
gefallen. Kurz vor dem Beginn des Zweiten Weltkrieges im
Jahre 1939 arbeiteten nur noch 55,9 Prozent der Metallarbeiter in der Schneidwarenindustrie. Der Anteil an den Beschäftigten in Industrie und Handwerk war auf 38,7 Prozent
abgesunken. Die Metallbetriebe außerhalb der Schneidwaren-

---

1) Neben diesen vier Hauptherstellern hatte Japan seit der
66 %igen Yen-Abwertung vom 13.12.1931 vor allem im ost-
asiatischen Raum, in Indien und Südafrika an Bedeutung
gewonnen. K. Matthiolius, a.a.O., S. 50; Leider liegen
keine Daten vor, die es ermöglichen, die Rolle der japanischen Schneidwarenindustrie exakt zu bestimmen. Vgl.
allg. G. Kreideweiß, Der Vormarsch Japans auf dem Weltmarkt, in: Die Klinge, 3/1936, S. 281 f; siehe auch: Die
Klinge 7/1935, S. 439 sowie Messer und Schere,
1.11.1933, S. 488; Die japanische Schneidwarenindustrie
versuchte anscheinend teilweise mit unlauteren Methoden
Fuß zu fassen. So wurden etwa Rasiermesser schlechter
Qualität, die Solinger Erzeugnissen äußerlich genau-
estens nachgearbeitet waren, mit Solinger Herkunftsbe-
zeichnungen versehen, Messer und Schere, 17.6.1934, S.
263; siehe auch: K. Matthiolius, a.a.O., S. 64
2) Siehe hierzu die Wirtschaftsberichte des Gewerbeaufsichtsamtes HSTA Düsseldorf, BR 1015/81; sowie Messer
und Schere, 1.4.1937, S. 123

industrie hatten - da die Gesamtzahl der Metallarbeiter im
Vergleich zu 1925 nur minimal abgesunken war - entsprechend
zugelegt. [1)] Von dieser Entwicklung profitierten die übriggebliebenen Heimarbeiter: "Es werden fast täglich in den
Solinger Zeitungen bestimmte Facharbeiter gesucht, ja in
Einzelfällen müssen sich bereits Fabrikanten persönlich um
bestimmte Heimarbeiter bemühen, um diese für sich zu gewinnen." [2)]

IV.

Im Rückgang der Zahl der Heimarbeiter auf den absoluten
Tiefstand von 4.173 im Jahre 1936 dokumentierten sich nicht
allein die Folgen des konjunkturellen Einbruchs, sondern
auch die Folgen der in die zwanziger Jahre zurückreichenden
strukturellen Krise des Ausbildungssystems. (Vgl. Kap. 5)
Hatte das Einsetzen der Weltwirtschaftskrise die Klagen um
den Nachwuchsmangel zunächst verstummen lassen, so wurden
sie ab 1934 um so heftiger. [3)] Die einst so euphorische
Darstellung der technischen Möglichkeiten war - wie bereits
aufgezeigt - dabei längst einem realistischen Urteil gewichen. In der Zeitschrift Messer und Schere hieß es: In dieser Zukunftsfrage "kann sich keiner mit der technischen
Entwicklung trösten, denn gerade bei Herstellung feiner
Stahlwaren wird der Facharbeiter, der seine Arbeit mit
Liebe und Stolz fertigstellt, für absehbare Zeit noch nicht

---

1) Alle Zahlenangaben nach Tab. 2.2.8
2) Messer und Schere 1.4.1937, S. 123, Zum Facharbeiterman-
   gel in dieser Zeit auch Messer und Schere, 1.1.1938; Die
   Klinge 8/1937
   Zur Notlage, in der sich die Fabrikanten nun plötzlich
   befanden, vgl. die Korrespondenz der Fa. Bertram mit dem
   Arbeitsamt, STA Solingen Fi-1-296, 25.10.1937 und
   27.1.1938
3) Vgl. M. Bick an den Regierungspräsidenten vom 8.2.1935,
   HSTA Düsseldorf, BR 1015/78 auch in: J. Putsch, Vom
   Handwerk zur Fabrik, a.a.O., S. 324 f; siehe auch: Fa.
   Bertram an das Arbeitsamt, 27.1.1938, STA Solingen,
   Fi-1-226. Die Fa. Bertram, die nur allerbeste Qualität
   herstellte, appellierte an das Arbeitsamt, einem jungen
   Facharbeiter die Genehmigung für einen Betriebswechsel
   zu verweigern. Bei dieser Gelegenheit wies sie daraufhin,
   daß bei den besseren Taschenmesserreidern der Nachwuchs
   fast völlig fehlte.

durch die Maschinen zu ersetzen sein". [1] Als Ausweg aus
der Misere wurde einzig der Appell an die Heimarbeiter,
Lehrlinge auszubilden, gesehen. Doch, wie wir gesehen haben, ging es gerade den Heimarbeitern in der Weltwirtschaftskrise besonders schlecht. Aufgrund der gesamtwirtschaftlichen Lage, der geringen Exporte, der geringen
Durchschnittswerte bzw. Qualität der Stahlwaren und der
Tatsache, daß die wirtschaftliche Erholung an der Schneidwarenindustrie und besonders der Heimarbeiterschaft völlig
vorbeiging, bestanden keine Aussichten auf eine Besserung.
H. Bick, der Geschäftsführer der Firma Friedr. Herder Abr.
u. Sohn, einer der ältesten und bedeutendsten Solinger
Stahlwarenfabriken, wies 1935 in einem Schreiben an den Regierungspräsidenten auf den Ernst der Situation auf dem
Ausbildungsmarkt hin: "Die trostlose Lage in der Solinger
Ausfuhr-Industrie muß jeden Solinger, der seine Heimat
liebt, von größter Sorge um die Zukunft erfüllen. Man be-
denke, daß schon seit Jahren kein richtiger Nachwuchs im
Rückgrat unserer Industrie, d.h. in der Heimarbeiterschaft,
herangebildet wurde, und daß gute Facharbeiter unter 40
Jahren überhaupt nicht mehr vorhanden sind. (...) (Vgl.
hierzu Tab. 3.3.4) Hier droht mit Riesenschritten eine
jahrhunderte alte Kultur zugrunde zu gehen, die durch keine
Maschinen zu ersetzen ist". [2] Von rund 500 Schulentlassenen des Jahres 1937 wurden mehr als 90 Prozent in Berufen
untergebracht, die nicht zur Schneidwarenindustrie gehörten. [3] Eine Besserung der Lage der Heimindustrie, wie sie
etwa durch die neue Tarifordnung vom 25. August 1937 bewirkt werden sollte, reichte zur Behebung der Probleme
nicht mehr aus. [4]

---

1) Messer und Schere, Jg. 1934, S. 507; Auch in Sheffield
   begann man sich, aus der Erkenntnis des Zusammenhangs
   von Qualitätswaren und qualifizierter Facharbeit, um den
   Nachwuchs zu sorgen. Vgl. Messer und Schere, 17.6.1935,
   S. 257 f
2) Vgl. H. Bick an den Regierungspräsidenten vom 8.2.1935,
   HSTA Düsseldorf, BR 1015/78 siehe auch: Tab. 3.3.4
3) Messer und Schere, 1.4.1937, S. 123
4) Messer und Schere, 1.9.1937

Die nationalsozialistischen Behörden sahen sich durch das
Drängen der Solinger Schneidwarenindustrie zum Handeln gezwungen und begannen, das Ausbildungssystem in öffentliche
Regie zu überführen. Unter Mitwirkung der Deutschen Ar-
beitsfront wurde als erster Schritt 1937 an der Fachschule
für Metallgestaltung eine Ausbildungswerkstatt für Schleifer und Reider eingerichtet [1], die die Ausbildung in den
heimgewerblichen Betrieben auf jene Weise ergänzen sollte,
wie es F. Sommer bereits 1922 vorgeschlagen hatte. [2] "Es
soll Aufgabe dieser Werkstatt sein, den Schülern die praktischen und theoretischen Kenntnisse zu vermitteln, die ihnen der Meister nicht geben kann". [3] Während 1922 noch
heftiger Widerstand aus den Reihen der Heimarbeiterschaft
befürchtet worden war, [4] waren solche Reaktionen inzwischen nicht mehr zu erwarten. Es wurden zwei qualifizierte
Handwerker, ein Schleifer- und ein Reidermeister angewor-
ben, die die Jugendlichen in wenigen Wochen mit den Grundlagen ihres Berufes vertraut machen sollten, während die
weitere Ausbildung durch Heimarbeiter vorgenommen werden
sollte. [5]

1) Vgl. ST 1.10.1937; Die Fachschule hatte seit ihrer Gründung im Jahre 1904 zur kunstgewerblichen Weiterbildung
von Schneidwarenarbeitern (Ziselieren, Damaszieren, Gra-
vieren usw.) beigetragen. In der daneben bestehenden
technischen Abteilung wurden überwiegend Schlosser ausgebildet. Die Ausbildung von Schleifern und Reidern
blieb ein Tabu. Weiterhin war der Fachschule 1927 ein
Laboratorium und Forschungsinstitut für die Schneidwarenindustrie angegliedert worden, in dem Untersuchungen
zur Produktions-(Material)kontrolle und Gütesteigerung
angestellt wurden. Ihre Höhepunkte erlebte die Fachschule 1929, als in ihren Räumen nach 25-jährigem Bestehen
zur "geschmacklichen Anregung" ein "Industriemuseum"
(Ausstellung von Schneidwaren aller Art) eingerichtet
wurde und 1937 als sie für Solingen die Pariser Welt-
ausstellung mit Erfolg ausrichtete. Zur Geschichte der
Fachschule und des Industriemuseums siehe u.a.: BZ
16.6.1927; H. Kurek, Die Fachschule für die Stahlwaren-
Industrie in Solingen, in: Bergische Heimat, Jg. 1929,
S. 200 ff; verschiedene Aufsätze zum 25-jährigen Bestehen der Fachschule in: ZVTI, Jg. 1930, Hefte 7 - 10; Solingens gutes Gewissen, Bergische Heimat, Jg. 1939, Heft
6, S. 169 ff; RE 16.3. und 20.4.1950
2) Vgl. F. Sommer, Klinge und Schere, Sonderheft, a.a.O.,
S. 24 - 28
3) Berufsschuldirektor Storch, Schreiben an den Oberbürger-
meister vom 26.3.1936, in: STA Solingen, Akte SG 3667
4) F. Sommer, a.a.O., S. 26
5) ST 1.10.1937

Angesichts dessen, daß 1938 in der gesamten Schneidwarenindustrie nicht mehr als 11 Ausbildungsverhältnisse zustande
kamen [1], kann von einem durchschlagenden Erfolg der neuen
Versuchswerkstatt nicht die Rede sein. Die Zeit für grund-
sätzlichere Lösungen schien gekommen. [2] Gegen den Willen
der Solinger Heimarbeiter und Teilen der Fabrikantenschaft
wurde die Verantwortung für den Nachwuchs offiziell der Industrie übertragen. [3] Zu diesem Zweck wurde das Ausbildungssystem völlig neu geordnet.

Der Deutsche Ausschuß für technisches Schulwesen (Datsch)
nahm sich der Problematik an und gelangte zu der Auffassung, daß die Solinger Berufe allesamt nicht die Kriterien
erfüllten, die an Lehrberufe zu stellen waren. [4] Die Solinger Schneidwarenarbeiter wurden als Spezialisten angesehen, die nur ein ganz bestimmtes enges Arbeitsfeld beherrschten. Nach Ansicht des Datsch reichte eine zweijährige Anlernzeit völlig aus, die erforderlichen Fähigkeiten zu
erwerben. Durch "berufsordnende Maßnahmen" wurden die mindestens 65 Solinger Spezialberufe [5] auf 11 Grundberufe reduziert, in denen Abschlußprüfungen vor der Industrie- und
Handelskammer Solingen zu absolvieren waren. [6] Da die Be-

1) Die Klinge, 7. Jg. 1940, Heft 5, S. 116
2) In der 2. Hälfte der 30er Jahre wurde der generelle (nationale) Ausbau des Berufsbildungssystems - als duales
   System - vorgenommen. 1935 wurde von den Industrie- und
   Handelskammern, die seit 1908 sukzessive eingeführte In-
   dustrielehre vereinheitlicht. 1938 wurde die Industrie-
   facharbeiterprüfung der handwerklichen Gesellenprüfung
   rechtlich gleichgestellt. Das Reichsschulpflichtgesetz
   von 1938 vervollständigte und vereinheitlichte die Be-
   rufsschulpflicht. Vgl. J. Mooser, a.a.O., S. 55
3) B. Jung, Die Nachwuchserziehung in der Schneidwarenindustrie, in: Die Klinge, 8. Jg., Heft 8, 1941, S. 83
4) V. Ebel, Das Nachwuchsproblem in der Solinger Schneidwarenindustrie, Dipl. MS, Köln 1949, S. 86 f
5) Eine Auflistung bei V. Ebel, a.a.O., S. 84
6) B. Jung, a.a.O., S. 84, Die anerkannten Grundberufe waren Schneidwarenhärter, Messerklingenschleifer, Gabelschleifer, Scherenschleifer, Rasiermesserschleifer, Be-
   steckreider, Taschenmesserreider, Messerausmacher, Besteckpolierer, Schwertschleifer, Waffenpolierer. Daneben
   wurde noch die Anerkennung der Berufe Waffenreider, Ra-
   sierklingenmacher und Platterlreider erwogen. Ehemalige
   Spezialberufe wurden diesen Grundberufen zugeteilt. "Damit wird bewußt die bisher geübte Spezialisierung schon
   bei der Ausbildung für die Zukunft unterbunden und den
   anerkannten Berufen eine breitere Grundlage gegeben".

triebe der Solinger Stahlwarenindustrie, die niemals zuvor
mit der Ausbildung in den handwerklichen Weiterberarbei-
tungsberufen befaßt waren, offenbar hoffnungslos überfor-
dert gewesen wären, wurde parallel zu dieser Neuordnung,
die 1939 in Kraft trat, eine moderne Gemeinschaftslehrwerkstatt eingerichtet. [1] In dieser großzügig geplanten Lehrwerkstatt konnten die Anlernlinge sämtlicher Berufe während
des ersten Ausbildungsjahres auf Kosten des ausbildenden
Betriebes ganztägig ausgebildet werden, sofern der Ausbil-
dungsbetrieb dies wünschte. Im Frühjahr 1940 lief die Ausbildung für die ersten drei Berufe, die Scherenschleifer,
die Lang-Messer-Schleifer und die Taschenmesserreider an.

Weder die Qualität der letzlich einjährigen Ausbildung -
die "Ausbildung" in den Betrieben kann man, zumal unter
Kriegsverhältnissen, getrost in Abzug bringen [2] -, noch
die geringe Aufnahmekapazität (30 Schüler) der Gemeinschaftslehrwerkstatt waren dazu angetan, das Nachwuchsproblem zu lösen. Im Gegenteil, die Umwandlung der Stahlwaren-
berufe in Anlernberufe führte zu einem spürbaren Attrakti-
vitätsverlust. [3]

---

1) F. Buchenau, Die Gemeinschaftslehrwerkstätte der Fachgruppe Schneidwarenindustrie, in: Die Klinge, 7. Jg.
   1940, Heft 5, S. 115 f
2) Vgl. SK, Bd. 30, 30.12.1942
   In den Prüfungsrichtlinien für Taschenmesserreider war
   z.B. die Bearbeitung von Horn- und Hirschhorn- und
   Schildpattschalen vorgesehen. Während der Kriegszeit war
   es jedoch gar nicht möglich, diese Materialien, die an
   die Arbeit des Taschenmesserreiders höhere Anforderungen
   stellte, überhaupt zu beziehen. In der Praxis wurden
   Blechschalen verwendet, die auf primitivste Weise bearbeitet und montiert wurden. Vgl. Kap. 6.2 sowie den An-
   lernvertrag für einen Taschenmesserreider vom
   15.11.1943. Firmenarchiv Fa. Köller, Ordner mit der Aufschrift: Personalangelegenheiten.
   Nach einhelliger Auffassung war eine zweijährige Ausbildung zu kurz, um einen Lehrling in allen Tätigkeiten und
   Fertigkeiten eines Berufszweiges vollkommen auszubilden.
   Vgl. V. Ebel, a.a.O., S. 88, siehe auch: Die Klinge, 7.
   Jg., 1942, S. 108 sowie H. Wielpütz, a.a.O., S. 96.
   Prinzipiell war es möglich, daß die Betriebe die Ausbildung der Lehrlinge einem ihrer Heimarbeiter anvertrau-
   ten. Vgl. RLZ, 5.12.1940
3) V. Ebel, a.a.O., S. 89

Als 1942 ein Resümee der ersten drei Abschlußprüfungen, an denen insgesamt 61 Lehrlinge teilgenommen hatten, gezogen wurde, mußte festgestellt werden, daß die Durchfallquote durchschnittlich bei 25 Prozent, im Falle der Scherenschleifer gar bei 71,4 Prozent (!) lag. [1] An eine qualifizierte Ausbildung war unter den kriegswirtschafltichen Rahmenbedingungen nicht mehr zu denken. Die meisten Lehrlinge waren nur einseitig in bestimmten Tätigkeiten ausgebildet und beherrschten selbst diese nur teilweise und unvollkommen. Am besten schnitten unter diesen Bedingungen tatsächlich die Auszubildenden ab, die die Gemeinschaftslehrwerkstatt besucht hatten. [2] K. Matthiolius, der Syndikus der IHK, hatte deshalb bereits 1941 vor dem Nachwuchsproblem kapituliert und dazu aufgerufen, die Facharbeiter technisch zu ersetzen: "Der Sorge um den Nachwuchs haben sich die beteiligten Dienststellen angenommen. (...) Es ist nicht mit der Sorge um die Arbeitskräfte getan, sondern dazu muß die um die Produktionsmittel treten. Deshalb muß die Solinger Schneidwarenindustrie, will sie nicht ihr Dasein aufs Spiel setzen, sich mit Entschlossenheit, Tatkraft und Überlegung der Mittel bedienen, die die moderne Technik zu bieten hat.

Es muß endgültig Schluß gemacht werden mit dem Aberglauben, die Herstellung von Messern und Scheren sei als einzige Produktion allezeit der modernen Technik unzugänglich. Es muß auch Schluß gemacht werden mit dem Aberglauben, ein Qualitätsmesser könne in alle Ewigkeit nur in Heimarbeit hergestellt werden. Diese mit Starrheit vorgetragenen Irr-

---

1) P. Well, Abschlußprüfungen in der Schneidwarenindustrie, Erfahrungen und Erkenntnisse, in: Die Klinge 7.Jg. 1942, S. 107 ff, siehe auch ST 21.6.1941, 29.1.1943; Die Zeitschrift Die Klinge kommentierte: "Nicht die Tatsache, daß eine verhältnismäßig geringe Zahl von jungen Männern ihre Ausbildungszeit beendet hat, ist das bemerkenswerte, sondern daß zum erstenmal nach der Aufhebung der Zunftverfassung wieder ordnungmäßige Lehren aufgrund geregelter Prüfungen unter Überreichung von Brief und Siegel abgeschlossen worden sind". Die Klinge, 8. Jg, 1940, Heft 7, S. 71
2) P. Well, a.a.O., S. 109. Im weiteren Verlauf des Krieges wurden auch die Lehrlinge der Gemeinschaftslehrwerkstatt in die Kriegsproduktion eingespannt, vgl. K. Löhmer, a.a.O., S. 186

lehren, auf die man lange Zeit sehr stolz war, sind nicht
zuletzt verantwortlich für die heute herrschende Nachwuchs-
kalamität". [1]

6.2 Vom Beginn des Zweiten Weltkrieges bis zur Stabili-
sierung (1939 bis 1948)

I.

Als die Solinger Schneidwarenindustrie gerade wieder begonnen hatte, sich von der Weltwirtschaftskrise zu erholen
und, so weit es unter den politischen Rahmenbedingungen
möglich war, auf dem Weltmarkt erneut Fuß gefaßt hatte, begann mit dem Zweiten Weltkrieg eine neue Phase tiefer Umwälzungen und Rückschläge.
Wie angesichts der seit Jahren betriebenen Kriegsvorberei-
tungen nicht anders zu erwarten, ergaben sich zu Beginn des
Krieges, im Gegensatz zum Ersten Weltkrieg, keine Um-
stellungsprobleme. Im Dezember 1939 hieß es in einem Bericht des Arbeitsamtes: "Vor einiger Zeit konnte zutreffend
berichtet werden, daß die Umstellung von Friedens- auf
Kriegswirtschaft als vollzogen zu betrachten sei, da in Solingen ein großer Teil ohnehin Rüstungsbetrieb war, die
Schneidwarenindustrie aber Dank vorhandener Aufträge, Rohmaterialien und Exportmöglichkeiten keine Umstellung vorzunehmen brauchte. In letzter Zeit schränken aber mehrere Betriebe der Schneidwarenindustrie ihre Produktion ein und
gehen zur Anfertigung von Wehrmachtsbedarf über. Diese Umstellung vollzieht sich langsam und reibungslos". [2]

---

1) K. Matthiolius, Die Aufgabe der Technik in der Solinger
   Schneidwarenindustrie, in: Die Klinge, 8. Jg., Heft 6,
   Juni 1944, S. 61 ff
2) STA Solingen, Solinger Kriegschronik, Bd. 30, Berichte
   über den Arbeitseinsatz 20.12.1939; im folgenden zit.
   als: SK, Bd. 30; Dieser zu der mehr als 40 Bände umfassenden und bislang unausgewerteten Solinger Kriegschronik gehörende Band zählt neben den Arbeiten von Hohns,
   Nacken und dem Fachblatt Die Klinge zu den wichtigsten
   Quellengrundlagen der nachfolgenden Skizze zu der von
   der lokalen Forschung bislang weitgehend unbeachteten
   Zeit des Zweiten Weltkrieges. Generell bildet die Zeit

Die Exporte der Solinger Schneidwarenindustrie gingen zwischen 1938 und 1940 um ca. 30 Prozent zurück. [1] Mit dieser
Angabe allein waren die Veränderungen auf dem Exportmarkt
aber noch nicht wirklich erfaßt. Bemerkenswert war nämlich
der Anstieg des Durchschnittswertes der exportierten Stahlwaren um fast 50 Prozent. [2] Nach einem Jahrzehnt sinkender
Durchschnittsexportwerte stiegen die Durchschnittswerte je
ausgeführtem Doppelzentner Stahlwaren erstmals wieder auf
das Niveau, das sie vor der Weltwirtschaftskrise gehabt
hatten. Die Ausfuhrmenge war entsprechend zwischen 1938 und
1940 um mehr als die Hälfte abgefallen. [3] Die Erklärung
für dieses Phänomen war denkbar einfach: Während sich die

Fortsetzung der Anmerkung
   des Nationalsozialismus das größte Forschungsdesiderat
   der lokalen Historiographie überhaupt. Abgesehen von
   ersten Abhandlungen über den Widerstand (vgl. I. Sbosny,
   K. Schabrod, Widerstand in Solingen, Frankfurt 1975; W.
   Dickhut, So war's damals, Haan 1979) und den Arbeiten
   der Solinger Geschichtswerkstatt (Vgl. Solinger Geschichtswerkstatt, Fremdarbeiter im Zweiten Weltkrieg,
   a.a.O. sowie diess. Alltag im Zweiten Weltkrieg, Leverkusen 1987) sind keine Veröffentlichungen erschienen.
   Die ansonsten mit einem universellen Anspruch geschrie-
   bene Stadtgeschichte von H. Rosenthal widmet der Zeit
   des Nationalsozialismus ganze 9 Seiten, vgl. H. Rosenthal, Geschichte einer Stadt, a.a.O., S. 420 ff
1) Vgl. Tab. 1.1.1 sowie die Berechnung in einer zeitgenössischen Untersuchung, die auf der Basis einer repräsen-
   tativen Auswahl von 107 Solinger Schneidwarenbetrieben
   vorgenommen wurde: Johanna Kathariana Hohns, a.a.O., S.
   137 und 149: Bei den 107, auf der Basis eines Verglei-
   ches von 1938 und 1940 - also des letzten Friedensjahres
   mit dem ersten Kriegsjahr - untersuchten Betrieben,
   handelte es sich um eine Auswahl von Groß-, Mittel- und
   Kleinbetrieben, die unter Berücksichtigung des Produk-
   tionssortimentes zu Gruppen zusammengestellt wurden. Die
   erfaßten Betriebe hatten 1938 zusammen einen Umsatz
   von 45,9 Mio RM. Dies war ca. 50 % des gesamten Umsatzes
   der Solinger Schneidwarenindustrie.
2) Tab. 1.1.1
3) Ebenda

Zusammensetzung des exportierten Schneidwarensortiments kaum verändert hatte [1], hatten sich die Gewichte unter den Bestimmungsländern der exportierten Waren nach Europa verschoben. Die Exporte nach den weniger kaufkräftigen Kontinenten waren auf ein Minimum zusammengeschrumpft. In Europa selbst konzentrierten sich die Exporte auf wenige Länder. Die nordischen Staaten, Holland, Belgien, Italien und Südosteuropa nahmen zusammen mehr als 80 Prozent der Schneidwarenexporte überhaupt auf. [2] Infolge der Verlagerung der Exporte nach Europa hatte die Exportförderung durch das Zusatzausfuhrverfahren für die Solinger Industrie völlig an Bedeutung verloren, da die Preise auf dem europäischen Markt ohnehin weitgehend durch die deutsche (und die englische) Schneidwarenindustrie bestimmt wurden. [3] Der europäische Markt war stärker qualitätsbestimmt als die anderen Märkte. Konkurrierende ausländische Schneidwarenhersteller hatten hier nur geringe Chancen.

Für die Solinger Heimarbeiter waren die Rahmenbedingungen in den ersten beiden Kriegsjahren somit relativ günstig. In den von J.H. Hohns untersuchten Betrieben war der Anteil der Heimarbeit an der Fabrikation - nach der Lohnsumme berechnet - bei allen wichtigen Produkten (mit einer Ausnahme: den Taschenmessern) angestiegen. [4] Die Heimarbeiterschaft profitierte von den kriegswirtschaftlichen Eingrif-

---

1) J.K. Hohns, a.a.O., S. 137, Eine Ausnahme machten die Rasierklingen, deren Exporte verdoppelt wurden.
2) Siehe die Tab. bei J.K. Hohns, a.a.O., S. 141, vgl. auch Tab. 1.4 und SK Bd. 30, 10.10.1939
3) J.K. Hohns, a.a.O., S. 23 und S. 155 f, Die deutsche Monopolstellung auf den europäischen Märkten wurde seit Kriegsbeginn noch weiter ausgebaut, vgl. z.B. Messer und Schere, 1.3.1940, Die Schweiz als Abnehmer von Messerschmiedewaren
4) Siehe hierzu Tab. 6.4.4, Dieses Ergebnis wird auch die Entwicklung bei der Fa. Köller bestätigt, vgl. Tab. 3.1.3 und 3.1.4 ; J.K. Hohns resümierte: "Seit Kriegsbeginn herrscht wieder für die Heimarbeiterschaft eine Zeit der Hochkonjunktur. Die Heimarbeiterlöhne sind bei fast allen untersuchten Firmen 1940 angestiegen". Ebenda, S. 88

fen in den Arbeitsmarkt. Aufgrund ihres hohen Durch-
schnittsalters wurden die Heimarbeiter in geringerem Maße
zum Militär einberufen als die Fabrikarbeiter. [1] Der Bedarf an Rüstungsarbeitern mußte zunächst aus der Gruppe der
Fabrikarbeiter in der Schneidwarenindustrie gedeckt werden.
[2] Die Heimarbeiter blieben der Schneidwarenindustrie nicht
nur wegen ihres hohen Alters, sondern auch deshalb erhalten, weil sie nach Ansicht des Arbeitsamtes nach wie vor
"recht wenig Verständnis für die gebundene Arbeit in Betrieben" hatten. [3]

Ein Handicap sah das Arbeitsamt in dem hohen Lohnniveau der
Heimarbeiter. [4] Der relative Anteil der Heimarbeiter an
der Schneidwarenherstellung für den zivilen Bedarf wuchs in
dem Maße, in dem die Betriebe ihre Produktion auf die
Rüstungsfertigung umstellten. [5] Die Heimarbeiterschaft
wurde zur eigentlichen Lebensader der Schneidwarenindustrie.

Mitte 1940 waren auch den Solinger Schneidwarenfabriken
fast nur noch ältere Arbeitskräfte verblieben, die nach
Auffassung des Arbeitsamtes für die Rüstungsindustrie

---

1) Vgl. Tab. 3.3.4 und 3.4.2, siehe auch Tab. 2.3.5 sowie
   SK, Bd. 30, 29.9.1941. Das Durchschnittsalter der Heimarbeiter wurde 1940 auf ca. 50 Jahre geschätzt. RLZ,
   25.7. 1940
2) Im Junibericht des Arbeitsamtes hieß es 1940: "Außer den
   auf dem Lohngebiet liegenden Schwierigkeiten hat sich
   ergeben, daß unter den Heimarbeitern sehr viele wegen
   ihres körperlichen Zustandes für eine Arbeit im Betrieb
   nicht mehr geeignet sind". SK, Bd. 30; siehe auch SK,
   Bd. 30, 30.4.1941 und 30.5.1941
3) SK, Bd. 30, 30.4.1941
4) SK, Bd. 30, 30.4.1940, 3.8.1941, 30.4.1942
5) Siehe J.K. Hohns, a.a.O., s. 28; Als kriegswichtige Gü-
   ter wurden produziert: Verschiedenste Schmiede-, Press-,
   Guß- oder Stanzteile für Flugzeug-, Fahrzeug-, Schiffs-
   bau oder Telegraphen- und Nachrichtendienst (Auch im
   Zweiten Weltkrieg boten die Solinger Schlägereien und
   Gießereien die besten Voraussetzungen für die Rüstungsproduktion), Präzisionsrohre, Spezialwerkzeuge und Werkzeugmaschinen. Daneben sind auch Teile der klassischen
   Schneidwarenproduktion als unmittelbar kriegswichtig
   eingestuft worden, etwa: Bestecke, Arbeitsmesser, Rasierklingen. Eine gute Übersicht über die Rüstungsproduktion in Solinger Betrieben während des Zweiten Weltkrieges, in: HSTA Düsseldorf, Reg. D 47782, Bl. 31 ff

schlecht in Frage kamen, weil sie der körperlichen An-
strengung nicht gewachsen und zu spezialisiert waren. In
den 365 Betrieben, die im Mai 1940 zur "Auskämmung" vorgesehen waren, konnten zusammen nur noch 585 Arbeitskräfte
für die Rüstungsbetriebe gewonnen werden. [1]

Nun begannen die Behörden auch auf die Heimarbeiterschaft
zurückzugreifen; zumal die Rekrutierung von Frauen zumindest anfangs nicht den gewünschten Erfolg zeigte. [2]
Zahlreiche Schleifer und Reider wurden - wenn sie nicht
ohnehin schon in die Rüstungsproduktion eingespannt waren -
als Bohrer, Fräser, Dreher für die Rüstungsproduktion umge-
schult und in die Betriebe dienstverpflichtet. [3] Die nun
scheinbar unaufhaltsame Rekrutierung der Heimarbeiter wurde
jedoch bereits 1941 durch einen unerwarteten Exportboom
vorübergehend gestoppt. [4] Teilweise gelang es sogar,
Arbeitskräfte aus den Rüstungsbetrieben wieder für die
Schneidwarenindustrie zurückzugewinnen. [5] Die Heimarbeiter
waren gerade für die Herstellung hochwertiger Exportartikel
unentbehrlich. [6] Auch die Betriebsarbeiter in der zivilen
Schneidwarenfertigung konnten von ihren Arbeitgebern leichter reklamiert werden, wenn sie an Exportaufträgen beschäf-

---

1) SK, Bd. 30, 16.5.1940
2) SK, Bd. 30, 17.10.1939 und 1.2.1940
3) Vgl. SK, Bd. 30, 16.1.1940, 16.3.1940, 30.11.1940. Die
   Schneidwarenarbeiter scheinen in den seltensten Fällen
   freiwillig in die Rüstungsindustrie abgewandert (bzw.
   abgegeben worden) zu sein. Im Arbeitseinsatzbericht vom
   16.3.1940 wurde festgestellt, daß allein durch scharfe
   Betriebsprüfungen Arbeitskräfte für die Rüstungsindustrie gewonnen werden konnten. Weiterhin hieß es: "Nach
   dem Ergebnis der bisherigen Betriebsprüfungen besteht
   aber Anlaß zur Annahme, daß verschiedene Betriebsführer
   durch niedrige Arbeitszeit (48 Stunden) die Arbeit zu
   strecken versuchen, um gute Kräfte sich zu erhalten. Die
   entsprechenden Maßnahmen wurden sofort ergriffen".
4) Vgl. Tab. 1.1.1, Viele Heimarbeiter arbeiteten inzwischen nur noch für einen einzigen Auftraggeber. Da sie
   kriegswichtige Exportaufträge ausführten, konnten sie
   auf diesem Wege eine Freistellung erreichen, vgl. SK,
   Bd. 30, 29.9.1941
5) Meist waren aber gerade die Spezialarbeiter aus der
   Schneidwarenindustrie an ihren neuen Arbeitsstellen in
   der Rüstungsindustrie kaum zu ersetzen. SK, Bd. 30,
   31.12.1940
6) SK, Bd. 30, 30.11.1940

tigt waren. Die mit Inlandsaufträgen beschäftigten Arbeitskräfte wurden demgegenüber bei Bedarf rücksichtslos in die
Rüstungsbetriebe umgesetzt. [1] Die Arbeitsverwaltung hatte
inzwischen begonnen, dem Arbeitskräftebedarf durch den verstärkten Einsatz ausländischer Arbeitskräfte zu begegnen.
Seit 1940 wurden diese außer in der Landwirtschaft auch in
der Rüstungsproduktion - vor allem in den Gesenkschmieden
und Gießereien - eingesetzt. [2]

Die Tatsache, daß die Deckung des zivilen Schneidwarenbedarfs wieder stärker auf der Arbeitsleistung der Heimarbeiter beruhte, hieß nicht, daß die technische und arbeitsorganisatorische Entwicklung in den Betrieben stillgestanden
hatte. Im Gegenteil: Die meisten der von J.K. Hohns untersuchten Schneidwarenbetriebe hatten ihre Produktion zumindest partiell auf den (Schneidwaren-)Rüstungsbedarf umgestellt [3] und dabei die Umsätze pro Kopf der Beschäftigten
um durchschnittlich 50,7 Prozent steigern können. [4] Am
stärksten waren die Zuwächse bei Rasiergeräten, Bestecken,
Arbeitsmessern und Taschenmessern. J.K. Hohns führte diese
Entwicklung auf drei Faktoren zurück:

1) SK, Bd. 30, 1.4.1940
2) Sk, Bd. 30, 1.9.1940, Das Solinger Arbeitsamt machte die
   übergeordneten Behörden immer wieder auf die Dringlich-
   keit der Zuweisung von Ausländern aufmerksam, vgl. z.B.
   Sk, Bd. 30, 30.4.1941, 30.9.1942. Solingen war inzwischen zu einem wichtigen Standort der Rüstungsproduktion
   avanciert, was auch in einer entsprechenden Berücksichtigung bei der Zuteilung auswärtiger und ausländischer
   Arbeitskräfte zum Ausdruck kam. Auf diese Weise stieg
   die Zahl der ausländischen Arbeitskräfte bis 1944 auf
   weit über 10.000 an. Der Ausländeranteil an der Erwerbsbevölkerung betrug ca. 20 %. In nahezu jedem Solinger
   Betrieb wurden Lager aufgebaut, in denen Fremdarbeiter
   und Kriegsgefangene untergebracht wurden. Betriebe wie
   Kronprinz beschäftigten mehrere hundert Fremdarbeiter,
   vgl. Solinger Geschichtswerkstatt, a.a.O., S. 42 ff
3) Dies war meist die einzige Möglichkeit, Rohstoffe oder
   Arbeitskräfte zu erhalten: "Alle Betriebe versuchen, mit
   mehr oder weniger Erfolg, wenn nicht unmittelbare, so
   doch wenigstens mittelbare Lieferanten für Heeres- und
   Rüstungszwecke zu werden, um so wenigstens in Gang zu
   bleiben und einen Arbeitsstamm zu behalten. Sie fürchten
   vielleicht nicht immer mit Unrecht, daß ihnen ein großer
   Teil der freiwillig oder gezwungen abgegebenen Kräfte
   dauernd verlorengeht". SK, Bd. 30, 1.4.1940, siehe auch
   16.4.1940, 30.11.1940, Tab. 3.3.4 zeigt den Anteil der
   Rüstungsproduktion im Verlauf des Krieges am Beispiel
   eines typischen Solinger Kleinbetriebes.
4) Tab. 6.4.2, vgl. auch Tab. 6.4.1

"1. Der Warenumschlag vollzog sich rascher und war vielfach mit umfangreichen Lagerverkäufen verbunden.

2. Die Produktionstechnik wurde infolge starker Typenbeschränkung vereinfacht.

3. Die Umstellung auf Rüstungsfertigung verlangte in der Regel vorwiegend Maschineneinsatz und brachte bessere Preise als für Schneidwarenartikel erzielt werden konnten." [1]

Durch die Umsatzsteigerung wurde die Kapitalausstattung der Unternehmen nachhaltig verbessert. In den von J.K. Hohns untersuchten Betrieben hatte das Eigenkapital um 20 Prozent (!) zugenommen. [2] Die Betrachtung der Kapitalanteile pro Kopf der Beschäftigten zeigt, daß wiederum vor allem bei Rasiergeräten, Bestecken und Arbeitsmessern erhebliche Kapitalinvestitionen stattgefunden hatten. Im Schnitt war der Kapitaleinsatz pro Beschäftigten um 24.2 Prozent gestiegen. [3] Hohns resümierte: "Die Umsatzsteigerung im Jahre 1940 ging Hand in Hand mit einer Erhöhung der in den Betrieben investierten Kapitalien und war andererseits begleitet von einer Verringerung der Belegschaft. Die Vermutung einer strukturellen Umschichtung der Betriebe, von der manuellen zur maschinellen Fertigung, liegt nahe". [4]

Diese Vermutung galt sowohl für die zivile Schneidwarenproduktion als auch für die reine Rüstungsproduktion, denn in beiden Bereichen herrschte Arbeitskräfte- bzw. Facharbeitermangel. Während die Umsetzung von Schneidwarenarbeitern in die Rüstungsbetriebe schon bald nicht mehr ausreichte, um den wachsenden Bedarf zu decken, waren den Stätten der zivilen Schneidwarenproduktion spätestens Ende 1941 nur noch die wenigen qualifizierten Schlüsselkräfte

---

1) J.K. Hohns, a.a.O., S. 54
2) Ebenda, S. 60, vgl. hierzu auch die Umsatz- und Kapitalstatistik in der Akte HSTA Düsseldorf, Reg. D 45819, nach der sich die Umsatz- und Gewinnsituation bei der überwiegenden Mehrzahl der namentlich aufgeführten Solinger Betriebe zwischen 1938 und 1942 um ein Vielfaches verbessert hatte. Tab. 6.4.3 zeigt die Verschiebungen in der Verteilung der Betriebe nach Umsatzgrößenklassen.
3) Tab. 6.4.2
4) J.K. Hohns, a.a.O., S. 62

belassen worden, ohne die die Fabrikation vollends zusammengebrochen wäre. [1] Vor diesem Hintergrund erinnerte man sich nach einer mehr als zehnjährigen Pause der Rationalisierungsdiskussion der 20er Jahre: "Es ist aber durch den Krieg und auch die ihm unmittelbar vorausgehenden Jahre, jedem, der Augen hat zu sehen, klargeworden, daß unmöglich in einem Industriezweig ein solches Menschenreservoir gehalten werden kann, während man sich in der übrigen Industrie um jede einzelne Kraft mit allen Anstrengungen bemüht. Die Leistungskapazität kann deshalb auch in der Schneidwarenindustrie in Zukunft nicht mehr ganz einfach dadurch erhöht werden, daß mehr Menschen eingepumpt werden. Hier gibt es nur den Weg, den jede andere moderne Industrie zu gehen gezwungen worden ist: Es gilt alle Maßnahmen durchzudenken, die eine Vereinfachung der Produktion bringen, angefangen bei der Typenbeschränkung und endend bei dem Einsatz menschensparender Maschinen". [2]

Die nationalsozialistische Kriegswirtschaft hatte die Voraussetzungen der großseriellen Massenproduktion auch in der Schneidwarenindustrie geschaffen. Bereits 1936, als sich durch steigende Inlandsaufträge allmählich ein Mangel an Facharbeitern bemerkbar machte, begannen die Vorbereitungen zu einer Typenbeschränkung [3] - zu dieser Zeit unter heftigem Protest der Solinger Schneidwarenindustrie. [4] Seit dem Beginn des Zweiten Weltkrieges war die Typisierung nicht mehr aufzuhalten. Nicht nur, daß Großabnehmer, wie die Wehrmacht und die Grossisten als Stahlwarenkunden mehr und mehr dominierten [5] und somit automatisch eine Typenbeschränkung bewirkten, auch wurde die Zahl der Typen durch staatliche Anordnungen laufend reduziert, um Arbeitskräfte und Rohmaterialien einzusparen. Der Deutsche Normenausschuß war im Februar 1939 vom Reichswirtschaftsministerium ange-

1) SK, Bd. 30, 30.1.1941
2) Die Klinge 12/1941, S. 131 f, Mehr Ware - weniger Menschen
3) Die Klinge 6/1941, S. 63, Typenbeschränkung für Arbeitsmesser und Scheren, vgl. auch: Messer und Schere, 1.9.1937
4) Die Klinge 7/1941, S. 72, Typenbeschränkung in der Schneidwarenindustrie, vgl. Kap. 7.1
5) J.K. Hohns, a.a.O., S. 114 f

wiesen worden, "die Normungsarbeiten mit größter Beschleu-
nigung und Intensität auch auf die Industriezweige zu erstrecken, die bisher die Normung abgelehnt oder nicht für
wünschenswert erachtet hatten." [1] Die Behörden ließen dabei durchblicken, daß die Normung bei anhaltendem Widerstand der Schneidwarenindustrie ohne die zuständige Fachor-
ganisation durchgeführt werden würde. [2] Nach dem "Sofort-
programm zur Leistungssteigerung der deutschen Wirtschaft"
sollten in jedem Industriezweig die Normierungs- und Typi-
sierungsarbeiten unverzüglich aufgenommen werden. Die
Durchführung der Maßnahmen wurde durch die knappe Zuteilung
von Rohstoffen, durch den Mangel an Arbeitskräften und
durch Verwendungsverbote für bestimmte Materialsorten beschleunigt. [3] Die kriegsbedingten Umstellungen erschienen
den Zeitgenossen nicht zu Unrecht als "Geburtshelfer" zu-
künftiger Rationalisierungsmaßnahmen: "Auch in der Schneidwarenindustrie hat der Zwang, Menschen zu sparen, in den
vergangenen Monaten und Jahren dazu geführt, daß Arbeitsmethoden ersonnen worden sind, durch die an dieser oder jener
Stelle die eine oder andere Arbeitskraft erübrigt worden
ist. Mancher Fabrikant hat bekennen müssen, daß dieser
Druck, dem sich niemand hat entziehen können, überraschen-
derweise zu Rationalisierungsmöglichkeiten den Anstoß gegeben hat, die früher nicht erkannt worden sind. Es ist deshalb auch kein Geheimnis, daß diese Maßnahmen nach dem
Kriege nicht mehr rückgängig gemacht werden, sondern daß
man im Gegenteil sich bemühen wird, sie folgerichtig auszu-
bauen". [4] Die Fachgruppe Schneidwarenindustrie nahm die
Arbeit an einer Typenbeschränkung auf und Mitte 1941 wurden
verbindliche Regelungen angeordnet. [5] Sie galten zwar lediglich für das Inland, waren jedoch deshalb nicht weniger
einschneidend. Arbeitsmesser durften beispielsweise nur
noch in 188 Ausführungen hergestellt werden, Scheren in 110
und Bestecke gar nur in 6. Für viele Firmen, deren Produk-

1) Die Klinge 7/1941, a.a.O., S. 72
2) Ebenda
3) Ebenda
4) Die Klinge 12/1941, S. 131
5) Vgl. hierzu: Die Klinge 6/1941 und 7/1941, a.a.O.

Abb. 25: Niederlassung der Fa. Henckels, Zwillingswerk, an der Kärte-
nerstraße in Wien
Die Verkaufsfiliale wurde im Jahre 1898 eröffnet und 1945 geschlossen.

tion auf andere als die nun favorisierten Muster spezialisiert war, bedeutete die Typenbeschränkung einen schmerzli-
chen Eingriff in das Sortiment. In den folgenden Jahren
wurde die Zahl der erlaubten Typen in Orientierung am Wehrmachtsbedarf weiter reduziert, wobei die Herstellungsverbo-
te zunehmend auch für Exportartikel galten. [1] Die Solinger
Schneidwarenindustrie produzierte 1944 schließlich nur noch
2,5 Prozent (!) der Typen des Jahres 1939 in überwiegend
einfachen, rein zweckbestimmten Ausführungen. [2]

1) Siehe hierzu den Führerbefehl zur "Vereinfachung und
Leistungssteigerung unserer Rüstungsproduktion" vom
3.12.1941, HSTA Düsseldorf, Reg. D 47785; vgl. die Anordnung Nr. 10 des Beauftragten für Kriegsaufgaben bei
der Wirtschaftsgruppe Eisen-, Stahl- und Blechwarenindu-
strie über die Herstellung von Taschenmessern vom
14.4.1942, in der die Zahl der erlaubten Typen auf ein
einteiliges, ein zweiteiliges und zwei dreiteilige Taschenmesser festgelegt wurden. STA Solingen, Bibl. GA
2319. M. Lauterjung, a.a.O., S. 47 f; I. Duisberg,
a.a.O., S. 77; Sk, Bd. 30, 30.4.1942; Herstellungsverbo-
te für ca. 100 verschiedene Spezialartikel vom Apfel-
sinenschäler bis zum Zigarrenabschneider, in: Historisches Material der Fa. Ed. Wüsthof, Dreizackwerk, STA
Solingen, Bibl. GA 2546, S. 120 und 122, siehe vor allem: Die Klinge 5/1942, S. 67 und S. 70
2) Vgl. Tab. 6.4.5

Doch nicht allein die zu produzierenden Typen wurden durch zentralstaatliche Anordnung festgelegt, sondern - wie bei HJ-Messern und SA-Dolchen - auch die Preise. [1] Die Festsetzung der Preise erfolgte nach den Kostenverhältnissen eines "guten Betriebes". [2] Es ist zu vermuten, daß auch auf diese Weise Initiativen zur Vereinfachung der Produktion angeregt wurden.

Die radikalen Beschränkungen des Mustersortimentes, die Verwendung von billigen, minderwertigen Ersatzstoffen sowie zunehmende Mängel in der Verarbeitungsqualität auf der einen Seite und die Ausweitung des Krieges auf der anderen Seite bewirkten seit 1943 einen rapiden Exportrückgang bzw. ein Schrumpfen der zivilen Schneidwarenherstellung überhaupt. [3] Als die Exporte Ende 1943 völlig zum Erliegen kamen, hatte die zivile Schneidwarenproduktion in den Augen der staatlichen Behörden endgültig ihren Sinn, nämlich die Beschaffung von kriegswirtschaftlich wertvollen Devisen verloren. Die von den zentralen Wehrmachtsbehörden erwogene völlige Stillegung der Schneidwarenindustrie, konnte zwar verhindert werden [4], dennoch führte die Schneidwarenindu-

---

1) Preisfestsetzungen waren zunächst nur bei Lieferungen an die Wehrmacht und die öffentliche Hand üblich. Im Mai 1943 wurden erstmals allgemeingültige Festpreise für Haar- und Bartschneidemaschinen verfügt, ST 30.5.1943. Seit Juli 1943 galten für sämtliche wichtigen Schneidwaren Einheitspreislisten, ST 16.7.1943
2) ST 22.5.1943
3) Vgl. Tab. 1.1.1 und Tab. 3.3.4
4) Ende 1942 hatte der Reichsminister für Bewaffnung und Munition zwei Diplomingenieure nach Solingen entsandt, die eine kritische Überprüfung der Solinger Schneidwarenindustrie vornehmen sollten. Im Zuge der nationalen Rationalisierungs- und Konzentrationsbestrebungen sollten durch Produktionseinschränkungen weitere Arbeitskräfte für die Rüstungsindustrie gewonnen werden. Da die Schneidwarenindustrie von den örtlichen Institutionen bereits seit Kriegsbeginn pausenlos nach entbehrlichen und geeigneten Arbeitskräften durchforstet worden war und nur noch über ein Minimum an qualifiziertem Personal verfügte, waren auf diesem Wege keine Erfolge mehr zu erzielen, vgl. SK, Bd. 30, 29.8.1942; Allein durch eine Stillegung der gesamten zivilen Schneidwarenproduktion hätten noch einige Arbeitskräfte für die Rüstungsproduktion freigemacht werden können. Ein Geheimbefehl aus dem

dustrie nur noch ein Schattendasein. [1] Alle Hoffnungen waren auf das Ende des Krieges gerichtet: "Für die Nachkriegszeit wird ein großer Auftragsbestand übrig bleiben,
da die privaten Bestellungen seit Jahren nicht annähernd
bewältigt werden konnten. Der jetzige Auftragsbestand
reicht schätzungsweise auf drei Jahre für flotte Beschäftigung aus und wird sofort nach dem Kriegsschluß durch
weitere, jetzt zurückgedämmte Wünsche ergänzt werden. Aber
das zu erwartende Inlandsgeschäft und der Export, der vor
allem nach den europäischen Ländern gewaltig ansteigen
dürfte, wird die durch den Krieg gesteigerte Kapazität
rasch beschäftigen. Facharbeiter werden mindestens auf
einigen Gebieten der weitverzweigten Branche lange knapp
sein". [2] Diese Prognose lag angesichts der Nachwuchssitua-
tion auf der Hand.

Im Verlauf des Zweiten Weltkrieges war die Werbung um
Nachwuchs für die Schneidwarenindustrie [3] in Widerspruch
zu den stattlichen Bestrebungen, die zivile Schneidwarenproduktion stillzulegen, geraten. Seit 1938 war für die
Einstellung eines Lehrlings die Genehmigung des Arbeitsam-

Fortsetzung der Anmerkung
Jahre 1944 sah vor, alle nicht unbedingt kriegswichtigen
Teile der Schneidwarenindustrie stillzulegen. Dem Solinger Schneidwarenfabrikanten Hermann Bick (Fa. Herder)
gelang es, durch eine persönliche Initiative die zuständigen Referenten in Berlin von ihrem Vorhaben abzubrin-
gen. Er hatte Bildmaterial, Designskizzen und umfangrei-
ches statistisches Material zusammengetragen und die
Notwendigkeit und Nützlichkeit von Schneidwaren der verschiedensten Art überzeugend dargestellt. Entscheidend
war der Nachweis, daß die Schneidwarenproduktion bereits
so weit wie möglich rationalisiert worden war. Angesichts des auf ein absolutes Minimum reduzierten Ty-
pensortiments ließen sich die Behörden von ihrem Vorhaben abbringen.
Siehe H. Bick, Die Rationalisierung in der Schneidwarenindustrie 1943/44, STA Solingen, Bibl. GA 1211, vgl.
auch Tab. 6.4.5
1) Tab. 3.3.3
2) ST 14.9.1943, Schneidwaren im 5. Kriegsjahr, siehe auch
den teilweise wörtlich übereinstimmenden Bericht in: ST
24.11.1944, Schneidwaren im 6. Kriegsjahr
3) In einem groß aufgemachten Artikel im Solinger Tageblatt
"Der Solinger Junge gehört wieder in die Solinger Industrie", hieß es: "Der jetzt in die Schneidwarenindustrie
Eintretende wird wie nie zuvor ein Auskommen haben". ST
15.3.1941

tes erforderlich, das die heiß begehrten Nachwuchskräfte [1]
entsprechend den rüstungswirtschaftlichen Notwendigkeiten
zuteilte. [2] Besonders in den von der Kriegskonjunktur am
meisten profitierenden Gießereien, Schlägereien und Maschinenfabriken herrschte akuter Nachwuchs- bzw. Facharbeitermangel. [3] Natürlich war das Arbeitsamt trotz aller gegenteiligen Beteuerungen bemüht, zunächst die Lehrstellenangebote für Former, Dreher oder Werkzeugschlosser zu bewilli-
gen bzw. zu besetzen, bevor an eine Zuweisung in die neuen
Anlernberufe der Schneidwarenindustrie überhaupt zu denken
war. [4] Hinzu kam, daß die Diskrepanz zwischen der Zahl der
Lehrstellenangebote und den zur Verfügung stehenden Schulentlassenen von Jahr zu Jahr größer wurde. Angesichts der
damit gegebenen Wahlmöglichkeiten war kaum ein Jugendlicher
noch zu bewegen, einen Schneidwarenberuf zu ergreifen. [5]
Wie im Ersten Weltkrieg so war auch im Zweiten Weltkrieg
das Ausbildungssystem der Schneidwarenindustrie völlig zusammengebrochen.

II.

Die auf das Ende des Krieges gerichteten Hoffnungen sollten
sich in den ersten Nachkriegsjahren nicht erfüllen. Die gesamtwirtschaftlichen Rahmenbedingungen waren nicht geeignet, die Schneidwarenindustrie rasch zu neuem Leben zu er-
wecken. Die aus der Zeit nach dem Ersten Weltkrieg bekannten Probleme traten nun ungleich massiver in Erscheinung,
ohne daß ein der großen Inflation vergleichbares Phänomen
aus der Krise half.

---

1) Die Zahl der Schulentlassenen erreichte 1941 fast den
   Tiefstand von 1932, vgl. RLZ 5.1.21940, siehe auch SK,
   Bd. 30, 1.11.1940
2) Vgl. ST 11.3.1941, Berufseinsatz und Nachwuchslenkung in
   Solingen
3) Siehe RLZ 17.1.1943
4) Die Schneidwarenindustrie wurde ohnehin für überbesetzt
   gehalten, vgl. ST 21.9.1940
5) SK, Bd. 30, 27.2.1943

Die dezentral auf das Solinger Industriegebiet verstreute
Schneidwarenindustrie war von den auf die Stadtmitte begrenzten Bombenangriffen des November 1944 und des Januar
1945 einigermaßen verschont geblieben. Der Umfang der Zerstörungen durch Kriegseinwirkungen wurde auf ca. 20 Prozent
geschätzt. [1] Auch Demontagen sind in der Solinger Schneidwarenindustrie fast völlig ausgeblieben. [2] Zwar stand die
Firma J.A. Henckels - als einziges Werk in seiner Gesamtheit - auf der Demontageliste, doch gelang es, die Demonta-
ge dieses nahe dem Stadtzentrum gelegenen und deshalb ohnehin stark bombengeschädigten Betriebes zu verhindern. Bei
Henckels und in zehn weiteren Betrieben wurden Teildemonta-
gen von Maschinen und Aggregaten vorgenommen. [3]

Kurz nach dem Einzug der alliierten Truppen am 19. April
1945 wurden von der Militärregierung die Handels- und Indu-
strieanweisungen Nr. 1 und Nr. 2 herausgegeben, die die Zuteilung der Produktionserlaubnis, des Permits, regelten. [4]

1) Einige Kleinbetriebe sind durch Bomben total zerstört
worden. Von den größeren Betrieben waren die Firmen
Eickhorn, Herder, Henckels, Coppel und das Omegawerk A.
Feist stark beschädigt. Vgl. hierzu auch den Untersu-
chungsbericht einer Kommission der englischen Besatzungsmacht mit Angaben über die meisten namhaften Solinger Stahlwarenbetriebe. British Intelligence Objektives
Sub-Committee, German Cutlery Industry (Excluding Safety
Razor Blades) London 1947, STA Solingen. Zu diesem Kom-
missionsbericht siehe auch: H. Rosenthal, Engländer
durchleuchteten unsere Industrie, in: Die Heimat, Jg.
33, 2/1967; Weiterhin siehe: Messer und Schere,
15.1.1949, S. 75; U. Braun, Die Entwicklung der Schneidwarenindustrie seit der Währungsreform 1948, Ex. MS Solingen 1958, S. 31; F. Henckels, a.a.O., S. 28; I. Duisberg, a.a.O., S. 106. Zum Teil waren wertvolle Produktionsanlagen verloren gegangen, die in den letzten
Kriegsjahren an kriegswichtige Betriebe abgegeben werden
mußten oder die wegen der Luftkriegsgefahr nach Sachsen,
Thüringen, Schlesien oder dem Sudetenland verlagert
worden waren.
2) Messer und Schere, 15.1.1949, S. 15
3) Vgl. I. Duisberg, a.a.O., S. 118. Siehe auch: I.
Linke-Marßolek, a.a.O., S. 68 ff
4) Vgl. hierzu I. Duisberg, a.a.O., S. 111 ff; Mit der
Durchführung der Anordnung wurde die IHK betraut. Siehe
auch das Rundschreiben der IHK vom 25.4. 1945 in: STA
Solingen, Nachlaß Dickhut, Na 3-2, Bl. 319 f

Anfangs durfte nur für kleinere Betriebe bis zu 25 Beschäftigten und mit einem Kohlen- und Stromverbrauch bis zu 10 t
bzw. 2.000 kw monatlich das sog. "kleine Permit" ausgestellt werden. In der Regel waren bis zu 75 Prozent des
Produktionsvolumens von 1938 gestattet. [1] Das "große Permit", d.h. die Produktionsgenehmigungen für größere Betriebe mit mehr als 25 Beschäftigten wurde nur selten und fast
ausschließlich für solche Betriebe erteilt, deren Sortiment
zur Deckung des Schneidwarenbedarfs der Besatzungsmächte
geeignet war. Ohne Permit durften nicht einmal Instandset-
zungsarbeiten durchgeführt werden. Diese Regelung der Per-
mitvergabe hatte zur Folge, daß die kleineren Betriebe, die
am Arbeitsmarkt zur Verfügung stehenden, knappen Facharbeiter vollständig abzogen. Die größeren Betriebe hatten
später immense Schwierigkeiten, Facharbeiter zu bekommen.
[2] Die restriktive Permit-Vergabepraxis änderte sich erst
seit dem 1. Oktober 1946, denn nun konnten die Permits beim
nordrhein-westfälischen Wirtschaftsministerium angefordert
werden. In den von hier aus erteilten Produktionsgenehmigungen waren keine Beschränkungen der Produktionsmengen
mehr vorgesehen. [3] Die straffe Festlegung des zulässigen
Höchstverbrauchs an Brennstoffen, die schlechte Energieversorgung und die Schwierigkeiten bei der Beschaffung sämtlicher erforderlichen Rohstoffe und Hilfsmaterialien [4] be-
hinderten jedoch weiterhin die Produktion. [5] Besonders die

1) Vgl. den Schriftwechsel zur Erlangung der Permit-Urkunde
   der Fa. Bertram, STA Solingen Akte Fi-1-298
2) Bericht des Arbeitsamtes an den Arbeitsminister des Landes NRW 29.1.1947, STA Solingen SG 2339; Im folgenden
   zit. als Arbeitsmarktbericht
3) I. Duisberg, a.a.O., S. 113
4) Die wichtigsten Hilfsmaterialien waren Blei, Schleif-
   scheiben, Schmirgelpulver, Schmieröl und -fette, Reini-
   gungsbenzin, Harze und Kunststoffe versch. Art
5) Vgl. die wirtschaftlichen Lageberichte des Gewerbeaufsichtsamtes in HSTA Düsseldorf BR 1015/81, Bl. 96, 136,
   160; Auch die bürokratischen Restriktionen waren noch
   nicht gänzlich überwunden. Ende 1946 wurde der Fima J.A.
   Henckels überraschend das bereits erteilte Permit wieder
   entzogen. Das Permit wurde erst drei Monate später wieder erteilt, wobei die Firma Henckels einen Großteil der
   Produktionsanlagen nicht benutzen durfte; vgl. die Arbeitsmarktberichte vom 21.12.1946, 27.3.1947, a.a.O.

Versorgung mit dem wichtigsten Rohstoff, mit Stahl, war bis
1947 völlig unzureichend. Das gleiche galt für die Energieversorgung. [1]

Nicht nur die Produktion, sondern auch der Absatz der
Stahlwaren war durch die äußeren Umstände und durch zahlreiche Reglementierungen behindert.
Das Absatzgebiet beschränkte sich zunächst allein auf die
britische Besatzungszone. Erst Anfang November 1945 wurde
überhaupt ein beschränkter Warenverkehr zwischen den Besat-
zungszonen zugelassen. Eine Normalisierung des innerdeutschen Wirtschaftsverkehrs trat erst 1947 ein, wobei der
Handel mit der sowjetischen Besatzungszone weiterhin unterbunden war.

Um die vorhandenen Warenbestände für sich zu reservieren,
ordneten die Besatzungsmächte vollständige Absatzsperre für
konsumfertige Waren und deren Inventarisierung an. [2]
Schneidwaren durften nur über die von der IHK eingerichtete
Verkaufsstelle vertrieben werden. Ausschließlich Militär-
personen durften von jeder Warensorte ein Teil erwerben.
Seit September 1945 war es Kunden, die bereits 1938 von
Solinger Firmen beliefert worden waren, gestattet, 75 Prozent ihrer damaligen Lieferungen von ihren früheren Lieferanten ohne Genehmigung der Militärregierung einzukaufen.
[3] Erst ab März 1946 konnten auch die alten Kunden in der
amerikanischen und französischen Zone nach dieser Regelung

---

[1] Phasenweise Stromausfälle waren die Regel. Zwischen dem
15.12.1945 und dem 6.6.1946 waren 172 Solinger Betriebe
ohne Strom. Die genehmigten Stromverbrauchsmengen wurden
laufend reduziert. Um bei der ansteigenden Produktion
eine Überlastung des Stromnetzes zu vermeiden, wurden
die Verbraucher jeweils nur halbtägig mit Strom versorgt. I. Duisberg, a.a.O., S. 115. Vgl. auch Tab. 6.5
sowie den Bericht über die erste öffentliche Sitzung der
IHK vom 18.12.1945, in: STA Solingen, Nachlaß Dickhut,
Na 3-2, Bl. 326 ff; siehe auch Arbeitsmarktbericht
29.1.1947, STA Solingen SG 2339
[2] I. Duisberg, a.a.O., S. 139 ff
[3] I. Duisberg, a.a.O., S. 140 f, siehe auch das Rundschreiben der Fachgruppe Schneidwarenindustrie vom
25.10.1945, in: STA Solingen Fi-1-298, Die Belieferung
von neuen Kunden war nur durch aufwendige Sonderanträge
möglich.

beliefert werden. Im Laufe des Jahres 1946 wurden derartige Einschränkungen zwar aufgehoben, aber die wenigsten Schneidwaren gelangten auf normalen Absatzwegen zum Verbraucher. Schneidwaren waren ein beliebter Tauschartikel bei Kompensationsgeschäften und auf dem Schwarzen Markt. Die Solinger Schneidwaren-Arbeiterschaft, deren Arbeitsleistungen zu einem erheblichen Teil mit Waren bezahlt wurden, konnte sich die Beliebtheit der Solinger Erzeugnisse bei ihren Hamsterfahrten zunutze machen, während die Fabrikanten wichtige Produktionsmittel durch Warentausch erwarben.

Der Inlandsabsatz der Solinger Industrie profitierte in den ersten Nachkriegsjahren von verschiedenen öffentlich initiierten Programmen. [1] Im Rahmen des 'Married-Families-Program' der britischen Rheinarmee erhielt die Solinger Industrie im März 1946 einen größeren Auftrag für rostfreie Bestecke, Arbeitsmesser und Tafelhilfsgeräte. 1947 wurde das 'Bergarbeiterpunkteprogramm' entwickelt, in das mehr als 125 Solinger Firmen einbezogen wurden. In diesem Zusammenhang wurden 100.000 Scheren, 22.000 Arbeitsmesser, 60.000 Büchsenöffner, 7.500 Hebelkorkzieher, 730.000 Taschenmesser, 25.000 Berufstaschenmesser und 50.000 Bestecke produziert. Nahezu die gleichen Artikel wurden auch in dem Programm zur Versorgung der Sonderkontingentsträger des Bergbaus, der Reichsbahn, der Post, der Land- und Forstwirtschaft und der Fischerei nachgefragt. [2]

Die Situation des Exporthandels war noch verheerender als die Situation auf dem Inlandsmarkt.
Die Solinger Schneidwarenindustrie hatte ihre Exporte seit 1939 auf einen immer kleiner werdenden Kreis europäischer

---

[1] Vgl. hierzu I. Duisberg, a.a.O., S. 145 ff
[2] Alles in allem scheint diese öffentlich induzierte Nachfrage den Umfang der SA-Dolch- und HJ-Messer-Aufträge weit übertroffen zu haben. Im Öffentlichen Bewußtsein spielen diese Programme eigenartiger Weise heute, im Gegensatz zu den NS-Aufträgen, keine Rolle.

Länder beschränken müssen und selbst diese Handelsbeziehungen waren seit 1943 so gut wie zusammengebrochen. Die Solinger Industrie, die einst in alle Teile der Welt exportiert hatte, war am Ende des Zweiten Weltkrieges seit sechs Jahren auf dem Weltmarkt nicht mehr präsent gewesen. Die gesamten Vertriebsstrukturen des Außenhandels, das Netz der Auslandsvertretungen und die Geschäftsbeziehungen der Reisenden mußten neu aufgebaut werden. Der Weltbedarf an Schneidwaren, wenngleich er auch während des Krieges gesunken war, wurde durch Konkurrenten gedeckt, die anders als die deutschen und die englischen Hersteller nicht völlig in nationale Rüstungsprogramme integriert worden waren.

Natürlich trachteten die Solinger Unternehmen danach, ihre internationalen Geschäftsbeziehungen wieder aufnehmen zu können; doch vorerst konnten die Exportgeschäfte nicht frei von äußeren Zwängen betrieben werden können.

Zunächst war der sog. "Globalexport" die einzige Möglichkeit des Zugangs zum Weltmarkt. [1] Die Solinger Exporteure konnten ihre Kunden nicht direkt beliefern, sondern mußten die für den Export vorgesehenen Waren dem britischen Board of Trade anbieten, das die Verteilung der Waren eigenständig vornahm. Da kein direkter Kontakt zum Kunden bestand, konnten auf diesem Wege lediglich Lagerbestände exportiert werden.

Nach der Vereinigung der britischen und amerikanischen Besatzungszone übernahm die Joint Export/Import Agency (JEIA) die Organisation und Überwachung des Exports. [2] Durch die JEIA-Anweisung Nr. 1 vom 1. April 1947 wurde erstmals wieder ein individueller Export möglich. Die Regelung des Exportverfahrens war jedoch besonders im Falle der Solinger Industrie wenig geeignet, die Ausfuhr anzuregen. Abgesehen davon, daß für jedes einzelne Exportgeschäft eine unendliche Vielzahl von Formularen in bis zu sechsfacher Ausfüh-

[1] F. Henckels, a.a.O., S. 32
[2] Zu der im folgenden dargestellten Exportregelung durch die JEIA, vgl. F. Henckels, a.a.O., S. 33 - 63; I. Duisberg, a.a.O., S. 175 - 185

rung ausgefüllt werden mußten, implizierte die Abwicklung
der Exportgeschäfte über die JEIA erhebliche Verzögerungen,
die sich, da von den Kunden ein unwiderrufliches Akkreditiv
zugunsten der Militärregierung verlangt wurde, sehr negativ
auswirkten. Es wurden deshalb überwiegend nur kleine Aufträge bis maximal 500 Reichsmark erteilt. Unter diesen Bedingungen war es für die Mehrzahl der Solinger Firmen interessanter, sich auf den Inlandsmarkt zu konzentrieren.
Durch ergänzende Bestimmungen versuchten die Besatzungsmächte, den Export attraktiver zu machen. Die JEIA-Anweisung Nr. 4 vom 18. August 1947 erleichterte die Einfuhr von
Rohmaterialien, die für die Produktion von Exportgütern bestimmt waren. Am 23. September 1947 wurde ein Devisenbonus-
Fonds beschlossen, wonach 5 Prozent des Devisenerlöses dem
exportierenden Betrieb (Fonds A) und 5 Prozent dessen Belegschaft (Fonds B) überwiesen wurden. Fonds A sollte für
Maßnahmen verwendet werden, von denen eine weitere Steigerung der Ausfuhr zu erwarten war.
Die JEIA-Anweisung Nr. 8 vom 3. Oktober 1947 ermöglichte es
erstmals, den für die Solinger Industrie so wichtigen direkten Kontakt zu den Kunden herzustellen, indem - in sehr
beschränktem Umfang - Geschäftsreisen deutscher Vertreter
ins Ausland zugelassen wurden. [1] Kurz danach wurden Rah-
men-Ausfuhr-Lizenzen vergeben, die zunächst auf 10.000 und
später auf 30.000 US-Dollar begrenzt waren. Das Kunden-
Akkreditiv war nicht mehr nötig. Mit der am 1. Dezember
1948 veröffentlichten Neufassung der JEIA-Anweisung Nr. 1
fielen die rigiden Reglementierungen für zahlreiche Waren-
gruppen, darunter auch Schneidwaren fort. Die JEIA reser-
vierte sich lediglich ein nachträgliches Kontrollrecht der
Ausfuhrerklärung. Weiterhin war jedoch der Export deutscher
Waren nur gegen Bezahlung in US-Dollar oder Pfund/Sterling
möglich. Die Erzeugnisse der Solinger Schneidwarenindustrie

---

1) Auch durch die Exportmesse in Hannover, die in der Zeit
vom 18.8. - 7.9.1947 erstmals durchgeführt wurde und auf
der 15 Solinger Firmen ausstellten, wurde diese Kontakt-
aufnahme gefördert, vgl. I. Duisberg, a.a.O., S. 180 f

zählten in keinem Land zu der Kategorie lebenswichtiger
Waren, die unter allen Umständen eingeführt werden mußten.
In den bilateralen Handelsabkommen wurden Schneidwaren
deshalb selten berücksichtigt. Wenn man bedenkt, daß die
Exportumsätze in der zweiten Jahreshälfte 1947 nicht mehr
als 198.000 Reichsmark betragen haben [1] und die Ausfuhrmenge des Jahres 1948 bei lediglich 11,6 Prozent derjenigen
des letzten Vorkriegsjahres 1938 lag [2], erübrigt sich ein
näheres Eingehen auf die Konkurrenzverhältnisse auf den
einzelnen Absatzmärkten. Die Hannover-Messe hatte gezeigt,
"daß die besten Exportaussichten für die Solinger Industrie
in Rasiermessern, Scheren, Taschenmessern und Bestecken
bestanden, also in Erzeugnissen, in welchen Solingen dank
seiner Facharbeiter auch vor dem Kriege führend war, woge-
gen für Rasierklingen und andere maschinell hergestellte
Schneidwaren nur geringes Interesse bekundet wurde". [3] Obwohl durch den Ausfall der Hauptstahlwarenproduzenten, Solingen und Sheffield, in einigen Ländern, vor allem in Italien, Spanien, Österreich, Schweden, nationale Schneidwarenindustrien ausgebaut worden waren, konnten diese den Bedarf, vor allem bei Qualitätserzeugnissen nicht decken. [4]
Für Henckels stand deshalb bereits 1949 eindeutig fest, daß
die Solinger Schneidwarenindustrie allein durch eine Rückbesinnung auf ihre traditionellen Stärken, nämlich Musterreichtum und Qualitätsproduktion und durch die Reduzierung
des Anteils der billigen Massenware auf dem Weltmarkt
wieder Fuß fassen könne. [5]

---

1) I. Duisberg, a.a.O., S. 180
2) Tab. 1.1.1 und 1.1.2
3) I. Duisberg, a.a.O., S. 181; F. Henckels, a.a.O.,
   S. 64 - 89
4) F. Henckels, a.a.O., S. 103
5) Ebenda, S. 104 f insb. 106

7. "Prima inter Pares" - Die Entwicklung der Solinger
Schneidwarenindustrie im Weltmarktzusammenhang II
(1948 bis 1960)

I.

Die Währungsreform brachte nur eine vorübergehende Belebung
der Umsätze in der Solinger Schneidwarenindustrie. [1] Diese
blieben zudem auf den Inlandsmarkt beschränkt. Seit dem
Frühjahr 1948 hatten Deutschlands Stahlwarenhändler begonnen, ihre Läger zu füllen. Sie hofften auf einen reißenden
Absatz der gehorteten Waren nach der Währungsumstellung im
Juni 1948. Bis Ende Oktober 1948 herrschte in Solingen
Hochkonjunktur. Doch schon das folgende Weihnachtsgeschäft
fiel schlechter aus, als es die vorangegangene Phase erwarten ließ. Dem Überangebot von Waren stand eine Verknappung
von Geld und Krediten gegenüber. [2] Das Wachstum der Tex-
tilwaren- und Schuhangebote löste eine Verlagerung des Kon-
sums aus. [3] Es waren vor allem die besseren, wertvolleren
Stahlwaren, die während des Krieges und in den ersten Nachkriegsjahren nicht mehr hergestellt worden waren, auf die
sich die Nachfrage nun richtete. [4]

Entgegen den wiederholt vorgebrachten Klagen [5] war das Inlandsgeschäft keinesfalls unzureichend. Die direkten Folgen
des Zweiten Weltkrieges, die Zerstörungen und der Zustrom
der Vertriebenen hatten einen gewaltigen Ersatzbedarf hervorgerufen, der die Inlandsnachfrage auf ein überdurch-
schnittliches Niveau steigen ließ. Eine volle Auslastung
der mühelos instandzusetzenden Produktionskapazitäten war

---

1) Vgl. RE 21.6.1949
2) RE 21.6.1949
3) Institut für Wirtschaftsforschung, Die Industrie West-
   deutschlands, Jahresrückblick - Stand - Aussichten für
   26 Industriezweige, München 1950, S. 37 f
4) RP 4.11.1948, FV 9.5.1950; Tab. 1.1.1
5) Z.B. ST 4.8.1950

allerdings über den Inlandsmarkt allein nicht zu erreichen.
[1] Die Solinger Schneidwarenindustrie war auf den Export
angewiesen. Der Export befand sich jedoch nach wie vor in
einer tiefen Krise. Die Ausfuhrmengen der Jahre 1948 und
1949 lagen bei 11,6 Prozent bzw. 20 Prozent der Ausfuhren
des Jahres 1938. [2] Auch wenn sich die Durchschnittswerte
der nachgefragten Stahlwaren im Vergleich zu 1938, in laufenden Preisen gerechnet, fast verdreifacht hatten [3],
reichte die Ausfuhr nicht aus, um eine Auslastung der Kapazitäten bzw. einen angemessenen Beschäftigungsstand zu erreichen.
Die Tendenzen zu einer Liberalisierung des Außenhandels [4]
hatten - als eine logische Folge des deutschen Wiederaufbaus - zu einer Erhöhung der Einfuhren, nicht aber der
Ausfuhren, geführt. Im Ausland war zwar die Nachfrage nach
deutschen Rohstoffen gestiegen, Investitionsgüter waren
jedoch weniger gefragt, geschweige denn Konsumgüter. [5] Die
Liberalisierung der Exporte hielt mit der starken Nachfrage
nach Importen nicht Schritt. So hinderte etwa die trotz des
Abbaus von Reglementierungen und Restriktionen beibehaltene
Dollar-Handelspolitik der JEIA eine Reihe von Ländern,
deutsche Waren einzuführen. Bei zahlreichen Schneidwaren-
exportaufträgen verweigerten die Einfuhrländer die Import-
lizenzen. [6] Aus der generellen Passivtendenz des westdeutschen Außenhandels entstand eine Krise, die die Arbeitslosenquote der Bundesrepublik auf 8,3 Prozent im Jahre
1949 und 10,3 Prozent im Jahre 1950 ansteigen ließ. [7] Auf
dem Höhepunkt der Krise, im Februar 1950, waren in Solingen
5.963 Arbeitslose registriert, was einer Arbeitslosenquote

---

1) Zumal die Abschnürung der sowjetischen Besatzungszone,
   in der vor dem Krieg drei Fünftel der Schneidwarenkunden
   wohnten, die Absatzmöglichkeiten weiter verengte, vgl.
   RP 4.11.1948
2) Tab. 1.1.2
3) Vgl. Tab. 1.1.1 und 1.1.2
4) Vgl. hierzu W. Abelshauser, Wirtschaftsgeschichte der
   Bundesrepublik Deutschland 1945 - 1980, Frankfurt/M.
   1983, S. 147 ff
5) K. Hardach, Wirtschaftsgeschichte Deutschlands im 20.
   Jahrhundert, Göttingen, 1976, S. 218
6) Arbeitsmarktbericht, 27.1.1950, STA Solingen SG 2337
7) K. Hardach, a.a.O., S. 218 f; siehe auch: W. Abelshauser, a.a.O., S. 154

von 11,3 Prozent entsprach. [1] Die Arbeitslosigkeit lag in den Jahren 1948 bis 1950 weit über dem Landesdurchschnitt. [2] Bei der Beurteilung dieser Zahlen muß berücksichtigt werden, daß das Arbeitskräftepotential in Solingen im ersten Jahr nach der Währungsreform um 7.160 Arbeitskräfte angestiegen war [3], wovon nur knapp 60 Prozent in das Solinger Erwerbsleben integriert werden konnten. [4]

Mit der deutschen Wirtschaftskrise wurde das einzige Fundament, auf dem die Nachkriegs-Schneidwarenproduktion ruhte, der Inlandsmarkt, wieder brüchig. Ein Ausgleich durch verstärkte Exporte war nach jahrzehntelanger Weltmarktabstinenz und angesichts des weltweiten Charakters der Krise nicht möglich. Der überdurchschnittliche Anstieg der Erwerbslosigkeit in Solingen wurde deshalb zu Recht primär der Schneidwarenindustrie zugeschrieben. Bereits vor der

---

1) Vgl. Arbeitsamt Solingen an Oberstadtdirektor Berting vom 16.3.1950, in: STA Solingen, Akte 652-10-7. Vgl. auch Lagebericht der IHK I. Quartal 1950, STA Solingen, Bibl. IV-H-3, S. 9; RP 6.8.1949, FV 9.1.1950, 16.5.1950 und ST 8.6.1950. Bei den Heimarbeitern war der Höhepunkt der Arbeitslosigkeit mit 1.247 gemeldeten Arbeitslosen bereits im August 1949 erreicht. Im Februar 1950 waren noch 817 arbeitslose Heimarbeiter registriert. Vgl. K. Löhmer, Die Situation der Heimarbeiter in der Solinger Schneidwarenindustrie, Diss. MS Köln 1951, S. 162; Frauen waren unterproportional an der Arbeitslosigkeit beteiligt. Vgl. Arbeitsmarktbericht, 27.6.1949, STA Solingen SG 2337
2) Tab. 4.4
3) Solingens Bevölkerung stieg nach dem Krieg sehr rasch wieder an und überschritt bereits 1948 den Vorkriegsstand. (Tab. 2.1.1) Allein zwischen 1946 und 1950 wuchs die Bevölkerung um mehr als 11 %. Solingen zählte zu den Städten, deren Zerstörungsgrad unter der 30 %-Grenze lag. Dies ermöglichte der im Krieg evakuierten Bevölkerung eine frühe Rückkehr in ihre Heimat. Der Zustrom von Vertriebenen nach Solingen war unterdurchschnittlich. Der Anteil der Flüchtlinge an der Gesamtbevölkerung lag im September 1950 bei 6,1 %. Der Vergleichswert für den Regierungsbezirk Düsseldorf lag bei 7,5 %. Vgl. Stadt Solingen, Verwaltungsbericht der Stadt Solingen 1945 - 1949, Solingen 1950, S. 95; Beiträge zur Statistik des Landes NRW, Sonderreihe Volkszählung 1950, Heft 15; Gemeindestatistik des Landes NRW, Düsseldorf 1952, S. 8
4) RP 6.8.1949

Krise hatte sich gezeigt, daß die Schneidwarenindustrie von allen am Ort vertretenen Industriezweigen tatsächlich am wenigsten in der Lage war, den Zustrom von Arbeitskräften aufzunehmen. [1] Während in der Schneidwarenindustrie die Kurzarbeit zunahm [2] und Entlassungen von 20 und mehr Personen auf einen Schlag zu Beginn des Jahres 1949 keine Ausnahmeerscheinung waren, wurden in zahlreichen Metallbetrieben, die nicht zur Schneidwarenindustrie zählten, Neueinstellungen vorgenommen. [3] Als die Beschäftigung Mitte des Jahres 1950 allgemein wieder zunahm, blieben in der Schneidwarenindustrie Neueinstellungen weitgehend aus. Es wurden bestenfalls die zahlreichen Kurzarbeiter wieder voll beschäftigt. [4] Abermals erwiesen sich die Eisen- und Metallgießereien oder auch die Betriebe des Textil-, Süßwaren- und Genußmittel- sowie das Papierverarbeitungsgewerbe als aufnahmefähiger. [5] Die Bestrebungen der Kommunalverwaltung, die konjunkturempfindliche Schneidwarenbranche durch die Ansiedlung krisenfester Industriezweige zu ergänzen, erhielten auf diese Weise ihre Berechtigung. [6] In

---

[1] RP 6.8.1949
[2] Es war unübersehbar, daß die Schneidwarenbetriebe seit Kriegsende trotz unausgelasteter Produktionskapazitäten im Hinblick auf spätere Exportgeschäfte bestrebt waren, Stammbelegschaften aufzubauen und auch in Krisenzeiten zu halten. Dies galt besonders für die kleineren Betriebe. Vgl. auch den Arbeitsmarktbericht vom 29.1.1947, a.a.O.
[3] Arbeitsmarktbericht, 24.2.1949, S. 3, STA Solingen SG 2337
[4] Vgl. Könkler, Kurze Betrachtung der Arbeitsmarktlage, Referat vom 21.9.1950, STA Solingen SG 2405, S. 2
[5] Vgl. ST 8.6.1950
[6] RE 21.6.1949, RP 6.8.1949
   Bereits im Jahre 1946 hatte die Solinger Industrie- und Handelskammer auf strukturverbessernde Maßnahmen im Solinger Wirtschaftsraum - dies hieß vor allem Überwindung der einseitigen Festlegung auf die Schneidwarenindustrie - gedrängt, vgl. IHK-Mitteilungen 7/1946, S. 39. Ende 1947 begannen die Bemühungen des beim Oberstadtdirektor angesiedelten Wirtschaftsförderungsamtes, die aus dem Sudetenland vertriebene Gablonzer Glas- und Schmuckwarenindustrie nach Solingen zu ziehen. Obwohl das Wiederaufbauministerium die Zuweisung der Flüchtlingskontingente zeitweilig stoppte, scheiterte das Projekt nicht zuletzt an der Unmöglichkeit, den erforderlichen Wohn- und Arbeitsraum für ca. 60 - 80.000 Gablonzer Siedler zur Verfügung zu stellen. Vgl. die ausführliche Studie von H.P. Merx, Industrieansiedlung in Solingen, Anker und Schwert, Bd. 4, Duisburg 1980, S. 95 - 180 insb. S. 131 ff

diesem Zusammenhang wurde auch die Frage der Umstellung der Solinger Schneidwarenindustrie auf andere Produkte (vgl. Kap. 7.1) erneut aufgeworfen. [1]

II.

Im ersten Halbjahr 1950 war dann ein Anstieg der Schneidwarenexporte zu verzeichnen, der der Solinger Schneidwarenindustrie und damit dem Solinger Industriegebiet aus der Krise verhalf. [2] Die monatliche Ausfuhrmenge blieb konstant über 2.000 dz und die monatlichen Ausfuhrwerte überschritten im Juni 1950 erstmals 4 Millionen Mark. [3] Der durch den Beginn des Korea-Krieges im Juni 1950 ausgelöste sog. Korea-Boom, der bis Mitte 1951 anhielt, brachte der Solinger Schneidwarenindustrie einen zusätzlichen, ungeahnten Aufschwung. Die monatlichen Ausfuhren stiegen bis November steil an und hielten sich fortan auf einem Niveau von ca. 5.000 dz. [4] Die Gesamtausfuhr des Jahres 1950 betrug 38.564 dz. 1951 waren es 59.418 dz. Damit war die Ausfuhr des Jahres 1936 überschritten. [5] Das Ende des Jahres 1952 brachte einen Rückgang der Ausfuhrmenge [6], der aber durch die Konsolidierung der Durchschnittswerte, die 1950/51 vorübergehend abgefallen waren, nicht so stark ins Gewicht fiel. [7] Bis 1956 stiegen die deutschen Schneidwarenausfuhren weiter an, um dann mehr oder weniger zu stagnieren. Die Entwicklung der Ausfuhrmengen war sogar absolut rückläufig [8], während die deutsche Gesamtausfuhr und auch die EBM-Industrie zweistellige Zuwachsraten zu verzeichnen

---

[1] RE 21.6.1949
[1] Vgl. hierzu die Quartalsberichte der IHK Solingen, STA Solingen, Bibl. IV-H-3
[3] IHK-Mitteilung 15.2.1952, S. 73
[4] IHK-Mitteilungen, a.a.O., Die Kehrseite des Anstiegs der Nachfrage waren zunehmende Probleme in der Rohstoff-, spez. Energieversorgung. IHK, Quartalsbericht, a.a.O., IV, 1950, S. 3. 12; IHK Mitteilung, Jg. 1951, S. 12; RP 5.1.1952
[5] Alle Angaben nach Tab. 1.1.1 und 11.2
[6] Vgl. hierzu auch: Die Klinge, Jg. 1953, Heft 5, S. 77 sowie: B. Berkenhoff, a.a.O., S. 20 f
[7] Tab. 1.1.12
[8] Tab. 1.1.2

hatten. [1] Mit dieser Entwicklung korrespondiert die der Exportquote. Die Exportquote der Schneidwarenindustrie hatte zu Beginn der 50er Jahre mit fast 70 Prozent ein sehr hohes Niveau erreicht, um dann in den folgenden Jahren wieder abzusinken. 1960 fiel die Exportquote unter 50 Prozent. [2]

Nach zwei Jahrzehnten weitgehender und zum Teil sogar totaler Weltmarktabstinenz hatte die Solinger Schneidwarenindustrie auf dem Weltmarkt einiges nachzuholen. Nachdem die Geschäftsverbindungen zu den ausländischen Kunden im Zweiten Weltkrieg und den ersten Nachkriegsjahren vollständig abgerissen waren und auch jegliche Marktorientierungsmöglichkeit gefehlt hatte, wurde nun jede Gelegenheit genutzt, das verlorene Terrain zurückzugewinnen. [3] Wie nach der langen Unterbrechung nicht anders zu erwarten, waren diesem Bestreben durch die Konkurrenzverhältnisse enge Grenzen gesetzt. [4] Diese Grenzen wurden in dem Maße spürbar, in dem es gelang, interne Probleme, wie den Anfang der 50er Jahre immer noch auftretenden Materialmangel [5], zu überwinden und die Beschränkungen im Außenhandelsverkehr abzubauen. Die Exporte der deutschen Schneidwarenindustrie konnten, trotz der enormen Anstrengungen, während der gesamten 50er Jahre nicht mehr an das Ergebnis von 1929 (Ausfuhrmenge) anknüpfen. [6] Die Entwicklung der Ausfuhr blieb hinter der

---

1) Die Klinge, Jg. 1958, Heft 1, S. 2; Jg. 1960, Heft 4, S. 70. Im Jahre 1958 waren die Exporte der gesamten deutschen Industrie um 11,3 %, die in der EBM-Industrie um 13,8 %, die der Stahlwarenindustrie aber nur um 6 % gegenüber dem Vorjahr angestiegen.
2) Die Angaben beziehen sich auf die Betriebe mit mehr als 10 Beschäftigten. Die Betriebe unter 10 Beschäftigten waren ohnehin kaum am Exportgeschäft beteiligt, vgl. Tab. 1.11.1, siehe auch Tab. 3.1.1.2
3) Vgl. RP 4.11.1948, WZ 16.5.1949
4) Nicht unerheblich waren daneben die Folgen der neuen weltpolitischen Konstellation. Der Handel mit den Ostblockstaaten, die vor dem Zweiten Weltkrieg zu den wichtigsten Abnehmern zählten, war auf ein Minimum zusammengeschrumpft, vgl. Tab. 1.7; U. Braun, a.a.O., S. 52 ff; W. Riese, a.a.O., S. 84 ff; RP 15.10.1955; Die Klinge, Jg. 1953, S. 181: IHK-Quartalsbericht, a.a.O., I, 1951, S. 10 f
5) Vgl. Die Klinge, Jg. 1952, H 4, S. 65
6) Tab. 1.1.1 und 1.1.2

Entwicklung der Gesamtproduktion zurück. Es war ein Charakteristikum der Solinger Schneidwarenindustrie in den 50er Jahren und ein Zeichen ihrer schwindenden Konkurrenzfähigkeit, daß sie sich verstärkt dem Inlandsmarkt zuwenden mußte. [1]

Der Zusammenbruch des freien Welthandels in der Weltwirtschaftskrise, die Konzentration der deutschen Schneidwarenausfuhren auf wenige Länder während des Nationalsozialismus und schließlich der totale Ausfall der deutschen Exporte im Zweiten Weltkrieg und in der Nachkriegszeit, waren die Voraussetzungen dafür, daß sich weltweit neben den bisherigen Hauptherstellern neue Schneidwarenindustrien etablieren konnten, von denen nun ein erheblicher Preisdruck ausging. [2] Diese Konkurrenten versuchten nicht nur den nationalen Markt durch protektionistische Maßnahmen für sich zu reservieren [3], sondern drängten darüber hinaus mit durchschnittlich 25 Prozent ihrer Erzeugnisse auf den Weltmarkt. [4] Keine dieser neuen Konkurrenzindustrien verfügte über eine der Solinger Industrie vergleichbare, hochqualifizierte Facharbeiterschaft, doch die sich bereits Ende der 20er Jahre abzeichnenden Erfolge bei der Mechanisierung des Schleifens und das System der Teilarbeit ermöglichten es, diesen Nachteil partiell auszugleichen.

1) Während die Exporte stagnierten, nahmen die Inlandsaufträge in der zweiten Hälfte der 50er Jahre um 50 % zu. B. Berkenhoff, a.a.O., S. 37, siehe auch: Die Klinge, Jg. 1954, Heft 6, S. 121
2) ST 27.10.1954, FV 27.10.1954. Zu den Konkurrenzindustrien im einzelnen vgl. Abschnitt II dieses Kapitels.
3) Hierbei ist auch zu bedenken, daß die Exportoffensive der bundesdeutschen Gesamtindustrie in zahlreichen Ländern die Transferrückstände stark ansteigen ließ und diese sich deshalb gezwungen sahen, die Einfuhr von Konsumgütern (non-essentials) zu reduzieren. Vor allem Österreich, Großbritannien, die Türkei, Brasilien, Griechenland und Pakistan erschwerten die Stahlwareneinfuhr aus diesen Gründen. R. Berkenhoff, a.a.O., S. 27; Die Klinge, Jg. 1953, Heft 10, S. 157 f
4) R. Pütz, Die Stellung der Deutschen Schneidwarenindustrie auf dem Weltmarkt, Diss. MS Bonn 1959, S. 33

Die Schneidwarenhersteller der verschiedenen europäischen und außereuropäischen Länder waren inzwischen durchaus imstande, bei guter Durchschnittsware mit der Solinger Qualität einigermaßen mitzuhalten und sie preislich gar zu unterbieten.

Die Solinger Industrie mußte auf die besseren Qualitäten ausweichen, konnte hierbei jedoch im Exportgeschäft aufgrund der zunehmenden Konkurrenz der Massenproduktion kaum Gewinne machen. [1] Als eine logische Begleiterscheinung der Priorität der Qualitätserzeugnisse konzentrierten sich die Exporte der Solinger Schneidwarenindustrie zunehmend auf die Industrieländer mit einem hohen Lebensstandard. Während 1954, wie in den Jahren vor der Weltwirtschaftskrise und vor dem Ersten Weltkrieg ca. 63 Prozent der deutschen Schneidwarenausfuhren nach Nordamerika und nach Europa gingen, waren es 1960 bereits ca. 72 Prozent. [2] Vor allem die Exporte in die europäischen Länder hatten sehr stark zugenommen. Vor der Weltwirtschaftskrise und selbst 1935 hatten Länder wie Brasilien, Argentinien oder Indien noch zu dem Kreis der Hauptabnehmer gezählt; sie spielten nun eine untergeordnete Rolle. [3]

III.

Es ist schwierig, die Konkurrenzindustrien entsprechend ihrer Bedeutung in eine Reihenfolge zu bringen. Kennzeichnend für die Mehrzahl der ausländischen Wettbewerber war, vor allem beim Export - sieht man einmal von England und mit Einschränkung Frankreich ab -, daß sie bestenfalls in einem speziellen Produktbereich (dies war eine Folge der

---

1) Siehe z.B. IHK-Mitteilung, Jg. 1955, S. 3; IHK-Quartalsberichte, a.a.O., II, 1957, S. 18, RP 5.1.1952; Besonders auf dem US-Markt war der Preisdruck enorm. Die Durchschnittserlöse lagen hier, obwohl keineswegs billigere Ware geliefert wurde, seit 1953 unter dem Niveau der Gesamtausfuhr, vgl. Tab. 1.17.1
2) Tab. 1.2, siehe auch Tab. 1.4
3) Tab. 1.4

nur um den Preis der Spezialisierung möglichen Mechanisierung) an die Leistungsfähigkeit der Solinger Industrie her-
anreichten.

Dies galt auch für die in anderen deutschen Regionen ansäs-
sigen Betriebe, die sich deshalb vornehmlich auf Bestecke,
wie die im Kreis Mettmann gelegene nordrhein-westfälische
und die in Geislingen beheimatete baden-württembergische
Schneidwarenindustrie, oder auf chirurgische Instrumente,
wie die Tuttlinger Industrie, spezialisiert hatten. [1]

Auf dem Besteckmarkt trat vor allem Japan seit 1950 mit
sehr preiswerten Bestecken in Erscheinung. [2] Es bestand
ein direkter Zusammenhang zwischen der Zunahme der japanischen Besteckexporte und der schwindenden Rolle der Besteckherstellung im Solinger Industriegebiet. [3] Die deutsche Besteckherstellung verlagerte sich zunehmends in die -
außerhalb Solingens gelegenen - größeren Betriebe, doch
selbst deren Produktivitätsniveau reichte nicht aus, um gegenüber der japanischen Billigkonkurrenz zu bestehen. Ab
1958 brach eine wahre Flut japanischer Bestecke über die
Bundesrepublik herein und trug dazu bei, daß die Schneidwareneinfuhren, die zuvor unter 2 Millionen Deutsche Mark gelegen hatten, bis 1962 auf über 36 Millionen Mark anstie-
gen. [4] Der mengenmäßige Anteil der eingeführten japani-

---

1) Entsprechend war die Betriebsgrößenstruktur ausgerichtet, vgl. Tab. 2.2.2
2) A. Gebhardt, u.a., a.a.O., S. 35 f. Auch in den Niederlanden, in Österreich und in den USA existierten größere
   Besteckfabriken, vgl. I. Duisberg, a.a.O., S. 181 ff, R.
   Pütz, a.a.O., S. 57 und S. 60
3) B. Berkenhoff, a.a.O., S. 40 f
4) Tab. 1.8, Auch Italien, Großbritannien und vor allem
   die Niederlande waren auf den deutschen Markt vorgedrun-
   gen. Vgl. Statistisches Jahrbuch der Bundesrepublik
   Deutschland, Jg. 1962, S. 322. Den Hauptanteil hielt jedoch Japan. Die japanische Besteckimporte waren 1962 an
   den Einfuhren mit 8,2 Mio. DM beteiligt. Fachverband
   Schneidwarenindustrie, Geschäftsbericht für das Jahr
   1962, S. 10; B. Berkenhoff, a.a.O., S. 40; Auf der anderen Seite sperrte sich Japan mit bis zu 50 %igen Zöllen
   erfolgreich gegen Schneidwareneinfuhren aus der Bundesrepublik Deutschland. Zwischen 1953 und 1957 wurden im
   Schnitt für lediglich 164.000 DM deutsche Schneidwaren
   nach Japan exportiert. R. Pütz, a.a.O., S. 77

schen Chromstahl-Bestecke am Inlandsabatz der gesamten
deutschen Stahlbesteckproduktion überschritt 1963 die
50 Prozent-Grenze. [1] "Unter diesen Umständen wurden nam-
hafte deutsche Besteckfabriken gezwungen, ganz kurzfristig
ihre Chromstahl-Besteckproduktion einzustellen. Einer der-
artig plötzlichen (...) Überschwemmung des Besteckmarktes
ist nirgendwo in der Welt eine Besteckindustrie ausgesetzt
worden." [2] Wenn man bedenkt, daß Bestecke nach dem Zweiten
Weltkrieg zum wichtigsten Artikel geworden waren (vgl. Tab.
1.9), kann man ermessen, wie empfindlich die deutsche
Schneidwarenindustrie durch die japanische Konkurrenz
getroffen wurde. Bevor die japanische Besteckindustrie mit
ihren äußerlich ansprechenden Massenprodukten auf dem, traditionell den nationalen Herstellern reservierten, deutschen Markt vordrang, hatte sie der deutschen Besteckindustrie bereits ihre Position auf dem amerikanischen Markt
streitig zu machen begonnen. [3] Der amerikanische Markt
hatte für Japan eine ähnliche Bedeutung, wie für die Bundesrepublik, die seit 1953 ein knappes Drittel der Schneid-
waren(exportmenge) in den USA absetzte. [4] 33 Prozent aller
japanischen Bestecke und 40 Prozent der (absolut geringeren) Menge der übrigen Schneidwaren japanischer Herkunft
wurden 1956 in die USA exportiert. [5] 1963 gingen 64 Prozent der japanischen Bestecke in die USA. Die gesamten
amerikanischen Schneidwarenexporte Japans übertrafen diejenigen aller EWG-Staaten zusammen um 35,6 Prozent. [6] Die
Zeitgenossen waren sich einig, daß die japanische Schneid-

---

1) A. Gebhardt, a.a.O., S. 30
2) Fachverband Schneidwarenindustrie, Geschäftsbericht für
   das Jahr 1963, S. 10
3) Tab. 1.17.3
4) Vgl. Tab. 1.17.4, Da die Durchschnittswerte der Exporte
   in die USA unter dem Niveau der Durchschnittswerte der
   Gesamtausfuhren lagen, bewegte sich der Ausfuhranteil
   wertmäßig um die 25 %. Siehe auch: Die Klinge, Jg. 1953,
   Heft 3, S. 46
5) R. Pütz, a.a.O., S. 43
6) A. Gebhardt, a.a.O., S. 31 f

warenindustrie wegen ihrer außerordentlich niedrigen Preise [1] (und wegen ihrer zuweilen unlauteren Wettbewerbsmethoden [2]) von allen Konkurrenten der Solinger Industrie die "unangenehmste und gefährlichste" war. [3]

Dabei hatte die japanische Besteckindustrie keineswegs einen technologischen Vorsprung aufzuweisen. Die Arbeitsproduktivität je Beschäftigten lag noch 1966, zu einem Zeitpunkt als die japanische Schneidwarenindustrie bereits verstärkte Anstrengungen zur Mechanisierung unternommen hatte, auf dem niedrigsten Niveau der Welt-Schneidwarenindustrie. [4] Die japanische Besteckproduktion erfolgte nicht - wie man vermuten konnte - in großindustriellen Rahmen, sondern in kleinen und mittleren Betrieben unter Hinzuziehung von Heimarbeitern. [5] Diese Betriebe waren auf die Herstellung von Bestecken spezialisiert. Die einzelnen Fertigungsvorgänge waren sehr stark arbeitsteilig organisiert und wurden überwiegend mit speziell eingerichteten einfachen Maschinen (Pressen, Stanzen o.ä.) oder Hilfswerkzeugen durch angelerntes Personal durchgeführt. Der wichtigste Arbeitsgang, das Pliesten bzw. Polieren der Bestecke, wurde von heimgewerblichen "Polierern", die mit den Solinger Schleifern vergleichbar waren, in eigener Werkstatt ausgeführt. Die extrem niedrigen japanischen Besteckpreise [6] basierten sicherlich auf der infolge weitgehender Typenbeschränkung möglichen Spezialisierung. Hinzu kamen aber das zumindest bis Anfang der 60er Jahre relativ geringe Lohnni-

1) Die überaus geringen Spott-Preise der japanischen Wettbewerber waren nicht nur eine direkte Gefahr, sondern betrafen die Solinger Industrie auch indirekt, indem sie auf verschiedenen Absatzmärkten (z.B. Australien, USA) protektionistische Tendenzen hervorriefen. Vgl. R. Pütz, a.a.O., S. 43 f; A. Gebhardt, a.a.O., S. 35
2) Die japanischen Hersteller schreckten weder vor der Nachahmung bzw. Kopie deutscher Erzeugnisse noch vor direktem Warenzeichenmißbrauch zurück, R. Pütz, a.a.O., S. 42
3) R. Pütz, a.a.O., S. 44; B. Berkenhoff, a.a.O., S. 44
4) Vgl. Tab. 1.20
5) Vgl. hierzu: A. Gebhardt, a.a.O., S. 34, J.D. Berndt, a.a.O., S. 245 und 249
6) Die deutschen Preise wurden z.T. hundertprozentig unterboten, vgl. B. Berkenhoff, a.a.O., S. 47

Abb. 26: Pliesterei der Fa. Bertram
Die Aufnahme entstand kurz nach der Schließung des Betriebes
im Jahre 1980. Die Fa. Bertram hatte sich besonders auf die
Herstellung hochwertiger Taschenmesser spezialisiert.

veau, insbesondere der japanischen Heimarbeiter, die länge-
re Arbeitszeit [1] und die staatliche Exportförderung. [2]

Obwohl sich die amerikanische Schneidwarenindustrie auf den
Exportmärkten nach wie vor für die Mehrzahl der Solinger
Betriebe kaum bemerkbar machte, da nach wie vor überwiegend
Rasierklingen exportiert wurden, hatte die Entwicklung der
amerikanischen Schneidwarenindustrie für Solingen einen be-
sonderen Stellenwert. Die USA waren für die deutschen Her-
steller erneut der mit Abstand wichtigste Absatzmarkt. [3]
Eine genaue Beobachtung der Vorgänge auf diesem Markt war
deshalb von existentieller Bedeutung. Die amerikanische
Schneidwarenindustrie war in den 20er Jahren vorschnell zum
Vorbild einer produktionstechnischen Umorientierung gewählt

---

1) Siehe hierzu B. Berkenhoff, a.a.O., S. 44 ff
2) Vgl. Fachverband Schneidwarenindustrie e.V., Geschäftsbericht 1963, S. 10
3) Vgl. Tab. 1.4 und 1.17.4

worden. Nun begann sie tatsächlich dem Bild zu entsprechen,
das man sich einst in Solingen von ihr gemacht hatte. Die
Schneidwarenherstellung war in den USA in vielen Fällen nur
ein Ausschnitt aus der Gesamtproduktion eines Großunterneh-
mens. [1] Die Mehrzahl der amerikanischen Schneidwarenhersteller war daher sehr kapitalkräftig. [2]
Von den 161 amerikanischen Schneidwarenbetrieben, die 1963
gezählt wurden, hatten 67 mehr als 20, und zwar durchschnittlich 150 Beschäftigte. [3] Die Herstellung erfolgte
nach den modernsten Produktionsmethoden. Auch wenn die in
Tab. 1.20 abzulesende Arbeitsproduktivität im Falle der
amerikanischen Schneidwarenindustrie infolge der dominanten
Rolle der Rasierklingenproduktion relativ zu hoch veran-
schlagt worden ist, stand dennoch fest, daß der technische
Standard dem der europäischen Schneidwarenzentren überlegen
war. [4] Solange die Herstellung von Schneidwaren noch sehr
lohnintensiv war, waren die amerikanischen Hersteller aufgrund des höheren amerikanischen Lohnniveaus gegenüber der
ausländischen Konkurrenz im Nachteil. Aber gerade dies änderte sich im Laufe der 50er Jahre. Im Gegensatz zur deutschen Besteckindustrie gelang es der amerikanischen zu Beginn der 60er Jahre, mit der japanischen Besteckindustrie
Schritt zu halten. [5] Die Voraussetzung war eine Beschränkung auf wenige Typen, die in großen Serien maschinell gefertigt wurden. [6]

Der Besteckmarkt war somit in den 50er Jahren in die Hände
der Solinger Konkurrenz geraten. Die Konsumenten hatten die
Beschränkung auf sehr wenige, qualitativ nur durchschnittliche, dafür aber extrem preiswerte Muster akzeptiert, wäh-

1) J.D. Berndt, a.a.O., S. 201 f
2) A. Gebhardt, a.a.O., S. 36
3) Vgl. FV 9.5.1953, siehe auch: J.D. Berndt, a.a.O., S. 191
4) Vgl. A. Gebhardt, a.a.O., S. 35 ff
5) In der amerikanischen Besteckindustrie wurden Anfang der 60er Jahre enorme Kapitalinvestitionen vorgenommen. J.D. Berndt, a.a.O., S. 197
6) Die amerikanische Besteckindustrie war sehr stark kon- zentriert. 1966 wurde 75 % der Besteckproduktion in 6 Betrieben (von insg. 21) hergestellt. J.D. Berndt, a.a.O., S. 189 f

rend Solingens Stärken weiterhin auf dem Gebiet der in vielen Ausführungen und Mustern erhältlichen, teureren Qualitätsware lagen.

Bei den übrigen Artikeln waren die Verhältnisse für die Solinger Industrie günstiger. Bei Scheren, Taschenmessern
oder Berufsmessern (bzw. generell bei Berufsschneidwaren)
wurde noch auf Qualität geachtet und die Standardisierung
war noch nicht so weit vorangeschritten, wie bei Bestecken.
Die Konkurrenzfähigkeit gegenüber Solingen, die die japanische und auch die amerikanische Schneidwarenindustrie im
Falle der Bestecke erreicht hatten, wurde - sieht man auch
hier von den Rasierklingen ab - bei keinem anderen Produkt
erreicht. Dennoch hatte sich der Wettbewerb etwa durch die
qualitativ guten italienischen Scheren [1], durch die rationell hergestellten sechsteiligen Schweizer Taschenmesser
mit auswechselbarer Klinge [2] oder durch die schwedischen
Arbeitsmesser [3] - um nur die wichtigsten Beispiele zu nennen - auch auf den anderen Teilmärkten außerordentlich verschärft. [4]

Die ausländischen Wettbewerber hatten sich auf sehr wenige,
marktgängige Produkte spezialisiert und dabei eine hohe
Leistungsfähigkeit entwickelt. Auf diese Weise konnten sie
der Solinger Industrie z.T. erhebliche Marktanteile abrin-
gen.

Die traditionellen Schneidwarenindustrien nicht nur in
Deutschland, sondern auch in Frankreich und England, waren
gegenüber ihren neuen Konkurrenten im Nachteil, weil sie
auf die Herstellung eines umfassenden Schneidwarensortiments hin ausgerichtet waren und alle radikalen Rationalisierungsbemühungen sehr schnell an die durch die Muster-

---

1) R. Pütz, a.a.O., S. 40 f, vgl. auch: IHK-Quartalsbericht, a.a.O., III, 1956, S. 7
2) Siehe R.P. 12.11.1949, Die Klinge, Jg. 1951, Heft 1, S.
   11, Auch in Italien wurden Taschenmesser hergestellt,
   deren Konkurrenz sich spürbar bemerkbar machte, IHK-
   Quartalsbericht, a.a.O., II, 1960, S. 9
3) Siehe: Die Klinge, Jg. 1950, Heft 8, S. 150
4) Zur internationalen Schneidwarenindustrie, siehe, R.
   Pütz, a.a.O., S. 32 ff, Die Klinge, Jg. 1950, Heft 7, S.
   129 f und Heft 8, S. 149 f, Jg. 1951, Heft 1, S. 11

vielfalt gesetzten Grenzen stießen. [1] Vielleicht hätten
einige Solinger Fabrikanten die radikale Typenbegrenzung
des Zweiten Weltkrieges gerne zu einem Neuansatz mit redu-
ziertem Mustersortiment genutzt, doch die internationalen
und selbst die inländischen Absatzverhältnisse drängten zur
Typenvielfalt. [2] Vor allem der deutsche Fachhandel sperrte
sich energisch gegen jede Beschneidung des Sortiments, da
er fürchtete, auf diese Weise gegenüber den Warenhäusern
ins Hintertreffen zu geraten. [3] Im Ausland war die breite
Auswahl von Schneidwaren einer der wichtigsten (letzten)
Wettbewerbsvorteile. [4] Somit wurden die Musterkollektionen
nach dem Zweiten Weltkrieg sehr rasch wieder ausgebaut. [5]
Zwar nahmen sie aufgrund der Absatzkonzentration in den
reichen Industrieländern nicht mehr die Ausmaße an, wie vor
dem Zweiten Weltkrieg, sie überstiegen allerdings bei weitem das Maß, das die Protagonisten der Rationalisierung zu

1) Vgl.: Die Klinge, Jg. 1959, Heft 1, S. 1
Sowohl die französische als auch die englische Schneidwarenindustrie waren nach wie vor ähnlich strukturiert,
wie die deutsche. Die Produktion war überwiegend an
einem Ort, in Thiers bzw. in Sheffield konzentriert,
kleinbetrieblich organisiert und basierte stark auf
Heimarbeit. Zwar waren die deutschen Hersteller in ihren
Mustersortimenten flexibler und moderner als Sheffield
oder Thiers, aber auch an diesen beiden Standorten wurden alle erdenklichen Arten von Stahlwaren produziert.
Die Konkurrenz unter den alteingesessenen Industrien war
minimal. Die französische Industrie war primär auf den
nationalen Markt hin ausgerichtet, den sie bis 1958 (Rö-
mische Verträge, Gründung der EWG) durch zollpolitische
Maßnahmen für sich zu reservieren verstand. Vgl. ST
27.5.1958. Die englischen Schneidwarenausfuhren waren um
60 % geringer als die deutschen (vgl. Tab. 1.12) und
gingen zu mehr als 50 % in die Commonwealth-Länder. Der
amerikanische Markt hatte für Sheffield nur noch eine
untergeordnete Bedeutung, R. Pütz, a.a.O., S. 36; Zur
französischen Schneidwarenindustrie in den 50er Jahren
vgl.: R. Pütz, a.a.O., S. 37 - 39; J.D. Berndt, a.a.O.,
S. 139 - 165; Die Klinge, Jg. 1950, Heft 7, S. 130; Die
Klinge, Jg. 1956, Heft 11, S. 246 - 249. Zur englischen
Schneidwarenindustrie in den 50er Jahren siehe: A. Pütz,
a.a.O., S. 35 - 37; A. Gebhardt, a.a.O., S. 38 f, NRZ
23.8.1958, Sheffield - das "englische Solingen"; J.D.
Berndt, a.a.O., S. 114 - 138; Die Klinge, Jg. 1950, Heft
7, S. 130; Die Klinge, Jg. 1958, Heft 7, S. 146 - 149.
2) Die Klinge, Jg. 1954, S. 48; B. Berkenhoff, a.a.O., S. 6
3) Vgl. Die Klinge 1/1957, S. 1 f, 2/1957, S. 40
4) Siehe z.B. K. Löhmer, a.a.O., S. 223 und 226 f; Die
Klinge, Jg. 1954, S. 48
5) K. Löhmer, a.a.O., S. 10

akzeptieren bereit waren. [1]

Keine Auslandsindustrie - einschließlich der englischen - war in der Lage, ein annähernd breites Sortiment in gleich guter Qualität herzustellen, wie die Solinger Schneidwarenindustrie. [2] Aber es gab auf der anderen Seite kaum mehr einen marktgängigen Artikel geringer bis mittlerer Qualität, der nicht von irgendeinem ausländischen Konkurrenten billiger hergestellt werden konnte. Die zugänglichen Daten ermöglichen es für die Zeit nach dem Zweiten Weltkrieg - im Gegensatz zu den zwanziger Jahren - nicht mehr, die Position der Solinger Schneidwarenindustrie auf dem Weltmarkt exakt zu bestimmen. [3] Eine vorsichtige Einschätzung kann jedoch anhand von Angaben aus dem Jahre 1966 vorgenommen werden. Danach blieb die Bundesrepublik Deutschland der weltweit führende Hersteller von Schneidwaren; dies war allein schon an den Beschäftigtenzahlen und den Umsätzen abzulesen. [4] Die deutschen Betriebe vereinigten ungefähr zwei Drittel der Umsätze in der EWG auf sich [5] und bestritten ca. 20 Prozent der Weltschneidwarenproduktion. Kein Land der Welt exportierte so viel Schneidwaren wie die Bundesrepublik Deutschland. [6] Die Umsätze der deutschen

1) Die Klagen über das unrationelle, breite Mustersortiment rissen während der 50er Jahre nicht ab, vgl. K. Löhmer, a.a.O., S. 227; Die Klinge, Jg. 1951, S. 234; RP 12.11.1949; H. Lauterjung, Die Entwicklung und Bedeutung des Kleinbetriebes in der Solinger Stahlwarenherstellung, Dipl. MS Köln 1956, S. 52; Die Klinge, Jg. 1960, Heft 4, S. 92; Heft 6, S. 136
2) R. Pütz, a.a.O., S. 33, B. Berkenhoff, a.a.O., S. 31
3) Es fehlen vor allem Angaben zu den Exporten der Hauptkonkurrenten Großbritannien, USA und Japan. Das entscheidende Problem war und ist die unzureichende Differenzierung bzw. der Aggregationszustand der internationalen Handelsstatistiken. Schneidwaren werden nach dem Zweiten Weltkrieg nicht mehr gesondert ausgewiesen. Vgl. etwa: United Nations, Hrsg., Yearbook of International Trade Statistics, New York 1950 ff; vgl. die Anmerkungen zu Tab. 1.21
4) In dieser Wertung ist berücksichtigt, daß die um das doppelte höhere US-Produktion zu erheblichen Teilen aus Rasierklingen bestand. Vgl. Tab. 1.20
5) Tab. 1.20,; A. Gebhardt, a.a.O., S. 25
6) Siehe u.a.: RP 28.2.1966

Schneidwaren- und Besteckindustrie hatten die stärksten Zuwächse unter den EWG-Ländern zu verzeichnen. [1] Diese auf den ersten Blick beeindruckende Bilanz konnte nicht darüber hinwegtäuschen, daß die Solinger Schneidwarenindustrie in eine Krise geraten war, denn der Anteil des Deutschen Reiches an der Weltschneidwarenausfuhr hatte 1929 bei 47,8 Prozent gelegen. [2] Die deutsche und damit Solinger Schneidwarenindustrie hatte an Exportkraft eingebüßt, traditionelle außereuropäische Märkte verloren und mußte selbst auf den Inlandsmarkt gegenüber den ausländischen Konkurrenten zurückstecken.

Der Vorsprung der deutschen Schneidwarenindustrie gegenüber der ausländischen Konkurrenz war unverkennbar auf ein Minimum zusammengeschrumpft. "Nur aufgrund ihres Namens und ihrer Leistungsfähigkeit auf dem Gebiet der Qualitätsfertigung besitzt die Solinger Schneidwarenindustrie noch eine Vorrangstellung, die man als 'prima inter pares' kennzeichnen kann. Es bedarf jedoch erheblicher Anstrengungen, um diese Stellung zu halten und um den derzeitigen Absatzrückgang nicht zu einer permanenten Schrumpfung des gesamten Industriezweiges ausarten zu lassen". [3] Genau zu diesem befürchteten Schrumpfungsprozeß mit einhergehender Arbeitsplatzvernichtung ist es jedoch aufgrund der rückläufigen Umsatzentwicklung in der Schneidwarenindustrie [4] gekommen; zwischen 1960 und 1976 nahm die Zahl der Industriebeschäftigten in der Solinger Schneidwarenindustrie fast 50 Prozent ab. [5] Die Zahl der Ratschläge, wie die Krise durchzu-

---

1) Tab. 1.22
2) Errechnet nach: Statistische Jahrbuch des Deutschen Reiches, Jg. 1938, Anhang S. 160; Tab. 1.1.1
3) B. Berkenhoff, a.a.O., S. 43
4) Vgl. z.B. Fachverband Schneidwarenindustrie e.V., Geschäftsbericht 1963, S. 5
5) Nach den Statistischen Berichten der Stadt Solingen waren in den Betrieben mit 10 und mehr Beschäftigten in der Schneidwarenindustrie beschäftigt: Okt. 1960: 12.874; Okt. 1976: 6.639. Vgl. Statistische Berichte der Stadt Solingen, Jg. 1960, H 4 und Jg. 1976 H 4. Im gleichen Zeitraum ging die Zahl der berichtenden Firmen, d.h. der Betriebe mit mehr als 10 Beschäftigten von 742 auf 143 zurück, ebenda. Die Zahl der Industriebeschäftigten überhaupt sank zwischen 1960 und 1976 um 21,4 %. Vgl. hierzu: Oberstadtdirektor der Stadt Solingen, Memorandum zur Situation und Entwicklung der Stadt Solingen, in: Stellungnahme zur Funktionalreform, Solingen 1975, S. 3, STA Solingen, Bibl. IV-B-400

stehen sei, war fast so groß wie die Zahl der Autoren, die
sich mit diesem Problem beschäftigten. Eines stand jedoch
angesichts der Konkurrenzverhältnisse auf dem Weltmarkt für
die Branchenkenner unstrittig fest: Die Solinger Industrie
sollte sich auf die Produktion bester Qualitätsware beschränken und jegliche Experimente mit billiger Massenware
unterlassen. [1]

Abb. 27: Schleifer in Thiers, Frankreich, um 1960

[1] Vgl. hierzu z.B.: R. Pütz, a.a.O., S. 34, B. Berkenhoff,
a.a.O., S. 35; W. Riese, a.a.O., S. 63 und 66 ff
Die Nachfrage nach Qualitätswaren war seit dem Ende des
Zweiten Weltkrieges konstant besser gewesen, als die
nach einfacher Ware. Vor allem in Phasen schlechter Konjunktur waren stets diejenigen Betriebe besser beschäftigt, die Qualitätsware herstellten. Dies galt auch für
den Inlandsmarkt, auf dem bezeichnenderweise 84 % aller
Stahlwaren über den Fachhandel abgesetzt wurden; Die
Klinge, Jg. 1955, S. 103; siehe auch: Die Klinge, Jg.
1950, S. 3 f und S. 129; Jg. 1953, S. 158, Jg. 1956, S.
265; B. Berkenhoff, a.a.O., S. 31; H. Lauterjung,
a.a.O., S. 52 und 54; Quartalsberichte der IHK, a.a.O.,
I. 1950, S. 6; II, 1960, S. 9; ST 30.4.1952.

8. Die Mechanisierung der Solinger Schneidwarenindustrie als Reflex einer historischen Strukturkrise

I.

Nach der Währungsreform wurde die Lehrlingsausbildung in der Schneidwarenindustrie neu geordnet [1], indem sechs Lehrberufe mit dreijähriger Lehrzeit und zwei Anlernberufe geschaffen wurden. [2] Die fast ausschließlich im Bereich des Schleifens und Reidens angesiedelten Lehrberufe wurden mit der Facharbeiterprüfung bei der Industrie- und Handelskammer abgeschlossen. Obwohl mit den neu geschaffenen Berufsbildern klare Ausbildungsverhältnisse hergestellt waren, ließ sich die Zahl der Lehrlinge in den Schneidwarenberufen nur schwer steigern. 1948 waren 35 Lehrverhältnisse registriert und 1949 knapp 50. [3] Das Arbeitsamt errechnete, daß der Schneidwarenindustrie bei diesen Nachwuchsraten in 20 Jahren nicht mehr als 1.300 Facharbeiter zur Verfügung stehen würden. [4] Sieht man einmal von den äußeren Faktoren, wie der Konkurrenz der expandierenden anderen In-

---

1) In der Zeit zwischen 1945 und 1948 wurde ohne administrative Regelung wieder so verfahren, wie es vor der Einführung der Anlernberufe im Jahre 1939 üblich war.
2) Die Lehrberufe waren: Besteck- und Arbeitsmesserreider, Rasiermessermacher, Scherenmonteur und -nagler, Schneidwarenschleifer (verschiedene Fachrichtungen), Taschenmesserausmacher, Taschenmesserreider; die Anlernberufe: Besteckpolierer, Härter.
Siehe hierzu: Bundesministerium für Arbeit (Hrsg.), Berufskundliche Mitteilungen März 1951, A 2586, A 2587, A 2669, Bl. 46 - 49; ferner: IHK-Mitteilungen, Jg. 1949, S. 16, K. Löhmer, a.a.O., S. 184. Ursprünglich sind von der Solinger Industrie nicht weniger als 26 Lehrberufe beantragt worden. Vgl. Ingrid Spehr-Baumhauer, Die Heimarbeit in der Solinger Schneidwarenindustrie in ihrem Strukturwandel nach dem Zweiten Weltkrieg, Ex. MS Wuppertal 1975, S. 59. Siehe auch: Arbeitsmarktbericht, a.a.O., 26.3.1947, S. 4, STA Solingen, SG 2339
3) Vgl. Tab. 6.6 sowie: A. Hoffmann (Leiter der Berufsberatung des Arbeitsamtes Solingen) Lage und Aussichten in den Solinger Schneidwarenberufen, MS 1949, STA Solingen, Akte SG 2337
4) A. Hoffmann, a.a.O.

anderen Industriezweige [1] oder der generellen Abkehr von
den Berufen des traditionellen Handwerks zugunsten be-
stimmter Modeberufe [2] ab, so waren die Ursachen der Aus-
bildungsmisere in der historisch gewachsenen Strukturkrise
der Solinger Schneidwarenindustrie zu suchen. Diese Strukturkrise trat nun, nachdem sie durch Weltwirtschaftskrise
und Zweiten Weltkrieg fast zwei Jahrzehnte lang überlagert
worden war, offen zu Tage und blieb infolge der konjunkturellen Einbrüche selbst Außenstehenden nicht verborgen. [3]

Sowohl hinsichtlich der Arbeitsteilung in der Schneidwarenherstellung als auch hinsichtlich der Ausbildung von Nachwuchskräften waren die Heimarbeiter immer noch das Rückgrat
der Solinger Industrie. Ein wesentlicher Teil der Produktionsmittel der Weiterverarbeitung, insbesondere im Bereich
des Schleifens, befand sich im Besitz der Heimarbeiter. Die
Schleiferberufe konnten in den Betrieben kaum erlernt werden [4], gleichzeitig waren die Betriebe wirtschaftlich und
zum Teil auch technisch weit davon entfernt, die Heimarbeiter durch eine umfassende Mechanisierung ersetzen zu können. Die Heimarbeiterschaft aber konnte die ihr zugedachten
Funktionen bereits nicht mehr erfüllen. Zwar war seit 1946

1) Vgl. RP 6.8.1949, Die Klinge, Jg. 1960, Heft 4, S. 69 f
2) Vgl. Th. Scharmann, Jugend in Arbeit und Beruf, München
   1965, S. 26 ff, S. 39
   Dabei schnitt die Metallindustrie insgesamt zugunsten
   der Bau- und Baunebengewerbe schlecht ab. Nach einer
   Statistik der Berufswünsche der Ratsuchenden, die das
   Arbeitsamt erstellte, wollten 1949/50 nur noch 27,7 %
   der Jugendlichen einen Metallberuf ergreifen, gegenüber
   49 % in den Jahren 1936/37. Das Interesse an den handwerklichen Bauberufen stieg im gleichen Zeitraum von 6,7
   auf 17,7 %. W. Hartloff, Die Nachwuchszuführung in die
   Solinger Wirtschaft, 1951 STA Solingen, Akte SG 2405.
3) Die eklatanten Krisenerscheinungen ließen die Solinger
   Heimindustrie zu einem beliebten Gegenstand wissenschaftlicher Untersuchungen entfernter Universitäten
   werden. Die wichtigsten, in diesem Zusammenhang entstandenen Arbeiten waren die von K. Löhmer, B. Berkenhoff,
   W. Kuhenne, V. Ebel und H. Lauterjung.
4) Vgl. hierzu auch: IG-Metall Solingen an Bundesvorstand
   15.4.1953, in: HAIGM, Ordner Heimarbeitervorstand.

wieder ein starker Trend zur Heimindustrie spürbar [1], doch
langfristig betrachtet war die Zahl der Heimarbeiter von
6.000 im Jahre 1939 auf 3.215 im Jahre 1948 abgesunken. Sie
stieg bis 1952 nur auf knapp 3.600. [2] Von diesen 3.600
Heimarbeitern waren 79,8 Prozent älter als 44 Jahre und
immerhin 42,4 Prozent älter als 54 Jahre. [3] Lediglich 158
Heimarbeiter, dies waren 4,4 Prozent, zählten zu den
Nachwuchskräften bis 24 Jahre. Am stärksten überaltert waren die Taschenmesserreider, die Taschenmesserklingen-
schleifer, die Rasiermesserschleifer und die Scherenhärter.
[4] In diesen Berufen lag der Anteil der über 50jährigen bei
etwa 50 Prozent. [5] Bei den Facharbeitern in den Stahlwarenbetrieben waren die Verhältnisse etwas günstiger als bei
den Heimarbeitern [6]; vergleicht man die Ziffern mit der

1) Arbeitsmarktbericht, a.a.O., 26.2.1947, S. 2, STA Solingen, SG 2339
2) Tab. 2.3.1. Während des Krieges und auch in den ersten
Nachkriegsjahren sind zahlreiche Heimarbeiter in andere
Berufe bzw. Industriezweige abgewandert. Das Arbeitsamt
Solingen zählte am 1.11.1950 insgesamt 1.791 abgewander-
te Heimarbeiter, darunter allein 590 Schleifer der verschiedenen Branchen. Zit. nach: K. Löhmer, a.a.O., S.
171 ff; Da das Arbeitsamt den Heimarbeitern, die die Annahme einer Arbeitsstelle im Betrieb ablehnten, die Unterstützung entzog, kann angenommen werden, daß einige
Heimarbeiter auf diese Weise in die Stahlwarenbetriebe
vermittelt wurden. K. Löhmer, a.a.O., S. 59 und 167 f
3) Tab. 2.3.5, siehe auch: K. Löhmer, a.a.O., S. 169 ff,
insb. S. 174 sowie Die Klinge, Jg. 1953, S. 63; Das
Durchschnittsalter der Heimarbeiter lag bei 52 Jahren,
das der Betriebsarbeiter bei 45 Jahren. Unter den einzelnen Branchen und Berufen waren beträchtliche Abwei-
chungen festzustellen. Am ältesten waren die Arbeiter
der Taschenmesser- und Rasiermesserbranche (Durchschnittsalter 53 Jahre), während die Arbeiter weniger
bedeutenderer Branchen, wie der chirurgischen Instrumen-
ten- und Maniküreartikelbranche, aber auch der Besteckbranche jünger waren. (Durchschnittsalter 46 Jahre) RE
16.12.1952
4) Vermutlich blieben die am besten qualifizierten Heimarbeiter am längsten im Beruf, vgl. Kap. 2.
5) Siehe: Statistik des Arbeitsamtes, Die Altersgliederung
in den wichtigsten Schneidwarenberufen am 24.1.1952, STA
Solingen, Akte SG 2405
6) Tab. 2.3.5, Auch die durch eine vergleichsweise anstrengende Arbeitssituation gekennzeichneten Gesenkschmieden hatten mit dem Problem einer zunehmenden Überalterung zu ringen. Tab. 3.4.2

Altersstruktur der übrigen Berufe, dann wird jedoch deutlich, daß die Stahlwarenarbeiterschaft stärker überaltert
war als durch die demographischen Folgen des Zweiten Weltkrieges erklärbar wäre. [1] Der seit den 20er Jahren deso-
late Zustand der Nachwuchsausbildung kulminierte Anfang der
50er Jahre in der lange prognostizierten Strukturkrise.

Das Nachwuchsproblem war als Erbe des Zweiten Weltkrieges
ein generelles Problem und keineswegs auf die Solinger
Schneidwarenindustrie beschränkt. [2] In Solingen war der
Nachwuchsmangel jedoch besonders gravierend, nicht nur weil
die Problematik bereits in den 20er Jahren auftrat, ohne
daß wirksame Gegenmaßnahmen ergriffen worden wären, sondern
vor allem weil die Solinger Industrie ihr Nachwuchsproblem
aus eigener Kraft lösen mußte. Es gab nicht einen einzigen
Industriezweig, der Facharbeiter mit den gleichen Qualifikationen bereitstellen konnte, ja selbst ungelernte Kräfte
waren in die Schneidwarenindustrie nur schwer vermittelbar.
[3] Einzig in den Gesenkschmieden bestand die Möglichkeit,
Arbeitskräfte aus anderen Branchen bzw. Regionen zu werben
oder Kräfte aus verwandten Berufen - etwa Schmiede - zu
Schlägern umzulernen. [4] In der Weiterverarbeitung hingegen
war es kaum möglich, aus einem Rasiermesserschleifer einen
Scherenschleifer zu machen. [5]

Obwohl die Umstände energische und grundsätzliche Anstrengungen zu einer Neuordnung des Ausbildungswesens in der Solinger Schneidwarenindustrie dringend geboten erscheinen
ließen und die starke regionale Konzentration des Gewerbezweiges auch Chancen zu effektiven Maßnahmen bot, blieben

1) Tab. 2.3.5
2) Th. Scharmann, a.a.O.
3) Strukturbericht des Arbeitsamtes Solingen, Mai 1959, STA
   Solingen, Bibl. IV-H-15, S. 28, in folgendem zit. als:
   Strukturbericht
4) Vgl. RE 9.6.1951
5) Siehe auch: Strukturbericht, a.a.O., S. 28

die beschrittenen Wege in der historischen Rückschau halb-
herzig, unzureichend und phantasielos. Es war offensichtlich, daß die Heimarbeiterschaft dem Problem der Nachwuchsausbildung nicht mehr gewachsen war. [1] Dennoch basierte
die Nachwuchsausbildung weiterhin letztlich auf den Heimarbeitern. Zwar waren die neu anerkannten Berufsbilder ein
Schritt in die richtige Richtung. Es wurde jedoch so gut
wie nichts unternommen, um eine diesen Berufsbildern entsprechende Ausbildung zu gewährleisten. Die neuen Berufsbilder standen größtenteils quer zur bestehenden Spezialisierung in der Heimindustrie. Die einzelnen Heimarbeiter
konnten die Ausbildung in der Breite, wie sie nach den neu-
en Ausbildungsrichtlinien verlangt wurde, nicht gewährleisten. [2] Durch den Rückgang der Heimarbeiter hatten sich in
einzelnen Branchen die gewachsenen Proportionen zwischen
Betriebsarbeit und Heimarbeit verschoben. Die neuen Berufsbilder sollten dem Rechnung tragen, indem sie den flexiblen, mit verschiedenen - einst von Spezialisten ausgeführten - Tätigkeiten vertrauten Facharbeiter, der auch der
zukünftigen Mechanisierung gewachsen war, vorsahen. [3] Doch
die hierzu erforderlichen neuen Ausbildungsformen, etwa
eines Verbundsystems zwischen verschiedenen Heimarbeitern
und Betrieben, wurden nicht institutionalisiert. Alles
blieb dem Zufall überlassen. In der Praxis führten diese
Zustände dazu, daß diejenigen Nachwuchskräfte, deren Tätigkeiten sich nicht weitgehend mit den vorhandenen Berufsbildern deckten, ohne Lehrverhältnis blieben und als jugendli-

---

1) Allein die Überalterung, besonders der Heimarbeiter, gab
   den Ausbildungsplätzen einen antiquierten Anstrich. Zwischen Lehrmeister und Auszubildenden lagen Generationen.
   Abgesehen von der darin angelegten Diskrepanz sozialer
   Wertmuster, war das Sozialprestige der heimgewerblichen
   Schneidwarenberufe in einer auf jugendliche Modernität
   orientierten Zeit gering.
2) Während die Scherenschleifer z.B. - sowohl von ihrer
   persönlichen Qualifikation als auch von ihren Arbeitsge-
   rätschaften her - auf bestimmte Scherentypen bzw.
   -größen spezialisiert waren, verlangte die Prüfungsord-
   nung, daß mindestens vier verschiedene Sorten zu schleifen waren, vgl. I. Spehr-Baumhauer, a.a.O., S. 60
3) ST 30.06.1956

Abb. 28: Ansicht einer typischen heimgewerblichen Scherenschleiferei
in der Hofschaft Bech
Die Schleiferei war kurz nach dem Ersten Weltkrieg gegründet
worden und nach dem Zweiten Weltkrieg vom Vater auf den Sohn
übergegangen. Obwohl die Betreiber seit jeher auf bessere
Qualitäten spezialisiert waren, verschlechterte sich die Auftragslage infolge der Konkurrenz der Schleifmaschinen seit
Beginn der 60er Jahre kontinuierlich.
(Foto: P. Holtfreter, 1987)

che Hilfsarbeiter "ausgebildet" wurden. Von 473 Nachwuchskräften unter 18 Jahren waren 1953 147, also fast ein Drittel, ohne Lehrvertrag. [1]

Als nicht nur die Zahl der Bewerber, sondern auch die Zahl
der Lehrstellenangebote zurückging - sie war im Frühjahr
1950 so gering, daß selbst bei einer Besetzung aller Stellen keine ausreichende Nachwuchsversorgung gewährleistet
war [2] - warf man den Heimarbeitern vor, daß sie die Nachwuchsausbildung - nach der Tradition der Fachvereine vor
1914 - boykottieren würden, um ihre Arbeitsmarktposition zu
verbessern. [3]

Auch wenn diese Auffassung angesichts des akuten Facharbeitermangels zunächst absurd klang [4], war sie nicht ganz von
der Hand zu weisen. Denn als sich das Arbeitsamt Solingen
im Sommer 1950 im Auftrag des Solinger Arbeitgeberverbandes
an das Arbeitsamt in Wattenstaedt-Salzgitter wandte, um von
dort 25 bis 30 männliche Lehrlinge für die Solinger
Schneidwarenindustrie vermittelt zu bekommen, versuchte der
Heimarbeitervorstand in der Solinger IG-Metall, dieses An-
sinnen mit Hilfe der Gewerkschaftskollegen in Salzgitter zu

---

1) Die Klinge, Jg. 1953, S. 63
2) V. Ebel, nochmals: Zum Solinger Nachwuchsproblem, in:
   Die Klinge, Jg. 1950, S. 77. Obwohl gerade 1950 mindestens 100 Mädchen von ca. 600, die eine Ausbildung beginnen wollten, ohne Lehrstelle geblieben waren, konnte
   man sich noch nicht entschließen, die Lehrberufe der
   Schneidwarenindustrie für Frauen zu öffnen. Vgl. RE
   28.4.1950. 1953 versuchte dann das Arbeitsamt erstmals -
   ohne großen Erfolg - Frauen für die Reiderberufe zu gewinnen. ST 27.2.1953
3) So etwa der Arbeitgeberverband: "Ob es gefällt oder
   nicht, es muß ausgesprochen werden, daß auch nicht erst
   seit heute oder gestern seitens Heimarbeiter und
   ihrer Organisation - vorsichtig ausgedrückt - eine "vorsichtige Ausbildungspolitik" getrieben wurde. Das Ziel
   hierbei war unverkennbar, man sollte für den Heimarbeiter einen immer größeren "Seltenheitswert" schaffen, ST
   28.12.1950; vgl. auch K. Löhmer, a.a.O., S. 178 f, U.
   Braun, a.a.O., S. 99
4) Selbst in der Zeit der Arbeitslosigkeit hatte der Fach-
   arbeiterbedarf nicht gedeckt werden können. ST 7.9.1950;
   Vgl. auch: HAIGM, Ordner Heimarbeiterangelegenheiten,
   Stahlwaren-Produktion Solingia v. 6.11.1953

verhindern. [1]

Die IG-Metall machte andererseits zu Recht darauf aufmerksam, daß die Heimarbeiter angesichts der Labilität der konjunkturellen Lage, die von den Betrieben immer zu Lasten der Heimarbeiter ausgeglichen wurde, nicht bereit waren, das Risiko der Einstellung eines Lehrlings auf sich zu nehmen, den sie nicht nur drei Jahre beschäftigen, sondern auch drei Jahre finanzieren mußten. [2] Im Gegenteil, eine wachsende Zahl von Heimarbeitern zog es vor, als Stellenmieter oder sogar Betriebsarbeiter in die Stahlwarenbetriebe zu gehen, um in Krisenzeiten besser versorgt zu sein. [3] Auf die Dauer war jedoch die Reduzierung des sehr komplexen Nachwuchsproblems auf eine Frage der Lohnpolitik [4] nicht haltbar. Den Heimarbeitern war bereits unmittelbar nach der Währungsreform eine 35 prozentige Teuerungszulage zugestanden worden, die zwar durch die Erhöhung der Unkosten für die Kranken- und Invalidenversicherung geschmälert wurde [5], die jedoch auch über die Krise 1949/50 hinweg gerettet werden konnte. Zu Beginn der 1950er Jahre besserte sich die Lage der Heimarbeiter merklich.

1) In dem Schreiben an die Ortsverwaltung der IGM-Salzgitter v. 1.8.1950 hieß es u.a.: "Wir bitten Euch, die Jugendlichen dorthin aufzuklären, daß in Solingen Jugendliche genügend sind, die den Schleiferberuf erlernen wollen, aber nur dann, wenn sie als gelernte Arbeiter später bezahlt werden. Die Nachwuchsfrage kann in Solingen gelöst werden, wenn die Unternehmer einen angemessenen Lohn bezahlen, der einem gelernten Arbeiter zusteht". in: HAIGM, Ordner Heimarbeitervorstand. Vgl. auch: Protokoll der Heimarbeitervorstandssitzung vom 28.8.1950, in: Protokollbuch der Heimarbeitervorstände - Sitzungen 25.3.1950 - 20.9.1951, STAS Bibl. KA 6737
2) Siehe den Leserbrief der IG-Metall zum Nachwuchsproblem in: ST 5.12.1950. Siehe auch die Entgegnung des Arbeitgeberverbandes, ST 28.12.1950.
3) Natürlich war auch den Betrieben an der Sicherung eines festen Facharbeiterstammes durch feste arbeitsvertragliche Bindungen mehr denn je gelegen. Siehe hierzu auch den Antrag der Fa. Bertram beim Arbeitsamt Solingen vom 27.8.1946, in dem die Fa. Bertram dringend darum bittet, die Löhne erhöhen zu dürfen. STA Solingen Fi-1-227
4) Vgl. IGM-Solingen an IGM-Wattenstaedt-Salzgitter v. 1.8.1950, IGM-Solingen an IGM-Bundesvorstand v. 15.4.1953, in: HAIGM, Ordner Heimarbeitervorstand; ST 5.12.1950, 28.12.1950, a.a.O.
5) Aug. Grah v. 3.2.1953 in: HAIGM, Ordner Heimarbeiterangelegenheiten.

Teilweise konnten die Stellenmieter für die Lehrlingsausbildung gewonnen werden, indem die Betriebe ihnen Aufwands-
entschädigungen und den Lehrlingen die Vergütungen zahlten.
[1] Diese an sich gangbare Praxis wurde jedoch weder institutionalisiert, noch ließ sie sich auf die selbständigen
Heimarbeiter ausdehnen, die befürchteten auf diese Weise in
die Abhängigkeit von einzelnen Auftraggebern zu geraten.
Modelle, die solche Befürchtungen gegenstandslos gemacht
hätten, etwa auf der Basis der Kooperation mehrerer Betriebe, wurden nicht erwogen. Die Zahl der Lehrverhältnisse
ließ sich nur unwesentlich steigern. [2] Unter diesen Voraussetzungen konnte selbst die Wiedereröffnung der während
der Zeit des Nationalsozialismus eingerichteten und 1945
zunächst stillgelegten Gemeinschaftslehrwerkstatt nicht
greifen. Nach der Renovierung im Jahre 1950 blieb die Lehrwerkstatt ungenutzt, weil die Mindestgröße der Ausbildungs-
gruppen (8 Teilnehmer) nicht zustande kam. [3] Auch in den
folgenden Jahren waren die Kapazitäten der Lehrwerkstatt
nicht ausgelastet. [4] Die 16 Lehrlinge, die 1952 in der Gemeinschaftslehrwerkstatt ausgebildet wurden, stammten allesamt aus den Flüchtlingsauffanggebieten in Schleswig-Hol-
stein und Niedersachsen. [5] Nach den historischen Unterlagen der Solinger IG-Metall hat es den Anschein, daß die
Heimarbeiter der Ausbildung in der Gemeinschaftslehrwerkstätte zumindest sehr reserviert gegenüberstanden. Sie
lehnten es nicht nur ab, eine im ersten Lehrjahr in der Gemeinschaftslehrwerkstätte begonnene Ausbildung für das
zweite und dritte Lehrjahr zu übernehmen, da ihrer Ansicht

---

1) K. Löhmer, a.a.O., S. 189 f
2) Vgl. Tab. 6.6
3) K. Löhmer, a.a.O., S. 188 f; H. Lauterjung, a.a.O., S. 154 f
4) Siehe: Die Klinge, Jg. 1953, S. 64
5) Die Klinge, Jg. 1952, S. 27; siehe auch: Strukturbericht, a.a.O., Anhang I, S. 5 f; Das Arbeitskräftereservoir Schleswig-Holsteins und Niedersachsens war spätestens 1954 erschöpft, vgl. Die Klinge, Jg. 1955, Heft 2

nach auf diese Weise eine ordnungsgemäße Ausbildung nicht
zu gewährleisten war, sondern sie erhoben den Vorwurf, daß
mit Hilfe der in der Lehrwerkstätte ausgebildeten Lehrlingen die Heimarbeiterlöhne gedrückt werden sollten. [1]

1) Der IGM-Bundesvorstand hatte durch einen Artikel im In-
dustriekurier vom 2.4.1953 von der ablehnenden Haltung
der Solinger IG-Metall gegenüber der Gemeinschaftslehrwerkstätte erfahren und sich daraufhin nach den Gründen
erkundigt. In der Antwort führte die Solinger Verwaltungsstelle u.a. aus: "Der Fachverband Schneidwaren mit
dem Arbeitgeberverband Solingen gingen dazu über und
gründeten eine Gemeinschafts-Lehrwerkstätte und holten
aus den Notstandsgebieten jugendliche Arbeiter nach Solingen, um sie in der Lehrwerkstätte unterzubringen. Die
Arbeitgeber schließen mit den Jugendlichen einen Lehrvertrag ab und wollen die Lehrlinge im ersten Jahr in
der Lehrwerkstätte ausbilden. Das zweite und dritte
Lehrjahr sollten die Lehrlinge von den Heimarbeitern
weiter ausgebildet werden. Also ein Jahr in der Lehrwerkstätte und zwei Jahre beim Heimarbeiter.
Die Heimarbeiter lehnen es ab, die Lehrlinge zwei Jahre
zu übernehmen, da in diesen zwei Jahren nicht die Gewähr
gegeben ist, daß der Lehrling ordnungsgemäß ausgebildet
werden kann. Die weiteren Schwierigkeiten bestehen darin, daß der Arbeitgeber, der Lehrherr ist und der Heimarbeiter nur der Ausbilder, und somit kann zu jeder Zeit
der Arbeitgeber dem Heimarbeiter den Lehrling fortholen.
Die Heimarbeiter haben weiter erkannt, daß die Arbeitgeber mit der Lehrwerkstätte ein bestimmtes Ziel verfolgen. Dieses ist, daß möglichst viele Lehrlinge ausgebildet werden, damit die größeren Betriebe eine Lohnschei-
ferei errichten können und somit einen Lohndruck auf die
Heimarbeiterlöhne ausüben. Daß die Heimarbeiter diesen
Prozeß nicht beschleunigen, dürfte für Euch wohl klar
sein. Wir haben dieses auch anläßlich einer Aussprache
mit dem Arbeitgeberverband betont." Aus dieser Einschätzung heraus ergab sich die Notwendigkeit, die Kapazität
der Gemeinschaftslehrwerkstätte nicht durch eine Kooperation noch zu erhöhen: "Wir haben den Arbeitgebern empfohlen, die Lehrlinge, welche mit den Firmen einen Lehrvertrag haben, drei Jahre in der Lehrwerkstätte auszubilden. Somit würden in 3 Jahren in der Lehrwerkstätte
30 Lehrlinge ausgebildet. Den Weg, den die Arbeitgeber
beschreiten wollen, ist der, daß in 3 Jahren 90 Lehrlinge ausgebildet werden. Hierbei ist nicht berückichtigt,
ob die Lehrlinge später in der Industrie auch alle untergebracht werden können".
HAIGM, ebenda; siehe auch: ST 7.2.1955

Obwohl die Ausbildung angesichts der Rahmenbedingungen quasi automatisch in die Regie der Betriebe überging [1], war
damit das Ausbildungsproblem keineswegs gelöst. Die Lehrlinge in den Betrieben erfuhren eine einseitige Qualifikation, die einzig auf das Teilarbeitssystem hin ausgerichtet war. [2] Hier wurden "bessere Hilfskräfte" (B. Berkenhoff) herangezüchtet, deren Ausbildung nicht mehr ausreichte, sich als selbständiger Heimarbeiter zu etablieren,
geschweige denn zu behaupten. Die Durchfallquote bei den
Abschlußprüfungen lag mit 30,3 Prozent im Jahre 1960 höher
als im Kriegsjahr 1941. [3] Seit 1956 war die Zahl der Lehrverhältnisse in sämtlichen Berufen - bei den Schleifern zunächst verzögert - stark rückläufig. [4] 1964 wurden in der
gesamten Schneidwarenindustrie nur noch 58, 1967 nur noch
12 Fachkräfte ausgebildet. [5]
Es gelang nicht bzw. es war gar nicht beabsichtigt, die
Ausbildung des Nachwuchses der Schneidwarenindustrie in ein
System der qualifizierten Facharbeiterausbildung durch die
Betriebe zu überführen. An keiner Stelle wurde dies so

---

1) Von 10 Lehrlingen des Jahres 1950 hätten nur 20, also
   16,6 %, einen Lehrvertrag mit einem Heimarbeiter abgeschlossen. K. Löhmer, a.a.O., S, 175; 1960 wurden nur
   noch 5 % der Lehrlinge in der Heimindustrie ausgebildet.
   B. Berkenhoff, a.a.O., S. 132
2) FV 10.2.1954: Der Heimarbeitervorstand in der IG-Metall
   hatte dieses Problem bereits 1949 erkannt und beklagte
   bei der IHK, daß die ausbildenden Betriebe nicht daraufhin untersucht würden, ob sie eine ordnungsgemäße Ausbildung garantieren konnten. Siehe IGM an IHK v.
   26.4.1949, in: HAIGM, Ordner Heimarbeitervorstand. Allein durch die Mitarbeit der Heimarbeiter in den Prü-
   fungsausschüssen war eine ordnungsgemäße Ausbildung
   nicht zu gewährleisten. Vgl. IGM an die IHK v. 4.2.1955,
   in: HAJGM, a.a.O.
3) Vgl. weiter oben sowie B. Berkenhoff, a.a.O., S. 133 f
4) Neben der internen Entwicklung der Schneidwarenindustrie
   ist hierbei zu bedenken, daß seit 1955/56 die geburten-
   schwachen Kriegsjahrgänge aus den Schulen entlassen wurden.
5) Tab. 6.6.6

deutlich, wie an der Tatsache, daß sowohl die Unternehmer
als auch die IG-Metall, wenn auch aus unterschiedlichen Mo-
tiven, darauf drängten, die Ausbildung in der Gemeinschaftslehrwerkstatt generell auf die volle Ausbildungszeit
auszudehnen. [1] Die Heimarbeiter sollten aus dem Ausbildungssystem herausgedrängt bzw. herausgehalten werden und
die einst auf den durch jahrhundertealte Erfahrungen und
über Generationen weitergegebenen spezialisierten handwerklichen Fähigkeiten ihrer Arbeiterschaft aufgebaute Solinger
Schneidwarenindustrie sollte in Zukunft - wie die meisten
anderen Industriezweige auch [2] - weitgehend ohne qualifizierte Facharbeiter auskommen. Anstatt das Ausbildungssystem durch gemeinsame Anstrengungen in engster Kooperation mit den Heimarbeitern, auf eine neue Grundlage zu
stellen, zog man es vor, ungelernte Hilfskräfte einzustellen, die für bestimmte Teilarbeiten angelernt wurden.
[3] Im Gefolge der Rationalisierung betrieben die Betriebe
eine Personalpolitik der Facharbeiterverdrängung, um die in
der Produktion nun erneut angestrebten Rationalisierungs-
ergebnisse personalwirtschaftlich abzusichern. 1968 wurde
die Zahl der Lehrberufe in der Schneidwarenindustrie abermals (auf die Hälfte) reduziert [4] und hinter dem letzten
heute noch bestehenden Lehrberuf der Schneidwarenindustrie,
dem Teilezurichter, verbirgt sich in der Praxis nichts anderes, als eine auf bestimmte Teilarbeiten und betriebs-
egoistische Ziele zugeschnittene einseitige "Ausbildung"
für Tätigkeiten in den Nischen der Mechanisierung.

---

1) FV 10.2.1954; IGM-Solingen an Bundesvorstand, a.a.O.
2) Zur generellen Qualifikationsentwicklung siehe; O.
   Mickler, a.a.O., insb. S. 205 - 219
3) Strukturbericht, a.a.O., Anhang I, S. 4, siehe auch: Die
   Klinge, Jg. 1953, S. 63. Diese Praxis wurde durch Kurz-
   lehrgänge in der Gemeinschaftslehrwerkstatt noch unterstützt. Vgl. Die Klinge, 17. Jg., 1954, Heft 12, S. 265
4) Folgende Lehrberufe blieben bestehen: Scherenmonteur,
   Schneidwarenschleifer und Taschenmesserausmacher. Siehe
   RP 26.6.1967 und 16.11.1968

Bei der Suche nach einer Erklärung für die Halbherzigkeit,
mit der das Nachwuchsproblem in der Praxis - entgegen allen
verbalen Kraftakten - angegangen wurde, ist es nicht unerheblich, danach zu fragen, wer überhaupt noch ein Interesse
an qualifizierten, möglichst heimgewerblichen Nachwuchskräften hatte. Es waren dies primär die kleineren Stahlwarenfabrikanten, die die Rohware aus den Schlägereien bezogen, durch die Heimarbeiter weiterverarbeiten ließen und
die weder in der Lage waren, sämtliche für ihr breites Sortiment erforderlichen handwerklichen Arbeitskräfte selbst
einzustellen, noch das Teilarbeitssystem einführen, geschweige denn die Produktion mechanisieren konnten. Diese
kleinen Betriebe mit ihrer flexiblen Betriebsorganisation
und den geringen fixen Unkosten, hatten für die größeren
Betriebe immer eine lästige Konkurrenz dargestellt. Ihr
Einfluß auf die Entwicklungsrichtung der Branche war gering. Die tonangebenden größeren Unternehmen aber sorgten
sich nicht grundsätzlich um den zukünftigen Nachwuchs. Das
Problem bestand für sie vielmehr darin, daß der Zeitplan
der Rationalisierung in der Solinger Industrie, wonach die
Heimarbeiterschaft einen sanften Übergang in das mechani-
sierte Zeitalter ermöglichen sollte, geplatzt war. Kein anderer sprach dies so deutlich aus wie R. Pütz: "Es ist sicher, daß sich der natürliche Ausscheidungsprozeß schneller
vollzieht, als es durch die Veränderung der Produktionsmethoden notwendig wird und so ist das Nachwuchsproblem wie
kein anderes in der Lage, nicht nur die Stellung der deutschen Schneidwarenindustrie überhaupt entscheidend zu beeinflussen. Wird dieses Problem nicht schnell und zufriedenstellend gelöst, so bleibt nur der Weg der völligen Mechanisierung, die dann aber nicht mehr in Ruhe vor sich
gehen kann, sondern unter einem unangenehmen Zeitdruck vor
sich gehen muß". [1]
Auf der anderen Seite hatte die, auf die kurzfristigen
Lohninteressen fixierte Gewerkschaft, die IG-Metall, in der

---

[1] R. Pütz, a.a.O., S. 98

die Heimarbeiter zu über 90 Prozent organisiert waren [1],
die Zeichen der Zeit nicht erkannt. Zwar hatte man sich inzwischen das Hauptanliegen der alten Fachvereine zu eigen
gemacht und die "Aufrechterhaltung des Qualitätsgedankens"
zur Hauptaufgabe erklärt [2], die praktische Politik war jedoch anscheinend keineswegs dazu angetan, dieser Aufgaben-
stellung gerecht zu werden. [3] Obwohl die Gewerkschaft davon ausging, daß eine qualifizierte Ausbildung ohne die
Mitwirkung der Heimarbeiter noch nicht zu realisieren war,
hat sie nicht nur die Tendenzen der Herausdrängung der
Heimarbeiter aus dem Ausbildungssystem widerstandslos hin-
genommen, sondern im Zeichen der Lohnpolitik auch noch gefördert. Das Nachwuchsproblem wurde von der IG-Metall zu
einem Bestandteil der Agitation in Sachen Lohnforderungen
mißbraucht. Auf diese Weise konnte es weder wirklich begriffen, geschweige denn wirklich angegangen werden. [4]

II.

Während die Repräsentanten der Solinger Schneidwarenindustrie, das Arbeitsamt und die Verbände, zu allen denkbaren
Gelegenheiten, in den Fachzeitschriften und Wirtschafts-
teilen der Tageszeitungen bis hin zum Rundfunk, in regelrechten Kampagnen um Nachwuchs warben [5], arbeiteten die
einzelnen Unternehmen, jedes für sich, unter Ausschluß der
Öffentlichkeit und ohne der Nachwelt aufschlußreiche Archi-
valien zu hinterlassen, emsig daran, sich von qualifizier-

1) Vgl. Jahresbericht des Heimarbeitervorstandes für das
Jahr 1953, in: HAIGM, Ordner Heimarbeiterangelegenheit.
2) IGM-Solingen an Bundesvorstand, a.a.O.
3) Selbst in den Sitzungen der Heimarbeiter-Vorstände
spielte die Nachwuchsfrage so gut wie keine Rolle, siehe: Protokollbuch der Heimarbeitervorstände, a.a.O.
4) Das politische und gewerkschaftliche Verhalten der Heimarbeiterschaft im Zusammenhang der Agonie des Heimarbeitersystems scheint mir durch diese knappen Anmerkungen
keineswegs endgültig geklärt, sondern müßte in einer auf
die Arbeiterbewegung konzentrierten Arbeit einmal eingehend untersucht werden.
5) Vgl. K. Löhmer, a.a.O., S. 191; Jahresberichte des Arbeitgeberverbandes Solingen, Jg. 1950 ff, STA Solingen,
Bibl. GA 1040

tem Nachwuchs durch eine Rationalisierung der Produktion endgültig unabhängig zu machen.

Die Konkurrenzverhältnisse auf dem Weltmarkt waren nur ein sekundärer Antrieb für die erneuten Rationalisierungsanstrengungen seit Mitte der 1950er Jahre. Das überragende Motiv war sicherlich der abzusehende, historisch bedingte bzw. selbst verschuldete Zusammenbruch des Arbeitsmarktes für Facharbeiter. [1] Um nicht die Produktion eines Tages wegen Mangel an Facharbeitern einschränken bzw. einstellen zu müssen, sahen sich besonders die zu einer vorausschauenden Planung gezwungenen größeren Betriebe genötigt, die Mechanisierung zu forcieren, obwohl finanzielle Rücklagen in den vorangegangenen, krisenhaften Jahren kaum gebildet werden konnten. [2] Dieses Bestreben erschien den Unternehmen um so dringender, je mehr die restlichen Heimarbeiter mit dem Anstieg der Konjunktur ihre günstige Arbeitsmarktsituation lohnpolitisch zu realisieren begannen. [3] Die Heimarbeiter ließen sich ihre Facharbeit sehr gut bezahlen. Die ohnehin nicht knapp bemessenen Tarife [4] wurden, nicht nur in den Fällen, in denen es den Auftraggebern auf besonders schnelle Lieferung ankam, sondern generell,

1) Vgl. hierzu O. Mickler, a.a.O., S. 18. Das Arbeitsamt führte Ende 1950 hierzu aus: "In deutlichster Form zeigt sich die Nachwuchsarmut des für die hiesige Industrie typischen Schneidwarenberufs, so daß die Betriebe oftmals auf Kräfte zwischen 70 und 80 Jahren zurückgreifen müssen". Arbeitsamt Solingen, Referat des Angestellten Könkler vom 21.9.1950, S. 2, STA Solingen, Akte SG 2405; ST 28.4.1956, Handschliff oder Maschinenschliff? Ab 1958 trat ein gravierender Mangel an Facharbeitern ein. Vgl. die Arbeitsmarktberichte, in: STA Solingen, Akte 937-10-2
2) Vgl. z.B. FV 9.5.1950
3) Vgl. Die Klinge, Jg. 1959, Heft 1, S. 2
4) Die alljährlichen, zwischen 10 % und teilweise 30 % liegenden Lohnforderungen der in der IG-Metall organisierten Heimarbeiter lösten zwar in Unternehmerkreisen jeweils heftige Proteste aus, konnten aber ohne Streiks durchgesetzt werden. Siehe z.B.: Die Klinge, Jg. 1954, S. 193, Jg. 1955, S. 252, Jg. 1956, S. 195, Jahresbericht des Arbeitgeberverbandes Solingen, Jg. 1950 ff, STA Solingen Bibl. GA 1040

Abb. 29: Verpackung von Siepmann-Schleifmaschinen für den Export
Die Aufnahme entstand vermutlich um 1958.

erheblich überschritten. [1]

Zwar war spätestens seit dem Zeitpunkt, als die Solinger

[1] Netto-Monatsverdienste um 1.000 DM - ein gut bezahlter
Facharbeiter verdiente zu Beginn der 1950er Jahre etwa
400 DM - waren bei Heimarbeitern in Zeiten guter Konjunktur keine Seltenheit. Teilweise lagen die Einkünfte
noch darüber. Vgl.: Die Klinge, 17. Jg. 1954, Heft 9, S.
193. Die hohen Löhne der Heimarbeiter waren nicht allein
eine direkte Folge des Verhältnisses von Angebot und
Nachfrage. Abgesehen davon, daß die durchweg überbe-
schäftigten Heimarbeiter länger arbeiteten als die Fabrikarbeiter, stiegen ihre Verdienstmöglichkeiten auch
dadurch, daß die einfacheren Arbeiten, bei denen nicht
viel zu verdienen war, mehr und mehr in den Fabriken
ausgeführt wurden. (Vgl. weiter unten) Zwischen den verschiedenen Berufen waren allerdings nach wie vor erhebliche Schwankungen festzustellen. Vgl. B. Berkenhoff,
a.a.O., S. 125 ff. Neben den hohen Verdiensten gab es
noch weitere Indizien der starken ökonomischen Stellung
der Heimarbeiter nach dem Zweiten Weltkrieg. So berichtete das Solinger Tageblatt, daß die Heimarbeiter bestrebt waren, über die Ausführung der Ware zu bestimmen.
ST 1.12.1953. Zur Selbstverständlichkeit wurde es, daß
die Heimarbeiter die Halbfertigware nicht mehr selbst
beim Fabrikanten abholten, sondern diese unentgeltlich
gebracht bekamen. K. Löhmer, a.a.O., S. 77

Schneidwarenindustrie wieder auf den Weltmarkt drängte, jedem klar, daß die Rationalisierung der Produktion nun endgültig in Angriff genommen werden müsse [1], doch aufgrund des Kapitalmangels wurde in den allermeisten Betrieben auf die althergebrachte Weise produziert. Bestenfalls wurden einige Transmissionsanlagen durch Einzelantriebsaggregate ersetzt [2]. Neue Werkzeugmaschinen wurden kaum eingeführt. [3]

In der Mitte der 50er Jahre waren die vorhandenen Produktionskapazitäten voll ausgelastet. Eine Steigerung der Produktion war aufgrund des Mangels an fachlich qualifizierten Arbeitskräften ohne eine Rationalisierung der Herstellungsmethoden nicht mehr möglich. [4] Nun wurden die nicht weniger als 30 Jahre zuvor angekündigten Rationalisierungsvorhaben realisiert. [5] Die Rationalisierungsanstrengungen waren, wie zu erwarten, auf den Bereich der Weiterverarbeitung konzentriert, denn hier war die Produktivität seit dem letzten Drittel des 19. Jahrhunderts hinter derjenigen der Halbfertigwarenherstellung zurückgeblieben. Beim Schleifen konnte auf die bereits in der zweiten Hälfte der 20er Jahre entwickelten und in der Solinger Schneidwarenindustrie dennoch kaum verwendeten Schleifmaschinen (vgl. Kap. 4.3), d.h. auf die Angebote der örtlichen Maschinenbauindustrie zurückgegriffen werden. [6] Die auf den Schleif- und Pliest-

---

1) Vgl. G. Bürgel, Rationalisierung als Gegenwartsaufgabe, in: Die Klinge, Jg. 1951, S. 233 f sowie: Die Klinge, Jg. 1952, S. 148
2) Vgl. Interview mit dem ehemaligen Betriebsleiter der Fa. Wüsthof; J. Putsch, 20.2.1985, STA Solingen, T 78/2
3) Ausnahmen bestätigen die Regel. Vgl. ST 1.12.1953, Stahlwarenherstellung in Betriebsarbeit. Siehe hierzu die Diskussionsbeiträge in: ST 5.12.1953 und 11.12.1953
4) Siehe hierzu: IHK-Quartalsberichte, a.a.O., III, 1956, S. 4, IV, 1956, S. 6; W. Riese, a.a.O., S. 100; H. Lauterjung, a.a.O., S. 157 ff
5) Diese Datierung berücksichtigt nicht die partielle, kriegsbedingte Rationalisierung der alltäglichen Arbeitsorganisation, die nach 1945 an vielen Stellen in der Friedensproduktion übernommen wurde. (Vgl. Kap. 7.2)
6) Bei Spezialartikeln, wie z.B. Zackenscheren, sahen sich die Betriebe genötigt, die Schleifmaschinen selbst zu konstruieren. Siehe z.B.: Die Klinge, Jg. 1957, Heft 4, S. 80 - 82

maschinen bearbeiteten Messerklingen oder Scherenbecke mußten von Hand nachgearbeitet werden. Bestimmte Stellen, etwa
Einsatz, Rücken und Kropf von Messerklingen, die die Maschine unbearbeitet ließ, wurden von angelernten Teilschleifern auf dem Schleifbock fertiggeschliffen. [1] Bei
besseren Stahlwaren wurden Pliest- und Polierarbeiten von
Heimarbeitern oder Betriebsfacharbeitern ausgeführt. [2]
Natürlich waren die Betriebe bestrebt, den Anteil der Handarbeit zu minimieren. Der zunehmende Einsatz der Schleifmaschinen führte deshalb dazu, daß das Design der Solinger
Schneidwaren sich fortan weniger nach den ästhetischen Vor-
stellungen, dem Geschmack oder den kulturellen Traditionen
der Abnehmer bzw. nach dem Verwendungszweck als vielmehr
nach den Fähigkeiten der verbreiteten Maschinentypen richtete. Dies galt besonders für den - neben der Rasierklin-
genherstellung - am stärksten rationalisierten Bereich, für
die Besteckproduktion. [3]

Die Anfänge der Rationalisierung des Reidens gingen zwar
ebenfalls bis in die 20er Jahre zurück, doch waren die Betriebe in diesem Herstellungsbereich weitgehend auf sich
gestellt. Sie entwickelten eigenständig - teilweise auch in
kleineren Betrieben unter Zuhilfenahme von Betriebsingeni-
euren [4] - spezielle, auf die Anforderungen ihrer Produk-

---

1) Vgl. Die Klinge, Jg. 1956, S. 54
2) Einfache Ware wurde von angelernten Teilschleifern gepliestet. In den 50er Jahren begannen sich die industriell gefertigten Schleifbänder zum Pliesten der Schneidwaren durchzusetzen. Damit entfiel das nur von ausgebildeten Schleifern beherrschte Vorbereiten (Leimen) der
   Pliestscheiben. Arbeitsvorbereitung und Produktion wurden getrennt. Siehe auch: ST 10.3.1963 sowie H. Lauterjung, a.a.O., S. 158; K. Röltgen, a.a.O., S. 29 f
3) Im Falle der Besteckherstellung spielte die Heimarbeit
   die geringste Rolle. Bereits 1963 waren in der Besteckbranche selbst in den Schleiferberufen die Betriebsarbeiter stärker vertreten als die Heimarbeiter. Vgl. Die
   Klinge, Jg. 1953, S. 63, siehe auch: Tab. 2.3.4. Bei den
   Bestecken hatte die Typenreduzierung des Zweiten Weltkrieges anscheinend stärker nachgewirkt als in den anderen Branchen. Infolge der Standardisierung schritt auch
   die Mechanisierung in diesem Bereich schneller voran,
   vgl. K. Löhmer, a.a.O., S. 242 ff
4) Vgl. Interview mit dem Stahlwarenfabrikanten H. Köller,
   J. Putsch, 3.6.1986, STA Solingen, T 78/18

tion optimal ausgerichtete Arbeitsgeräte bzw. Maschinen und organisierten die Arbeitsabläufe völlig neu. Die Konstruktionsweise der Reidemaschinen war sehr einfach. Es handelte sich überwiegend um Standbohrmaschinen und Stanzen, die mit speziellen Werkzeugen versehen wurden. [1] Die konsequente Durchführung des Teilarbeitssystems beim Reiden ermöglichte den konsequenten Einsatz angelernter Arbeitskräfte. Immer häufiger wurden Frauen mit dem Bohren, Fräsen, Ankörnen oder Gewindeschneiden beschäftigt. [2] Angesichts der Verknappung und Verteuerung der Heimarbeit waren die Betriebe bemüht, die Heimarbeiter nur für die Arbeiten einzusetzen, in denen ihre Geschicklichkeit unentbehrlich war. Eine ganze Reihe von Mustern durchlief schließlich überhaupt keine Heimarbeiterwerkstatt mehr. Die Rationalisierung setzte die Heimarbeiter bzw. die betrieblichen Fachkräfte für die Spitzenqualitäten frei. [3]

---

1) Die Nägel, mit denen die Scheren zusammengesetzt wurden, wurden fast vollständig von Schrauben verdrängt. Die Herstellung der Scherennägel, einst eine Aufgabe der Scherennagler, ging an die Schraubenfabriken über. Die Montage wurde teilweise bereits von Nagelwerkzeugmaschinen vorgenommen. Vgl. ST 27.2.1954
2) Tab. 3.1.5
   Strukturbericht, a.a.O., Anhang I, S. 4. Mit Aushängen und Plakaten im gesamten Stadtgebiet versuchte die Schneidwarenindustrien händeringend, Frauen - auch als Halbtagskräfte - zu gewinnen. Siehe Arbeitsmarktbericht, 30.9.1958, S. 8, STA Solingen, Akte 937-10-2, siehe auch ebenda, 31.10.1952, 28.2.1959
3) 1955 waren ca. 4.000 Betriebsarbeiter mit handwerklichen Arbeiten beschäftigt, wie sie von Heimarbeitern ausgeführt wurden. Siehe: H. Lauterjung, a.a.O., S. 78 ff und S. 95 f, ferner: Die Klinge, Jg. 1961, H 8, S. 171, ST 29.7.1961; Die Entwicklung in einzelnen, kleineren Betrieben legt die Vermutung nahe, daß die Arbeit der restlichen Heimarbeiter nur noch von einem relativ engen Kreis traditionell denkender Firmen nachgefragt wurde. (Ganz im Sinne der bei Tegtmeier bereits 1928 konstatierten Polarisierung, vgl. H. Tegtmeier, a.a.O., S. 84, Kap. 4.3) So blieb der Anteil der Heimarbeit z.B. bei der auf solide Qualitätsware spezialisierten Fa. Köller zwischen 1950 und 1965 bemerkenswert konstant. Siehe: Tab. 3.1.3 und 3.1.4; Gleichzeitig hatte sich die Qualifikationsstruktur der Fabrikarbeiter in diesem Betrieb markant zugunsten der Ungelernten und Angelernten verschoben. Tab. 3.1.2; Vgl. auch Interview mit Herrn Köller, J. Putsch, 8.6.1986, STA Solingen, T 78/18 und Interview mit Herrn Bertram, J. Putsch, STA Solingen, T 78/17

Die Mechanisierung trat 1960 in ihr entscheidendes Stadium.
In der bundesdeutschen Schneidwarenindustrie lag der Umsatz
je Beschäftigten - gerechnet in Preisen von 1962 - im Jahre
1958 bei 18.550 DM und im Jahre 1966 bei 34.890 DM. [1] Der
Novemberumsatz je Beschäftigten der Solinger Schneidwarenbetriebe stieg von 1.808 DM im Jahre 1956 auf 2.273 DM im
Jahre 1961 und 3.201 DM im Jahre 1966. Der Umsatz je Ar-
beitsstunde stieg noch stärker von 11,40 DM auf 24,80 DM.
[2] Die Zeitschrift "Die Klinge" stellte bereits 1959 zu-
frieden fest: "Abgesehen von den schon lange maschinell geschliffenen Rasierklingen werden heute Messer aller Art,
Scheren und selbst Löffel in erheblichem Umfang auf speziellen Schleifmaschinen geschliffen oder bei Spitzenerzeug-
nissen zumindest vorgeschliffen. (...) Die intensiven Bemühungen um eine stärkere Mechanisierung waren jedenfalls
erfolgreich". [3]
Die Rationalisierung der Solinger Stahlwarenherstellung kam
auch in der Entwicklung der Beschäftigung zum Ausdruck. Die
Gesamtzahl der Beschäftigten in der Schneidwarenindustrie
war seit 1956 bei gleichzeitigem Produktionswachstum rückläufig. [4] Dieser Rückgang war primär durch die Abnahme der
Zahl der Heimarbeiter bedingt. Zwischen 1959 und 1961 sank
die Zahl der Heimarbeiter, die seit dem Ende des Zweiten
Weltkrieges relativ konstant geblieben war [5], von 3.894
auf 2.522, so daß der Anteil der Heimarbeiter an den Be-

---

1) A. Gebhardt, a.a.O., S. 45 f
2) Tab. 2.2.10, vgl. hierzu auch: Tab. 3.1.4
3) Die Klinge, Jg. 1959, Heft 1, S. 2
4) Vgl. Tab. 2.3.1 sowie W. Köllmann, Struktur und
   Wachstum der Wirtschaft des bergisch-märkischen Raumes,
   1955 - 1969, Bochum 1971, S. 88
5) Tab. 2.3.1. Von 1947 bis 1959 stieg die Zahl der Heimarbeiter um ca. 650 an. Diese Zunahme war nur zu einem
   verschwindend geringen Teil auf die Ausbildung von Nachwuchskräften zurückzuführen. Der Anteil des Nachwuchses
   an den Heimarbeitern lag 1955 bei 1,1 % und 1969 bei
   0,7 %. Vorübergehende Zunahmen der Heimarbeiterzahl waren dadurch bedingt, daß ältere Heimarbeiter, die sich
   bereits zur Ruhe gesetzt hatten, von den Firmen aufgrund
   des Mangels an Facharbeitern gedrängt wurden, ihre Arbeit wieder aufzunehmen. B. Berkenhoff, a.a.O., S. 94.
   Angesichts der relativ guten Verdienstmöglichkeiten der
   Heimarbeiter ist anzunehmen, daß sich auch ehemalige
   Heimarbeiter, die bereits in die Betriebe abgewandert
   waren, wieder als Heimarbeiter etablierten.

schäftigten der Stahlwarenindustrie nominal bei 16,5 Prozent lag. [1] Arbeiten, die früher an Heimarbeiter ausgegeben worden waren, mußten nun in den betrieblichen Produktionsablauf integriert werden; neue Maschinen wurden aufgestellt, an denen neue Arbeitskräfte angelernt wurden. So waren Frauen nicht mehr allein in den Putzstuben oder in den Reideabteilungen zu finden; sie bedienten nun auch die modernen Schleifmaschinen. [2] Das innerbetriebliche Transportwesen, zuvor eher nach außen zu den Heimarbeitern hin konzipiert, mußte umgestellt werden. Man begann, die alten, verwinkelten, mehrgeschossigen Fabrikbauten durch ebenerdige Flachbauten zu ersetzen und verwendete moderne innerbetriebliche Transportmittel.

Der Übergang vom Handschliff zum Maschinenschliff war am Ende des Untersuchungszeitraumes keineswegs abgeschlossen. [3] Die Umstellung auf moderne Produktionsmethoden war in der kapitalarmen Solinger Schneidwarenindustrie ein sehr langwieriger Prozeß. [4] Dort wo sie erfolgte, setzte sich eine Kombination von Maschinen- und Handarbeit durch, wobei Handschleifer - überwiegend als fabrikindustrielle Teilarbeiter - bei den Arbeitsgängen eingesetzt wurden, deren Mechanisierung unrentabel war.

---

1) Vgl. Tab. 2.3.1. In den folgenden Jahren schieden regelmäßig einige Heimarbeiter altersbedingt aus dem Arbeitsleben aus. Nachwuchskräfte hatte die Heimindustrie so gut wie gar keine mehr.
2) ST 10.3.1963
3) So z.B. auch bei der Fa. Köller (vgl. die Tabellen unter 3.1) in der zwar bereits seit dem Beginn der 50er Jahre - nach ersten Versuchen bereits in den 30er Jahren - verstärkt mit der Mechanisierung des Schleifens experimentiert wurde, die aber erst seit wenigen Jahren sämtliche Artikel auf Maschinen vorschleifen läßt. Interview mit Herrn Köller, J. Putsch, 3.6.1986, STA Solingen, T 78/18
4) Die Produktivitätsentwicklung der Schneidwarenindustrie blieb in den folgenden Jahren hinter derjenigen der gesamten EBM-Industrie weit zurück. Vgl. Fachverband Schneidwarenindustrie e.V., Geschäftsbericht 1963, S. 5

Der Rationalisierungseffekt der Mechanisierung der Teilarbeit fiel aufgrund der spezifischen Absatzbedingungen bescheidener aus, als man ohne Kenntnis der Solinger Verhältnisse erwarten könnte. Solingens Weltmarktposition basierte auf der Überlegenheit in puncto Mustervielfalt und Qualität. [1] Diese Eckfeiler konnten zwar wenige "schwarze Schafe", nicht aber die alteingesessenen, traditionsreichen Solinger Unternehmer ignorieren. Der Anspruch der Qualitätsarbeit setzte in vielen Bereichen einer Mechanisierung objektive Grenzen. Kein Erzeugnis konnte ohne die Heimarbeiter in einer besseren Qualität hergestellt werden, als es die Konkurrenten auch vermochten. Dies war die Kehrseite der Mechanisierung. Der Anspruch der Mustervielfalt war zwar prinzipiell, d.h. in diesem Falle technisch, mit der Mechanisierung vereinbar, er war jedoch ein betriebswirtschaftliches Problem; denn er hatte zur Folge, daß die Produktionsanlagen, aufgrund der (in Relation zur Konkurrenz) kleineren Serien nicht optimal ausgenutzt werden konnten. [2]

---

1) Dies sei noch einmal ausdrücklich erwähnt. Seit das Thema der Typenreduzierung Anfang der 20er Jahre aufkam, ist kaum eine Branchenstudie über die Solinger Schneidwarenindustrie mehr erschienen, die nicht mit dem originellen Vorschlag endete, die Mustervielfalt einzuschränken, vgl. Kap. 4.2 sowie stellvertretend H. Zetsche, a.a.O., S. 163 ff; U. Braun, a.a.O., S. 103 ff; H. Lauterjung, a.a.O., S. 158 ff. Man muß sich fragen: Haben die Solinger Fabrikanten seit dieser Zeit gegen ihre eigenen Interessen gehandelt? Ausgesprochene Kenner der Stahlwarenindustrie - wie etwa der Sohn eines Schneidwarenfabrikanten K.H. Luck in einer Diplomarbeit zum Thema: Quellen der Unwirtschaftlichkeit in der Solinger Industrie, a.a.O., S. 52 - hielten, im Gegensatz zu Wissenschaftlern, die ohne Berücksichtigung der spezifischen Verhältnisse urteilten, bezeichnenderweise an der Maxime der Mustervielfalt fest. Vgl. auch R. Pütz, a.a.O., S. 95 f

2) Man denke dabei daran, daß die Messer- und Scherenschleifmaschinen Spezialmaschinen waren, auf denen jeweils nur eine relativ begrenzte Typenzahl bearbeitet werden konnte. Weiterhin war für jedes einzelne Muster ein spezieller Vorschub und das Einstellen der Maschine erforderlich. Vgl. Kap. 4.3 und 4.4 sowie: ST 10.3.1962. Erst im Jahre 1970 wurde in der Solinger Schneidwarenindustrie die Umstellung von Zoll- auf Zentimeter-Größen durchgeführt! Durch diese Umstellung wurde eine beachtliche Rationalisierungsreserve mobilisiert. Denn durch den Ausfall der Zwischengrößen wurde das Produktionsprogramm bei Messern und Scheren um nicht weniger als 30 % reduziert. Vgl. SM 24.8.1970

In Analogie zur Grenzproduktionstheorie [1] könnte man feststellen, daß den Solingern die Überlegenheit gegenüber der
Konkurrenz - betriebswirtschaftlich betrachtet - teuer zu
stehen kam. Es gab jedoch keine Alternative, denn hätte Solingen vollständig auf Qualität und Musterreichtum verzichtet, dann hätte es sich auf einen Konkurrenzkampf auf Leben
und Tod eingelassen, bei dem es vermutlich - aufgrund des
"Ballastes" handwerklicher Traditionen - unterlegen gewesen
wäre. [2]

Diese Zusammenhänge sind gleichzeitig die Erklärung für die
vermutlich höhere Produktivität und Fortschrittlichkeit der
Konkurrenz. Seit den 20er Jahren wußte man sich in Solingen
die überlegene Preisgestaltung der neuen Konkurrenten bei
qualitativ gleichwertigen Produkten nicht anders als mit
geheimnisvollen technischen Errungenschaften zu erklären.
In Wirklichkeit war jedoch der technische Stand der Solinger Industrie bis zum Ende des Untersuchungszeitraumes zu
keiner Zeit durch eine gravierende Rückständigkeit geprägt.
Bei Qualitätsprodukten war Solingen zu jeder Zeit konkurrenzfähig. Das zeigte nicht nur der Vergleich mit der englischen und französischen Schneidwarenindustrie. Weder die
amerikanische Stahlwarenherstellung der 20er Jahre [3] noch
die japanische Besteckproduktion der 50er Jahre (vgl. Kap.
7) waren der Solinger Industrie technisch überlegen. Die
besten Schleifmaschinen wurden in Solingen gebaut und waren

---

1) Das Grenzprodukt des Kapitals bezeichnet in der Theorie
   von P. Samuelson die Steigerung der Produktion durch den
   Einsatz einer zusätzlichen Kapitaleinheit. Vgl. hierzu
   z.B.: E.K. Hunt, H.J. Sherman, Ökonomie aus traditioneller und radikaler Sicht, Frankfurt/M. 1974, Bd. 1, S. 56
2) In einem Arbeitsamtbericht hieß es z.B.: "Der Kräfteman-
   gel zwingt die Betriebe zu Rationalisierungsmaßnahmen,
   denen man aber wegen der aus den handwerklichen herrüh-
   renden überlieferten Arbeitsweise nicht immer gerne
   nachkommt". Arbeitsamt Solingen, Referat des Angestellten Könkler vom 21.9.1950, STA Solingen, Akte SG 2405
3) Der Solinger Stahlwarenfabrikant E. Bertram, der während
   seiner Ausbildung einige Jahre Erfahrungen im Ausland,
   insb. den USA sammelte und Ende der 20er Jahre verschiedene amerikanische Stahlwarenfabriken besichtigte, vermochte dort keine technische Überlegenheit festzustellen. Interview mit Herrn E. Bertram, 26.11.1985, STA
   Solingen, T 78/17

den Solinger Unternehmen lange Zeit noch nicht gut genug.
Allenfalls durch eine starke Spezialisierung konnten Konkurrenzindustrien auf Teilmärkten, mit qualitativ minderwertigen Erzeugnissen Solingen den Rang ablaufen.

Solingens Überlegenheit lag in dem System der qualifizierten Heimarbeit begründet, mit dem es möglich war, ein quantitativ und qualitativ umfassendes Mustersortiment zu produzieren. Die Solinger Produktionsverhältnisse, die Arbeitsteilung zwischen Heimindustrie und Fabrikindustrie waren auf Mustervielfalt und Qualität hin optimal ausgerichtet. Diese beiden Stärken der Solinger Schneidwarenindustrie ließen sich nur schwer in ein reines Fabriksystem
hinüberretten. [1] In Solingen hatte sich die kleinkapita-
listische Struktur der Schneidwarenindustrie zwar auch nach
der Zurückdrängung der Heimarbeit und der Mechanisierung
erhalten. [2] Der Anteil der kleineren und mittleren Betriebe an den Umsätzen war allerdings in dem Jahrzehnt zwischen
1952 und 1962 stark zurückgegangen. Die Betriebe mit bis zu
50 Beschäftigten, die sowohl 1952 als auch 1962 etwa 90
Prozent aller Betriebe der Schneidwarenindustrie ausmachten, konnten 1952 noch 51,1 Prozent aller Umsätze auf sich
vereinigen. 1962 war ihr Anteil auf 36,5 Prozent zusammengeschrumpft. [3] Durch die Vielzahl der Klein- und Mittelbe-

---

1) Hinsichtlich der Mustervielfalt wäre eine optimale
Kooperation unter mehreren Betrieben zwecks gegenseiti-
ger Vervollständigung der Sortimente - wie sie heute
z.t. betrieben wird - nötig gewesen. Erste Qualität läßt
sich nach Ansicht von Fachleuten bis heute nicht maschinell herstellen. Für viele stand deshalb fest, daß die
Solinger Industrie ohne die Heimarbeiter nicht lebensfä-
hig sei. Ein Heimarbeiter schrieb in einem Leserbrief:
"Eines ist sicher, ohne den Heimarbeiter geht die Solinger Industrie zugrunde. Fabrikarbeit kann man bereits in
allen Ländern ausführen, aber Qualitätsarbeit wird nur
in Solingen von den Heimarbeitern gemacht". ST
5.12.1953; siehe auch: ST 11.12.1953, Rationalisierung
oder Qualität.
2) Vgl. Tab. 2.2.5
3) Tab. 2.2.7 siehe auch: Fachverband Schneidwarenindustrie e.V., Geschäftsbericht 1963, S. 3. Ab 1963 machte
sich die Rationalisierung in stärkeren Konzentrationstendenzen bemerkbar. Die Zahl der Fabriken war absolut rückläufig, ebenda.

triebe war der Solinger Industrie insgesamt, trotz der
zwangsläufigen innerbetrieblichen Typenreduzierung eine
ausreichende Musterbreite geblieben.

Der entscheidende Grund dafür, daß die kleinen und mittleren Betriebe der kapitalaufwendigen Mechanisierung nicht
gänzlich zum Opfer fielen, war darin zu suchen, daß der
Sektor des Schleifens nicht vollständig in dem integrierten
Produktionsprozeß der Fabrikbetriebe aufging. Die Messer-
und Scherenschleifmaschinen waren nicht nur in den Stahlwarenfabriken aufgestellt worden, sondern auch in den sog.
Lohnschleifereien. [1] Diese Lohnschleifereien waren kleine,
häufig von einem oder mehreren Heimarbeitern gegründete Betriebe, die sich auf das Maschinenschleifen spezialisiert
hatten. Sie verfügten über mehrere Paare Schleifmaschinen,
mit denen zumindest ein wichtiger Ausschnitt aus dem Produktionsprogramm einer Stahlwarenfabrik geschliffen werden
konnte. Die Arbeiter an diesen Maschinen waren angelernte
Lohnarbeiter, die nicht nach den Preisverzeichnissen der
Heimarbeiter, sondern nach eigenen Akkord- oder Stunden-
lohntarifen bezahlt wurden. [2] Das gleiche galt für die Arbeiter, die die auf den Maschinen vorgeschliffene Ware, sei
es in der Lohnschleiferei oder sei es in der Stahlwarenfabrik, am Schleifbock fertig schliffen. Wenn die Maschinen
für bestimmte Klingenformen oder Scherenbeck-Größen in der

---

1) Zur Betriebsform der Lohnschleiferei allg. siehe: K.
Löhmer, a.a.O., S. 23 f; U. Braun, a.a.O., S. 22 f; H.
Zetsche, a.a.O., S. 42 ff; Bereits vor dem Ersten Weltkrieg hatten sich in der Rasiermesserbranche Lohnschleifereien etabliert, in denen die von Ern entwickelte Rasiermesserschleifmaschine zum Einsatz kam.
2) Als die Lohnschleifereien aufkamen, wurde insb. von
Heimarbeiterseite her versucht, diese auf die Einhaltung
der Preisverzeichnisse zu verpflichten, indem deren Inhaber den Heimarbeitern unter Berufung auf die Neufassung des Heimarbeitergesetzes vom 14.3.1951 gleichgestellt werden sollten. Diese Argumentation konnte sich
jedoch angesichts des offensichtlichen Unternehmerstatus
der Lohnschleifereibetreiber nicht durchsetzen. Vgl.
hierzu: H. Zetsche, a.a.O., S. 43 ff sowie Die Klinge,
Jg. 1953, Heft 8, S. 133; siehe auch: ST 23.1.1952, RE
24.1.1952

Abb. 30: Teilansicht einer Lohnschleiferei
Der Arbeiter bedient vier Maschinen gleichzeitig.
(Foto: P. Holtfreter, 1987)

einen Lohnschleiferei nicht geeignet waren, so fand sich
sicher eine andere, die die notwendigen Anlagen besaß.

Die Lohnschleifereien hatten mit der Heimindustrie nichts
mehr gemeinsam. Produktionstechnisch betrachtet waren sie
ausgelagerte Dependancen der Fabrikbetriebe; betriebswirtschaftlich gesehen waren sie selbständige Einheiten. Aus
der Perspektive der Heimarbeiterschaft bedeuteten die Lohnschleifereien die Durchsetzung einer modernen Form des
einstmals heftig bekämpften "Zwischenmeistertums". [1]
Ohne selbst den Arbeitsgang des Schleifens organisieren zu
müssen, hatten die zahlreichen kleineren Stahlwarenfabriken
durch die Lohnschleifereien Zugang zu den modernsten
Schleifmaschinen. Wie zuvor beim Heimarbeitersystem auch,
konnten sie die Schleifarbeiten auf verschiedene Lohnschleifereien verteilen.
Von den einst so zahlreichen reinen Verlags-Fabrikanten,
die lediglich über ein Kontor verfügten und sämtliche Arbeiten, bis auf das Putzen und die Zusammenstellung der Ware, an Heimarbeiter ausgaben, konnten sich durch den Rückgang der Heimarbeiterschaft nur wenige halten. Sie waren
gezwungen, sich in der direkten Produktion zu engagieren
und zumindest den Reidebereich in ihren eigenen Fabrika-
tionsräumen aufzuziehen, denn hier wurde, anders als beim
Schleifen, kein Ersatz für die Heimindustrie geschaffen. Da
das Reiden, der am wenigsten kapitalaufwendige Arbeitsgang
blieb, war es prinzipiell kein Problem, diesen Bereich un-

---

[1] Das Ziel der Verhinderung des Zwischenmeistersystems
wurde von den Solinger Handwerker-Arbeitern als bewußte
Fachvereinspolitik verfolgt. Im Protokoll eines Vor-
trags zur Lehrlings- und Gesellenfrage des Stawa-Redak-
teurs Ernst Ern von 1908 hieß es u.a.: "Die Erhaltung
der Selbständigkeit in den Schleiferberufen sei lediglich die Folge der Bestimmungen über die Beschränkung
der Zahl der zu beschäftigenden Hilfskräfte. Wären derartige Bestimmungen von den Schleifervereinen nicht
strikt durchgeführt worden, so hätten wir heute in Solingen längst dasselbe System wie in Remscheid, wo die
Schleifer gezwungen sind, bei einem Zwischenmeister auf
halben Lohn zu arbeiten". Stawa 1.5.1909; vgl. auch
ebenda 25.9.1908, 16.10.1908

ter Zuhilfenahme von wenigen erfahrenen Heimarbeitern in Form der Teilarbeit aufzubauen. Auch wenn die Betriebsgrößenstruktur der Solinger Schneidwarenindustrie nur geringfügige Veränderungen gegenüber den 20er Jahren aufwies, hatte sich das Verhältnis von variablem und fixem Kapital empfindlich verschoben. Am augenfälligsten wurde dies in den modern eingerichteten Lohnschleifereien, in denen die Amortisation der kostspieligen Anlagen in hohem Grade von einer Konjunktur in den Stahlwarenfabriken abhängig war, auf die sie nicht den geringsten Einfluß hatten. Die Lohnschleifereien hatten die ökonomische Pufferfunktion der Heimindustrie übernommen. Während ökonomische Krisen zuvor, dies wurde in der Weltwirtschaftskrise besonders deutlich, auf dem Rücken der Heimarbeiterschaft zugunsten der Unternehmen abgefedert wurden, hatten nun die Lohnschleifereibesitzer dieses Risiko als erste zu tragen.

Zusammenfassung und Schlußbetrachtung

Qualifizierte Heimarbeit blieb in der Solinger Schneidwarenindustrie bis in die Zeit nach dem Zweiten Weltkrieg
elementarer Bestandteil des Produktionssystems. Die Entscheidung gegen eine Neuorganisation der in eine Krise geratenen qualifizierten Berufsausbildung auf handwerklicher
Basis, zugunsten der Mechanisierung, fiel zu einem Zeitpunkt, als die handwerklichen Qualifikationen der Heimarbeiter (und der betrieblichen Facharbeiter) in der Solinger
Schneidwarenindustrie weder technisch, noch von den be-
triebsstrukturellen Voraussetzungen her obsolet waren. Den
Ausschlag zu dieser Option gab die unbestreitbare Tatsache,
daß qualifizierte Facharbeiter und Nachwuchskräfte nicht
mehr in hinreichendem Umfang zur Verfügung standen. Der
eigentliche Grund war jedoch, daß der Übergang zum System
der mechanisierten Massenproduktion spätestens seit der Solinger Rationalisierungsdebatte in den 20er Jahren zum all-
seitig akzeptierten Paradigma industriellen Fortschritts
schlechthin geworden war. Alternative Entwicklungschancen
wurden zu keinem Zeitpunkt ernsthaft erwogen.
Aus der Sicht des einzelnen Unternehmers in der Schneidwarenindustrie war es in einer Situation, in der Heimarbeiter, die die Altersgrenze erreicht hatten, flehend gebeten
werden mußten, nicht aus dem Berufsleben zu scheiden,
durchaus rational, den Weg der Mechanisierung zu gehen. Andererseits bedeutete der Zusammenbruch der traditionellen
Arbeitsteilung von Handwerk und Fabrik eine Erhöhung der
Konjunkturanfälligkeit. Ökonomische Krisen sollten in Zukunft nicht mehr auf Kosten der Heimarbeiterschaft abgefedert werden können und eine verstärkte Konzentration der
Branche sollte die unvermeidliche Folge sein. Für den
größten Teil der Stahlwarenfabrikanten implizierte die Auflösung der Heimindustrie den Verzicht auf einen wichtigen

Wettbewerbsvorteil: den der überlegenen Qualifikation der
Solinger Heimarbeiterschaft. Sie war einst das Fundament,
auf dem der Weltruf der Solinger Schneidwaren basierte. Das
Prädikat "Solingen" wurde zunehmend zum Etikettenschwindel,
denn spätestens mit der Durchsetzung der Schleifmaschine
war die Herstellung von Schneidwaren prinzipiell an jedem
beliebigen Ort der Welt möglich. [1] In dem Maße, in dem die
Solinger Industrie sich darauf einließ, die Herstellung von
Stahlwaren allein als eine Frage der organisatorischen und
technischen Struktur denn der Qualifikation der Arbeiter zu
betrachten, begab sie sich auf das Niveau der Konkurrenz.
Durch permanente Rationalisierungsanstrengungen mußte nun
versucht werden, den Anschluß zu halten. Bei weitgehend
nivellierten Produktionsvoraussetzungen ging es im internationalen Wettbewerb in Zukunft um so mehr darum, wer über
die Arbeitskraft am billigsten verfügen konnte. [2]
Die vollständige Integration der Arbeiter in die Fabrikbetriebe war gleichzeitig mit einem Verlust an Arbeitsautonomie und Selbstbestimmung verbunden, der durch keine Mitbestimmungsrechte zu kompensieren war. Allein die äußeren Bedingungen der Fabrikarbeit, die starre Regelung der Arbeitszeit und die Trennung von Arbeits- und Wohnplatz,
brachten gegenüber der Heimarbeit tiefgreifende Veränderungen des Alltags. Die soziale Sprengkraft der Auflösung der
Heimindustrie kam angesichts der historischen Rahmenbedingungen, unter denen sie sich vollzog - insbesondere Weltwirtschaftskrise, autoritärer NS-Staat und Zweiter Weltkrieg - und da sie sich über mehrere Jahrzehnte hinzog
nicht zum Tragen.
Die einstmals sehr unterschiedlichen handwerklichen Qualifikationen wurden zunehmend durch die gleichförmige Maschinenarbeit ersetzt bzw. verdrängt; oder wie A. Eggebrecht
formuliert: "Auf dem fortgeschrittenen technisch-organisa-

---

1) Dennoch hat sich der Begriff "Solingen" als Synonym für
   gute Schneidwaren erhalten und zählt bis heute zu den
   wichtigsten Standortfaktoren. Selbst die nicht zur
   Schneidwarenindustrie gehörigen Branchen machen sich
   dies zunutze. Vgl. hierzu, D. Balfanz, Was ist Solingen
   heute und morgen wert? Referat (2.6.1967) vor dem Rat
   der Stadt Solingen.
2) Vgl. hierzu: Stawa 24.5.1907 u. 6.9.1907

torischen Niveau der Arbeit nähern sich trotz verschieden-
artiger Inhalte die Formen der Arbeit und die Arbeitsbedingungen ebenso wie die Lebensverhältnisse der Arbeitnehmer
in ihrer überwiegenden Mehrzahl einander an". [1] Zwar sind
die Poduktivkräfte gesteigert worden; die Hauptproduktiv-
kraft jedoch, der Mensch, wurde vereinseitigt. Von der Entwicklung des Produktionsprozesses ging eine nivellierende
Wirkung auf die wirtschaftlichen und auch politischen, sozialen und kulturellen Besonderheiten der Region aus. Die
Industriestadt Solingen, von der in den 20er Jahren noch
mit Recht behauptet wurde, sie sei einzigartig [2], wurde
eine Stadt fast wie jede andere.

Es muß weiteren Arbeiten vorbehalten bleiben, die soziale,
politische, gewerkschaftliche und kulturelle Dimension der
aufgezeigten Entwicklungen und deren Konsequenzen unter Berücksichtigung gesamthistorischer Vorgänge ebenfalls am lokalen Beispiel aufzuzeigen. In der vorliegenden Studie ging
es primär darum, den Prozeß der Auflösung des heimindustriellen Produktionssystems in der Solinger Schneidwarenindustrie in seiner sozioökonomischen Mehrdimensionalität
nachzuzeichnen. Es galt ein komplexes, durch wechselseitige
Beziehungen miteinander verknüpftes, historisches Bedin-
gungsgefüge in seiner Entwicklungsdynamik zu entfalten. Im
folgenden werden die wichtigsten Aspekte dieses Auflösungs-
prozesses zusammenfassend dargestellt.
Ideologische Propagierung und faktische Umsetzung der Rationalisierung fielen in der Solinger Schneidwarenindustrie
zeitlich in eklatanter Weise auseinander. Zwischen der Entwicklung funktionsfähiger Schleifmaschinen und ihrer mas-

---

1) A. Eggebrecht, u.a. (Hrsg.), Geschichte der Arbeit, Köln
   1982, S. 34
2) Vgl. z.B. ST 23.5.1927

senhaften Anwendung vergingen mehr als drei Jahrzehnte. [1]
Offenbar hatte der jeweilige technologische Entwicklungs-
stand keinen bestimmenden Einfluß auf die Gestalt der sozioökonomischen Strukturen. Das Solinger Beispiel verdeutlicht vielmehr, daß es von der Verteilung von Macht und
Reichtum und den spezifischen historischen Rahmenbedingungen abhängt, welche technologischen Möglichkeiten realisiert werden. Analog heißt es bei Piore/Sabel: "Diejenigen,
die die Kontrolle über die Produktionsmittel und die Gewinne aus Investitionen ausüben, wählen unter den verfügbaren
Technologien diejenige aus, die ihren Interessen am wei-
testen entgegenkommt". [2] Das unternehmerische Interesse an
der Mechanisierung des Schleifens war erst in dem Moment
voll ausgereift, als keine Alternative mehr bestand. Die
Tatsache jedoch, daß es nach dem Zweiten Weltkrieg kaum
mehr eine Alternative zur Mechanisierung gab, war, wenn
auch nicht ausschließlich, so doch auch eine Folge unternehmerischen Handelns selbst. Natürlich hätten sich die
Solinger Unternehmer bereits vor 1914 lieber heute als morgen mit Hilfe von Maschinen aus der Abhängigkeit der mäch-
tigen "Schleiferbarone" [3] befreit; doch abgesehen davon,
daß sie auf den heimgewerblichen Teil des Herstellungsprozesses so gut wie keinen Einfluß hatten und der Rationalisierung, abgesehen davon, daß sie eine völlige Umstruk-
turierung der Produktionsverhältnisse (Besitzverhältnisse)
voraussetzte, gegen den gewerkschaftlichen Widerstand der
Heimarbeiter ein Weg gebahnt werden mußte, war die Einführung neuer Produktionstechnologien auch technisch, betriebswirtschaftlich und nicht zuletzt kommerziell ein Problem. Das Modell der Massenproduktion war mit den, durch

---

1) Es wäre zu vermuten, daß sich dieses Phänomen auch in
zahlreichen anderen Industriezweigen bestätigen ließe.
Die vielfach konstatierte Rationalisierung der Weimarer
Republik könnte sich auf diese Weise zumindest partiell
als ideologischer Schein erweisen, der nur ein verzerrtes Bild der industriellen Realität vermittelt.
2) M.J. Piore/Ch. Sabel, a.a.O., S. 49
3) Vgl. Bergischer Sonntagsanzeiger 26.4.1891

Musterreichtum und hohe Qualitätsansprüche gekennzeichneten, spezifischen Absatzbedingungen der Schneidwarenindustrie nicht vereinbar. Allein die einer technischen Rationalisierung vorgelagerten Probleme der Normierung und Typisierung waren kaum zu überwinden. Das Produkt Schneidware war kein geeignetes Objekt für Rationalisierungsmaßnahmen. Dies wurde beim Arbeitsgang des Schleifens, der für die Qualität der Schneidwaren entscheidend war, besonders deutlich. Qualitätsschneidwaren ließen sich auch mit den in den 1920er Jahren entwickelten Schleif- und Pliestmaschinen noch nicht herstellen. Hinzu kam, daß der mit dem Maschineneinsatz verbundene, höhere Kapitalaufwand bei kleinen Serien, wie sie in der Solinger Schneidwarenindustrie die Regel waren, nicht lohnte. Die ab 1925/26 einsetzende Rationalisierung der Weiterverarbeitung blieb deshalb und angesichts der kleinkapitalistischen Struktur der Solinger Schneidwarenindustrie eine Angelegenheit einiger weniger größerer Betriebe, d.h. eine Randerscheinung. Die am Ort etablierten Schleifmaschinenhersteller waren der historischen Situation der Solinger Schneidwarenindustrie mit ihren zahlreichen Neukonstruktionen weit voraus. Der überwiegende Teil der Maschinen wurde exportiert. Kurioserweise wurden die aus Solingen stammenden, im Ausland eingesetzten Schleifmaschinen von den Rationalisierungspropagandisten fortan als Indiz der Überlegenheit der ausländischen Konkurrenz angeführt.

Die auf überlegenen Produktionsstrukturen beruhende, traditionell starke Marktstellung der Solinger Schneidwarenindustrie und nicht technologische Effizienz entschied den Wettbewerb. Auf Qualitätsschneidwaren hatte Solingen aufgrund seiner Arbeiterschaft ein Monopol. Solange dieser Wettbewerbsvorteil wirksam war, war die Einführung neuer Produktionstechnologien für die Unternehmer nicht zwingend. Auf der anderen Seite machte sich in dem Maße, in dem seit

dem Ersten Weltkrieg neue, auf Massenproduktion basierende
Industrien auf die Struktur des Schneidwarenmarktes stärkeren Einfluß nahmen und dabei Veränderungen im Konsumverhal-
ten hervorriefen, in Solingen eine Unsicherheit darüber
bemerkbar, wie lange die Marktposition, und damit die traditionelle Arbeitsweise, noch haltbar sein würde. Die seit
der Jahrhundertwende expandierende amerikanische Schneidwarenproduktion etwa war mangels eines gelernten Arbeiter-
stammes von Anbeginn an stärker auf eine fabrikmäßig organisierte, maschinelle Fertigung hin angelegt. Design und
Verarbeitungsqualität orientierten sich an den Notwendigkeiten der Arbeitsteilung bzw. der Maschinenarbeit und
standen vielfach quer zur traditionellen Geschmacksorien-
tierung der Käufer. Parallel zu dem, auf einer generellen
Steigerung des Lebensstandards basierenden, massenhaften
Vertrieb dieser Waren über Versand oder Kaufhäuser fand
eine allmähliche Standardisierung des Käufergeschmacks
statt, der sich auch die traditionellen Industrien in England, Frankreich und Deutschland nicht völlig entziehen
konnten. Die lebhafte, von den Rationalisierungsideologien
des Taylorismus und Fordismus beeinflußte Solinger "Rationalisierungsdebatte" der 20er Jahre, in der auch an die Erfahrung der kriegswirtschaftlichen Rationalisierung im
Ersten Weltkrieg angeknüpft wurde, war im wesentlichen eine
Reaktion auf die Veränderungen des Weltmarktes. Massenproduktion war ohne Massenkonsum nicht möglich. Tatsächlich
waren die Solinger Produktionskapazitäten in der Hochkon-
junkturphase in der zweiten Hälfte der 20er Jahre durch die
Absatzchancen der in kleinen Serien gefertigten Qualitäts-
produkte allein nicht mehr auszulasten. Solingen mußte sich
verstärkt auf dem Sektor der billigen Massenware engagieren.
In der historischen Rückschau erscheint es jedoch so, als
ob durch die einseitige ideologische Orientierung am ameri-

kanischen Modell der Massenproduktion in der Solinger
Schneidwarenindustrie die Stärken der eigenen handwerklich-
kleingewerblichen Struktur vernachlässigt worden sind, ohne
daß die Organisation der Produktion wirklich auf eine neue
technologische Basis gestellt worden wäre.
Die Bedeutung der Rationalisierungsbewegung in der Weimarer
Republik war deshalb weniger in den marginal nachweisbaren
Umgestaltungen des Arbeitsprozesses oder der Entwicklung
funktionsfähiger Messer- und Scherenschleifmaschinen zu suchen. Entscheidend war vielmehr die ideologische und politische Vorbereitung eines neuen Paradigmas industrieller
Entwicklung. Die Diskussion der Rationalisierung wurde somit zu einem wichtigen Moment ihrer Durchsetzung.
Bereits vor dem Ersten Weltkrieg waren die ersten Vorboten
der neuen Zeit erkennbar. Die industrielle Entwicklung vor
1914 hatte in Solingen neue Metallindustriezweige hervorgebracht, die überwiegend auf - für Solinger Verhältnisse -
"großbetrieblicher" Basis organisiert waren. In der
Schneidwarenindustrie selbst waren ebenfalls größere Be-
triebseinheiten entstanden. Zwar handelte es sich hierbei
meist um nichts anderes als eine Zusammenfassung von handwerklichen Arbeitsstätten unter einem Dach, wobei bestimmte
Arbeitsgänge weiterhin völlig ausgespart blieben und durch
den selbständigen heimgewerblichen Sektor ausgeführt wurden, jedoch beschritten einzelne Stahlwarenfabrikanten bereits erfolgreich den Weg der Spezialisierung auf ein bestimmtes Produkt und der Integration sämtlicher Arbeitsgänge in den Fabrikbetrieb. Dabei waren bereits die zentralen
Merkmale der modernen Massenproduktion, die Kombination von
arbeitsteiliger Arbeitsorganisation und neuen Präzisionsma-
schinen, in Ansätzen erkennbar.
Der Erste Weltkrieg beschleunigte die vorhandenen Ansätze
der Auflösung des traditionellen Produktionssystems. Die
Umstellung auf die standardisierte Rüstungsproduktion führ-

te zu einer Stärkung der vorhandenen Fabrikbetriebe, während die Zahl der selbständigen Heimarbeiter durch die Einberufungen und durch deren Integration in die Rüstungsbetriebe zurückging. Minderwertige Massenware trat an die Stelle der hochwertigen Qualitätsware. Große Teile der Fabrikantenschaft hatten sich unter diesen Umständen erstmals aus der Abhängigkeit von den Fähigkeiten der hochqualifizierten Heimarbeiter lösen können. Dieser Traditionsbruch wurde durch die auf den Krieg folgende, nur auf den ersten Blick gegenläufige, inflationäre Zunahme der Heimarbeiter noch verstärkt.

Die neue Organisation der Arbeit in den Fabriken brachte neue Arbeiterschichten hervor, für die der Einfluß auf die materielle Gestaltung der Produktion im Gegensatz zu den Handwerker-Arbeitern kein Thema mehr darstellte. Sie hatten ihre Arbeitsfertigkeiten im Zuge der Mechanisierung verloren - oder, wie die Frauen, niemals exklusive Arbeitsfertigkeiten besessen - und konzentrierten sich auf die Frage der Erhaltung bzw. der Erhöhung des Lohnniveaus. Gezwungen, ihre Arbeitskraft zu verkaufen, gaben die Arbeiter das Interesse am Arbeitsprozeß auf, der somit in die alleinige Verantwortung der Unternehmer überging. Dies konnte nicht ohne Einfluß auf die Entwicklung der Arbeiterbewegung bleiben: "Die gewerkschaftlich organisierte Arbeiterklasse, eingeschüchtert durch das Ausmaß und die Komplexität der kapitalistischen Produktion und in ihrem ursprünglichen revolutionären Antrieb geschwächt durch die Vorteile, die der rasche Produktivitätsanstieg ihnen gebracht hatte, verlor in zunehmenden Maße den Willen und den Ehrgeiz, den Kapitalisten die Kontrolle der Produktion aus den Händen zu ringen und gingen immer mehr dazu über, um den Anteil der Arbeit am Produkt zu feilschen". [1] Im System der industriellen Massenproduktion wurden die Herstellungskosten auf dem Wege der Verdrängung menschlichen Könnens durch Ma-

---

[1] H. Braverman, a.a.O., S. 18

schinen gesenkt. Die damit verbundene Entwertung handwerklicher Qualifikationen [1] schwächte die Position der Arbeiterschaft auf dem Arbeitsmarkt und beeinträchtigte damit
die gewerkschaftlichen Aktionsmöglichkeiten strukturell.
Zeitgleich wich auch in der Arbeiterbewegung die Kritik des
Kapitalismus als einer Produktionsweise seiner Kritik als
einer ungerechten Verteilungsweise. [2] Die industrielle Ar-
beitsethik setzte sich durch und schuf einen neuen Produ-
zententypus, "der sich daran gewöhnt, unabhängig von den
eigenen Bedürfnissen zu arbeiten und der sich einer fremd-
bestimmten unselbständigen Arbeit selbstverständlich unter-
ordnet". [3]

Die Verdrängung zentraler Antriebsenergien durch den Elektromotor förderte seit der Jahrhundertwende und besonders
nach dem Ersten Weltkrieg die Vereinzelung. Angesichts des
damit verbundenen Verlustes an sozialer Kohärenz und auch
sozialer Kontrolle wurden die inneren Auflösungstendenzen
des handwerklichen Systems, wie sie etwa auch in der Krise
des Ausbildungssystems zum Ausdruck kamen, verstärkt wirksam.

Die Gewerkschaften der traditionellen Solinger Handwerker-
Arbeiter bzw. Heimarbeiter, die sich bis 1914 erfolgreich
gegen ihre Dequalifizierung durch die fabrikmäßige Arbeitsteilung gewehrt hatten, wurden durch den Verlauf der industriellen Entwicklung und somit auch durch den Aufstieg
des Deutschen Metallarbeiterverbandes, der die neuen Arbeiterschichten vertrat, mehr und mehr überrollt. Sie erlagen
schließlich dem Druck der unternehmerischen Rationalisierungsbewegung. Im Jahre 1925 gaben sie den Widerstand gegen

---

1) Vgl. hierzu: O. Ullrich, a.a.O., S. 59 ff, S. 114 f,
   S. 120
2) Siehe hierzu: J. Habermas, Die Dialektik der Rationalisierung - Vom Pauperismus in Produktion und Konsum, in:
   Merkur 8. Jg. 1954, Heft 8 sowie: R. Boch, Handwerker-
   Sozialisten, a.a.O., S. 167 ff u. S. 199 ff
3) O. Ullrich, Zur konkreten Utopie nachkapitalistischer
   und nachindustrieller Arbeits- und Lebensweise, in: Zur
   konkreten Utopie gesellschaftlicher Arbeit, Beiträge zur
   Arbeitstagung des Sozialistischen Büros im Anschluß an
   die ersten Ernst-Bloch-Tage, Tübingen, 23./24. November
   1979, S. 75

die Teilarbeit und die Einführung von Maschinen auf. Nachdem sie sich gegen diese, in einem Vertrag mit dem Arbeitgeberverband fixierte, Konzession 50 Jahre lang gewehrt hatten, schienen sie nun die Existenzberechtigung als eigenständige Gewerkschaft verloren zu haben. Die Gewerkschaft der Heimarbeiter, der Solinger Industriearbeiterverband, löste sich endgültig auf. Der größte Teil der Mitglieder trat in den DMV über. Der DMV aber war in Bezug auf die Arbeitsorganisation der Solinger Schneidwarenindustrie bereits vor dem Ersten Weltkrieg "innovationsfreudiger, d.h. letztlich auch konsequenter kapitalistisch als die Mehrzahl der Solinger Fabrikantenschaft". [1] Der DMV erwies sich - aufgrund seiner an das Fabriksystem geknüpften Entwicklungsdynamik und seiner zentralistisch entwickelten und vulgärmarxistischen Zukunftsvision - als entschiedener Wegbereiter der fabrikindustriellen Massenproduktion. [2] Hatte die Stärke der Heimarbeitergewerkschaften einst im Zusammenfallen von Berufs- und Tarifangelegenheiten gelegen, so wurden diese beiden Konfliktebenen nun getrennt. [3] Während der DMV die Heimarbeiter in kurzfristigen Tariffragen durchaus vehement vertrat, war eine perspektivische Unterstützung einer Arbeiterschicht, die nach dem Geschichtsverständnis des DMV schon längst nicht mehr existieren durfte, von dieser Seite nicht zu erwarten. Außerhalb der Gewerkschaften aber konnten die Interessen der traditionell denkenden Heimarbeiter nicht wirksam vertreten werden. In der Endphase der Weimarer Republik und besonders in der

---

1) R. Boch, Handwerker-Sozialisten, a.a.O., S. 178
2) Vgl. hierzu stellvertretend: G. Stollberg, a.a.O., S. 67 ff insb. 77 ff. A. Hoff, Gewerkschaften und Rationalisierung in: Mehrwert 15/16, Berlin 1978; Christel Neusüß, Produktivkraftentwicklung, Arbeiterbewegung und Schranken sozialer Emanzipation, in: Prokla 31, Berlin 1978
3) Siehe hierzu: W. Müller-Jentsch, Klassen-AuseinanderSetzungen, Lesarten über die Arbeitskonflikte der siebziger Jahre und Mutmaßungen über die Zukunft der Gewerkschaften, in Prokla 54, Berlin 1984, S. 15

Weltwirtschaftskrise zeigte sich, daß das System der
"flexiblen Spezialisierung" (Piore/Sabel) [1] nicht ohne Berücksichtigung der Dynamik der Arbeiterbewegung beurteilt
werden kann. Dieses Moment fällt in der Theorie von Piore/
Sabel, die implizit von einem geradezu harmonischen Verständnis industrieller Beziehungen ausgehen und die Arbeiterschaft - im Gegensatz zu den Unternehmern - als Subjekt
der historischen Veränderung ignorieren, nahezu vollständig
heraus. Das Solinger System der "flexiblen Spezialisierung"
konnte nur dann zum Wohle aller Beteiligten funktionieren,
wenn durch die lokalen Institutionen etwa in Form einer
Lohnsatzordnung - wie im 18. Jahrhundert - oder in Form der
durch die Vergleichskammern abgesicherten Preisverzeichnisse, ein beiderseitig akzeptierter Kompromiß in den Klassen-
verhältnissen gefunden war. Dies war jedoch in der Weltwirtschaftskrise mitnichten der Fall. Angesichts der offenkundigen Schwäche der gewerkschaftlichen Vertretung der
Heimindustrie und angesichts der katastrophalen wirtschaftlichen Krise nutzten die Schneidwarenfabrikanten das Heimarbeitersystem rücksichtslos als Konjunkturpuffer; dies in
einer Weise, die Erinnerungen an die Blütezeit des Trucksystems in der ersten Hälfte des 19. Jahrhunderts wecken
konnte. [2] Die in Solingen besonders lange anhaltende Weltwirtschaftskrise war somit die entscheidende Zäsur im Auflösungsprozeß der Solinger Heimindustrie. Die nostalgische
Glorifizierung der Heimarbeiterschaft als Traditionsträger
des deutschen Handwerks in der Zeit des Nationalsozialismus
konnte nicht darüberhinwegtäuschen, daß sich die Zahl der

---

1) Vgl. hierzu insb.: M.J. Piore/Ch.F. Sabel, a.a.O., S.
26, S. 245 ff, S. 286 ff sowie: Ch.F. Sabel, J. Zeitlin,
a.a.O., S. 142 ff
2) Vgl. hierzu: M. Kiekenap, Solingen während der Revolution 1948/49, MS Ex. Köln 1978 sowie gekürzt in: Anker
und Schwert, Bd. 4, Solingen 1980; K. Tiborski, Die Revolution von 1848/49 in Solingen unter besonderer Berücksichtigung der wirtschaftlichen und sozialen Lage
der Bevölkerung, MS Ex. Münster 1982: M. Henkel, R. Taubert, Maschinenstürmer, Frankfurt/M. 1979

Heimarbeiter dauerhaft auf weniger als die Hälfte des Standes von 1925 reduziert hatte.

Der Zweite Weltkrieg hatte, abgesehen von dem drastischen
Absinken der zivilen Schneidwarenproduktion, strukturell
die gleichen Auswirkungen wie der Erste Weltkrieg. Die Folgen für die Solinger Heimarbeiterschaft waren jedoch angesichts deren Agonie ungleich stärker.

In den 1950er Jahren begann nach (bzw. parallel zu) anfäng-
lichen und schließlich gescheiterten Versuchen, das handwerkliche Ausbildungssystem zu reaktivieren, die Rationalisierung - d.h. die Mechanisierung des Schleifens und die
auf der Basis der Arbeitszerlegung (Teilarbeit) erfolgende
Neuorganisation der Montage -, die in den 1920er Jahren angekündigt worden war. Hierbei konnte nahtlos an die in den
20er Jahren geschaffenen technischen Voraussetzungen angeknüpft werden. Weltwirtschaftskrise und Zweiter Weltkrieg
hatten den handwerklichen Reproduktionszusammenhang zusam-
menbrechen lassen und damit die sozialen Voraussetzungen
für die Mechanisierung geschaffen. Auch die politische
Durchsetzbarkeit der Rationalisierung war nach den Jahren
der politischen Unterdrückung, auf die Jahre der politischen Abstinenz bzw. eine Verlagerung - der gewerkschaftlichen Interessenschwerpunkte folgten, nach der kriegswirtschaftlichen Rationalisierung und nach der offenkundigen
Verschärfung des internationalen Wettbewerbs im Vergleich
zu der Zeit der Weimarer Republik gestiegen.

1960 war der Auflösungsprozeß der Heimindustrie keineswegs
abgeschlossen. Allerdings waren die Weichen der weiteren
Entwicklung so weit gestellt, daß eine Ausdehnung des Untersuchungszeitraumes keine neuen Erkenntnisse mehr bieten
würde. War die Heimarbeit einst das entscheidende Charakteristikum und die tragende Säule der Solinger Industrie, so
waren Heimarbeiter nun ausschließlich in den verbliebenen
Reservaten der handwerklichen Qualitätsproduktion bzw. in

den Nischen der maschinellen Massenproduktion zu finden.
Die Ausbildung von qualifizierten Nachwuchskräften wurde
seit dem Übergang zur Mechanisierung nicht mehr ernsthaft
betrieben und vor allem qualitativ zunehmend auf den Bedarf
der mechanisierten Betriebe hin ausgerichtet. Spezielle
handwerkliche Fertigkeiten - zum großen Teil keineswegs
durch die Mechanisierung ersetzt - gingen in den folgenden
Jahren mit ihren sozialen Trägern vollständig verloren. Die
einstige Vielfalt handwerklicher Facharbeiten ist bis auf
wenige Tätigkeitsbereiche verschwunden. Die Solinger
Schneidwarenindustrie wurde von einer Domäne der handwerklichen Facharbeiter zu einer Domäne der angelernten Arbeiter und verstärkt auch Arbeiterinnen. Einzig den Werkzeugmachereien der Gesenkschmiedebetriebe verblieben qualifizierte Facharbeiter mit dreijähriger Berufsausbildung.
Zwar ist es inzwischen gelungen, den Gegensatz von Quali-
täts- und Massenware, der sich wie ein roter Faden durch
die vorliegende Untersuchung zieht, in einigen Teilberei-
chen der Schneidwarenindustrie durch die Fortschritte der
Mechanisierung partiell aufzuheben. Massenherstellung und
höchste Qualität sind heute durchaus miteinander vereinbar.
Trotzdem können die inzwischen wieder gewachsenen Absatzmöglichkeiten auf dem Markt für handwerkliche Qualitätspro-
dukte nicht mehr ausgeschöpft werden. Das für den Aufstieg
Solingens einst entscheidende Potential der nahezu unverändert praktizierten Gesenkschmiedetechnik, nämlich die
technisch problemlos zu realisierende Mustervielfalt, wird
seit der Einführung der maschinellen Massenproduktion in
der Weiterverarbeitung nur noch sehr begrenzt genutzt. [1]
Während die Muster einst angesichts universeller handwerklicher Fähigkeiten primär in Orientierung an Geschmacksemp-

---

[1] Im französischen Schneidwarenzentrum Thiers, wo eine
vergleichbare Entwicklung stattgefunden hat, versucht
man heute mit kommunaler Unterstützung den handwerklichen Sektor durch eine kooperative Absatzorganisation
und vor allem durch die Ausbildung von Spezialhandwerkern wieder zu stabilisieren. Vgl. J. Putsch, Konzept
für ein Solinger Industriemuseum, Solingen 1984, S. 139
- 143

finden und Gewohnheiten der Konsumenten entwickelt werden
konnten, müssen sie nun unter Berücksichtigung der begrenzten Fähigkeiten der "single-purpose"-Maschinen entworfen
werden.
Die damit verknüpfte kulturelle Standardisierung auf der
Ebene der Gebrauchsfunktion der Produkte und der Verlust an
Konsumentensouveränität mag angesichts der unüberschaubaren
Warenfülle in der heutigen Konsumgesellschaft nicht als
problematisch empfunden werden. Wenn man jedoch in Erwägung
zieht, daß damit im Falle der Heimarbeit in der Solinger
Schneidwarenindustrie zugleich eine Standardisierung von
einst relativ (!) individuell bestimmten Arbeitsbedingungen
verknüpft war, so wird deutlich, daß der Beitrag eines
technisch-ökonomischen Systems zur Verbesserung der Ar-
beits- und Lebensbedingungen nicht aus der Sicht der Technik oder der Ökonomie allein beurteilt werden kann.
In der vorliegenden Studie wurde versucht, den Anteil be-
wußten menschlichen Handels an der quasi anonymen Struktur-
geschichte herauszustellen; und gerade dies scheint mir angesichts des heute anstehenden, nur in einem rationalen gesellschaftlichen Diskurs zu bewältigenden, Umbaus der In-
dustriegesellschaft, der allzuoft durch eine Flucht nach
vorne bzw. die Konstruktion von Sachzwängen angegangen
wird, eine generell wichtige Aufgabe historischer Reflexionen zur Entwicklung des Industriesystems zu sein. Es gilt
somit, die hier dargestellte Geschichte einer Zerstörung im
Dienste der Zukunftsgestaltung positiv zu wenden:

> "Vergangenes historisch artikulieren heißt nicht, es
> erkennen wie es denn eigentlich gewesen ist. Es heißt,
> sich einer Erinnerung bemächtigen, wie sie im Augen-
> blick einer Gefahr aufblitzt. Dem historischen Materia-
> lismus geht es darum, ein Bild der Vergangenheit fest-
> zuhalten, wie es im Augenblick der Gefahr droht sowohl
> dem Bestand der Tradition wie ihren Empfängern. Für
> beide ist sie ein und dieselbe: sich zum Werkzeug der
> herrschenden Klasse herzugeben. In jeder Epoche muß
> versucht werden, die Überlieferung von neuem dem
> Konformismus abzugewinnen, der im Begriff steht, sie zu
> überwältigen. Der Messias kommt ja nicht nur als der
> Erlöser; er kommt als der Überwinder des Antichrist.
> Nur dem Geschichtsschreiber wohnt die Gabe bei, im Ver-
> gangenen den Funken der Hoffnung anzufachen, der davon
> durchdrungen ist: auch die Toten werden vor dem Feind,
> wenn er siegt, nicht sicher sein. Und dieser Feind hat
> zu siegen nicht aufgehört." [1]

1) Zit. nach: W. Benjamin, Illuminationen - Ausgewählte
Schriften, Frankfurt/M. 1977, S. 253

Tabellen

1. Weltmarkt

1.1 Ausfuhr von Messerschmiedewaren[1.]

Tab. 1.1.1 Deutsches Reich 1913 - 1943

Jahr	Menge in dz	1913 = 100	Wert in 1000 M/RM [2.]	1913 = 100	Durchschnittswert je dz in RM
1913	59511	100	38825	100	644
1920	45540	76	-	-	-
1921	43752	73	-	-	-
1922	67994	114	-	-	-
1923	48345	81	-	-	-
1924	52312	88	48228	125	922
1925	72078	121	68381	178	949
1926	65779	110	62246	162	946
1927	73349	123	67361	176	918
1928	73158	123	70148	183	959
1929	81597	137	75391	196	924
1930	62814	105	61347	160	977
1931	53138	89	50153	131	944
1932	39541	66	32206	84	814
1933	43597	73	29901	78	686
1934	43777	73	27621	72	631
1935	51279	86	30945	80	603
1936	58293	98	33419	87	573
1937	65192	109	38047	99	583
1938	52817	89	31105	81	588
1939	45896	77	26923	70	586
1940	22150	37	22436	59	1012
1941	33887	57	31871	83	940
1942	23517	39	30709	80	1305
1943	9337	15	16291	42	1744
1948	6149	-	-	-	-

1.) Schneidwaren ohne Bestecke
2.) in laufenden Preisen

nach:
1913 -1936: K. Matthiolius, (Hrsg.), Die Solinger Schneidwarenindustrie
1928 - 1937, Ein gemeinsamer Bericht der IHK Solingen und
der Fachgruppe Schneidwarenindustrie, Solingen 1938, S. 28

1937 -1943: U. Braun, Die Entwicklung der Solinger Schneidwaren-
dustrie seit der Währungsreform 1948, Ex.Ms, Solingen
1958, S.65 f

Tab. 1.1.2. Bundesrepublik Deutschland 1948 - 1960

Jahr	Menge in dz	1954 = 100	Wert in 1000 DM[1.)]	1954 = 100	Durchschnittswert je dz in DM
1948	6149	-	-	-	-
1949	10564	16	20945	18	1980
1950	38564	57	59589	52	1556
1951	59418	88	104444	91	1758
1952	54510	80	107957	95	1980
1953	57435	85	102433	90	1783
1954	67485	100	113613	100	1683
1955	73194	108	123585	109	1688
1956	74643	110	130243	114	1744
1957	74338	110	132468	116	1781
1958	63700	94	119200	104	1871
1959	67500	100	126292	111	1873
1960	68923	102	131402	115	1780

1.) in laufenden Preisen

nach:
R. Pütz, Die Stellung der Deutschen Schneidwarenindustrie auf dem Weltmarkt, Diss. Bonn 1959, Ms. StA Solingen, S.111

Brigitte Berkenhoff, Probleme in der Solinger Schneidwarenindustrie, Diss. Ms. Innsbruck 1963, Tafel Nr. 14 - 15

Tab. 1.2 Die Exporte der deutschen Schneidwarenindustrie nach Erdteilen 1913 - 1962 (in v.H.)

	1913 M[2]	1913 W[3]	1924 M	1924 W	1927-1929[1] M	1927-1929[1] W	1932 M	1932 W	1936 M	1936 W	1948 M	1948 W	1952 M	1952 W	1954 M	1954 W	1960 M	1960 W	1962 M	1962 W
Europa	37,6	44,5	42,4	49,0	41,7	52,8	-	60,2	-	51,5	-	45,0	-	38,4	-	34,2	-	40,3	-	48,0
Mittel- und Südamerika	17,7	22,2	17,8	17,1	16,6	14,0	-	20,3	-	26,4	-	31,6	-	38,8	-	13,2	-	5,4	-	33,4
Nordamerika	17,7	17,8	8,4	10,3	10,4	12,5	-	12,4	-	14,8	-	15,7	-	14,2	-	29,3	-	31,9	-	8,3
Asien	20,5	10,6	23,0	17,2	23,3	14,0	-	5,3	-	5,4	-	7,3	-	7,4	-	9,5	-	9,0	-	7,8
Afrika	3,3	2,0	6,2	4,0	6,1	4,2	-	1,8	-	1,9	-	0,4	-	1,2	-	10,2	-	10,3	-	2,5
Australien	0,7	0,9	0,6	0,8	1,9	2,5	-	-	-	-	-	-	-	-	-	3,6	-	3,1	-	-
nicht aufgeteilte Ausfuhr	-	-	1,6	1,6	-	-	-	-	-	-	-	-	-	-	-	-	-	-	-	-
	100	100	100	100	100	100	-	100	-	100	-	100	-	100	-	100	-	100	-	100

1.) Durchschnittswert

2.) M = Menge

3.) W = Wert

- 348 -

nach:

1913 u. 1924   Statistik des Dt. Reiches, Bd. 317, hier zit. nach:
                J. Kretzen, Die Krise in der Solinger Stahlwaren-
                industrie und ihre Lage auf dem Weltmarkt, Solingen
                1926, S. 8

1927 - 1929:   H. Möhle, Der Exporthandel der Solinger Schneidwaren-
                industrie, Diss. Frankfurt/M. 1931, S. 74

1932, 1954, 1960: Brigitte Berkenhoff, Probleme in der Solinger Schneid-
                warenindustrie, Diss. Innsbruck 1963, Tafel Nr. 22;
                eigene Berechnungen anhand Tab. 1.4 sowie
                Die Klinge, Jg. 1958, Heft 1, S. 2

1936:   K. Matthiolius, Die Solinger Schneidwarenindustrie
                1928 - 1937, Solingen 1938, S. 30

1948 u. 1952:   Die Klinge, Jg. 1958, Heft 1, S. 2

1936:   Fachverband Schneidwarenindustrie, Geschäftsbericht
                für das Jahr 1962, Solingen 1963, S. 7

Tab. 1.3 Die deutsche Schneidwarenausfuhr nach Bestimmungsgebieten 1913 und 1928 (Einheitswert und Menge)

	Einheitswert in M / RM 1913	1928	Index (1913 = 100) 1928	Menge in dz 1913	1928	Index (1913 = 100) 1928
Europa	761	1161	152,6	22618	31137	137,7
Großbritannien und						
Irischer Freistaat	735	896	121,9	4080	6423	157,4
Österreich		1309	153,6		1789	
Tschechoslowakei	852	1719 1396	201,8 163,8	3006	1276 4056	134,9
Ungarn		1140	133,8		991	
Italien	731	1241	169,8	2223	2788	125,4
Niederlande	470	943	200,6	1924	3220	167,4
Spanien	635	1673	283,5	1539	1728	112,3
Frankreich	951	1667	175,3	1047	1125	107,4
Schweiz	1041	1694	162,7	765	966	126,3
Dänemark	698	1406	201,4	832	1085	130,4
Rußland		2490	264,9		200	
Litauen		573	61,0		614	
Lettland	940	911 971	96,9 103,3	3665	360 1459	39,8
Estland		839	89,3		285	
Belgien - Luxemburg	574	874	152,3	774	1456	188,1
Danzig		1526	-		407	
Polen	-	931 1180	-	-	567 974	-
Schweden	531	1298	244,4	435	877	201,6
Rumänien	793	1205	152,0	397	922	232,2
Übriges Europa	693	1042	150,4	1931	4058	210,2
Amerika	703	987	140,4	20041	18866	94,1
Ver. Staaten	771	1143	148,2	9163	3786	41,3
Brasilien	680	832	122,4	3047	3809	125,0
Argentinien	588	883	150,2	3690	3573	96,8
Kanada	1074	1051	97,9	1331	1938	145,6
Mexiko	709	937	132,2	1055	1533	145,3
Übriges Amerika	349	1061	304,0	1755	4227	240,9
Asien	335	661	197,3	12373	16949	137,9
Britisch - Indien	278	576	207,2	5763	5487	95,2
Niederländisch -						
Indien	434	581	133,9	1964	5008	255,0
China	237	803	338,8	1674	1688	100,8
Türkei	450	729	162,0	1026	1387	135,2
Übriges Asien	428	820	191,6	1946	3379	173,6
Afrika	398	577	145,0	2515	4866	193,5
Australien	763	1078	141,8	480	1237	257,7
Australischer Bund	755	1055	139,7	436	1060	243,1
Übriges Australien	841	1220	145,1	44	177	402,3
Nicht aufgeteilte Aus-						
fuhr	1012	291	28,8	1484	103	6,9
Gesammtausfuhr	644	959	148,9	59511	73158	122,9

nach:
Enquete-Ausschuß zur Untersuchung der Erzeugungs- und Absatzbedingungen der deutschen Wirtschaft. Die Deutsche Eisen- und Stahlwarenindustrie, Berlin 1930, S. 374

Tab. 1.4 Die deutsche Schneidwarenausfuhr nach den zehn
Hauptabnehmerländern 1913 - 1960

	1913 Wert in 1000 M	in v.H.[1]	1924 Wert in 1000 RM	in v.H.[1]	1923 Wert in 1000 RM	in v.H.[1]	1935 Wert in 1000 RM	in v.H.[1]	1939 Wert in 1000 RM	in v.H.[1]	1942 Wert in 1000 RM	in v.H.[1]	1956 Wert in 1000 DM	in v.H.[1]	1960 Wert in 1000 DM	in v.H.[1]
Großbritannien	3000	7,8	4466	9,2	6390	8,5	1988	6,4	-	-	-	-	2998	2,3	4400	3,3
USA	7065	18,4	3878	8,0	5263	7,0	1162	3,7	-	-	-	-	31614	24,3	36900	28,0
Österreich	-	-	1827	3,8	2288	3,1	-	-	897	3,3	2522	8,2	4471	3,4	5600	4,3
Niederlande	-	-	2361	4,9	3118	4,1	1953	6,3	2175	8,0	1170	3,8	7626	5,9	8900	6,8
Spanien	978	2,5	-	-	2523	3,3	939	3,0	-	-	-	-	-	-	-	-
Brasilien	2072	5,4	2840	5,9	3760	5,0	1090	3,5	-	-	-	-	-	-	-	-
Argentinien	2169	5,6	-	-	4024	5,3	1540	5,0	-	-	-	-	-	-	-	-
Britisch-Indien	1601	4,2	5420	11,3	3925	5,2	1785	5,8	-	-	-	-	-	-	-	-
Kanada	1430	3,7	-	-	-	-	2462	8,0	2351	8,7	5114	16,7	5897	4,5	5100	3,9
Italien	1625	4,3	1803	3,8	3564	4,7	-	-	-	-	-	-	4777	3,7	6100	4,6
Niederl.-Indien	-	-	2066	4,3	2828	3,8	-	-	-	-	-	-	-	-	-	-
Frankreich	996	-	-	-	-	-	786	7,6	-	-	-	-	-	-	2000	1,6
Rußland (Litauen, Estland, Lettland)	3446	9,0	-	-	-	-	-	-	-	-	-	-	-	-	-	-
Polen	-	-	1924	4,0	-	-	-	-	-	-	-	-	-	-	-	-
Schweiz	-	-	-	-	-	-	1173	3,8	958	3,5	1408	4,7	4636	3,5	6300	4,8
Schweden	-	-	-	-	-	-	-	-	924	3,4	-	-	3993	3,1	-	-
Rumänien	-	-	-	-	-	-	-	-	774	2,9	3749	12,2	-	-	-	-
Norwegen	-	-	-	-	-	-	-	-	691	2,6	-	-	-	-	-	-
Griechenland	-	-	-	-	-	-	-	-	699	2,6	1767	5,7	-	-	-	-
Dänemark	-	-	-	-	-	-	-	-	1044	3,8	-	-	4503	3,4	4600	3,5
Belgien[2]	-	-	-	-	-	-	-	-	825	3,0	-	-	-	-	7300	5,6
Bulgarien	-	-	-	-	-	-	-	-	-	-	2271	7,4	-	-	-	-
Finnland	-	-	-	-	-	-	-	-	-	-	2095	6,8	-	-	-	-
Türkei	-	-	-	-	-	-	-	-	-	-	3152	10,2	-	-	-	-
Kroatien	-	-	-	-	-	-	-	-	-	-	-	-	-	-	-	-
Philippinen	-	-	2616	5,4	-	-	-	-	-	-	-	-	3374	2,6	-	-
Singapur-Malaya	-	-	-	-	-	-	-	-	-	-	1648	5,4	-	-	-	-
Übrige Länder	13964	36,4	19027	39,4	37708	50	16067	51,9	15584	57,8	5813	18,9	56354	43,3	44202	33,6
Gesamtausfuhr	38325	100	48228	100	75391	100	30945	100	26923	100	30709*	100	130234	100	131402	100

1.) in v.H. der deutschen Jahresausfuhr an Schneidwaren
2.) 1960 inkl. Luxemburg

nach:

1913 u. 1920:   Enquete-Ausschuß zur Untersuchung der Erzeugungs-
                  und Absatzbedingungen der deutschen Wirtschaft, Die
                  Deutsche Eisen- und Stahlwarenindustrie, Berlin
                  1930, S. 374 f

1924:   H. Tegtmeier, Der Übergang von der Hausindustrie
                  zum Fabrikbetrieb in der Solinger Stahwarenindustrie,
                  Diss. Köln 1927, S. 16 f

1935:   IHK Solingen, Rückblick auf die Arbeit der Kammer
                  im Jahre 1935, Solingen 1936, S. 20 f

1939, 1942, 1956: U. Braun, Die Entwicklung der Solinger Schneidwaren-
                  industrie seit der Währungsreform 1948, Ex. Ms.
                  Solingen 1958, S. 60, 78

1960:   Fachverband Schneidwarenindustrie, Geschäftsbericht
                  für das Jahr 1962, Solingen 1963, S. 8

Tab. 1.5 Die deutschen Schneidwarenexporte nach England
          und den USA 1913 - 1960

Jahr	Export nach England					Export nach den USA				
	Menge in dz	Wert in 1000 M/RM/DM	Wert je dz	Wert in v. H. der Gesammtausfuhr	1913 = 100	Menge in dz	Wert in 1000 M/RM/DM	Wert je dz	Wert in v. H. der Gesammtausfuhr	1913 = 100
1913	4080	3000	735	7,8	100	9163	7065	771	18,4	100
1924	4466	4262	954	8,8	142	3878	4373	1127	9,0	62
1925	9334	9696	1038	14,1	323	3671	4508	1228	6,6	64
1926	4427	4364	985	7,0	145	4222	5045	1194	8,1	71
1927	6130	5256	857	7,8	175	4831	5331	1103	7,9	75
1928	6155	5400	877	7,7	180	3786	4328	1143	6,1	61
1929	7355	6101	829	8,0	203	4367	5263	1205	7,0	74
1930	6418	5583	870	9,1	186	3247	3765	1159	6,1	53
1931	10147	8483	836	16,9	282	3533[1)]	3025[1)]	856	6,0	43
1932	3306	2060	623	6,4	68	2647[1)]	1533[1)]	579	-	-
1933	2828	1762	623	5,9	58	2810	1374	489	4,6	19
1934	4187	2093	499	7,5	63	1971	1036	525	3,7	14
1935	3909	1988	508	6,4	66	1663	1162	698	3,7	16
1953	-	1902	-	1,8	-	-	24956	-	24,4	-
1954	-	2513	-	2,2	-	-	28163	-	26,1	-
1955	-	2850	-	2,3	-	-	30672	-	24,8	-
1956	-	2998	-	2,3	-	-	31614	-	24,3	-
1960	-	4400	-	-	-	-	36900	-	-	-

1.) Januar - Juli

nach:
1913 - 1932: H. Giese, Der Konkurrenzkampf der deutschen und der
              englischen Schneidwarenindustrie auf dem Weltmarkt
              in der Nachkriegszeit, Diss. Solingen 1934, S. 67 u. 71 f

1932 - 1933: Messer und Schere 17. 11. 1934, S. 535

1934 - 1935: IHK, Solingen Rückblick auf die Arbeit der Kammer im
              Jahre 1935, Solingen 1936, S. 20 f

1953 - 1956: U. Braun, Die Entwicklung der Solinger Schneidwaren-
              industrie seit der Währungsreform 1948, Ex. Ms.
              Solingen 1958, S. 78

1961:   Fachverband Schneidwarenindustrie, Geschäftsbericht
              für das Jahr 1962, Solingen 1963, S. 8

Tab. 1.6 Die deutsche Schneidwarenausfuhr nach Südamerika
1913 - 1954

	1913 Wert in 1000 M	1913 in v.H.	1928 Wert in 1000 RM	1928 in v.H.	1951 Wert in 1000 DM	1951 in v.H.	1954 Wert in 1000 DM	1954 in v.H.
Argentinien	420	17,0	210	29,2	-	-	-	-
Bolivien	-	-	-	-	6800	31,3	200	2,3
Brasilien	1300	52,6	240	33,3	-	-	600	6,7
Chile	370	15,0	120	16,6	2200	10,1	300	3,4
Kolumbien	-	-	70	9,7	3400	15,6	3300	37,0
Uruguay	120	4,9	-	-	1100	5,1	600	6,8
Venezuela	190	7,7	80	11,2	2100	9,4	2600	29,2
Übrige	70	2,8	-	-	6200	28,5	1300	14,6
Südamerika insg.	2470	100	720	100	21800	100	8900	100

nach:

1913 u. 1928: F. Fesenmeyer, Ursachen und Gründe der Wandlungen im Export
deutscher Eisen- und Stahlwaren nach Südamerika, Diss. Köln
1933, S. 62 u. 69

1951 u. 1954: W. Riese, Entwicklung, Lage und Aussichten des Außenhandels
in der Solinger Stahlwarenindustrie, Dipl. Ms. Köln 1956,
S. 50

Tab. 1.7   Die deutsche Schneidwarenausfuhr in die Ostblockstaaten 1913 - 1954

Jahr	Menge in dz	Wert in 1000 M/RM/DM	Wert je dz	in v. H. der Gesamt-ausfuhr (Wert)
1913	5938	4297	723	11,2
1924	7101	7627	1074	15,8
1933	2681	2165	807	7,2
1938	5033	4209	836	13,5
1949	58	143	2465	0,7
1954	348	927	2663	0,8

nach:
Die Klinge, Jg. 1953, S. 181
sowie:
W. Riese, Entwicklung, Lage und Aussichten des Außenhandels in der
Solinger Schneidwarenindustrie, Dipl. Ms. Köln 1956, S.86

Tab. 1.8   Einfuhr von Schneidwaren ins Deutsche Reich
bzw. in die Bundesrepublik Deutschland 1913 - 1962

Jahr	Menge in dz	Wert in 1000 RM/DM	Durchschnittswert pro dz in RM/DM
1913	708	529	747
1925	547	426	780
1928	1230	2650	2154
1930	1321	5291	4005
1936	135	180	1333
1948	60	97	1617
1952	675	2592	3840
1954	803	1793	2233
1956	838	1776	2131
1958	-	7900	-
1959	-	8400	-
1960	-	11700	-
1961	-	18300	-
1962	-	36000	-

nach:
1913 - 1936: K. Matthiolius, Die Solinger Schneidwarenindustrie 1928
bis 1937, Solingen 1938, S. 26

1948 - 1956: U. Braun, Die Entwicklung der Solinger Schneidwarenindustrie
seit der Währungsreform 1948, Ex. Ms. Solingen 1958, S. 51 f

1958 - 1961: Statistisches Jahrbuch der Bundesrepublik Deutschland
Jg. 1960, S. 303, Jg. 1962, S. 314

1962   : Brigitte Berkenhoff, Probleme in der Solinger Schneidwarenindustrie, Diss. Ms. Innsbruck 1963, S. 41

Tab. 1.9 Der Anteil ausgewählter Erzeugnisse an der Gesamtproduktion der deutschen Schneidwarenindustrie
1928 - 1956 (Wert in v. H. des Gesamtumsatzes)

	1928	1933	1949	1956
Arbeitsmesser mit fest-stehender Klinge	0,4	2,3	5,9	7,2
Kapp- und Taschenmesser	22,0	16,6	9,7	7,1
Feine Scheren	13,6	12,3	8,8	8,4
Grobe Scheren	0,6	0,8	1,5	1,4
Hand- und Fußpflege-instrumente	-	-	0,9	2,2
Chirurgische Instrumente	1,9	4,5	-	-
Rasiermesser	11,2	8,7	3,4	1,1
Rasierklingen und Sicherheitsrasierapparate	5,4	12,7	13,3	4,1
Bestecke sowie feine Stahlwaren 1.)	34,3	29,5	35,3	59,3
Sonstige 2.)	10,6	12,6	21,2	9,2
	100	100	100	100

1.) z.B. Tafelhilfsgeräte, Tafelwerkzeuge
2.) u.a. Rohware, Halbfertigware

nach:

1928 u. 1933: K. Matthiolius, (Hrsg.) Die Solinger Schneidwarenindustrie
1928 - 1937, Solingen 1938, S. 12 f

1949   : Statistisches Landesamt Nordrhein - Westfalen, Schneidwaren-
und Besteckindustrie in Nordrhein - Westfalen, Düsseldorf
1953, S. 6

1956   : A. Gebhardt, u.a. Die Schneidwaren- und Besteckindustrie im
gemeinsamen Markt - Sektorenstudie im Auftrag der Europäischen
Gemeinschaft, o.O., 1968, Anlage II

Tab. 1.10   Der Anteil einzelner Schneidwaren am Gesamt-
            export 1928 und 1954 (in v. H.)

	1928	1954
Rasierartikel	23,0	10,2
Scheren	16,4	18,2
Taschenmesser	25,8	13,1
Messer mit fest- stehender Klinge, Berufsmesser	2,0	14,0
Tischmesser und Bestecke	13,8	13,2
Sonstige	19	30,0
	100	100

nach:
1928: H. Giese, Der Konkurrenzkampf der deutschen und der englischen
      Schneidwarenindustrie auf dem Weltmarkt in der Nachkriegszeit,
      Diss. Solingen 1934, S. 20

1954: W. Riese, Entwicklung, Lage und Aussichten des Außenhandels in
      der Solinger Stahlwarenindustrie, Köln 1956, S. 62

1.11   Exportquote der Solinger Schneidwarenindustrie

Tab. 1.11.1   Exportquote Schneidwaren und Bestecke
              1913 - 1960

Jahr	Exportquote Solinger Schneidwaren- industrie insg.	Betriebe mit mehr als 10 Beschäftigten
1913	75 %	-
1928	56 %	-
1938	40 - 50 %	-
1952	50 %	69 %
1954	-	65 %
1956	-	54,5 %
1958	-	47,6 %
1960	-	48,5 %

nach:
1913:   Errechnet nach den Angaben bei R. Boch, Handwerker - Sozialiste
             gegen Fabrikgesellschaft, Göttingen 1985, S. 196

1928:   H. Giese, Der Konkurrenzkampf der deutschen und der englischen
             Schneidwarenindustrie auf dem Weltmarkt in der Nachkriegszeit,
             Diss. Solingen 1934, S. 18; IHK - Mitteilungen, Jg. 30,
             1931, S. 144 f

1938:   Ingrid Duisberg, Die Solinger Schneidwarenindustrie und ihre
             Produktions- und Absatzverhältnisse nach dem Zweiten Welt-
             krieg, Diss. Wien Ms.1949, S. 153

1952 - 1960: RP 26. 3. 1953; Brigitte Berkenhoff, Probleme in der Solinger
Schneidwarenindustrie, Diss. Ms.Innsbruck 1963, Tafel Nr.
12 und 14, Erhebungsgrundlage: Betriebe mit mehr als 10
Beschäftigten,   Statistische Mitteilungen der Stadt Solingen

Tab. 1.11.2   Die Exportquote einzelner Schneidwarenerzeugnisse
              1928

Hauer - Messer		97,9
grobe Scheren		33,1
Schafscheren		13,4
grobe Handmesser		45,2
Tischmesser und Bestecke		34,0
Taschenmesser		66,0
Haarmaschinen		69.9
Rasierklingen		68.0
Rasiermesser		81.6
Rasierapparate		23.4
chirurgische Messer		64.1
blanke Waffen		47.6
feine Scheren		63.3
andere feine Schneidwaren	1.)	42.4
sonstige	2.)	29.5

1.) Löffel, Gabel, Korkenzieher, Manikürinstrumente
2.) Äxte, Beile, etc.

nach:
H. Giese, Der Konkurrenzkampf der deutschen und der englischen Schneidwarenindustrie auf dem Weltmarkt in der Nachkriegszeit, Diss. Solingen 1934, S. 20

Tab. 1.12 Die Schneidwarenausfuhr der wichtigsten Herstellungsländer 1913 - 1955

Erzeugungsländer	1913 Wert in 1000 M	in v. H.	1928 Wert in 1000 RM	in v. H.	1937 (1. Jahreshälfte) Wert in 1000 RM	in v. H.	1955 Wert in 1000 DM	in v. H.
Dt. Reich/ Bundesrepublik Deutschland	41849	59,5	76274	47,5	20299	59,7	123585	-
USA	4797	6,8	54388	33,9	4508	13,3	-	-
Großbritannien	17036	24,2	24059	15,0	8187	24,1	47000	-
Frankreich	6701	9,5	5905	3,6	971	2,9	15000	-
Insgesamt	70383	100	160626	100	33965	100	-	-

nach:

1913 u. 1928: Enquete - Ausschuß zur Untersuchung der Erzeugungs- und Absatzbedingungen der deutschen Wirtschaft, Die deutsche Eisen- und Stahlindustrie , Berlin 1930, S. 376

1937 : K. Matthiolius (Hrsg.), Die Solinger Schneidwarenindustrie 1928 - 1937, Ein gemeinsamer Bericht der IHK Solingen und der Fachgruppe Schneidwarenindustrie, Solingen 1938, S. 39

1955 : R. Pütz, Die Stellung der deutschen Schneidwarenindustrie auf dem Weltmarkt, Diss. Ms. Bonn 1959, S. 35, 38; Tab. 1.1.2

Tab. 1.13 Die Schneidwarenausfuhr der USA, Englands und
          des Dt. Reiches nach Bestimmungsländern 1913 - 1928
          (Wert in 1000 M/RM)

	Dt. Reich 1913	England 1913	Dt. Reich 1924	USA 1924	Dt. Reich 1928	England 1928
Norwegen	371	79	-	-	911	395
Deutschland	-	1330	-	-	-	392
England	3000	-	4262	9959	5400	-
Italien	1617	30	2316	2000	3460	178
Frankreich	996	140	196	1579	1875	172
Dänemark	581	97	-	-	1525	133
Niederlande	904	79	-	-	3036	127
Kanada	1430	2177	568	2078	2037	2633
USA	7065	1173	-	-	4328	1700
Brasilien	2072	1294	2124	1482	3169	239
Argentinien	2169	422	2137	2375	3156	211
Chile	511	367	399	205	568	123
Britisch-Indien	1601	9269	3220	444	3163	1299
Japan	41	81	565	420	647	332
China	356	356	698	425	1356	233
Britisch-Südafrika	294	1248	-	-	966	2362
Australien	329	3123	383	557	1118	6594
Mexiko	-	-	961	1658	-	-
Kuba	-	-	949	2552	-	-

nach:
1913 u. 1928: H. Giese, Der Konkurrenzkampf der deutschen und englischen
              Schneidwarenindustrie auf dem Weltmarkt in der Nachkriegs-
              zeit, Diss. Solingen 1934, S. 85

1924   : O. Beyer, Die handelspolitischen Hemmungen der Solinger
              Industrie, Diss. Bonn 1929, S. 87

1.14 Die Schneidwarenausfuhr der USA

Tab. 1.14.1 Exporte nach den Hauptabnehmerländern 1913, 1928 und 1937

	1913		1928			1937		
	Wert in 1000 US-Dollar	in v.H.	Wert in 1000 US-Dollar	in v.H.	1913 = 100	Wert in 1000 US-Dollar	1928 = 100	in v.H.
Großbritannien	200	17,6	3953	30,4	1969	130	3	4,2
Spanien	-	-	1952	15,0	-	-	-	-
Deutschland	65	5,7	865	6,7	1321	1	-	-
Österreich	-	-	656	5,0	-	279	55	9,0
Argentinien	98	8,6	580	4,5	588	324	63	10,5
Kuba	56	4,9	517	4,0	922	424	85	13,7
Kanada	204	17,9	500	3,9	244	310	71	10,0
Mexiko	63	5,6	438	3,4	688	78	19	2,5
Brasilien	108	9,5	400	3,1	369	202	92	6,6
Kolumbien	-	-	220	1,7	-	29	-	0,9
Britisch-Indien	45	3,9	-	-	-	98	-	3,2
Phillipinen	25	2,3	-	-	-	99	-	3,2
Australien	58	5,1	-	-	-	162	-	5,2
Venezuela	-	-	-	-	-	944	-	30,0
Übrige	215	18,9	2894	22,3	1344		33	
Zusammen	1137	100	12975	100	1136	3080	24	100

nach:

1913 u. 1928: Enquete - Ausschuß zur Untersuchung der Erzeugungs- und Absatzbedingungen der deutschen Wirtschaft, Die Deutsche Eisen- und Stahlwarenindustrie, Berlin 1930, S. 377

1937: United-States Tariff Commission, Cutlery Products, Washington 1938, S. 13

Tab. 1.14.2   Die Zusammensetzung der US - Schneidwarenexporte nach Hauptproduktgruppen 1920, 1928
und 1937 (Wert in 1000 Dollar)

	1920		1928		1937	
	abs.	in v. H.	abs.	in v. H.	abs.	in v. H.
Rasierapparate und Rasierklingen	5715	43,6	10739	82,7	973	31,5
Bestecke, Tisch-messer, Küchen-messer etc.	3459	26,4	557	4,3	417	13,5
Scheren versch. Art	-	-	141	1,1	178	5,9
Andere	3999	30,0	1543	11,9	1512	49,1
Zusammen	13173	100	12980	100	3080	100

nach:
United States Tariff Commission, Cutlery Products, Washington 1938,
S. 12

Tab. 1.15 Die Schneidwarenausfuhr Englands nach den zehn Hauptabnehmerländern 1913 (Wert in engl. Pfund)

	1913 Wert	1913 in v. H.	1928 Wert	1928 in v. H.	1913=100	1955 in v. H.
Irland	-	-	33461	2,8	-	-
Norwegen	-	-	19365	1,6	496	-
Deutschland	65235	7,8	18208	1,5	28	3
Kanada	106706	12,8	130051	11,0	122	4
USA	57512	6,9	83376	7,1	145	8
Brasilien	63432	7,6	-	-	18	-
Argentinien	20690	2,5	-	-	50	-
Chile	17980	2,1	-	-	33	-
Britisch-Indien	62192	7,4	63619	5,4	102	3
Japan	-	-	16282	1,4	417	-
Britisch-Südafrika	61178	7,2	115818	9,8	189	10
Australien	153101	18,3	323244	27,4	211	17
Neuseeland	41834	5,0	77394	6,7	185	6
nicht genannte						
Commonwealth-Länder	-	-	-	-	-	13
Italien	-	-	-	-	-	5
Schweden	-	-	-	-	-	3
Übrige	186269	22,4	299116	25,3	160	28
Insgesamt	336129	100	1179934	100	141	100

nach:
1913 - 1928: Enquete - Ausschuß zur Untersuchung der Erzeugungs- und
Absatzbedingungen der deutschen Wirtschaft, Die Deutsche
Eisen- und Stahlwarenindustrie, Berlin 1930, S. 379

1955   : R. Pütz, Die Stellung der Deutschen Schneidewarenindustrie
auf dem Weltmarkt, Diss. Ms.Bonn 1959, S. 36

Tab. 1.16 Der Wettbewerb auf dem englischen Markt - die englische Schneidwareneinfuhr aus verschiedenen Ländern im Jahre 1929 nach Produktgruppen (Wert in engl. Pfund)

	Deutschland abs.	Deutschland in v.H.	USA abs.	USA in v.H.	Frankreich abs.	Frankreich in v.H.	Kanada abs.	Kanada in v.H.	Schweden abs.	Schweden in v.H.	andere Länder abs.	andere Länder in v.H.	Total abs.	Total in v.H.
Messerwaren	55679	77,2	4781	6,6	6262	8,7	-	-	1242	1,7	4150	5,8	72114	100
Scheren	82406	89,1	4677	5,0	2433	2,6	-	-	-	-	2954	3,3	92470	100
Sicherheits-Rasierapparate	2436	38,7	3383	53,7	-	-	-	-	-	-	470	7,6	6299	100
Rasierklingen	69039	13,7	413641	82,0	-	-	5779	1,2	11355	2,2	3736	0,9	503850	100
Rasiermesser	18171	93,0	-	-	-	-	-	-	-	-	1361	7,0	19532	100
andere Messer-schmiedewaren	24707	70,0	6851	19,4	1476	4,2	-	-	-	-	2226	6,4	35260	100
Zusammen	252738	34,6	433333	59,4	10171	1,4	5779	0,8	12597	1,7	14897	2,1	729525	100

nach:
H. Giese, Der Konkurrenzkampf der deutschen und der englischen Schneidwarenindustrie auf dem Weltmarkt in der Nachkriegszeit, Diss. Solingen 1934, S. 63 f

1.17 Der Wettbewerb auf dem amerikanischen Markt (Wert in US - Dollar)

Tab.1.17.1 Die amerikanische Schneidwareneinfuhr aus verschiedenen Ländern 1913 und 1924 nach Produktgruppen (Wert in US - Dollar)

	Deutschland 1913 abs.	in v.H.	1924 abs.	in v.H.	England 1913 abs.	in v.H.	1924 abs.	in v.H.	Frankreich 1913 abs.	in v.H.	1924 abs.	in v.H.	Andere Länder 1913 abs.	in v.H.	1924 abs.	in v.H.	Zusammen 1913 abs.	in v.H.	1924 abs.	in v.H.
Rasierapparate und Zubehör	354406	90,6	139606	83,7	29622	7,3	21519	12,9	597	0,2	65	0,03	6078	1,6	5473	3,4	391103	100	166563	100
Scheren und Haarschneidemaschinen	527731	88,0	328075	86,5	67089	11,0	23622	6,4	6680	1,0	11858	3,2	-	-	6215	3,9	602310	100	367770	100
Taschenmesser	596000	79,4	367347	89,4	126000	16,7	36613	8,9	1311	0,2	560	0,1	27374	3,7	6343	1,6	752705	100	410863	100
Andere Messerschmuckwaren	110460	36,0	193811	50,3	107366	36,5	86591	22,5	57976	20,8	25362	7,0	12725	4,7	7702	20,2	278527	100	384666	100
Insgesamt	1580597	78,0	1028739	77,4	331107	16,3	168345	12,6	66564	3,3	39445	2,9	46177	2,2	9500	7,6	2024845	100	1235952	100

nach:
O. Beyer, Die handelspolitischen Hemmungen der Solinger Industrie,
Diss. Bonn 1929, S. 24

Tab. 1.17.2 Die Zusammensetzung der Exporte in die USA
nach Produktgruppen 1913 und 1924 (in v. H.)

	Deutschland 1913	Deutschland 1924	England 1913	England 1924	Frankreich 1913	Frankreich 1924	and. Länder 1913	and. Länder 1924	insgesamt 1913	insgesamt 1924
Rasierapparate und Zubehör	22,4	13,6	9,0	12,7	1,5	0,1	13,1	5,7	19,3	12,5
Scheren- und Haarschneidemaschinen	33,4	31,7	20,5	14,1	10,0	30,1	-	6,5	29,7	27,7
Taschenmesser	37,8	35,8	38,0	21,7	2,0	1,4	59,3	6,6	37,2	30,9
Andere Messerschmiedewaren	6,4	18,9	32,5	51,5	86,5	68,4	27,6	81,2	13,8	28,9
Zusammen	100	100	100	100	100	100	100	100	100	100

nach:
O.Beyer, Die handelspolitischen Hemmungen der Solinger Industrie, Diss. Bonn 1929, S. 24

Tab. 1.17.3   Die Exporte rostfreier Bestecke nach den
              USA (Hauptherstellungsländer) im Jahre 1958

	Wert in 1000 US-Dollar	in v. H.
Deutschland	452255	5,4
England	19857	0,3
Schweden	227308	2,7
Holland	78794	0,9
Italien	105089	1,3
Japan	7302178	87,6
Übrige	143234	1,8
Zusammen	8328715	100

nach:
Die Klinge, Jg. 1959, H. 10, S.200

Tab. 1.17.4   Deutsche Schneidwarenexporte in die USA
              1913 - 1959

Jahr	Menge in dz	in v. H.[1.]	Wert 1000 DM (M/RM)	in v. H.[2.]	Durchschnittswert Exporte in die USA	Gesamt- ausfuhr
1913	4080	6,8	7065	18,4	771	644
1929	7355	9,0	5263	7,0	1205	924
1935	1663	3,2	1162	3,7	698	603
1951	6320	10,6	11000	10,5	1740	1758
1953	18880	32,8	28200	27,5	1493	1783
1957	21200	28,5	28400	21,4	1339	1781
1959	20480	30,3	29600	23,4	1445	1873

1.) der gesamten deutschen Exportmenge
2.) des gesamten deutschen Exportwertes

errechnet nach:
Statistisches Jahrbuch der Bundesrepublik Deutschland, Jg. 1953,
S.330; Jg. 1958, S.261; Jg.1960, S. 303; Jg. 1962, S. 322; sowie anhand
der Angaben in Tab. 1.1.1, 1.1.2, 1.1.4

1.18 Der Wettbewerb der USA, Deutschlands und
Englands auf dem südamerikanischen Markt
1913 - 1931

Tab. 1.18.1 Exporte der Haupthersteller 1913 - 1931

Jahr	Dt. Reich Wert in 1000 M/RM	in v. H.	USA Wert in 1000 M/RM	in v. H.	England Wert in 1000 M/RM	in v. H.	Zusammen Wert in 1000 M/RM	in v. H.
1913	5650	60,8	1170	12,6	2470	26,6	9290	-
1914	-	-	1140	-	1260	-	-	100
1915	-	-	-	-	720	-	-	-
1916	-	-	-	-	860	-	-	-
1917	-	-	3980	-	1290	-	-	-
1918	-	-	5280	-	2060	-	-	-
1919	-	-	10020	-	2700	-	-	-
1920	-	-	10930	-	4570	-	-	-
1921	-	-	5210	-	2710	-	-	-
1922	-	-	3780	-	810	-	-	-
1923	4120	42,0	4550	46,4	1130	11,6	9800	100
1924	5960	44,6	6340	47,5	1050	7,9	13350	100
1925	9800	56,1	6380	36,5	1280	7,4	17460	100
1926	9380	56,5	6550	39,4	670	4,1	16600	100
1927	8160	52,6	6540	42,2	800	5,2	15500	100
1928	9220	54,4	7000	41,3	720	4,3	16940	100
1929	11060	59,4	6900	37,0	680	3,6	18640	100
1930	8510	60,0	5250	37,0	420	3,0	14180	100
1931	3730	-	-	-	-	-	-	-

nach:

F. Fesenmeyer, Ursachen und Gründe der Wandlungen im Export deutscher
Eisen- und Stahlwaren nach Südamerika, Diss. Köln 1933, S.27, 49 ff, 62 ff

Tab. 1.18.2 Exporte der Hauptersteller nach einzelnen südamerikanischen Ländern 1913 und 1928

| | Dt. Reich | | | | | | USA | | England | |
	1913 Wert in 1000 RM	Menge in dz	Einheits-wert[1]	1928 Wert in 1000 RM	Menge in dz	Einheits-wert	1913 Wert in 1000 RM	1928 Wert in 1000 RM	1913 Wert in 1000 RM	1928 Wert in 1000 RM
Argentinien	2170	3690	588	3160	3570	885	410	2440	420	210
Bolivien	90	170	529	80	100	800	10	80	-	-
Brasilien	2070	3050	678	3170	3810	832	460	1680	1300	240
Chile	510	750	680	570	500	1140	100	640	370	120
Kolumbien	280	540	518	970	800	1212	50	940	-	70
Equador	40	70	571	80	60	1333	40	210	-	-
Paraguay	40	80	500	40	40	1000	-	20	-	-
Peru	130	260	500	230	270	857	30	350	70	-
Uruguay	190	230	826	510	510	1000	20	290	120	-
Venezuela	130	190	684	410	410	1000	50	350	190	80
Südamerika insg.	5650	9030	625	9220	10170	906	1170	7000	2470	720

1) Durchschnittswert je dz in RM

nach:
F. Fesenmeyer, Ursachen und Gründe der Wandlungen im Export deutscher Eisen- und Stahlwaren nach Südamerika, Diss. Köln 1933, S. 7, 21, 49, 56, 62, 69. Im Falle der USA und Großbritanniens liegen leider keine Daten zu den ausgeführten Mengen vor.

Tab. 1.19 Exporte und Importe der Hauptschneidwaren-
produzenten 1930 - 1937 (Wert in 1000 Dollar)

	1930 Import	1930 Export	1932 Import	1932 Export	1935 Import	1935 Export	1937 Import	1937 Export
USA	957	6829	369	2130	575	2220	730	2955
Dt. Reich	1304	15931	133	8307	87	13679	39	17161
Großbritannien	2377	4291	558	2807	917	5418	955	5926
Tschechoslowakei	519	399	123	141	264	220	304	262
Frankreich	899	1224	693	443	423	619	447	659
Schweden	1169	292	420	133	683	428	855	542
Japan	226	148	113	140	224	981	239	1024
Zusammen	7451	29114	2409	14101	3173	23565	3569	28529

nach:
United States Tariff Commission, Cutlery Products, Washington 1938, S.5

Tab. 1.20 Produktionsvolumen und Zahl der Beschäftigten
in der internationalen Schneidwarenindustrie
1966

Land	Produktion in Mio. US - Dollar		Zahl der Beschäftigten		Produktion pro Beschäftigten
	abs.	in v. H.	abs.	in v. H.	
EWG davon:	280	32	41000	32	6829
BRDeutschland	ca. 185[1.]	21	21500	17	8604
Frankreich	-	-	8900	-	-
Italien	-	-	6500	-	-
Niederlande	-	-	3500	-	-
Belgien / Luxemburg	-	-	600	-	-
USA	360	41	20000	16	18000
EFTA[2.]	90	11	15000	12	6000
übriges Europa	12	1	3000	2	4000
Ostblock- staaten	10	1	4000	3	2500
Brasilien	12	1	2500	2	4800
Japan	55	6	20000	16	2750
Rest der Welt	63	7	21000	17	3000
	880	100	126500	100	6956

1.) eigene Schätzung, vgl. hierzu SM 3. 5. 1968
2.) Europäische Freihandelszone: Großbritannien, Schweden, Norwegen, Dänemark,
Schweiz, Österreich, Portugal

nach:
A. Gebhardt u.a., Die Schneidwaren- und Besteckindustrie im gemein-
samen Markt - Sektorenstudie im Auftrag der Europäischen Gemeinschaft,
o. O. 1968, S. 9 f und 47
Die Aussagefähigkeit der vorangegangenen Tabelle muß in mehrfacher
Hinsicht relativiert werden:

Die Zahl der Beschäftigten wurde nach national unterschiedlichen
Kriterien ermittelt: mit und ohne Kleinstbetriebe bzw. Heimarbeiter
mit verschiedenen Abgrenzungskriterien, die mehr als nur Schneidwaren herstellen. So ist der Produktionsanteil der stark durchmecha-
nisierten Rasierklingenindustrie in den einzelnen Ländern unterschiedlich. Besonders im Falle der USA, in denen 50% des Produktions-
wertes auf Rasierklingen entfielen (in anderen Ländern ca. 30%),
erscheint daher die Arbeitsproduktivität unverhältnismäßig hoch.
Die zur Untersuchung auf einer einheitlichen Wertbasis verwendeten
Wechselkurse geben die effektiven Kaufkraftverhältnisse zwischen den
einzelnen Ländern nicht richtig wieder.

Tab. 1.21   Welthandel mit Schneidwaren und Bestecken
1966 (Haupteinfuhrländer und Hauptausfuhr-
länder) (in Mio. Dollar)

Land	Einfuhr	Ausfuhr
USA	40,3	13,0
EWG	22,8	59,8
Großbritannien	12,9	42,4
Japan	-	45,7
Kanada	10,0	-

nach:
A. Gebhardt u. a., Die Schneidwaren- und Besteckindustrie im gemeinsamen
Markt - Sektorenstudie im Auftrag der Europäischen Gemeinschaft, o. O.,
1968, S. 22

Tab. 1.22   Umsatz bzw. Produktion der Schneidwaren- und
Besteckindustrie in den EWG-Ländern
1955 - 1962 (in Mio. Dollar)

Land	1955	1958	1962	1962 (1955 = 100)
Frankreich	25,7	28,0	32,4	126
Belgien/Luxemburg	-	-	2,3	-
Niederlande	5,9	5,6	7,8	132
Deutschland	84,8	102,3	131,4	155
Italien	16,8	16,0	22,7	135
Zusammen	133,2	151,9	196,6	148

nach:
A. Gebhardt u. a., Die Schneidwaren- und Besteckindustrie im gemeinsamen
Markt - Sektorenstudie im Auftrag der Europäischen Gemeinschaft, o. O.,
1968, Anlage II

2. Sozial- und Wirtschaftsstruktur

2.1 Sozial- und Erwerbsstruktur

Tab. 2.1.1 Bevölkerungsentwicklung Solingens 1871 - 1961

Jahr	Alt - Solingen [1.]	Gräfrath	Höhscheid	Ohligs	Wald	Gesamt	Männer	in v. H.	Frauen	in v. H.
1871	24729	5413	9655	8688	7474	55959	28841	51,5	27188	48,5
1905	49018	9010	15468	24257	23055	120808	61706	51,1	59102	48,9
1925	51929	10560	15853	29904	27560	135706	67063	49,5	68643	50,5
1933	55247	10734	15602	30955	27615	140162	68688	49,0	71474	51,0
1939	54777	12219	15580	32024	25843	140453	66982	47,7	73471	52,3
1946	41707	11096	17033	35393	27688	132917	59262	44,6	73655	55,4
1948	-	-	-	-	-	142400	-	-	-	-
1950	46336	12964	18852	39312	30681	147845	68440	46,3	79405	53,7
1955	54838	13256	19109	42592	32908	157430	73087	46,4	84343	53,6
1961	60403	15111	19299	44245	34612	171065	79991	46,8	91014	53,2

1.) Gemeinde Alt - Solingen einschließlich Gemeinde Dorp (Eingemeindung zu Alt - Solingen am 1.1.1889)

nach:

1871 - 1925 sowie die Angaben zur Zusammensetzung nach Geschlecht
1933 bis 1950 nach:

> Statistisches Landesamt NRW (Hrsg.), Beiträge zur
> Statistik des Landes NRW, Sonderreihe Volkszählung
> 1961, Heft 3 c, Düsseldorf 1964

1933 - 1950:Arbeitsamt Solingen (Hrsg.), Strukturbericht des Arbeitsamtes Solingen, Mai 1959, StA Solingen, Bibl. IV-H-15,
S. 7

1955 u.1961:Die Angaben zu den einzelnen Stadtteilen nach:
H. St. Seidenfus, Wirtschaftsanalyse der Stadt Solingen,
Münster 1967, S. 6 a, der sich auf Angaben der Stadt
Solingen beruft.
Die Zahlen zum gesamten Stadtgebiet für das Jahr 1955
u. 1961 nach:
Stadtverwaltung Solingen, Verwaltungsbericht der Stadt
Solingen vom 1.4.1949 bis 31.12.1960, Solingen 1962,
S. 2, Die Differenz aus der Summe der einzelnen Stadt -
teile und der Gesamtzahl erklärt sich wahrscheinlich aus
unterschiedlich gewählten Stichtagen. Sie ist für unseren
Zusammenhang, in dem es nur um Trendaussagen geht, uner-
heblich.

Tab. 2.1.2 Die soziale Schichtung der Solinger Bevölkerung
nach ihrer Stellung im Beruf 1925, 1950 u. 1961

	1925 Berufszugehörige (Erwerbstätige u. Angehörige)	in v. H.	1950 Berufszugehörige in V. H.		1961 Berufszugehörige in v. H.	
(1) Arbeiter	63767	47,0				
(2) Hausgewerbe- treibende	15528	11,4				
Industriear- beiterschaft (1) u. (2)	79295	58,4	70989	48,0	79219	46,6
(3) Angestellte u. Beamte	21229	15,6	22461 / 4888	15,2 / 3,3	32205 / 6051	18,8 / 3,5
(4) Mithelfende, Familienang. u. Haus- angest.	5185	3,9	1429	0,9	2345	1,7
Lohnabhängige Bevölkerung (1) - (4)	105709	77,9	99767	67,4	119829	70,5
(5) Selbständige (ohne Haus gewerbetreiben- de)	23438	17,2	23286	15,8	18735	11,0
(6) Berufslose	6673	4,9	24792	16,8	31366	18,5
Gesamtbevölkerung	135728	100,0	147845	100,0	169930	100,0

nach:

1925: Statistik des Deutschen Reiches, Bd. 404, Heft 16, S. 111 ff

1950: Statistisches Landesamt Nordrhein - Westfalen, Beiträge zur
Statistik des Landes NRW, Sonderreihe Volkszählung 1961,
Heft 7 b, Düsseldorf 1963, S. 7

1961: Statistisches Landesamt Nordrhein - Westfalen, Beiträge zur
Statistik des Landes NRW, Sonderreihe Volkszählung 1961,
Heft 7 b, Düsseldorf 1963, S. 7

Tab. 2.1.3   Erwerbsquote 1923 - 1961

Jahr	Erwerbspersonen abs.	davon Frauen abs.	in v. H.	Erwerbs-quote [1]	Frauen [2] erwerbs-quote	Männer- [2] erwerbs quote
1925	66567	15169	22,7	49,0	22,0	76,6
1933	66725	15903	23,8	47,6	22,2	74,0
1939	68528	19056	27,8	48,8	25,9	73,9
1948	61168	17295	28,3	43,8	22,8	68,9
1950	66099	18389	28,3	44,7	23,1	69,3
1961	84222	28319	33,6	49,2	31,1	69,9

1.) Anteil der Erwerbspersonen (einschließlich Erwerbslose) an der Bevölkerung
2.) Anteil der männlichen bzw. weiblichen Erwerbspersonen am männlichen bzw. weiblichen Bevölkerungsteil

nach:
1925: Statistik des Deutschen Reiches, Bd. 404, Heft 16, S. 111 ff

1933: Statistik des Deutschen Reiches, Bd. 457, Heft 2, S. 50 f

1939: Statistik des Deutschen Reiches, Bd. 557, Heft 19, S. 128 f

1948: Führer durch Solingen 1945 - 1949, Akte StA Solingen
649-10-1, sowie Bibl. GA 2422, S. 74 und:
Verwaltungsbericht der Stadt Solingen vom Zusammenbruch 1945
bis 31. 3. 1949, StA Solingen Bibl. IV-B-7, S. 32

1950: Statistisches Landesamt NRW, Beiträge zur Statistik des
Landes NRW, Sonderreihe Volkszählung 1950, Heft 5a, Düsseldorf 1952, S. 108 f

1961: Die Wohnbevölkerung Nordrhein-Westfalens nach der überwiegenden
Unterhaltsquelle, Beiträge zur Statistik des Landes Nordrhein-
Westfalen, Sonderreihe Volkszählung 1961, Heft 7a, Düssel-
dorf 1964, Statistisches Jahrbuch für die Bundesrepublik
Deutschland 1965. Hier zit. nach: H. St. Seidenfus,Wirtschafts-
analyse der Stadt Solingen, Münster 1967, Tab. 4

Tab. 2.1.4   Erwerbspersonen nach Stellung im Beruf
1925 - 1961 (in v. H.)

Jahr	Selbständige	Mithelfende Familienangehörige	Angestellte u. Beamte	Arbeiter[1.]
1925	18,4	3,3	16,8	61,5
1933	14,7	4,0	21,1	63,1
1939	13,4	2,2	15,7	57,0
1948	13,1	3,0	75,8	
1950	16,1	2,0	23,2	58,7
1961	11,3	3,0	26,6	59,1

1.) Einschließlich Heimarbeiter, Lehrlinge u. Anlernlinge.

1925: Statistik des Deutschen Reiches, Bd. 404, Heft 6, S. 111 f

1933: Statistik des Deutschen Reiches, Bd. 452, Heft 2., S. 51

1939: Statistik des Deutschen Reiches, Bd. 559, Heft 10, S. 4 f

1948: Führer durch Solingen 1945 - 1949, Akte StA Solingen
649-10-1 sowie Bibl. GA 2422, S. 74

1950: H. St. Seidenfus, Wirtschaftsanalyse der Stadt Solingen,
Münster 1967, S. 17

1961: Die Erwerbspersonen in Nordrhein- Westfalen nach ihrer wirtschaftlichen Gliederung, Beiträge zur Statistik des Landes
Nordrhein-Westfalen, Sonderreihe Volkszählung 1961, Hefte
8a, 8b, Düsseldorf 1964

Tab. 2.1.5   Erwerbspersonen nach Wirtschaftsbereichen
1925 - 1961 (in v. H.)

Jahr	Land- u. Forst- wirtschaft	Industrie u. Handwerk	Tertiärer Sektor insg.	davon: Handel u. verkehr	öffentl. u. private Dienstleist.	häusliche Dienste
1925	2,7	74,2	23,1	13,4	4,4	5,3
1933	3,3	69,8	26,8	16,4	6,6	3,7
1948	2,9	67,0	30,1	16,3	10,6	3,1
1950	0,2	70,5	29,3	-	-	-
1961	0,2	69,5	30,3	-	-	-

errechnet nach:
1925: Statistik des Deutschen Reiches, Bd. 404, Heft 16, S. 111 ff

1933: Statistik des Deutschen Reiches, Bd. 457, Heft 2 , S. 50 f

1948: Führer durch Solingen, 1945 - 1949, Akte StA Solingen 649-10-1
sowie Bibl. GA 2422 , S. 74

1950 u. 1961: Die nichtlandwirtschaftlichen Arbeitsstätten in den
Ländern und deren Verwaltungsbezirken nach der Zählung vom
13. 9. 1950, Statistik der Bundesrepublik Deutschland, Bd. 46
Heft 3; hier zitiert nach:
H. St. Seidenfus, Wirtschaftsanalyse der Stadt Solingen,
Münster 1967, Tab. 10

Tab. 2.1. 6 Die Erwerbspersonen nach Stellung im Beruf
und Geschlecht 1925 und 1961

	1925				1961			
	Zusammen	m	w	Frauen in v. H.	Zusammen	w	m	Frauen in v. H.
Selbständige	9356	8107	1249	13,3	9660	7560	2100	21,7
Mithelfende Familienang.	2182	527	1655	75,8	2557	378	2179	85,2
Beamte Angestellte	11203	7962	3241	28,9	19334	2259 10082 10341	326 8667 8993	46,5
Arbeiter einschl. Heimarbeiter	40974	34801	6173	15,0	46128	32755	13373	29,0
Hausangestellte	-	-	2851	100	-	-	-	-
Lehrlinge Anlernlinge Praktikanten Volontäre	-	-	-	-	4459	2585	1874	42,0
Summe	66567	51398	15169	22,7	84138	55619	28519	33,9

nach.

1925: Statistik des Deutschen Reiches, Bd. 404, Heft 16, S. 111 ff

1961: Statistisches Landesamt NRW, Beiträge zur Statistik des
Landes NRW, Sonderreihe Volkszählung 1961, Heft 8c, Düsseldorf
1963, S. 12

Tab. 2.1.7 Die Erwerbspersonen (Industrie und Handwerk)
nach Stellung im Beruf in den einzelnen
Stadtbezirken 1925

	Erwerbspersonen in Industrie u. Handwerk insg. = 100%	Stellung im Beruf (1) Selbständige abs.	Stellung im Beruf (1) Selbständige in v. H.	(2) Hausgewerbetreibende abs.	(2) Hausgewerbetreibende in v. H.	(3) Angestelle u. Beamte abs.	(3) Angestelle u. Beamte in v. H.	(4) Mithelfende Familienang. abs.	(4) Mithelfende Familienang. in v. H.	(5) Arbeiter insg. abs.	(5) Arbeiter insg. in v. H.	darunter weiblich abs.	darunter weiblich in v. H.
Solingen	17640	2062	11,7	2015	11,5	2291	13,0	177	1,0	11094	62,8	1490	13,4
Gräfrath	4117	378	9,2	360	8,7	519	12,6	46	1,1	2841	68,4	534	19,0
Höhscheid	6051	529	8,7	1582	26,2	459	7,6	48	0,8	3433	56,7	624	18,1
Ohligs	10742	1261	11,7	1383	12,9	1191	11,1	152	1,4	6755	62,9	1294	19,1
Wald	10842	1224	11,3	884	8,1	1244	11,5	110	1,0	7380	68,1	1376	18,6
Summe	49392	5454	11,0	6225	12,6	5704	11,6	533	1,1	31476	63,7	5318	16,9

Errechnet nach:
Statistik des Deutschen Reiches, Bd. 404, Heft 16, S. 111 ff

Tab. 2.1.8 Die Erwerbsbevölkerung und die Erwerbsquote nach
Stadtteilen und Geschlecht 1925

	Erwerbspersonen insgesamt		männlich		weiblich		Erwerbs-quote insg.
	abs.	in v. H.	abs.	in v. H.	abs.	in v. H.	in v. H.
Solingen	25114	37,7	19410	37,7	5704	37,7	48,3
Gräfrath	5299	8,0	4069	7,9	1230	8,1	50,4
Höhscheid	7894	11,9	6198	12,0	1696	11,3	49,9
Ohligs	14595	21,9	11180	21,9	3415	22,6	48,9
Wald	13665	20,5	10541	20,5	3124	20,3	49,6
Zusammen	66567	100	51398	100	15169	100	49,0

nach:
Statistik des Deutschen Reiches, Bd. 404, Heft 19, S. 111 ff

Tab. 2.1.9 Frauenarbeit nach Wirtschaftsabteilungen
1925 - 1961

	Erwerbstätige[1) Frauen insg.		Davon: Land u. Forstwirtschaft		Industrie u. Handel		Tertiäre Sektor	
Jahr	abs.	in v. H.	abs.	in v. H.	abs.	in v. H.	abs.	in v. H.
1925	15169	100	764	5,0	7431	49,0	6974	46,0
1933	15903	100	848	5,3	7045	44,4	8010	50,3
1948	17295	100	603	3,2	8779	50,8	7913	46,0
1961	28319	100	417	1,5	14628	51,6	13274	46,9

1.) Einschließlich Erwerbslose

Errechnet nach:

1925: Statistik des Deutschen Reiches, Bd. 404, Heft 16, S. 111 ff

1933: Statistik des Deutschen Reiches, Bd. 457, Heft 2, S. 50 f

1948: Führer durch Solingen 1945 - 1949, Akte StA Solingen 649-10-1
sowie Bibl. GA 2422, S. 74

1961: Statistisches Landesamt NRW, Beiträge zur Statistik des Landes
NRW, Sonderreihe Volkszählung 1961, Heft 3a, Düsseldorf
1954, S. 18 f

Tab. 2.1.10 Anteil der Frauen an den Erwerbstätigen
nach Wirtschaftsabteilungen 1925 - 1961
(in v. H.)

Jahr	Land u. Forstwirtschaft	Industrie u. Handwerk	Tertiärer Sektor
1925	41,8	15,3	45,4
1933	38,3	15,1	45,0
1948	35,4	21,4	43,0
1961	38,6	24,2	49,3

Errechnet nach:

1925: Statistik des Deutschen Reiches, Bd. 404, Heft 16, S. 111 ff

1933: Statistik des Deutschen Reiches, Bd. 457, Heft 2, S. 50 f

1948: Führer durch Solingen 1945 - 1949, Akte StA Solingen 649-10-1
sowie Bibl. GA 2422, S. 74

1961: Statistisches Landesamt NRW, Beiträge zur Statistik des Landes
NRW, Sonderreihe Volkszählung 1961, Heft 3a, Düsseldorf 1954,
S. 18 f

2.2   Wirtschaftsstruktur

Tab. 2.2.1   Die Stellung der Solinger Stahlwarenindustrie
im Dt. Reich bzw. in der Bundesrepublik
Deutschland 1925 (1928) u. 1960

| | 1925 [1.] | | | 1928 [1.] | | | 1960 [2.] | | |
	Solingen	Dt. Reich	Solingen in v. H.	Solingen	Dt. Reich	Solingen in v. H.	Solingen	BRD	Solingen in v. H.
Betriebe	8189	9808	83,4	-	-	-	249	321	77,5
Beschäftigte	28281	36663	77,1	-	-	-	15098	20037	75,3
Umsatz	-	-	-	105,8 Mio	123,8 Mio	85,0	278	317	87,6
Export	-	-	-	59,5 Mio	70,1 Mio	84,8	108	89	82,4

1.) einschließlich Hausindustrie
2.) Betriebe mit mehr als 10 Beschäftigten

nach:

1925 Betriebe, Beschäftigte: Angaben zu Solingen nach: Statistik des Dt. Reiches,
Bd. 416, Heft 9a, S.111 ff , Gruppe Herstellung von Eisen- und Stahlwaren;
Angaben zum Dt. Reich nach: Ausschuß zur Untersuchung der Erzeugungs- und
Absatzbedingungen der deutschen Wirtschaft, Die deutsche Eisen- und Stahlwarenindustrie, Berlin 1930, S. 28. Vgl. hier die Angaben zum Rheinland,
wonach 88,4% der Betriebe und 78,3% der Beschäftigten der dt. Stahlwaren-
dustrie auf das Rheinland fallen, ebenda, S. 85

1928 Umsatz, Export: H. Giese, Der Konkurrenzkampf der deutschen und der englischen
Schneidwarenindustrie auf dem Weltmarkt in der Nachkriegszeit, Diss. Solingen
1934, S. 17

1960 Betriebe, Beschäftigte: (Erhebungsgrundlage: Betriebe mit 10 und mehr Besch.)
Brigitte Berkenhoff, Probleme in der Solinger Schneidwarenindustrie, Diss. Ms.
Innsbruck 1963, S. 10a
Export: (Erhebungsgrundlage s. o.), Brigitte Berkenhoff, Die Solinger Schneid-
warenindustrie und ihre Heimarbeit heute, Dipl. Ms Innsbruck 1961, S. 34
Umsatz: Statistische Berichte der Stadt Solingen, Jg. 1960 I - IV Quartal.
Brigitte Berkenhoff, Probleme..., a. a. O., Tafel Nr. 12

Tab. 2.2.2 Betriebsgrößenstruktur der Solinger Schneidwarenindustrie und der bundesdeutschen
Schneidwarenindustrie im Jahre 1955

	Solingen		Bundesrepublik ohne Solingen	
	Zahl der Betriebe	Anteil am Gesamtumsatz	Zahl der Betriebe	Anteil am Gesamtumsatz
1 - 9	478	10,2	22	4,5
10 - 49	401	45,8	29	32,3
50 - 199	41	26,2	9	38,6
200 u.mehr	8	17,8	2	24,6
insg.	928	100	62	100

errechnet nach:
R. Pütz, Die Stellung der Deutschen Schneidwarenindustrie auf dem
Weltmarkt, Diss. Ms Bonn 1959, S.22

Tab. 2.2.3 Die Beschäftigten der Solinger Betriebe mit
mehr als 300 Beschäftigten im Jahre 1958

Industriezweig	Männer	Frauen	Frauen in v. H.
Schneidwarenindustrie	3280	914	27,8
übrige Metallindustrie (ohne Schneidwaren- industrie)	10007	1870	18,7
Metallindustrie (einschließlich Schneidwarenindustrie)	13287	2784	20,9
Scherenindustrie	2299	1033	44,9

errechnet nach:
Strukturbericht des Arbeitsamts Solingen, Solingen 1959, Anhang II,
StA Solingen Bibl., IV-H-15

Tab. 2.2.4 Beschäftigtenzahl und Anzahl der Betriebe in
der Solinger Metallindustrie[1].)
(inkl. Schneidwarenindustrie) 1925 - 1961

		Zahl der: Betriebe	Zahl der: Beschäftigte	durchschnittl. Beschäftigten-Zahl je Betrieb	Frauen abs.	Frauen in v. H.	Erwerbspersonen in v. H. der Erwerbspersonen insgesamt.	Erwerbspersonen in v. H. der in Industrie u. Handwerk Beschäftigten
1925	1	80	2750	34,3	177	6,5	4,1	5,5
	2	100	2680	26,8	262	9,7	4,0	5,4
	3	2005	31453	15,6	3964	12,6	47,2	63,6
	4	2185	36883	16,9	4403	11,9	55,3	74,5
1934	1	23	1298	56,4	-	-	-	-
	2	64	1896	29,6	-	-	-	-
	3	1575	14971	9,5	-	-	-	-
	4	1662	18165	10,9	-	-	-	-
1939	1	-	4139	-	-	-	6,4	8,4
	2	-	3034	-	-	-	4,7	6,2
	3	-	26847	-	-	-	42,0	54,7
	4	-	34020	-	-	-	53,1	69,3
1950	1	60	1853	30,8	-	-	2,8	-
	2	84	2765	32,9	-	-	4,1	-
	3	2154	19280	8,9	-	-	29,2	-
	4	2298	23898	10,3	-	-	36,2	-
1961	1	262	8991	34,3	1375	15,2	10,6	-
	2	175	6032	34,5	920	15,2	7,1	-
	3	1267	21925	17,3	7235	32,9	26,0	-
	4	1704	36948	21,7	9530	25,8	43,7	-

1 = Metallerzeugung
2 = Maschinen- und Apparatebau
3 = Herstellung von Eisen-, Stahl- und Metallwaren
4 = Metallindustrie insg.

1.) ohne Elektrotechnik, Feinmechanik und Optik

nach:
1925: Statistik des Deutschen Reiches, Bd. 416, Heft 9a, S. 111 ff;
Bd. 404, Heft 16, S. 111 ff

1934: Aufstellung nach der Personenbestandsaufnahme vom 10. 10. 1934 in:
StA Solingen Akte SG 2230

1939: Statisik des Deutschen Reiches, Bd. 568, Heft 11, S. 35

1950: Mitteilungen der Industrie und Handelskammer Solingen, Jg. 1951, S. 35

1961: Statistisches Landesamt NRW, Beiträge zur Statistik des Landes NRW,
Sonderreihe Volkszählung 1961, Heft 17, Düsseldorf 1963, S. 58

Tab. 2.2.5 Betriebe und Beschäftigte der (Solinger) Schneidwarenindustrie nach Betriebsgrößenklassen 1925 - 1962 (ohne Heimindustrie) (in v. H.)

Betriebsgrößenklassen (Zahl d. Beschäftigten)	1925		1930		1936		1952 [1]		1958		1962	
	Betr.	Besch.	Betr.	Besch.	Betr.	Besch.	Betr.	Besch.	Betr.	Besch.	Betr.	Besch.
0 - 5	60,3	13,2	76,9	15,1	70,1	11,9	70,6	17,8	48,9	6,4	50,7	6,6
6 - 9									16,9	6,1	15,6	5,5
10 - 49	35,9	37,9	20,1	27,5	26,1	28,9	22,3	28,3	25,9	28,1	23,9	25,0
50 - 99	3,1	25,7					4,5	19,2	4,2	14,5	6,2	21,5
100 - 199	0,7	23,2	3	57,4	3,8	59,2	2,6	34,7	4,1	44,9	3,6	41,4
200 u. mehr												
	100	100	100	100	100	100	100	100	100	100	100	100

1.) NRW, Anteil Solingens mehr als 90 %

Errechnet nach:
1930 u. 1936: K. Matthiolius, Die Solinger Schneidwarenindustrie
1928 - 1937, Solingen 1938, S. 4

1952:   Statistisches Landesamt NRW (Hrsg.), Schneidwaren-
             und Besteckindustrie in Nordrhein-Westfalen, Düssel-
             dorf 1953, S. 2

1958 u. 1962: Angaben der Stadtverwaltung Solingen, zit. nach:
             Dr. Fischer, Bedeutung der Schneidwarenindustrie für
             die Wirtschaftsstruktur und die Finanzen der Stadt
             Solingen, Solingen 1967, Aufstellung 2

Die Angaben für das Jahr 1925 beziehen sich auf das Deutsche Reich.
Da zu dieser Zeit jedoch die Betriebsgrößenstruktur in den einzelnen
Standortgebieten sehr ähnlich war, können auch diese Zahlen als
repräsentativ angesehen werden.

Bei den Gruppen der Betriebe mit 1 - 5 bzw. 5 - 9 (49) Beschäftigten
sind die Angaben der Jahre 1930 und 1936 nicht exakt, da die Statistik
von Matthiolius eine andere Gruppeneinteilung (1 - 4, 5 - 49) vornimmt.
Die Angaben für das Jahr 1952 beziehen sich auf NRW. Da die NRW-
Schneidwarenindustrie jedoch weitgehend auf Solingen konzentriert ist,
können diese Zahlen sehr wohl Repräsentativität beanspruchen.

Tab. 2.2.6   Verteilung der Umsätze in der Solinger Schneid-
             warenindustrie nach Umsatzgrößenklassen 1928

Jahresabsatz in RM	Betriebe	in v. H. der Betriebe	in v. H. des Gesamtumsatzes
bis 50000	423	51,5	7,7
50000 bis unter 100000	183	22,3	11,3
100000 bis unter 200000	97	11,8	11,9
200000 bis unter 1 Mio	96	11,7	31,6
über 1 Mio	22	2,7	37,5
Gesamt	821	100	100

nach:
K. Matthiolius, Die Solinger Schneidwarenindustrie 1928 - 1937, Ein
gemeinsamer Bericht der IHK Solingen und der Fachgruppe Schneidwarenindustrie, Solingen 1938, S. 3

Tab. 2.2.7   Umsätze der nordrhein-westfälischen Schneidwaren-
             industrie[1.] nach Betriebsgrößenklassen 1952 u. 1962
             (in v. H.)

Zahl der Beschäftigten	1952 Zahl d. Betriebe abs.	in v. H.	Umsätze in v. H.	1962 Zahl d. Betriebe abs.	in v. H.	Umsätze in v. H.
1 - 9	672	70,6	19,1	371	66,3	12,0
10 - 19	212	22,3	11,1	170	23,9	24,5
20 - 49			20,9			
50 - 99	43	4,5	19,3	44	6,2	15,6
100 - 199	24	2,6	10,2	26	3,6	17,2
200 u. mehr			19,4			30,7
	951	100	100	611	100	100

1.) Anteil Solingens mehr als 90 %

nach:
1952: Statistisches Landesamt NRW (Hrsg.), Schneidwaren- und Besteckin-
      dustrie in Nordrhein-Westfalen, Düsseldorf 1953, S. 2

1962: Fachverband Schneidwarenindustrie, Geschäftsbericht 1962,
      Solingen 1963, S. 4

Tab. 2.2.8 Die Struktur der Solinger Wirtschaft 1913 - 1961
(Beschäftigte in den wichtigsten Wirtschafts-
zweigen)

Jahr	Erwerbspersonen überhaupt	Industrie und Handwerk		Metallindustrie insgesamt		Schneidwarenindustrie			Metallindustrie außerhalb der Schneidwarenindustrie		
		abs.	in v. H.[1.]	abs.	in v. H.[2.]	abs.	in v. H.[2.]	in v. H.[3.]	abs.	in v. H.[2.]	in v. H.[3.]
1913	-	31899	-	26700	83,6	18766	58,8	70,2	7934	24,8	29,8
1925	66567	49392	74,2	36883	74,6	25000	50,6	67,9	11883	24,0	32,1
1939	68528	49040	71,6	34020	69,4	19000	38,7	55,9	15020	30,7	44,1
1950	66099	41067	62,1	23898	58,2	14500	35,3	60,6	9398	22,9	39,4
1961	84222	54263	64,4	36948	68,0	15310	28,2	41,5	21638	39,8	58,5

1.) der Erwerbspersonen

2.) der Beschäftigten in Industrie u. Handwerk

3.) der Beschäftigten in der Metallindustrie

errechnet nach:
1) Zahl d. Erwerbspersonen vgl. Tab. 2.1.3

2) Erwerbspersonen in Industrie u. Handwerk:
1913: R. Boch, Handwerker - Sozialisten gegen Fabrikgesellschaft, Göttingen 1985, S. 185
1925: Statistik des Deutschen Reiches, Bd. 404, Heft 16, S. 111 - 120
1939: Statistik des Deutschen Reiches, Bd. 568, Heft 11, S: 35
1950, 1961: H. St. Seidenfuß, Wirtschaftanalyse der Stadt Solingen, Münster 1967, Tab. 10 im Anhang

3) Beschäftigte der Metallindustrie
1913: R. Boch, a. a. O.
1925 - 1961: vgl. Tab. 2.2.4

4) Beschäftigte der Schneidwarenindustrie
1913: R. Boch, a. a. O.
1925 - 1961: vgl. Tab. 2.3.1

Tab. 2.2.9 Die Struktur der Solinger Wirtschaft im Jahre 1959

Wirtschaftszweig	Betriebe	in v. H.	Umsatz in 1000 DM	in v. H.	Beschäft.	in v. H.	Löhne u. Gehälter in 1000 DM	in v. H.
Gesamte Solinger Wirtschaft	542	100,0	910329	100,0	37403	100,0	211833	100,0
darunter:								
1. Schneidwaren u. Bestecke	252	46,5	262036	28,8	13347	35,7	68910	32,5
2. Maschinenbau	37	6,8	94130	10,3	4048	10,8	25460	12,0
3. Stahlverform.	25	4,6	50915	5,6	1826	4,9	12002	5,7
4. Metall- u. Metallkurzw. ind.	29	5,35	55425	6,1	2637	7,1	12562	5,9
5. übrige Wirtschaftszweige	199	36,7	447823	49,2	15547	41,5	92899	43,9

Erhebungsgrundlage: Betriebe mit 10 und mehr Beschäftigten

nach:
Statistische Berichte der Stadt Solingen, Jg. 1959, Industrieberichte der IHK, Jg. 1959

Tab. 2.2.10 Die Entwicklung der Solinger Schneidwarenindustrie (Betriebe mit 10 und mehr Beschäftigten) 1956 - 1966

Jahr[1.]	1956	1961	1966
Zahl der berichtenden Firmen	266	236	213
Beschäftigte insg.	13347	12788	11139
Bruttogehälter, -löhne in 1000 DM	5382	6930	8845
Arbeitsstunden in 1000	2109	1763	1434
Gesamtumsatz in 1000 DM	24136	29073	35661
Umsatz je Beschäftigten in DM	1808	2273	3201
Umsatz je Arbeitsstunde in DM	11,4	16,4	24,8

1.) jeweils November

nach:
Statistische Berichte der Stadt Solingen,
Jg. 1956, Heft 4, S. 59;
Jg. 1961, Heft 4, S. 93;
Jg. 1966, Heft 4, S. 85

2.3 Heimindustrie

Tab. 2.3.1 Heimarbeiter und Betriebsarbeiter in der
Solinger Schneidwarenindustrie 1907 - 1961

Jahr	Beschäftigte d. Stahlwarenindustrie insg.	Betriebsarbeiter abs.	in v. H.	Heimarbeiter abs.	in v. H.
1907	18000	7033	39	10867	61
1923	-	-	-	11393	-
1925	25000	12000	48	ca. 13000	52
1929	26000	14000	53,8	ca. 12000	46,2
1936	18273	14100	77	4173	23
1937	-	-	-	4982	-
1940	-	-	-	6000	-
1947/ 1948	13850	10635	77	3215	23
1952	15000	11400	76	3600	24
1956	16903	13347	79	3556	21
1959	16762	12868	77	3894	23
1961	15310	12788	83,5	2522	16,5

nach:
Heimarbeiter:
1907: R. Boch, Handwerker - Sozialisten gegen Fabrikgesellsachaft,
Göttingen 1985, S. 182
1923, 1925: Brigitte Berkenhoff, Probleme in der Solinger Schneidwarenindustrie, Diss. Innsbruck 1963, Ms. StA Solingen, S. 55

1936: K. Matthiolius, Die Solinger Schneidwarenindustrie 1928 -
1937. Ein gemeinsamer Bericht der IHK und der Fachgruppe Schneidwarenindustrie e. V., Solingen 1938, S.36
1937, K Löhmer, Die Situation der Heimarbeiter in der Solinger
Schneidwarenindustrie, Diss. Köln 1951, Ms. StA Solingen, S. 16

1940: HST A Düsseldorf BR 1015/61 Bl. 86
1947/48, 1952: H. G. Heine, Der Aufstieg in die Selbstständigkeit in
der Solinger Stahlwarenindustrie, Dipl. Köln 1964, S. 47
1956, 1959:.W. Kuhenne, Die Heimarbeit im Raume Lüdenscheid und
Solingen - Ihre wirtschaftliche Bedeutung und ihre soziale
Problematik, Ms. Dipl. Lüdenscheid 1960, StA Solingen, S. 74

1961: Statistische Berichte der Stadt Solingen, Jg. 1961, Heft 4,
S. 93, sowie H. St. Seidenfus, Wirtschaftsanalyse der Stadt
Solingen, Münster 1967, Tab. 23 im Anhang

Fabrikarbeiter:
1907: R. Boch, a. a. O., S. 182
1925, 1929: Ingrid Duisberg, Die Solinger Schneidwarenindustrie und
ihre Produktions- und Absatzverhältnisse nach dem 2. Weltkrieg,
Diss. Wien 1949, S. 87
1936: K. Matthiolius: a. a. O., S.4
1947/48, 1952: H. G. Heine, a. a. O., S. 47
1956: Statistische Berichte der Stadt Solingen, Jg. 1956, Heft 4,S. 59
1959: desgl.,Jg. 1959, Heft 4, S. 78
1961: H. St. Seidenfus, a. a. O.

Tab. 2.3.2 Die Solinger Heimindustrie nach Stadtteilen
im Jahre 1925

	Zahl d. gewerbl. Niederlassungen überhaupt	Zahl der Hausgewerbebetriebe	Hausgewerbebetriebe in v. H. aller Niederlassungen
Höhscheid	2242	2081	92,8
Solingen	2450	1941	74,2
Ohligs	1731	1358	78,5
Wald	1272	996	78,3
Gräfrath	494	393	74,6
insg.	8189	6769	83,5

nach:
Statistik des Deutschen Reiches, Bd. 416, Heft 9a, S. 88

Tab. 2.3.3 Heimarbeiter nach Berufsgruppen 1923 - 1961

	1923 abs.	1923 in v. H.	1950 abs.	1950 in v. H.	1955 abs.	1955 in v. H.	1961 abs.	1961 in v. H.
Schleifer[1.)]	4900	43,0	2005	62,0	2335	61,9	1661	65,8
Reider	4115	36,2	756	23,4	990	26,2	703	27,9
Härter	578	5,0	174	5,4	152	4,1	81	3,2
Sonstige	1800	15,8	294	9,2	292	7,8	77	3,1
Insg.	11393	100	3229	100	3769	100	2522	100

1,) inkl. Ausmacher, Scherennagler

nach:
1923: H. Wielpütz, Die Heimarbeiter der Solinger Schneidwarenindustrie
seit Aufhebung des Koalitionsverbotes, Diss. Ms. StA Solingen,
Giessen 1924, S. 22 f

1950: K. Löhmer, Die Situation der Heimarbeiter in der Solinger Schneidwarenindustrie, Diss. Köln 1951, Ms. StA Solingen, S. 17 f

1955 u. 1961: H. St. Seidenfus, Wirtschaftsanalyse der Stadt Solingen,
Münster 1967, Tab. 23 im Anhang

Tab. 2.3.4 Heimarbeiter nach Branchen 1924 - 1961

	1924	1936	1950	1955	1961
Scherenbranche	3350	1077	990	1256	919
Taschenmesser	3730	951	624	801	483
Lange Messer					
(Tisch, Berufs-	2400	966	1034		
Küchenmesser)				443	295
Besteckbranche				506	419
Rasiermesser	1025	285	238	192	68
Chirurg. Istrum.	280	?	229	120	61
Haarmaschinen	-	-	-	-	-
Waffen	123	342	-	-	-
Sonstige[1.)]	500	552	114	451	277

1.) Heimarbeiter, die ausgefallene Artikel bearbeiten sowie Heimarbeiter, die für mehrere Branchen tätig sind

nach:
1924: H. Möhle, Der Exporthandel der Solinger Schneidwarenindustrie, Diss. Frankfurt 1931, S. 70; vgl. auch:
H. Wielpütz, Die Heimarbeiter der Solinger Schneidwarenindustrie seit Aufhebung des Koalitionsverbotes, Diss. Ms. StA Solingen, Giessen 1924, S. 22 f

1936: K. Matthiolius (Hrsg.), Die Solinger Schneidwarenindustrie 1928 - 1937, Ein gemeinsamer Bericht der IHK Solingen und der Fachgruppe Schneidwarenindustrie e. V., Solingen 1938, S. 16

1950: K. Löhmer, Die Situation der Heimarbeiter ind der Solinger Schneidwarenindustrie, Diss. Köln 1951, Ms. StA Solingen, S. 50

1960: Brigitte Berkenhoff, Probleme in der Solinger Schneidwarenindustrie, Diss. Innsbruck 1963, S: 90

1961: H. St. Seidenfus, Wirtschaftsanalyse der Stadt Solingen, Münster 1967, Tab. 23 im Anhang

3. Einzelne Firmen

3.1 Fa. Köller

Firmenarchiv Köller
Grünewalderstr. 28
565 Solingen

verwendete Quellen:
- kleines Heft mit Aufschrift: Statistik 1903 - 1917
- Rechnungsausgangsbücher Jg. 1913 - 1956
- Jahresbilanz Jg. 1960 u. 1965

—

- Nachweis der Hausgewerbetreibenden 1925 - 1929
- Lohnbücher mit der Aufschrift:

    - Bruttolöhne und Gehälter
      Fabrikarbeiter 1928 - 1953
      Heimarbeiter   1930 - 1953
      Angestellte   1942 - 1953

    - Fabrikarbeiter Lohnbuch
      12/1943 - 8/1949
      9/1949 - 7/1954

    - Heimarbeiter Entgeltbuch
      1930 - 1938
    desg. 1940 - 1953

- Personalkartei 1956
- Heimarbeiterkartei 1965
- Fabrikarbeiterkartei 1965

Tab. 2.3.5 Altersstruktur der Solinger Stahlwaren-
          arbeiterschaft im Jahre 1952 im Vergleich
          zu den übrigen Berufen (in v. H.)

| Altersklasse | Facharbeiter der Stahlwarenindustrie | | | übrige Berufe |
	Betriebsarbeiter	Heimarbeiter	Zusammen	(ohne Stahlwarenind.)
unter 18	11,8	1,3	6,7	4,3
18 - 24	6.6	3,1	4,9	15,4
25 - 34	8,3	5,2	6,8	18,0
35 - 44	14,2	10,6	12,4	22,0
45 - 54	25,6	36,4	30,9	22,4
55 - 64	18,3	23,9	21,0	12,2
65 u. älter	15,2	19,5	17,3	5,7
zusammen	100	100	100	100

nach:
Sondererhebung des Arbeitsamtes Solingen vom 24. 1. 1952, zit. nach:
U. Braun,Die Entwicklung der Solinger Schneidwarenindustrie seit
der Währungsreform 1948, S. 95

3.1.1   Entwicklung der Warenumsätze, der Exporte und
         der Exportquote

Tab. 3.1.1.1 1913 - 1947[1.)]

Jahr	Umsatz Index (1913 = 100)	Export (Wert) Index (1929 = 100)	Exportquote
1913	100	-	-
1914	67	-	-
1915	97	-	-
1916	92	-	-
1917	182	-	-
1925	95	70	31,1%
1926	91	90	42,0%
1927	103	85	35,2%
1928	111	104	37,9%
1929	104	100	40,7%
1932	50	-	-
1934	68	-	-
1936	73	-	-
1938	105	105	42,3%
1939	121	93	32,8%
1940	168	99	24,8%
1941	176	109	26,3%
1942	150	88	24,9%
1943	128	56	18,4%
1944	113	40	15,2%
1945	39	0,5	0,5%
1946	81	-	-
1947	100	-	-

1.) in laufenden Preisen gerechnet

Tab. 3.1.1.2 1948 - 1965

Jahr	Umsatz (Wert) Index (1953 = 100)	Export (Wert) Index (1953 = 100)	Exportquote
1948	62	8	4,6%
1949	55	27	16,3%
1950	68	82	38,2%
1951	93	106	37,7%
1952	101	103	33,7%
1953	100	100	33,2%
1954	99	94	31,4%
1956	125	122	32,4%
1960	179	171	31,8%
1965	257	211	27,3%

Tab. 3.1.2 Qualifikationsstruktur der Gesamtbelegschaft
1926 und 1956 (in v. H.)[1.]

	1926		1956	1965
Gelernte	87,8		75,6	68,4
davon:				
Heimarbeiter		69,0	59,2	56,1
Fabrikarbeiter		18,8	16,4	12,3
Angelernte	5,7		12,7	19,3
Ungelernte	6,7		11,7	12,3
	100		100	100

1.) Die Berechnung der Verhältniszahlen erfolgte auf der Basis der Lohnsummen. Der
Anteil der Gelernten wird von daher aufgrund der besseren Entlohnung überbe-
wertet; insb. bei den Heimarbeitern, in deren Entgelten auch Entschädigungen
für Sachaufwendungen enthalten sind. Hinzu kommt, daß die Differenz in der
Entlohnung von Angelernten/Ungelernten auf der einen Seite und Gelernten
auf der anderen Seite in den 50 er Jahren geringer war, als in den 20 er Jahren,
so daß auch der Vergleich geringe Verzerrungen aufweist. Zu der Berechnung
anhand der Lohnsumme gibt es jedoch keine Alternative, da die Heimarbeiter
für mehrere Firmen beschäftigt waren und ihr Anteil von daher rein numerisch
nicht erfaßt werden kann. Die Auswahl des Jahres 1926 als Vergleichsjahr
erscheint aufgrund der Wirtschaftskrise 1925/1926 ebenfalls als wenig un-
glücklich. 1926 ist jedoch das einzige Jahr der Weimarer Republik, in dem
die Lohnbücher vollständige Angaben zu den Berufen der Fabrikarbeiter enthalten.

Tab. 3.1.3 Heimarbeit und Fabrikarbeit 1925 - 1965
(Anteil in v. H.)[1.]

Jahr	Heimarbeit	Fabrikarbeit
1925	63,2	36,8
1928	55,3	44,7
1932	65,3	34,7
1935	65,0	35,0
1938	69,2	30,8
1941	77,0	23,0
1944	70,6	29,4
1947	74,5	25,5
1952	56,3	43,7
1956	56,6	43,4
1965	56,2	43,8

1.) Berechnungsgrundlage ist die Lohnsumme

Tab. 3.1.4 Anteil der Lohnsumme am Gesamtumsatz 1925 - 1965

Jahr	Lohnsumme insg. in v. H. des Gesamt- umsatzes	Lohnsumme Fabrikarbeiter in v. H. des Gesamt- umsatzes	Lohnsumme Heimarbeiter in v. H. des Gesamt- umsatzes
1925	40,2	14,8	25,4
1928	35,2	15,7	19,5
1932	34,6	12,1	22,5
1935	38,7	13,4	25,3
1938	40,9	12,6	28,3
1941	40,4	9,3	31,1
1944	41,5	12,2	29,3
1947	43,4	11,0	32,4
1852	39,4	17,2	22,2
1956	33,4	14,5	18,9
1965	34,0	14,9	19,1

Tab. 3.1.5 Entwicklung der Fabrikbelegschaft (ohne Heimarbeiter) 1920 - 1965

Jahr[1.]	Männer	Frauen	Zusammen
1920 [2.]	10	6	16
1924 [3.]	12	5	17
1927	16	3	19
1929	18	5	23
1932	10	4	14
1936	14	4	18
1939	17	8	25
1941	14	10	24
1943	11	14	25
1947	13	6	19
1950	14	7	21
1953	22	12	34
1956	26	14	40
1965	32	13	45

1.) jeweils Oktober
2.) Dezember
3.) Juni

Tab. 3.1.6 Altersstruktur der Fabrikarbeiter 1928 - 1965

Altersgruppe	1928 m	w	1956 m	w	1965 m	w
10 - 20	4	2	-	-	5	-
21 - 30	5	2	1	1	8	1
31 - 40	2	1	2	3	7	2
41 - 50	3	-	2	7	1	4
51 - 60	-	-	4	2	3	6
61 u. mehr	-	-	8	-	10	2
Durchschnitts-alter	27	23	57,5	44,2	40	48,5

Tab. 3.1.7 Betriebszugehörigkeit der Fabrikarbeiter
            1928 - 1965

Durchschnittliche Betriebszugehörigkeit (Jahre)

Jahr	m	w
1928	3,5	1,0
1935	8,1	1,3
1939	6,5	1,3
1944	13,2	2,5
1956	5,7	2,4
1965	5,7	4,1

Tab. 3.1.8 Altersstruktur der Heimarbeiter 1956 - 1965

Zahl der Heimarbeiter

Altersgruppe	1956	1965
10 - 20	1	1
21 - 30	3	7
31 - 40	2	3
41 - 50	10	7
51 - 60	14	17
61 - 70	10	17
71 - 80	2	9
80 u. älter	5	2
Durchschnitts-alter		
Heimarbeiter	(34) 60,2	-
Stellen-mieter	(14) 47,5	-
Heimarbeiter insg.	(48) 57,2	54,6

3.2   Fa. Krusius

Tab. 3.2.1   Beschäftigung im Ersten Weltkrieg

	Männliche Arbeiter über 16	Arbeiterinnen 16 - 21	über 21	Jugendliche 14 - 16 männl.	weibl.	Arbeiter insg.
10. 07. 1913	88	8	1	9	1	107
10. 11. 1914	116	7	-	28	17	168
16. 05. 1916	66	5	-	46	8	125
13. 09. 1917	69	13	12	35	16	145
05. 11. 1918	98	12	19	29	18	176
15. 07. 1919	125	5	1	70	13	214

nach:
StA Solingen, Akte W 1811

3.3   Fa. Bertram

(StA Solingen, Fi-l)

Tab. 3.3.1 Beschäftigte der Fa. Bertram 1913 - 1952

Jahr[1.]	Fabrikarbeiter u. technische Angestellte			Heimarbeiter	davon überwiegend	Inhaber u. Kaufmänn. Angestellte
	m	w	zus.	überhaupt	für Bertram beschäft.	
[5]1913	17	2	19	-	-	-
1914	21	3	24	-	-	-
1915	12	2	14	-	-	-
1916	15	4	19	-	-	-
1917	9	5	14	-	-	-
1918	8	4	12	-	-	-
[1]1924	5	5	10	-	-	4
[11]1925	8	6	14	-	-	4
[11]1926	9	3	12	-	-	4
[9]1927	7	3	10	-	-	4
1929	7	5	12	20	-	4
1932	7	4	11	16	4	4
1934	7	6	13	15	5	4
1936	10	4	14	-	-	4
1937	-	-	-	30	8	4
[8]1942	9	1	10	13	-	5
[7]1943	9	11	20	11	-	6
[11]1944	9[2.)	8	17	13	-	6
[1]1945	-	-	-	-	-	6
[9]1952	-	-	-	28	-	9

1.) sofern nicht anders angegeben, beziehen sich die Angaben auf den Juni des Jahres
2.) davon 3 Ostarbeiter

nach:
StA Solingen, Fi-1-201 - 211; Fi 1-294; Fi-1-298; Fi-1-300;
Fi-1-825

Tab. 3.3.2   Umsätze der Fa. Bertram 1913 - 1943[1.)]

Jahr	Index(1913 = 100)
1913	100
1914	83
1915	99
1916	153
1917	210
1918	251
1928	131
1929	137
1930	101
1933	55
1935	74
1937	94
1939	104
1943	82

1.) in laufenden Preisen gerechnet

nach:
StA Solingen, Fi-1-104 - 108; Fi-1-296; Fi-1-300

Tab. 3.3.3   Absatzverhältnisse der Fa. Bertram im
2. Weltkrieg (in v. H.)

	$8/_{1942}$	$1/_{1943}$	$6/_{1943}$	$12/_{1943}$	$4/_{1944}$	$10/_{1944}$
Inland (zivil)	81,1	35,0	27,8	32,8	5,1	17,5
Rüstung	5,5	34,8	58,4	63,2	64,4	79,9
Ausland	13,4	30,2	13,8	4,0	30,5	2,6
Zusammen	100	100	100	100	100	100

nach:
StA Solingen, Fi-1-296

Tab. 3.3.4 Altersstruktur der für die Fa. Bertram
            tätigen Heimarbeiter im Jahre 1939

Altersstufe	Zahl der Heimarbeiter
10 - 20	1
21 - 30	1
31 - 40	13
41 - 50	16
51 - 60	11
61 - 70	7
71 - 80	-
80 u. älter	-
Durchschnittsalter	46,6

nach:
StA Solingen, Fi-1-289

3.4   Fa. Hendrich,
       Gesenkschmiede

(Personalunterlagen der Fa. Hendrichs, Merscheiderstr. 297,
565 Solingen)

Tab. 3.4.1 Entwicklung der Belegschaft 1915 - 1960

Jahr[1.)]	Ungelernte[2.)]		Angelernte Pressenarbeiter	Schläger/ Derhalter		Gelernte[3.)]			Zusammen
	abs.	in v. H.	abs.	abs.	zus. in v. H.	abs.	Lehr- linge	zus. in v. H.	zus.
1915	19[4.)]	32,7	6	19	43,1	9	5	24,2	58
1917	29[5.)]	54,7	2	10	22,6	5	1	22,7	53
1920	18[5.)]	25,3	11	29	56,3	10	2	18,4	71
1925	10[6.)]	16,9	12	24	61,0	11	2	22,1	59
1926	13[6.)]	19,4	13	26	58,2	12	-	22,4	67
1928	15	22,0	12	28	58,8	12	1	19,2	68
1932	8	25,0	4	9	40,6	10	1	34,3	32
1935	10	21,7	7	15	47,8	13	1	30,5	46
1937	14	28,0	8	15	46,0	10	3	26,0	50
1939	12	22,6	11	18	54,7	9	3	22,7	53
1940	8	16,6	9	17	54,1	11	3	29,3	48
1941	7	13,4	12	19	59,6	12	2	27,0	52
1942	14	25,9	8	19	50,0	11	2	24,1	54
1943	21	38,2	8	16	43,6	9	1	18,2	55
1944	18	25,7	14	24	54,3	13	1	20,0	70
1948	4	10	11	10	52,5	12	3	37,5	40
1952	3	7,1	10	14	57,1	12	3	35,8	42
1954	2	6,2	8	9	53,1	10	3	40,7	32
1960	5	18,5	4	9	48,1	8	1	33,4	27

1.) die Angaben beziehen sich,-mit Ausnahme des Jahres 1920 - jeweils auf das Jahres-
    ende.

2.) nach den Bezeichnungen der Personalunterlagen: Hilfsarbeiter, Lagerarbeiter,
    Fabrikarbeiter

3.) in einigen wenigen Fällen auch Dreher, Fräser, Hobler, Graveur, Härter

4.) davon weiblich 6

5.) davon weiblich 1

6.) davon weiblich 2

Tab. 3.4.2   Altersstruktur der Belegschaft der Fa. Hendrichs,
Gesenkschmiede 1913 - 1954[1.] (in v. H.)

Altergruppe	Jahr 1913	1917	1928	1939	1943	1954
10 - 20	18,7	26,2	6,1	4,1	7,4	3,3
21 - 30	33,7	11,9	35,8	12,2	16,6	13,3
31 - 40	25,0	19,0	28,3	20,4	12,9	10,0
41 - 50	13,7	14,3	10,4	28,7	31,5	20,0
51 - 60	7,6	21,4	10,4	8,3	22,3	30,0
61 u. mehr	1,3	7,2	9,0	16,3	9,3	23,4
Zusammen	100	100	100	100	100	100

1.) jeweils nach dem Stand zum Jahresende

nach:
Personalunterlagen der Fa. Hendrichs, Solingen - Merscheid

4. Arbeitsmarkt

Tab. 4.1 Arbeitslosigkeit in v. H. der Kassenmitglieder
(AOK) 1923 - 1928

Jahr	1. April			1. August			1. Dezember			Jahresdurchschnitt		
	m	w	zus.	m	w	zus.	m	w	zus.	m	w	zus.
1923	2,6	0,5	1,9	2,8	1,0	2,2	25,2	6,6	18,7	7,9	1,9	6,3
1924	6,9	0,5	4,6	4,5	0,1	3,0	1,5	-	1,0	7,4	0,9	5,2
1925	0,5	-	0,3	0,7	-	0,4	2,7	-	1,7	1,4	-	0,9
1926	12,6	1,0	8,6	14,5	1,6	10,1	8,5	0,9	5,9	11,7	1,0	8,0
1927	6,2	0,6	4,4	1,5	0,04	1,0	1,2	-	0,8	4,0	0,3	2,7
1928	3,2	0,07	2,1	6,2	0,5	4,2	5,3	0,6	3,6	4,7	0,3	3,1

errechnet nach:
Allgemeine Ortskrankenkasse Solingen, Geschäftsberichte der Jahre
1924 - 1928, StA Solingen Bibl. IV-M-4

Am 31. 12. 1925 waren 66,5% der männlichen und 30,9% der weiblichen
AOK-Mitglieder in der Solinger Metallindustrie beschäftigt.
vgl.: ebenda, AOK-Geschäftsbericht für das Jahr 1925

Tab. 4.2 Arbeitslosigkeit in der Wirtschaftskrise 1925/26

Monat	Jahr	Unterstützte Vollerwerbslose
Oktober	1925	743
November		1270
Dezember		2860
Januar	1926	5215
Februar		6034
April		6145
Juni		7176
August		7351
September		6517
Oktober		5382
November		4185
Dezember		4427

nach:
Monatliche Berichte in den Mitteilungen der IHK-Solingen, Jg. 1925 u. 1926

Tab. 4.3 Arbeitslosigkeit in Solingen 1929 - 1940

		Absolute Er- werbslosen- zahl in Solingen	Erwerbslose auf 1000 Einwohner		Solingen über dem Reichsdurch- schnitt in v. H.
			Solingen	Reichs- durchschnitt	
1929:	31.3.	4440	31,7	-	-
	30.9.	4046	29,0	-	-
1930:	31.3.	7848	56,1	-	-
	30.9.	11166	79,8	-	-
1031:	31.3.	14755	105,4	-	-
	30.9.	17609	125,8	-	-
1932:	31.3.	23074	164,8	98,2	67,5
	30.9.	23884	170,6	86,2	98,0
1933:	31.3.	21734	155,7	89,7	74,0
	30.9.	19771	141,2	61,7	129,0
1934:	31.3.	14542	103,8	42,9	142,0
	30.9.	12376	88,4	35,0	152,6
1935:	31.3.	9566	68,2	36,4	87,4
	30.9.	9662	68,9	26,0	141,0
1936:	31.3.	9328	73,5	38,2	92,4
	30.9.	5877	42,0	15,7	167,5
1937:	31.3.	3829	27,4	18,9	40,5
	30.9.	2238	16,0	8,5	88,0
1938:1.)		1537	11,0	-	-
1940:2.)		37	0,3	-	-

1.) Jahresdurchschnitt
2.) Stand am 31.12.1940

nach:
1929 - 1937: K. Matthiolius(Hrg.), Die Solinger Schneidwarenindustrie
1928 - 1937, Solingen 1938, S.44

1938 u. 1940: Länderrat des Amerikanischen Besatzungsgebietes (Hrg.),
Statistisches Handbuch von Deutschland , München 1949, S. 485

Tab. 4.4 Arbeitslosenquote[1.] in Solingen und in
Nordrhein-Westfalen 1948 - 1958

Jahr[2.]	Solingen			Nordrhein-Westfalen		
	m	w	insg.	m	w	insg.
1948	5,1	4,8	5,8	3,1	9,7	3,4
1949	9,7	10,8	12,0	4,2	4,0	4,9
1950	7,7	9,2	8,2	4,8	5,7	5,0
1951	1,5	3,9	2,3	3,0	5,2	3,6
1952	2,5	5,7	3,6	3,3	5,9	4,1
1953	3,3	6,1	4,3	2,7	4,5	3,2
1954	1,8	3,9	2,6	2,7	4,8	3,3
1956[3.]	0,5	0,4	0,5	-	-	-
1958[3.]	0,7	0,3	0,5	-	-	-

1.) Arbeitslosigkeit in v. H. der Arbeitnehmer
2.) jeweils 30.6.
3.) 30.9.

nach:
1948 - 1954: Statistisches Jahrbuch NRW, 1. - 5. Jg., 1949 - 1954

1956 - 1958: Arbeitsamt Solingen (Hrsg.), Strukturbericht des
Arbeitsamtes Solingen, Solingen Mai 1959, StA Solingen,
Bibl. IV-H-15, S.20
IHK-Mitteilungen,Jg. 1954, S.3

5. Gewerkschaften und soziale Verhältnisse

Tab. 5.1 Mitgliederentwicklung der Gewerkschaften in
Solingen 1913 - 1961

Jahr	IAV	DMV	CMV	IG-Metall
1913	6000	7020	-	-
1917	3000	2010	-	-
1921	8500	15000	4000	-
1923	6500	16600	4150	-
1925	4800	6940	2500	-
1929	-	11320	-	-
1930	-	8240	-	-
1931	-	6066	-	-
1950	-	-	-	14300
1955	-	-	-	17406
1961	-	-	-	14967

nach:
1913 - 1917: M. Krause, Die Gewerkschaftsbewegung und die sozialistische
             Arbeiterbewegung in Solingen 1914 - 1925, Ex. Ms., Bochum
             1981, S. 106
             DMV-Geschäftsbericht für die Jahre 1915 - 1917, Solingen
             1918, S. 19

1921:   HSTA Düsseldorf Reg. Düsseldorf 15008

1923:   Uta Stolle, Arbeiterpolitik im Betrieb, Frankfurt/M. 1980,
             S. 138

1925:   Polizeibericht 9.9. 1925
             HSTA Düsseldorf Reg. Düsseldorf 16879 (Angaben zu CMV;
             Die Angaben zum IAV und zum DMV sind in dem Polizeibericht
             zu hoch gegriffen.)
             M. Krause. a. a. O., S. 130

1929 - 1931: StA Solingen FA 36, 1919 - 1933, Bd. II, S.6
             DMV (Hrsg.), Jahrbücher Jg. 1930, S.29; Jg. 1931, S.35

1950 - 1961: IG-Metall, Verwaltungsstelle Solingen, Statistik über
             Alter und Dauer der Mitgliedschaft, Archiv der IG-Metall
             Solingen

Tab. 5.2 Organisierte Heimarbeiter nach Branchen 1950

	Mitglieder abs.	Organisationsgrad[1.]
Besteckbranche	967	93,5%
Scherenbranche	865	87,3%
Taschenmesserbranche	479˙	76,7%
Rasiermesserbranche	217	91,1%
Chirurgische Instrumente	180	78,6%
Sonstige	88	77,1%
Zusammen	2796	84 %

1.) errechnet anhand der Daten in Tab. 2.3.4

nach:
Kl. Löhmer, Die Situation der Heimarbeiter in der Solinger Schneidwarenindustrie, Diss. Ms. Köln 1951, S. 201

Tab. 5.3 Mitglieder der IG-Metall Solingen nach Altersgruppen
1950 und 1959

Alter in Jahren	Mitglieder in v. H. 1951	1959
14 - 21	7,4	18,2
22 - 30	12,8	16,4
31 - 40	14,8	16,7
41 - 50	18,4	17,3
51 - 60	19,4	17,1
61 - 70	18,5	10,3
71 u. älter	8,7	3,9

nach:
IG-Metall Verwaltungsstelle Solingen, Statistik über Alter und Dauer der
Mitgliedschaft, Archiv der IG-Metall Solingen

Tab. 5.4   Nettostundenverdienste der Heimarbeiter 1914
und 1925 (in Rpf.)

	1914	1925
Tafelmesser		
Reider	62 - 80	50 - 54
Schleifer	71 - 80	95 - 110
Taschenmesser		
Reider	44 - 62	60
Schleifer	62 - 71	75
Ausmacher	58 - 71	70
Scheren		
Härter	62 - 76	58
Nagler	53 - 62	53
Schleifer	62 - 89	80 - 98
Rasiermesser		
Reider	53 - 64	70
Schleifer	71 - 116	80

nach:
1914: W. Grossmann, Die Solinger Stahlwaren-Industrie im 20. Jahrhundert
unter besonderer Berücksichtigung der Kriegs- und Nachkriegszeit,
Diss. Ms. Würzburg 1925, S. 70; auf dieser Basis eigene Berechnung
unter Zugrundelegung einer 56-stündigen Arbeitszeit

1925: W. Woebber, Die Heimarbeit in der Kleineisenindustrie des
Bergischen Landes, Diss. Frankfurt/M. 1933, S. 90

Tab. 5.5 Lohnentwicklung der Fabrikarbeiter im Bezirk Solingen 1913 - 1928

Akkordlohn

Alter des Arbeiters	Beruf	Stundenverdienst: Okt. 1913 M	Okt. 1928 RM	Steigerung in v. H.
53	Gerätsschaftsschlosser	0,95	2,09	120,0
43	Gerätsschaftsschlosser	0,95	1,51	58,9
45	Breiter	0,70	1,88	168,5
59	Härter	0,87	2,10	141,3
49	Härter	0,55	0,98	78,2
51	Härter	0,60	1,46	143,3
58	Feiler	0,94	1,41	50,0
52	Pressenarbeiter	0,65	1,12	72,3
60	Lange-Messer-Abzieher	0,71	1,36	78,9
55	Tisch-Messer-Abzieher	0,59	0,96	62,7
48	Schläger	0,79	1,55	96,2
40	Dreher	0,60	1,43	138,3
53	Handformer	0,82	1,48	80,5
44	Handschleifer	0,65	1,71	163,0
55	Handschleifer	0,65	1,42	133,8
40	Maschinenschleifer	0,55	1,21	120,0
42	Hilfsarbeiterin	0,33	0,71	115,1
	Durchschnitt	0,70	1,43	104,3

Zeitlohn

Alter des Arbeiters	Beruf	Stundenverdienst: Okt. 1913 M	Okt. 1928 RM	Steigerung in v. H.
43	Gerätsschaftsschlosser	0,65	1,04	60,0
60	Maschinenschlosser	0,60	1,05	75,0
52	Breiter	1,05	1,44	37,1
56	Härter	0,47	0,88	87,2
60	Schrenkontroller	0,58	1,15	98,3
64	Tischmesserkontroller	0,40	0,87	117,5
46	Lange-Messer-Kontroller	0,50	1,00	100,0
44	Pressenarbeiter	0,60	1,20	100,0
67	Schwarze-Messer-Kontroller	0,45	0,78	73,3
73	Taschenmesserkontroller	0,40	0,77	92,5
67	Lohnschleifer	0,55	1,26	126,1
44	Schmied	0,70	1,15	64,2
38	Packer	0,50	1,00	100,0
56	Dreher	0,6	1,10	83,3
76	Kontrolleur	0,42	0,75	78,6
56	Hilfsarbeiter	0,37	0,77	108,1
51	Hilfsarbeiterin	0,26	0,53	103,8
	Durchschnitt	0,53	0,92	74,7

nach:
Enquete-Ausschuß zur Untersuchung der Erzeugungs- und Absatzbedingungen
der deutschen Wirtschaft, Die Deutsche Eisen- und Stahlwarenindustrie,
Berlin 1930, S. 187

Die Angaben sind anhand der Unterlagen des Arbeitgeberverbandes zusammengestellt. Es wurde die Lohnhöhe einzelner Arbeiter ermittelt, die
1918 und 1928 in derselben Firma dieselbe Arbeit verrichtet haben und
zu beiden Zeitpunkten nach der höchsten Altersstufe entlohnt wurden.
Die Zusammenstellung der Tab. erfolgte derart, daß stets von mehreren
Arbeitern desselben Berufes derjenige in die Tabelle aufgenommen wurde,
dessen Lohn dem Mittelwert zwischen dem höchsten und niedrigsten
Lohn am ehesten entsprach. Bei großen Unterschieden in der Lohnhöhe
wurde der Arbeiter mit dem höchsten und der mit dem niedrigsten Lohn
ausgewählt.Vgl. ebenda, S. 186

Tab. 5.6 Durchschnittsstundenverdienste im Zeitlohn in der
          Eisen- und Stahlwarenherstellung 1928 (in Rpf.)

Geltungsgebiet	Gelernte Arbeiter	Angelernte Arbeiter	Ungelernte Arbeiter	Weibl. Arbeiter
Durchschnittslohn nach d. amt-lichen Statistik:				
1. Eisen- und Stahlwarenher-stellung insgesamt	98,0	87,7	82,0	53,1
2. Nordrhein-Westfalen	97,0	85,5	82,8	53,3
a) Nordwestliche Gruppe	107,1	88,8	72,1	55,6
b) Hagen-Schwelm	96,2	84,1	80,8	57,2
c) Remscheid	98,5	85,7	85,6	52,8
d) Solingen	97,0	81,2	76,6	52,4
e) Velbert	90,3	79,1	82,0	51,8
3. Berlin	115,0	93,6	84,7	55,4
4. Nürnberg	89,4	78,6	73,0	-
5. Frankfurt a. M.	116,9	105,0	83,1	60,3
6. Dresden	102,3	90,1	83,7	-
7. Chemnitz	108,7	90,7	79,0	65,7
8. Schmalkalden	78,5	63,2	-	37,4

nach:
Enquete-Ausschuß zur Untersuchung der Erzeugungs- und Absatzbedingungen
der deutschen Wirtschaft, Die Deutsche Eisen- und Stahlwarenindustrie,
Berlin 1930, S. 180

6. Verschiedene

Tab. 6.1   Betriebsunfälle in der Solinger Industrie
1924 - 1928

Jahr	Betriebsunfälle insg.	davon Hand- und Fingerverletzungen	
		allgmein	Maschinenbau u. Kleineinsenind.
1924	788	307	230
1925	1177	464	332
1926	950	414	273
1927	1380	591	-
1928	1504	636	433

nach:
Allgemeine Ortskrankenkasse Solingen, Geschäftsberichte 1924 - 1929,
StA Solingen, Bibl. IV-H-4

Tab. 6.2   Konkurse[1.)] 1921 - 1932

Jahr	Zahl der Konkurse
1921	8
1922	-
1923	1
1924	11
1925	14
1926	13
1927	14
1928	28
1929	28
1930	37
1931	34
1932	23

1.) Zahl der im laufenden Jahr in den Amtsgerichtsbezirken Solingen-Ohligs und Solingen
eröffneten Konkursverfahren

nach:
Mitteilungen der IHK Solingen, Jg. 28, 1929, S.100; Jg. 30, 1931, S. 71
Vierteljahreshefte zur Statistik des Deutschen Reiches, Jg. 1932,
S.II, 90; Jg. 1933, S. II, 129

6.3   1. Weltkrieg

Tab. 6.3.1   Die Beschäftigten in der Solinger Metall-
                industrie im Ersten Weltkrieg

	1914 abs.	1914 in v. H.	1917 abs.	1917 in v. H.
Zahl der Betriebe	2822	-	2897	-
Zahl der Beschäft. insgesamt	32386	100	30075	100
männlich	27808	85,8	18854	62,5
davon:				
unter 14	30	0,09	91	0,3
14 - 16	2137	6,5	2322	7,7
über 16	25644	79,1	16441	54,8
weiblich	4578	14,2	11221	37,5
davon:				
unter 14	12	0,03	34	0,1
14 - 16	1079	3,3	1420	4,7
17 - 21	2339	7,2	4210	14,0
über 21	1148	3,5	5557	18,5

nach:
Bericht der Gewerbeinspektion für die Gemeinden Solingen, Gräfrath,
Ohligs, Höhscheid und Wald. Zit. nach:
DMV Solingen, Geschäftsbericht für die Jahre 1915 - 1917, S. 65

6.3.2   Beschäftigtenzahl und Anzahl der Kleinbetriebe
           bzw. Fabrikanlagen in der Solinger Schneid-
           warenindustrie 1913 - 1922

Tab. 6.3.2.1 Betriebe unter 10 Arbeitern

Jahr	Zahl d. Motor-werkstätten	Erwachs. Arb. männl.	Erwachs. Arb. weibl.	Jugendl. Arb. männl.	Jugendl. Arb. weibl.	Kinder	Gesamtzahl d. Arbeiter	Beschäftigte je Betrieb
1913	1594	4533	142	595	44	1	5315	3,3
1914	1480	4199	112	429	24	5	4769	3,2
1915	972	1951	181	324	22	3	2481	2,5
1916	894	1757	385	315	55	18	2530	2,8
1917	966	1932	528	346	90	25	2921	3,0
1918	1025	1841	711	414	136	21	3123	3,0
1919	1344	4252	525	383	89	5	5254	3,9·
1920	1887	6322	577	527	84	6	7516	4,0
1922	2276	6788	817	663	116	8	8392	3,7

Tab. 6.3.2.2 Betriebe über 10 Arbeiter

Jahr	Zahl der Fabriken	Erwachs. Arb. männl.	weibl.	Jugendl. Arb. männl.	weibl.	Kinder	Gesamtzahl d. Arbeiter	Beschäftigte je Betrieb
1913	273	11412	924	700	381	35	13451	49,2
1914	273	10575	966	761	349	33	12684	46,5
1915	255	7369	1441	887	319	32	10041	39,3
1916	249	7281	2532	1082	467	35	11397	45,8
1917	260	7453	3471	1134	605	61	12744	49,0
1918	286	7641	3968	1181	517	75	13382	46,7
1919	279	8955	2523	843	446	45	12812	46,0
1920	282	10537	1905	588	260	17	13307	47,1
1922	338	14843	4185	881	453	23	20385	60,3

nach:
G. Kreideweiß, Konzentrationsvorgänge in der geschichtlichen Entwicklung der Solinger Stahlwarenindustrie, Diss., Köln 1926, S. 45 f

Die Aussagefähigkeit der Zahlenangaben muß in folgender Hinsicht
relativiert werden:
In die Zahl der Fabrikarbeiter sind auch die an sich selbständigen
Stellen mieter angerechnet; die Zahl der in den Motorwerkstätten
Beschäftigten enthält auch unselbständige Schleifer. D. h. die Tabellen
geben keine exakten Auskünfte über die Zusammensetzung der Gesamtarbeiterschaft in Bezug auf die Differenzierung Fabrikarbeiter und
selbständige Arbeiter bzw. Heimarbeiter. Die beiden Tabellen, die
auf Angaben der Gewerbeinspektion beruhen, geben weiterhin keine
Auskunft über die Gesamtarbeiterzahl, da Alleinbetriebe und die
Heimarbeiter, die ohne Antriebskraft arbeiten, nicht berücksichtigt
sind.

6.4   2. Weltkrieg

Die Tabellen 6.4.1 - 6.4.4 beziehen sich nicht auf die gesamte Solinger Industrie,
sondern auf eine repräsentative Auswahl von 107 - 117 Betrieben.

Tab. 6.4.1   Die Kostenstruktur ausgewählter Solinger
Schneidwarenfirmen 1938 und 1940 (in v.H.)

	Werkstoffkosten	Fertigungskosten Löhne Gemeinkosten		Verwaltung	Vertrieb
1938	28,4	27,4	19,4	9,6	15,2
1940	0,0	25,6	19,0	10,2	14,2

nach:
J. K. Hohns, Betriebsstrukturelle Untersuchung der Solinger Schneidwarenindustrie für die Jahre 1938 und 1940 unter besonderer Beachtung
der Vertriebsverhältnisse, Diss. München 1943, S. 196

Tab. 6.4.2   Umsatz und Kapital pro Beschäftigten in (107)
ausgewählten Solinger Firmen nach Produktionsbereichen 1938 und 1940 (Zu- bzw. Abnahme (-)
in v. H.)

	Umsatz	Kapital
Besteckklingen	42,1	55,6
Rasierklingen (Rohklingen)	84,4	16,2
Rasiermesser	103,9	39,4
Gemischtes Sortiment	27,1	12,5
Rasierklingen (Fertigklingen)	94,7	35,0
Hand- und Fußpflegeinstr.	30,4	18,0
Tafelhilfsgeräte	20,9	- 5,2
Stahlscheren	36,7	25,9
Bestecke	77,5	68,5
Arbeitsmesser	60,1	67,4
Rasierapparate	137,7	44,0
Gartenscheren	7,4	12,5
Schlägereien	55,0	15,0
Haarschneidemaschinen	84,0	17,5
Blanke Waffen	25,3	- 0,5
Halbzeug	66,2	93,6
Taschenmesser	90,1	37,6
Guss- und kaltgeschl. Scheren	56,4	76,8
Gesamtdurchschnitt 107 Firmen	50,7	24,2

errechnet nach:
J. K. Hohns, a. a. O., S. 53 u. 60 f

Tab. 6.4.3 Die Verteilung der Solinger Industrie (ausgewählte Betriebe) nach Umsatzgrößenklassen

	1938	1940
0 - 100000	29	21
100000 - 300000	36	24
300000 - 500000	12	22
500000 - 1 Mio	14	19
1 Mio - 1,5 Mio	9	12
1,5 Mio - 2 Mio	4	3
über 2 Mio	3	6
Gesamt	107	107

nach:
Joh. Katarina Hohns, Betriebsstrukturelle Untersuchung der Solinger
Schneidwarenindustrie für die Jahre 1938 u. 1940 unter besonderer Be-
achtung der Vertriebsverhältnisse, Diss. München 1943, S. 55

Tab. 6.4.4 Der Anteil der Heimarbeit an der Fabrikation
in ausgewählten Solinger Betrieben 1938 und
1940 (in v.H.)

	1938	1940
Hand- u. Fußpflegegeräte	38,4	45,4
Stahlscheren	38,3	44,7
Gartenscheren	36,6	41,5
Arbeitsmesser	35,5	47,5
Taschenmesser	18,2	16,4
Guss- u. kaltgeschl. Scheren	16,7	16,0
Rasiermesser	15,7	20,4
Bestecke	9,2	15,0
Besteckklingen	10,9	10,7
Haarschneidemaschinen	9,0	13,0

nach:
Joh. Katarina Hohns, a. a. O., S.28

Tab. 6.4.5 Die Rationalisierung in der Schneidwarenindustrie 1939 - 1944 [1.)]

	Anzahl der Typen: vor d. Rationalisierung	nach d. Rationalisierung
Arbeitsmesser	2400	76 Typen
Bestecke	400	4 "
Blanke Waffen	450	2 "
Fleischgabeln	30	2 "
Frisiereisen	155	4 "
Haar- und Bartmaschinen	63	3 "
Kartoffelschäler, Sparschäler	42	2 "
Rasierapparate	100	2 "
Rasierklingen	100	4 "
Rasiermesser	440	2 "
Scheren (feine)	748	19 "
Scheren (grobe)	580	4 "
Taschenmesser	600	2 "
Taschenmesser (gewerbliche)	161	16 "
Wetzstähle	85	5 "
	6374	147 Typen (2,5%)

1.) Stand 1.9.1944

nach:
Rationalisierungen und ihre Auswirkungen in der deutschen Schneidwarenindustrie 1939 - 1944, StA Solingen, Bibl. Ga 2310

Tab. 6.5 Rohstoff-und Energieverbrauch der Solinger
Schneidwarenindustrie 1934 - 1938 und 1946

	Durchschnittlicher 1934 - 1938	Monatsverbrauch 1949
Eisen u. Stahl	3000 t	590 t
Strom	2,5 Mio. kwh	1 Mio. kwh
Gas	0,5 Mio. cbm	0,14 cbm
Kohle	1600 t	602 t
Koks	2660 t	1000 t

nach:
J. Duisberg, Die Solinger Schneidwarenindustrie und ihre Produktions-
und Absatzverhältnisse nach dem Zweiten Weltkrieg, Diss. Wien 1949
s. 115

Tab. 6.6 Anzahl der gewerblichen Lehrverhältnisse und
bestandene Lehrabschlußprüfungen in der Solinger
Schneidwarenindustrie 1948 - 1967

Berufsgruppe	1948	1950	1952	1955	1956	1958	1960	1962	1964	1967
Besteck- und Arbeitsmesserreider	-	-	-	-	31	19	12	11	-	-
Besteckschleifer	-	-	-	-	34	19	8	8	3	-
Scherenmonteur	-	-	-	-	75	57	43	35	19	-
Schneidwaren-schleifer	-	-	-	-	135	131	62	41	29	10
Taschenmesserausmacher	-	-	-	-	8	7	4	3	1	-
Taschenmesserreider	-	-	-	-	52	43	19	6	6	2
Gewerbl. Lehrverhältnisse insg.	35	85	-	-	335	276	148	104	58	12
Bestandende Lehrabschlußprüfungen	11	34	14	82	-	108	62	43	-	-

nach:
J. Spehr-Baumhauer, Die Heimarbeit in der Solinger Schneidwarenindustrie
in ihrem Strukturwandel nach dem 2. Weltkrieg Ex. Ms. Wuppertal 1975
S. 79a;
Brigitte Berkenhoff, Probleme in der Solinger Schneidwarenindustrie,
Diss. Ms. Innsbruck 1963, S. 95 a;
Ingeborg Bruckermann, Strukturwandel der Industrien im Solinger Wirt-
schaftraum, Dipl. Ms. Köln 1965, S. 29
IHK Mitteilungen, Tätigkeitsbericht für das Jahr 1949, S. 16;
Jahresbericht des Arbeitgeberverbandes für das Jahr 1950.

Abkürzungsverzeichnis

a.a.O.	am angegebenen Ort
AGV	Arbeitgeberverband
Anm.	Anmerkung
Aufl.	Auflage
Ausg.	Ausgabe
BAST	Bergische Arbeiterstimme
Bd.	Band
Bearb.	Bearbeiter
bearb. v.	bearbeitet von
Bibl.	Bibliothek
Bl.	Blatt
BP	Bergische Post
BZ	Bergische Zeitung
bzw.	beziehungsweise
ca.	circa
CMV	Christlicher Metallarbeiterverband
DAF	Deutsche Arbeitsfront
Datsch	Deutscher Ausschuß für technisches Schulwesen
DDP	Deutsche Demokratische Partei
Ders.	Derselbe
Desgl.	Desgleichen
Diess.	dieselbe
Dies.	Dieselbe(n)
Dipl.	Diplomarbeit
Diss.	Dissertation
DMV	Deutscher Metallarbeiterverband
DN	Düsseldorfer Nachrichten
Dt.	Deutsch, Deutsches, Deutscher
EBM	Eisen, Blech und Metall verarbeitende Industrie
EFTA	Europäische Freihandelszone
Ex.	Examensarbeit

Fa.	Firma
FSI	Fachverband Schneidwarenindustrie e.V.
FV	Freies Volk
H.	Heft
Habil.	Habilitationsschrift
HAIGM	Historisches Archiv der IG Metall Solingen
Hrsg.	Herausgeber
HSTA	Hauptstaatsarchiv
IAV	Industriearbeiterverband
IGM	IG-Metall
IHK	Industrie- und Handelskammer
IWK	Internationale wissenschaftliche Korrespondenz zur Geschichte der Arbeiterbewegung
JB	Jahresbericht
JEIA	Joint Export Import Agency
Jg.	Jahrgang
Jh.	Jahrhundert
KIB	Kreis-Intelligenz-Blatt
KPD	Kommunistische Partei Deutschlands
Krs.	Kreis
MA	Magisterarbeit
MAZ	Metallarbeiterzeitung
m.E.	mit Einschränkung
MEW	Marx-Engels-Werke
MS	Maschinenschrift
NRZ	Neue Rhein-Zeitung
o.O.	ohne Ort
OZ	Ohligser Anzeiger
Prokla	Probleme des Klassenkampfs
Prot.	Protokoll
RE	Rhein-Echo
Reg. D	Regierung Düsseldorf

RGB1.	Reichsgesetzblatt
RLZ	Rheinische Landeszeitung
RP	Rheinische Post
S.	Seite
SK	Solinger Kriegschronik
SM	Solinger Morgenpost
sog.	sogenannt
Sowi	Sozialwissenschaftliche Informationen für Studium und Unterricht
SPD	Sozialdemokratische Partei Deutschland
SSGAV	Siegen-Solinger-Gußstahl-Aktienverein
ST	Solinger Tageblatt
STA	Stadtarchiv
Stawa	Der Stahlwarenarbeiter
SV	Solinger Volksblatt
SZ	Solinger Zeitung
u.a.	unter anderen/m
v.	vom/von
Vgl.	vergleiche
WZ	Westdeutshe Zeitung
z.T.	zum Teil
ZVTI	Zeitschrift des Vereins für Technik und Industrie

Benutzte Quellen und Literatur

A. Quellen

1. Unveröffentlichte Quellen

a.) Stadtarchiv Solingen:

FA 9	Sammlung Hendrichs
FA 11	Sammlung Weyersberg
FA 36	Sammlung Neufurth
FA 343	Material-Zusammenstellung aus dem Nachlaß Lloyd, bearb. v. U. Krause
Na 3, 1 - 9	Nachlaß Dickhut
Fi - 1	Firmenarchiv der Fa. Bertram, Stahlwarenfabrik, Solingen

Kriegschronik der Stadtverwaltung Solingen 1939 - 1945, Bd. 30, Berichte über den Arbeitseinsatz.

Akten der Stadtverwaltung:

SG 2206; 2230; 2235; 2337; 2339; 2392; 2394; 2401; 2402; 2405; 2645; 2691; 6242; 6243; 643-12-5; 649-10-1; 649-10-7; 652-10-7 a/b; 657-10-9; 937-10-1; 937-10-2; 940-10-3/4; 940-10-10; 981-10-7;

Ohligs	I-2-18, Bd. 1;
Solingen	N1-42, Bd. II; N 597;
Gräfrath	N-IV-10, Bd. I, G 368, G 372, G 2645, G 2647;
Höhscheid	G-1-26, Bd. XIII-XV; G-1-11, Bd. I; G-1-12, Bd. I; H 186;
Wald	W 3311

b.) Hauptstaatsarchiv Düsseldorf

Reg. Düsseldorf 13480; 15058; 15170; 15396; 15856; 16869; 16872; 16878; 16879; 17036; 17076; 17247; 30640 a; 30643; 33747 - 33749; 33758; 33759; 34090 - 34094; 34192 - 34196; 34274; 45181; 45482; 45771; 45777; 45778; 45818; 45819; 45841; 45980; 47771; 47782 - 47785;

BR 1015/23; BR 1015/58 - 59; BR 1015/78-81; BR 1015/84; BR 1015/102; BR 1015/114-115; BR 1015/213.

c.) **Historisches Archiv der IG-Metall Solingen**

Ordner mit folgenden Aufschriften:

Heimarbeiterangelegenheiten
Chirurgische Instrumente
Heimarbeitervorstand
Gewerbeaufsichtsamt, Entgeltstelle
Branche: Scheren
Branche, Bestecke
Tarifvertragsangelegenheiten der Heimarbeiter
Mitgliederstatistik 1950 - 1961
Protokollbuch der Heimarbeiter-Vorstände 25.3.1950 -
29.9.1951

d.) **Firmenarchiv der Fa. Hendrichs, Gesenkschmiede Solingen**

Lohn- und Personalbücher
Zeitraum: 1900 - 1963

e.) **Firmenarchiv der Fa. Köller, Stahlwarenfabrik, Solingen**

Kleines Heft mit der Aufschrift: Statistik 1903 - 1917
Rechnungsausgangsbücher, Jg. 1913 - 1956
Jahresbilanz, Jg. 1960 u. 1965
Nachweis der Hausgewerbetreibenden 1925 - 1929

Lohnbücher mit der Aufschrift:

Bruttolöhne und Gehälter
Fabrikarbeiter 1928 - 1953
Heimarbeiter 1930 - 1953
Angestellte 1942 - 1953

Fabrikarbeiter Lohnbuch
12/1943 - 8/1949
9/1949 - 7/1954

Heimarbeiter-Entgeltbuch
1930 - 1938
desgl. 1940 - 1953

Personalkartei 1956
Heimarbeiterkartei 1965
Fabrikarbeiterkartei 1965

f.) **Firmenarchiv der Fa. Ed. Wüsthof, Dreizackwerk, Solingen**

Vier chronologisch geordnete Ordner mit historischem Material 1901 - 1957, ein Ordner mit der Aufschrift: "Personalnotizen". (Eine Auswahl aus dem hist. Material der Firma Ed. Wüsthof in: StA Solingen, Bibl. GA 2546, Bearb.: J. Putsch)

2. Zeitungen

Bergische Arbeiterstimme
Bergische Post
Bergische Zeitung
Der Stahlwarenarbeiter
Deutsche Metallarbeiterzeitung
Die Klingenstadt
Freies Volk
Kreis-Intelligenz-Blatt
Neue Rhein Zeitung
Ohligser Anzeiger
Rhein-Echo
Rheinische Landeszeitung
Rheinische Post
Solinger Morgenpost
Solinger Tageblatt
Solinger Volksblatt
Solinger Zeitung
Westdeutsche Zeitung

Zeitungsausschnittbände StA Solingen:
FA 1/44; 1/96; 1/99 - 1/108; 1/113 - 1/116
FA 35/26; 35/30; 35/39; 35/65; 35/75; 35/84; 35/110

3. Fachzeitschriften

Das Messer (Jg. 1983 - 84)
Die Klinge (Jg. 1933 - 1961)
International Cutler (Jg. 1952)
Klinge und Schere Ausg. A (Jg. 1921 - 1925)
Klinge und Schere Ausg. B (Jg. 1921 - 1923)
Messer und Feile (Jg. 1926)
Messer und Schere (Jg. 1926 - 1963)
Zeitschrift des Vereins für Technik und Industrie
(Jg. 1924 - 1938)

4. Sonstige Zeitschriften (StA Solingen)

Beiträge zur Geschichte der Technik und Industrie
Bergische Geschichtsblätter
Bergische Heimat
Die Heimat (Beilage zum Solinger Tageblatt)
Monatsschrift des Bergischen Geschichtsvereins
Zeitschrift des Bergischen Geschichtsvereins

5. Statistische Quellen und Materialien

Arbeitsamt Solingen, Hrsg., Strukturbericht, MS Solingen 1959

Heinen, H., Die Fieberkurven der Solinger Industrie - Versuch einer Solinger Industrie-Statistik, Sonderdruck aus dem Solinger Tageblatt, Solingen 1922

Institut für Mittelstandsforschung, Hrsg., Größenveränderung nordrhein-westfälischer Industriebetriebe, Düsseldorf 1965

Länderrat des amerikanischen Besatzungsgebietes, Hrsg., Statistisches Handbuch von Deutschland, München 1949

Mombauer, W., Lebendige Zahlen - Wachstum und Struktur der Solinger Bevölkerung, Anker und Schwert Bd. 1, Duisburg 1964

Statistische Berichte der Stadt Solingen, Jg. 1956 - 1966, 1976, 1985

Statistisches Jahrbuch der Bundesrepublik Deutschland, Jg. 1960, 1962

Statistisches Jahrbuch für das Deutsche Reich, Jg. 44 - 52; 54; 56; 58; 59

Statistisches Jahrbuch Deutscher Gemeinden, Jg. 1937 - 1939; 1950 - 1955

Statistisches Jahrbuch Deutscher Städte, Jg. 1922 - 1936

Statistisches Jahrbuch Nordrhein-Westfalen, 1. - 5. Jg., 1949 - 1954

Statistisches Landesamt NRW, Hrsg., Beiträge zur Statistik des Landes Nordrhein-Westfalen, Sonderreihe Volkszählung 1961, Heft 3 a, 3 c, 5 a, 7 b, 8 a, 8 b, 8 c, 17

Statistisches Landesamt NRW, Die Schneidwaren- und Besteckindustrie, Düsseldorf 1953

Statistische Mitteilungen des Arbeitsamtes Solingen

Statistisches Reichsamt, Hrsg., Einzelschriften zur Statistik des Deutschen Reiches
Bd. 5, Die Wirtschaft des Auslandes 1900 - 1927
Bd. 8, desgl. 1928, 1929
Bd. 32, Die Gemeindefinanzen in der Weltwirtschaftskrise 1936

Statistisches Reichsamt, Hrsg., Statistik des Deutschen Reiches
Bd. 317; Bd. 404, Heft 16; Bd. 416, Heft 9 a; Bd. 418; Bd. 452, Heft 2; Bd. 457, Heft 2; Bd. 557, Heft 19; Bd. 559, Heft 10; Bd. 568, Heft 11

United Nations (Hrsg.), Yearbook of International Trade Statistics, New York

United States Tariff Comission, Cutlery Products - A General Survey of the Industries of the United States, Germany and the United Kingdom and of International Trade, Washington 1938

Verwaltung der Stadt Solingen, Aussagen zur Solinger Wirtschaftsstruktur 1950 - 1980, MS v. 26.10.1983

Voß, H., Krisenzahlen der Stadt Solingen in Schaubildern, MS Solingen 1932

ders., Ergebnisse der Volkszählung am 16.6.1933 in Solingen, MS Solingen o.J.

ders., Die Bevölkerung der Stadt Solingen im Spiegel der Statistik, MS Solingen 1933

6. Handbücher, Jahres-, Geschäfts- und Verwaltungsberichte

Allgemeine Ortskrankenkasse Solingen, Geschäftsberichte, Jg. 1914 - 1918, 1920 - 1932, 1945 - 1950

Arbeitgeberverband Solingen e.V./Heimarbeitervorstand in der IG-Metall, Hrsg., Verzeichnis Solinger Fachsprache, Solingen 1983

Ausschuß zur Untersuchung der Erzeugungs- und Absatzbedingungen der deutschen Wirtschaft, Die Deutsche Eisen- und Stahlwarenindustrie, Berlin 1930

Bericht des Kreisausschusses des Kreises Solingen Land aus Anlaß der Verlegung des Kreissitzes von Solingen nach Opladen im Frühjahr 1914; gleichzeitig Verwaltungsbericht für 1912 und 1913, Solingen 1914

Boch, R., Inventarverzeichnisse verschiedener Archive zur Thematik "Geschichte der Bergischen Arbeiterschaft", Solingen 1982

Bundesministerium für Arbeit (Hrsg.), Berufskunde - Berufskundliche Mitteilungen des Bundesministeriums für Arbeit, Jg. 1951, 1953 - 1958

Bundesministerium für Arbeit, Jahresberichte der Gewerbeaufsichtsbeamten, Jg. 1950 - 1960

Das Buch der Erfindungen, Gewerbe und Industrie, Bd.6, Die Bearbeitung der Metalle, Leipzig 1900

Deutscher Metallarbeiterverband, Verwaltungsstelle Solingen, Jahresberichte 1905/06, 1907 - 1915/16/17

ders., Hrsg., Jahr- und Handbuch für das Jahr 1926

Enquete-Ausschuß zur Untersuchung der Erzeugungs- und Absatzbedingungen der deutschen Wirtschaft, Die deutsche Eisen- und Stahlwarenindustrie, Berlin 1930

Fachverband Schneidwarenindustrie e.V., Geschäftsberichte 1961 - 1986

Generalkommission der Gewerkschaften, Hrsg., Protokolle der Verhandlungen des ersten Allgemeinen Heimarbeiterschutz-Kongresses, Berlin 1904

Geschäftsbericht des Ortsausschusses Solingen und Umgebung des Allgemeinen Deutschen Gewerkschaftsbundes, Solingen 1929

Hardenberg, H., Die Fachsprache der bergischen Eisen- und Stahlwarenindustrie, Deutsches Volkstum am Niederrhein, Bd. 4, Bonn - Röhrscheid 1940

Industrie- und Handelskammer Solingen, Beiträge zur Solinger Wirtschaftsgeschichte, bearb. v. A. Weyersberg u.a., Solingen 1927

dies., Jahresberichte der Industrie- und Handelskammer zu Solingen 1935/36; 1938

dies., Lagebericht der Industrie- und Handelskammer zu Solingen (Quartalsberichte), Jg. 1949 - 1960

dies., Mitteilungen der Handelskammer zu Solingen, Jg. 1914 - 1923

dies., Mitteilungen der Industrie- und Handelskammer zu Solingen, Jg. 1924 - 1939; 1940; 1946 - 1960

Jahresbericht des Allgemeinen Deutschen Gewerkschaftsbundes (ADGB), Solingen 1929

Jahresbericht des Arbeitgeberverbandes Solingen e.V., Jg.
1931/32, 1948, 1950 - 1962
Jahrbücher des Deutschen Metallarbeiterverbandes, Jg. 1928,
1930, 1931
Jahres-Berichte der preußischen Regierungs- und Gewerberäte
und Bergbaubehörden, Jg. 1914 - 1930
Kühne, A., Handbuch des Berufs- und Fachschulwesen, Leipzig
1923
Stadtbaurat Schmidhäussler, Hrsg., Solingen und sein Industriebezirk Ohligs, Wald, Gräfrath und Höhscheid, Düsseldorf 1922
Stadtverwaltung der Stadt Solingen, Vier Jahre nationalsozialistische Kommunalpolitik 1933 - 1937 - Ein Rechenschaftsbericht
dies., Verwaltungsbericht der Stadt Solingen vom Zusammenbruch 1945 bis zum 31.3.1949, Solingen 1950
dies., Verwaltungsbericht der Stadt Solingen vom 1.4.1949
bis zum 31.12.1960, Solingen 1962
Reichsanstalt für Arbeitsvermittlung und Arbeitslosenversicherung, Hrsg., Handbuch der Berufe, Leipzig 1930

7. Solinger Firmen: Festschriften, Chroniken (StA Solingen)

Berns, Gebr., Stahlwarenfabrik, 125 Jahre Gebr. Berns
Stahlwarenfabrik Solingen-Höhscheid, o.A.
Christians, Gebr., Stahlwarenfabrik, Gebrüder Christians,
Fabrik feiner Stahl- und Messerschmiedewaren, Solingen -
Berlin, ca. 1912
dies., 100 Jahre Firma Gebrüder Christians - Fabrik feiner
Stahlwaren Solingen 1824 - 1924, Solingen 1924
Coppel, Alexander, Stahlwaren- und Waffenfabrik, Thieme,
Ernst: 100 Jahre Alexander Coppel in Solingen. Ein Bei-
trag zur Geschichte der Solinger Industrie, o.O. 1921
Eickhorn KG; Carl, Besteck- und Waffenfabrik; Leisten und
Dienen. Eine Jubiläumsschrift, hrsg. zum 75jährigen Bestehen der Waffen- und Metallwarenfabrik Carl Eickhorn,
Solingen 1940
Ern, C. Friedrich, Rasiermesserfabrik, Die C. Friedr. Ern-
sche Rasiermesserfabrik in Wald-Solingen und die Fabrikation von Rasiermessern, o.A.
dies., Hendrichs, Franz: Carl Friedrich Ern, der Bahnbrecher für die Solinger Rasiermesserindustrie. (Beiträge
zur Geschichte der Technik und Industrie. 1930, Sonderdruck)
Grah, Gebr., Fabrik feiner Stahlwaren, Gebr. Grah, Fabrik
feiner Stahlwaren, Alpacca-Bestecke und galvanostegische
Anstalt, Solingen 1913 (Hist.-biogr. Blätter, Industrie,
Handel und Gewerbe)
Grossmann, C., Eisen- und Stahlwerk AG, Sachisthal, Kraft:
100 Jahre C. Grossmann Eisen- und Stahlwerk AG, Solingen-Wald, Darmstadt 1952

Hammesfahr, Gottlieb; Gottlieb Hammesfahr Solingen-Foche
1684 - 1934. 250 Jahre Solinger Messerschmiede, bearb.
von Franz Hendrichs, Essen 1934
Hartkopf KG, Gebr., Stahlwaren und Werkzeugschmiede, Henrichs, Franz: Gebr. Hartkopf Solingen. Von der Handschmiede zur neuzeitlichen Schlägerei - Solingen 1952
Henckels, J.A., Zwillingswerk Solingen, Solingen o.J.
dies., Messerschmiede unter dem Zwillingszeichen - Berlin
o.J. (Sonderdruck aus: Ernst Quadt: Deutsche Industrie-
pioniere)
dies. Haanen, Karl Theodor: J.A, Henckels Zwillingswerk Solingen. Vom Werk der Ware und ihrem Zeichen künden diese
Blätter ..., Solingen o.J.
dies. 200 Jahre J.A. Henckels, 1731 - 1931, Gesamtleitung:
Kurt Th. Friedländer, Leipzig 1931
dies., Aus der Geschichte des Zwillings. Vom Werdegang der
Stahlware. Den Freunden des Zwillingswerks gewidmet, Solingen 1938
dies., Fuhrmann, Franz C.: Geschichte der Firma J.A. Henckels Zwillingswerk AG Solingen, o.O. 1974/76
Hendrichs, F. u. W., Gesenkschmiede Solingen-Merscheid,
o.o., o.J., Loseblattsammlung StA Solingen, gekürzt in:
J. Putsch, Vom Handwerk zur Fabrik, Solingen 1985,
S. 129 ff
Herder, Friedrich Abr. Sohn GmbH & Co., Henrichs, Franz:
1727 - 1927. Friedrich Herder Abraham Sohn, Solingen
1927
dies., Friedrich Herder Abr. Sohn 1727 - 1952. 225 Jahre im
Dienste des Fortschritts und der Qualität, Solingen 1952
Herder, Richard Abr. GmbH & Co., Schneidwaren und Werkzeug-
fabrik, 50 Jahre Richard Abraham Herder 1884 - 1934,
Köln 1934
Klaas, Robert, Fabrik feiner Schneidwaren, Hendrichs,
Franz: Robert Klaas in Solingen-Ohligs 1834 - 1934, Solingen 1934
Krusius, Gebr., Schneidwaren und Besteckfabrik, Die Geschichte der Familie und Firma. Herrn Emil Krusius gewidmet zu seinem 50jährigen Arbeitsjubiläum, Ohligs 1922
Lüttgens & Engels GmbH & Co. KG, 1898-1948, 50 Jahre Lüttgens & Engels Solingen-Gräfrath, Solingen 1948
Siegen-Solinger Gußstahl-Aktienverein, Statut des Siegen-
Solinger Gußstahl-Actien-Vereins in der Abänderung vom
20. October 1884, Düsseldorf 1884
ders.,Siegen-Solinger Gußstahl-Aktienverein, Charlottenburg
1921
ders., Gedenkbuch zum 50jährigen Bestehen des Siegen-Solinger Gußstahl-Actien-Vereins Solingen 1872 - 1922, München 1922
Siepmann & Co., E., Maschinenfabrik, 75 Jahre E. Siepmann &
Co., Spezialfabrik für automatische Schleif- und Poliermaschinen, o.O. 1960
Wingen jr., Anton, Schneidwaren, Kurek, Franz: Anton Wingen
jr., Solingen 1888-1938, Fabrik feiner Stahlwaren und
blanker Waffen, Solingen 1938

Wüsthof, Ed., Dreizackwerk, Hendrichs, Franz: Stahlwarenfabrik Ed. Wüsthof Dreizackwerk Solingen 1832 - 1932. Aus
kleinen Anfängen zur heutigen Weltgeltung. Aus Anlaß des
100jährigen Bestehens, Solingen 1932
dies., Festschrift zum 150jährigen Jubiläum der Firma
Eduard Wüsthof, Dreizackwerk Solingen 1814 - 1964, Solingen 1964

8. Oral History (Tondokumente)

R. Hermsteg, Th. Schmitz, u.a., Interviews mit Altfunktio-
nären der IG-Metall Solingen, Solingen 1980, StA Solingen
U. Krause, Interviews mit ehemaligen Gewerkschaftsfunktio-
nären, StA Solingen, ohne Signatur
J. Putsch, Interviews mit Heimarbeitern, Fabrikarbeitern
und Fabrikanten der Schneidwarenindustrie, StA Solingen
T 78, GA 2544 (Begleitband)

9. Bilddokumente [1]

StA Solingen, Gruppen:

1421 Berufsbilder der Solinger Industrie
1422 Industriefirmen
1423 Schleifkotten, Schmieden, Mühlen
1425 Erzeugnisse der Solinger Industrie

---

[1] Sofern nicht anders vermerkt, entstammen alle in diesem
Band wiedergegebenen Abbildungen dem Stadtarchiv Solingen.

B. Schrifttum

1. Wirtschafts- und Sozialgeschichte (allg.)

Abelshauser, W., Wirtschaftsgeschichte der Bundesrepublik Deutschland 1945 - 1980, Frankfurt/M. 1983

ders., Wirtschaft in Westdeutschland 1945 - 1948. Rekonstruktion und Wachstumsbedingungen in der amerikanischen und britischen Zone, Stuttgart 1975

ders., Verelendung der Handarbeiter? Zur sozialen Lage der deutschen Arbeiter in der großen Inflation der frühen zwanziger Jahre, in: H. Mommsen/W. Schulze, Vom Elend der Handarbeit, Stuttgart 1981

ders., Probleme des Wiederaufbaus der westdeutschen Wirtschaft 1945 - 1953, in: H.A. Winkler (Hrsg.), Politische Weichenstellungen im Nachkriegsdeutschland, 1945 - 1953, Geschichte und Gesellschaft, Sonderheft 5, Göttingen 1979

ders., Inflation und Stabilisierung - Zum Problem ihrer makroökonomischen Auswirkungen auf die Rekonstruktion der deutschen Wirtschaft nach dem Ersten Weltkrieg, in: G.D. Feldman (Hrsg.), Historische Prozesse der deutschen Inflation 1914 - 1924 - Ein Tagungsbericht, Berlin 1978

Adamsen, H.R., Faktoren und Daten der wirtschaftlichen Entwicklung in der Frühphase der BRD 1948 - 54, in: Archiv für Sozialgeschichte XVIII, Jg. 1978

Bajohr, S., Die Hälfte der Fabrik - Geschichte der Frauenarbeit 1914 - 1945, Marburg 1979

Barraclough, K.G., Sheffield Steel, Ashbourne 1976

Beckenbach, N., Zukunft der Arbeit und Beschäftigungskrise - Zu den gesellschaftlichen Rahmenbedingungen der Neuen Techniken, Prokla 55, 1984

Beier, R., Frauenarbeit und Frauenalltag im Deutschen Kaiserreich - Heimarbeiterinnen in der Berliner Bekleidungsindustrie 1880 - 1914, Frankfurt/M. 1983

Benjamin, W., Illuminationen - Ausgewählte Schriften, Frankfurt/M., 1977

Bessel, R., "Eine nicht allzu große Beunruhigung des Arbeitsmarktes", Frauenarbeit und Demobilmachung in Deutschland nach dem Ersten Weltkrieg, in: Geschichte und Gesellschaft, 9. Jg., 1983, H. 2

Blume, A., u.a., Geschichte der Rationalisierung, MS, Bochum 1980

Böhme, H., Prolegomena zu einer Sozial- und Wirtschaftsgeschichte Deutschlands im 19. und 20. Jahrhundert, Frankfurt/M. 1968

Bönig, J., Technik, Rationalisierung und Arbeitszeit in der Weimarer Republik in: Technikgeschichte, Bd. 47 (1980) Nr. 3

ders., Technik und Rationalisierung in Deutschland zur Zeit der Weimarer Republik, in: U. Troitzsch und G. Wohlauf, Hrsg., Technikgeschichte - Historische Beiträge und neuere Ansätze, Frankfurt 1980

Bolt, R., Planmäßiges Anlernen industrieller Arbeiter, München 1957

Borscheid, P., Textilarbeiterschaft in der Industrialisierung: Soziale Lage und Mobilität in Württemberg, Stuttgart 1978

Bravermann, H., Die Arbeit im modernen Produktionsprozeß, Frankfurt/M. 1977

Braun, H., Das Streben nach Sicherheit in den 50er Jahren. Soziale und politische Ursachen und Erscheinungsweisen, in: Archiv für Sozialgeschichte XVIII, Jg. 1978

Braun, R., Die Fabrik als Lebensform, in: R. v. Dülmen, N. Schindler, Volkskultur - Zur Wiederentdeckung des vergessenen Alltags 16. - 20. Jh., Frankfurt/M. 1984

Bücher, K., Arbeit und Rhythmus, Leipzig 1924

Büttner, H.W., Das Rationalisierungs-Kuratorium der Deutschen Wirtschaft, Düsseldorf 1973

Castell, A., Die demographischen Konsequenzen des Ersten und Zweiten Weltkrieges für das Deutsche Reich, die DDR und die Bundesrepublik, in: Dtugoborski, W. (Hrsg.), Zweiter Weltkrieg und sozialer Wandel, Göttingen 1981

Conze, W., u.a., Arbeiter im Industrialisierungsprozeß, Herkunft, Lage und Verhalten, Stuttgart 1979

Costas, J., Studien zum Prozeß der Konzentration und Zentralisation des Kapitals und dessen Auswirkungen auf die Arbeiterklasse in Deutschland 1880 - 1914, Diss. phil., Berlin 1976

Costas-Steinfeld, J., Konzentration und Zentralisation des Kapitals und ihre Auswirkungen auf die Arbeiterklasse anhand sozialer Indikatoren, in: Mehrwert, Nr. 12, Berlin 1977

Crew, D., Bochum - Sozialgeschichte einer Industriestadt 1860 - 1914, Berlin 1980

Dahmer, H.J., u.a., Arbeitsteilung, Qualifikation, Kooperation - Entwicklung neuer Konfliktfelder bei der Einführung neuer Technologien in der Automobilindustrie, Prokla 55, Berlin 1984

Decker, G., Rationalisierung und Fehlrationalisierung, Rezension zu O. Bauer, in: Die Arbeit, Jg. 1931/1

Deppe, F., Das Bewußtsein der Arbeiter, Köln 1971

ders., Einheit und Spaltung der Arbeiterklasse. Überlegungen zu einer politischen Geschichte der Arbeiterbewegung, Marburg 1981

Deutscher Metallarbeiterverband (Hrsg.), Die Rationalisierung in der Metallindustrie, Berlin 1933

Deutschmann, M., Qualifikation und Arbeit, 1974

Ditt, K., Technologischer Wandel und Strukturveränderung der Fabrikarbeiterschaft in Bielefeld 1860 - 1914, in: W. Conze/W.Engelhardt (Hrsg.), Arbeiten im Industrialisierungsprozeß, Stuttgart 1978

Ebel, H., Die Konzentration der Berufe und ihre Bedeutung für die Berufspädagogik, Dortmunder Schriften zur Sozialforschung, Köln 1962

Eggebrecht, A., u.a., Hrsg., Geschichte der Arbeit - Vom Alten Ägypten bis zur Gegenwart, Köln 1980

Famulla, G.E., Mechanisierungsfreud und Rationalisierungsleid - Auswege aus der hilflosen Kapitalismuskritik? in: Mehrwert 15/16, Berlin 1978

Fedderson, B., Die Rationalisierungsdebatte in den freien Gewerkschaften 1924 bis 1929 und die Politik des ADGB im Spiegel der zeitgenössischen Gewerkschaftsliteratur, Ex. Bochum, MS Bochum 1980

Feldman, G.D. (Hrsg.), Historische Prozesse der deutschen Inflation 1914 - 1924 - Ein Tagungsbericht, Berlin 1978

Fischer, A., Die Struktur von Wirtschaftsräumen. Ein Beitrag zur Anwendung statistischer Methoden in der Regionalforschung, Wiesbaden 1969

Fischer, J., Industrialisierung, sozialer Konflikt und politische Willensbildung in der Stadtgemeinde. Ein Beitrag zur Sozialgeschichte Augsburgs 1840 - 1914, Augsburg 1977

Fischer, W., u.a., Wandel in der deutschen Industriestruktur im 20. Jh., in: G.A. Ritter (Hrsg.), Entstehung und Wandel der modernen Gesellschaft, Festschrift für H. Rosenberg, Berlin 1970

Fischer, W., "Stadien und Typen" der Industrialisierung in Deutschland, in: D. Petzina, W. Abelshauser, Hrsg., Deutsche Wirtschaftsgeschichte im Industriezeitalter, Düsseldorf 1981

Forderer, J., Tuttlingen im Wandel der Zeiten, Reutlingen 1949

Forstmeier, F., u.a., Wirtschaft und Rüstung am Vorabend des Zweiten Weltkrieges, Düsseldorf 1975

Frei, A.G., u.a., Perspektiven der Regionalgeschichte, in: Das Argument 131, Berlin 1982

Frese, M., Industrielle Psychopathologie, in: P. Groskurth, Arbeit und Persönlichkeit, Reinbek 1979

Fricke, W., Arbeitsorganisation und Qualifikation, Bonn-Bad Godesberg, 1975

Giedion, S., Die Herrschaft der Mechanisierung. Ein Beitrag zur anonymen Geschichte, Frankfurt 1982

Glaser, H., Maschinenwelt und Alltagsleben, Frankfurt/M. 1981

ders., u.a., Industriekultur in Nürnberg - Eine deutsche Stadt im Maschinenzeitalter, München 1980

Gliese, P., Rationalisierung und Frauenarbeit in der Metallindustrie, Betriebsräte-Zeitschrift für die Funktionäre der Metallindustrie (BRZ) 13, 1932

Gordon, D.M., Kapitalistische Effizienz und sozialistische Effizienz, in: Monthly Review, 2. Jg. 1976, Nr. 3

Grünfeld, J., Frauenarbeit im Lichte der Rationalisierung, in: Die Arbeit, Jg. 1931/2

Grumbach, F., u.a., Beschäftigung und Löhne der deutschen Industriewirtschaft 1888 - 1954, in: Weltwirtschaftliches Archiv 79/II, 1957

Habermas, J., Die Dialektik der Rationalisierung, in: Merkur 8, 1954

Hartmann, R., Die Facharbeiterfrage in der Dessauer Metallindustrie, Diss., Jena 1929

Haschagen, J., u.a., Bergische Geschichte, o.O. 1958

Haug, F., Automationsarbeit und Politik bei Kern/Schumann, in: Argument 154, 1985

Heidemann, H., Die Hausindustrie in der bergischen Bandweberei, Wuppertal 1960

Henning, F.-W., Humanisierung und Technisierung der Arbeitswelt: Über den Einfluß der Industrialisierung auf die Arbeitsbedingungen im 19. Jh., in: J. Reulecke, W. Weber, Fabrik - Familie - Feierabend, Wuppertal 1978

ders., Das industrialisierte Deutschland 1924 - 1972, Paderborn 1973

Hinrichs, P., u.a., Industrieller Friede?, Köln 1976

Hoesen-Taber, M. von, A History of the Cutlery Industry in the Connecticut Valley, Smith College Studies in History, Northhampton, Massachusetts 1955

Hoff, A., Gewerkschaften und Rationalisierung - Ein Vergleich gewerkschaftlicher Argumentationsmuster heute und vor 50 Jahren, in: Mehrwert 15/16, Berlin 1978

Hoffmann, R.W., Arbeitskampf im Arbeitsalltag. Formen, Perspektiven und gewerkschaftspolitische Probleme des verdeckten industriellen Konflikts, Frankfurt/New York 1981

Homburg, H., Anfänge des Taylorsystems in Deutschland vor dem Ersten Weltkrieg - Eine Problemskizze unter besonderer Berücksichtigung der Arbeitskämpfe bei Bosch 1913, in: Geschichte und Gesellschaft, 4. Jg., 1978, H. 2

dies., Massenarbeitslosigkeit in Deutschland 1930 - 1933 - Unterstützung und politische Verwaltung der Arbeitslosen, in: Sowi 14 (1985) H. 3

Horstmann, S., Vom bergischen Menschen und den Stätten ihrer Arbeit, Remscheid 1971

Karpf, H., Heimarbeit und Gewerkschaft - Ein Beitrag zur Sozialgeschichte der Heimarbeit im 19. u. 20. Jh., Köln 1980

Kern, H., Kampf um Arbeitsbedingungen, Materialien zur Humanisierung der Arbeit, Frankfurt/M. 1979

ders., Gewerkschaft und Rationalisierung in der Weimarer Zeit, in: Gewerkschaftliche Monatshefte 29, 1978

ders., u. Schumann, M., Das Ende der Arbeitsteilung?, München 1984

dies., Industriearbeit und Arbeiterbewußtsein, Frankfurt/M. 1977

Kindleberger, Ch. P., Die Weltwirtschaftskrise, München 1973

Kisch, H., Die hausindustriellen Textilgewerbe am Niederrhein vor der industriellen Revolution, Göttingen 1981

Klemm, F., Technik - Eine Geschichte ihrer Probleme, Freiburg/München 1954

Kleßmann, Ch., Politisch - soziale Traditionen und betrieb-
  liches Verhalten von Industriearbeitern nach 1945, in:
  Mentalitäten und Lebensverhältnisse, Festschrift für
  Rudolf Vierhaus, Göttingen 1982
Klönne, A., u.a., Zukunft der Arbeit, Hamburg 1982
Kocka, J., Von der Manufaktur zur Fabrik, Technik und Werk-
  stattverhältnisse bei Siemens 1847 - 1873, in: K. Hansen, R. Rürup, (Hrsg.), Moderne Technikgeschichte,
  Köln 1975
ders., Lohnarbeit und Klassenbildung, Berlin 1983
ders., Sozialgeschichte. Begriff - Entwicklung - Probleme,
  Göttingen 1977
ders., Sozial- und Wirtschaftsgeschichte, in: Sowjetsystem
  und demokratische Gesellschaft, Bd. 6, Freiburg 1972
Köllmann, W., Sozialgeschichte der Stadt Barmen im 19. Jh.,
  Tübingen 1960
ders., Wirtschaft, Weltanschauung und Gesellschaft in der
  Geschichte des Wuppertals, Wuppertal 1955
ders., u.a., (Hrsg.), Rheinland-Westfalen im Industriezeitalter - Beiträge zur Landesgeschichte des 19. u. 20.
  Jahrhunderts, Wuppertal 1983
ders., Zur Bedeutung der Regionalgeschichte im Rahmen
  struktur- und sozialgeschichtlicher Konzeptionen, in:
  Archiv für Sozialgeschichte XV. Jg., 1975
ders., Die strukturelle Entwicklung des südwestfälischen
  Wirtschaftsraumes 1945 - 1967, Hagen 1969
Krause, E., Rationalisierung und Berufsausbildung, in: Rationalisierung 3, 1952
Kubitscheck, H., Zur kapitalistischen Rationalisierung und
  ihrer Auswirkung auf die Qualifikationsstruktur der Ar-
  beiterklasse in Deutschland (ca. 1890 - 1928), Habil.
  MS., Berlin 1965
Kuder, D., Die wirtschaftliche und soziale Lage der deut-
  schen Industriearbeiten von 1918 bis zur Gegenwart, Köln
  1960
Landes, D.S., Der entfesselte Prometheus, Technologischer
  Wandel und industrielle Entwicklung in Westeuropa von
  1750 bis zur Gegenwart, Neuausgabe München 1983
Langen, E.M., u.a., Der Einfluß von Mechanisierung und
  Automatisierung auf die Qualifikation der Werktätigen,
  Berlin 1978
Leben und Arbeiten im Industriezeitalter. Eine Ausstellung
  zur Wirtschafts- und Sozialgeschichte Bayerns seit 1850,
  Nürnberg 1985
Lenhardt, G., Jugend, Arbeitsmarkt und Schule bei Marx, in:
  ders. (Hrsg.), Der hilflose Sozialstaat, Jugendarbeitslo-
  sigkeit und Politik, Frankfurt/M. 1979
Lindqvist, S., Grabe wo du stehst, in: Hubert Ch. Ehalt
  (Hrsg.), Geschichte von unten, Wien, Köln, Graz 1984
Loelhöeffel, D. v., Statistik als Material und als Methode
  für die Stadtforschung. Dargestellt am Beispiel der
  Stadt Erlangen, Wiesbaden 1969

Lucas, E., Zwei Formen von Radikalismus in der deutschen Arbeiterbewegung, Frankfurt/M. 1976

Lüdtke, A., Alltagswirklichkeit, Lebensweise und Bedürfnisartikulation - Ein Arbeitsprogramm zu den Bedingungen "politischen Bewußtseins" in der Entfaltung der Fabrikindustrie, Gesellschaft, Beiträge zur Marx'schen Theorie, XI, Frankfurt 1978

ders., Arbeitsbeginn, Arbeitspausen, Arbeitsende. Skizzen zur Bedürfnisbefriedigung und Industriearbeit im 19. und frühen 20. Jh., in: G. Huck: Sozialgeschichte der Freizeit, Wuppertal 1980

ders., u.a. (Hrsg.), Klassen und Kultur, Sydikat, Frankfurt 1981

ders., Fundstellen zur historischen Rekonstruktion des Alltagslebens, in: Sowi 6 Jg., 1977, H. 4

ders., Erfahrung von Industriearbeitern - Thesen zu einer vernachlässigten Dimension der Arbeitergeschichte, in: W. Conze/U. Engelhardt (Hrsg.), Arbeiter im Industrialisierungsprozeß, Herkunft, Lage, Verhalten, Stuttgart 1979

Machtan, L., Zum Innenleben deutscher Fabriken im 19. Jh. Die formelle und informelle Verfassung von Industriebetrieben, anhand von Beispielen aus dem Bereich der Textil- und Maschinenbauproduktion 1869 - 1891, in: Archiv für Sozialgeschichte 21, 1981

Marx, K., Das Kapital, Bd. 1, MEW, Bd. 23, Berlin 1974

Mathieu, J., Arbeitszeitvergleich als Grundlage betrieblicher Rationalisierungsmaßnahmen (u.a. am Beispiel Schneidwarenindustrie), in: Rationalisierung 7, 1956

ders., Arbeitszeitvergleich, Grundlagen, Methodik und praktische Durchführung, Opladen 1955

Mayr, A., Ahlen in Westfalen - Siedlung und Bevölkerung einer industriellen Mittelstadt unter besonderer Berücksichtigung der innerstädtischen Gliederung, Diss. Paderborn 1968

Medick, H., u.a., Industrialisierung vor der Industrialisierung. Gewerbliche Warenproduktion auf dem Lande in der Formationsperiode des Kapitalismus, Göttingen 1977

Meinert, R., Die Entwicklung der Arbeitszeit in der deutschen Industrie 1820 - 1956, Diss. Münster 1958

Mendner, J.H., Technologische Entwicklung und Arbeitsprozeß - Zur reellen Subsumtion der Arbeit unter das Kapital, Frankfurt/M. 1975

Mickler, O., Facharbeit im Wandel - Rationalisierung im industriellen Produktionsprozeß, Frankfurt/M., New York 1981

Mommsen, H., u.a., (Hrsg.), Vom Elend der Handarbeit - Probleme historischer Unterschichtenforschung, Stuttgart 1981

Mooser, J., Arbeiterleben in Deutschland 1900 - 1970, Frankfurt/M. 1984

ders., Abschied von der Proletarität, Sozialstruktur und Lage der Arbeiterschaft in der Bundesrepubilk in historischer Perspektive, in: W. Conze, M.R. Lepsius, (Hrsg.) Sozialgeschichte der Bundesrepublik, Stuttgart 1983

Müller, W., u.a., Strukturwandel der Frauenarbeit 1880 - 1980, Frankfurt/New York 1983

Müller-Jentsch, W., Klassen-Auseinander-Setzungen, Lesarten über die Arbeitskonflikte der siebziger Jahre und Mutmaßungen über die Zukunft der Gewerkschaften, in: Prokla 54, Berlin 1984

Neubauer, G., Sozioökonomische Bedingungen der Rationalisierung, Diss. MS, Köln 1981

Neusüß, Ch., Produktivkraftentwicklung, Arbeiterbewegung und Schranken sozialer Emanzipation, in: Prokla 31, 1978

Niethammer, L., u.a., "Die Menschen machen ihre Geschichte nicht aus freien Stücken, aber sie machen sie selbst" - Einladung zu einer Geschichte des Volkes in NRW, Berlin-Bonn 1984

Olk, F., Rationalisierung und Arbeitsmarkt, in: Die Arbeit, Jg. 1926,

Osterland, M., u.a., Arbeitsbedingungen im Wandel - Eine Literaturstudie zur Entwicklung von Belastungen und Qualifikationsanforderungen in der BRD, Göttingen 1975

Otten, D., Die Welt der Industrie - Entstehung und Entwicklung der modernen Industriegesellschaften, Bd. 2 - Krise und Transformation, Reinbek 1986

Petzina, D., Autarkiepolitik im 3. Reich, Der nationalsozialistische Vierjahresplan, Stuttgart 1968

ders., u.a., (Hrsg.), Industrielles System und politische Entwicklung in der Weimarer Republik, Düsseldorf 1974

ders., Die deutsche Wirtschaft in der Zwischenkriegszeit, Wiesbaden 1972

ders., u.a., Sozialgeschichtliches Arbeitsbuch III, Materialien zur Statistik des Deutschen Reiches 1914 - 1945, München 1978

ders., u.a., Krise und Rekonstruktion - Zur Interpretation der gesamtwirtschaftlichen Entwicklung Deutschlands im 20. Jh., in: W.H. Schröder, R. Spree, Hrsg., Historisch - Sozialwissenschaftliche Forschungen, Stuttgart 1980

ders., u.a., Deutsche Wirtschaftsgeschichte im Industriezeitalter, Düsseldorf 1981

Pierenkemper, T., u.a., (Hrsg.) Historische Arbeitsmarktforschung, Göttingen 1982

Piore, M.J., Sabel, Ch., Das Ende der Massenproduktion - Studie über die Requalifizierung der Arbeit und die Rückkehr der Ökonomie in die Gesellschaft, Berlin 1985

Pirker, Th., Technologischer Wandel und Rationalisierung, in: R.E. Vente (Hrsg.), Erfahrung und Erfahrungswissenschaft, Stuttgart 1974

Pollard, S., Die Fabrikdisziplin in der industriellen Revolution, in: W. Fischer, G. Bajor (Hrsg.), Die soziale Frage, Stuttgart 1967

ders., History of Labour in Sheffield, Liverpool 1959

Popitz, H., u.a., Technik und Industriearbeit, Tübingen 1957

Reulecke, J., u.a., (Hrsg.) Fabrik - Familie - Feierabend, Wuppertal 1978

ders., Nachzügler und Pioniere zugleich: Das Bergische Land und der Beginn der Industrialisierung in Deutschland, in: Sidneg Pollard (Hrsg.), Region und Industrialisierung, Göttingen 1980

ders., Die wirtschaftliche Entwicklung der Stadt Barmen von 1910 - 1925, Neustadt 1973

Rürup, R., Die Geschichtswissenschaft und die moderne Technik, in: Aus Theorie und Praxis der Geschichtswissenschaft, Festschrift für H. Herzfeld, Berlin, New York 1972

Ruppert, W., Die Fabrik, München 1983

ders. (Hrsg.), Die Arbeiter, München 1986

ders. (Hrsg.), Lebensgeschichten - Zur deutschen Sozialgeschichte 1850 - 1950, Opladen 1980

Sabel, Ch., u.a., Historical Alternatives to Mass Production, Unveröffentliches Arbeitspapier, o.O. 1981

Sabel, C.F., u.a., Historical Alternatives to Mass Productions: Polities, Markets and Technology in Nineteenth Century Industrialisation, in: Past and Present 108, 1985

Sauer, W. (Hrsg.), Der dressierte Arbeiter, Geschichte und Gegenwart der industriellen Arbeitswelt, München 1984

Sombart, W., Artikel "Hausindustrie", in: Handwörterbuch der Staatswissenschaften, Bd. II, Jena 1923

Schäfer, H., Die Heimarbeiterin und die Fabrikarbeiterin (1800-1945), in: Zeitschrift für Unternehmensforschung, Beiheft 35, Die Frau in der deutschen Wirtschaft, Stuttgart 1985

Schalldach, E., Rationalisierungsmaßnahmen der Nachinflationszeit im Urteil der freien Gewerkschaften, Jena 1930

Scharmann, Th., Jugend in Arbeit und Beruf, München 1965

Schoeck, E.C., Arbeitslosigkeit und Rationalisierung, Frankfurt/New York, 1977

Schröder, W.H., Arbeitergeschichte und Arbeiterbewegung - Industriearbeit und Organisationsverhalten im 19. und frühen 20. Jahrhundert, Frankfurt/New York 1978

Schulz, G., Deutschland seit dem Ersten Weltkrieg 1918 - 1945, Göttingen 1976

Selle, G., Die Geschichte des Design in Deutschland von 1870 bis heute - Entwicklung der industriellen Produktkultur, Köln 1978

Sieferle, H.P., Fortschrittsfeinde? - Opposition gegen Technik und Industrie von der Romantik bis zur Gegenwart, München 1984

Stahlschmidt, R., Quellen und Fragestellungen einer deutschen Technikgeschichte des frühen 20. Jahrhunderts bis 1945, Göttingen 1977

ders., Arbeitsplatz und Berufsbild im Wandel: Der Drahtzieher, in: J. Reulecke, W. Weber - Fabrik - Familie - Feierabend, Wuppertal 1978

ders., Der Weg der Drahtzieherei zur modernen Industrie - Technik und Betriebsorganisation eines westdeutschen Industriezweiges 1900 bis 1940, Altena 1975

Stockmann, R., Gewerbliche Frauenarbeit in Deutschland 1875 - 1980, Zur Entwicklung der Beschäftigtenstruktur, in: Geschichte und Gesellschaft, 11. Jg., 1985, H. 4

ders., Gesellschaftliche Modernisierung und Betriebsstruktur, Frankfurt/M./New York 1987

Stollberg, G., Die Rationalisierungsdebatte 1908 - 1933 - Freie Gewerkschaften zwischen Mitwirkung und Gegenwehr, Frankfurt/New/York 1981

Stück, H., Taylorismus und reelle Subsumtion - Zu Jürgen Mendners industrie-soziologischen Anwendung marxistischer Strukturbegriffe, in: Leviathan 6, 1978, H 2

Tenfelde, K., Arbeit und Arbeitserfahrung in der Geschichte, Göttingen 1986

ders., Sozialgeschichte der Bergarbeiterschaft an der Ruhr im 19. Jh., Bonn-Bad Godesberg 1977

Thomas, K., Die betriebliche Situation der Arbeiter, Göttinger Abhandlungen zur Soziologie, Stuttgart 1964

Thompson, F.P., Zeit, Arbeitsdisziplin und Industriekapitalismus, in: R. Braun, u.a. (Hrsg.), Gesellschaft in der industriellen Revolution, Köln 1973

Toellner, H., Die Industrie des Bergischen Landes, Wuppertal 1950 (Diss. Uni Köln)

Touraine, A., Industriearbeit und Industrieunternehmen - Vom beruflichen zum technischen System der Arbeit, in: K. Hansen, R. Rürup, Moderne Technikgeschichte, Köln 1975

Treue, W., Sozialgeschichte des Handwerks im Übergang zur privat-kapitalistischen Industriewirtschaft, in: Zeitschrift für Unternehmensgeschichte, 28. Jg., 1983

Tritz, M., Die Industriearbeiterin, in: Bundesministerium für Arbeit (Hrsg.), Berufskunde 7/1957

Troitzsch, K., u.a. (Hrsg.), Technikgeschichte, Frankfurt/M., 1980

Ullrich, O., Zur konkreten Utopie nachkapitalistischer und nachindustrieller Arbeits- und Lebensweise, in: Zur konkreten Utopie gesellschaftlicher Arbeit, Beiträge zur Arbeitstagung des Sozialistischen Büros im Anschluß an die Ersten Ernst-Bloch-Tage, Tübingen, 23./24. November 1979, o.O., o.J.

ders., Technik und Herrschaft, Frankfurt/M. 1979

Varchmin, J., u.a., Kraft, Energie, Arbeit. Energie, Technik und Gesellschaft im Wechsel der Zeiten, Reinbek 1981

Varga, E., Die Krise des Kapitalismus und ihre politischen Folgen, Frankfurt/M., 1976

Ven, F. van der, Sozialgeschichte der Arbeit, Bd. 3, München 1972

Vetterli, R., Industriearbeit, Arbeiterbewußtsein und gewerkschaftliche Organisation, Göttingen 1978

ders., Arbeitssituation und Organisationsverhalten Schweizer Metallarbeiter, in: W. Conze/U. Engelhard (Hrsg.) Arbeiter im Industrialisierungsprozeß, Lage, Herkunft und Verhalten, Stuttgart 1979

Wagenführ, R., Die deutsche Industrie im Kriege 1939 - 1945, Berlin 1963

Wehler, H.U., Modernisierungstheorie und Geschichte, Göttingen 1975

Wellner, G., Industriearbeiterinnen in der Weimarer Republik. Arbeitsmarkt, Arbeit und Privatleben 1919 - 1933, in: Geschichte und Gesellschaft, Jg. 7, H. 3/4

Wentzel, L., Inflation und Arbeitslosigkeit, Hannover 1981

Wiedemann, H., u.a., Arbeiter und technischer Fortschritt - Untersuchungen in der nordrhein-westfälischen Metallindustrie über die Anforderungselemente technischer Neuerungen und die Reaktionen der Arbeiter, Dortmunder Schriften zur Sozialforschung, Bd. 16, Köln und Opladen 1960

ders., Die Rationalisierung aus der Sicht des Arbeiters. Eine soziologische Untersuchung in der mechanischen Fertigung, Dortmunder Schriften zur Sozialforschung, Bd. 24, Köln u. Opladen 1964

Winkler, D., Frauenarbeit im Dritten Reich, Hamburg 1977

Winkler, H.A., Von der Revolution zur Stabilisierung. Arbeiter und Arbeiterbewegung in der Weimarer Republik 1918 - 1924, Berlin, Bonn 1984

ders. (Hrsg.), Politische Weichenstellungen im Nachkriegsdeutschland 1945 - 1953, Geschichte und Gesellschaft, Sonderheft 5, Göttingen 1979

Wintgen, E., Der Export der Bergischen Werkzeugindustrie von den Anfängen bis zur Gegenwart, Diss. MS Köln 1959

Zang, G., Die unaufhaltsame Annäherung an das Einzelne - Reflexionen über den theoretischen Nutzen der Regional- und Alltagsgeschichte, Konstanz 1985

Ziegler, F., Die Tendenz der Entwicklung zum Großbetrieb in der Remscheider Kleineisenindustrie, Berlin 1910

2. Wirtschafts- und Sozialgeschichte Solingens

Balfanz, D., Leistungssteigerung in der mittelständischen Industrie - Modellfall Schneidwarenindustrie - Vortrag vor dem Arbeitskreis Schule und Wirtschaft, Solingen 10.3.66 MS StA Solingen

ders., Was ist Solingen heute und morgen wert? - Referat 2.6.67 vor Rat und Verwaltung der Stadt Solingen, MS StA Solingen

Bargheer, A., Grundlagen und Eigenart des Wirtschaftslebens der Stadt Solingen, Diss. MS Köln 1946

Bauermann, O., Zeittafel zur Geschichte der Stadt Solingen 965-1950, Wuppertal 1953

Berkenhoff, B., Die Solinger Schneidwarenindustrie und ihre Heimarbeit heute, Dipl. MS Innsbruck 1961

dies., Probleme in der Solinger Schneidwarenindustrie (1960) Diss. MS Innsbruck 1963

Berndt, J.D., Standorte und Struktur der Schneidwarenindustrie ausgewählter Länder - eine Untersuchung wirtschaftsgeographischer Bestimmungsfaktoren dieser Industrie, Diss. MS Kiel 1968

Bertram, K., Die Frage der Gemeinschaftswerbung für Solinger Stahlwaren, Diss. Kallmünz 1931

Beyer, O., Die handelspolitischen Hemmungen der Solinger Industrie, Diss. Dortmund 1927

Bick, H., Die Rationalisierung in der Schneidwarenindustrie 1943/44, MS Solingen 1944

Birringer, S., Solingen im Zweiten Weltkrieg, Ex. MS Solingen 1964

Boch, R., Handwerker-Sozialisten gegen Fabrikgesellschaft -
Lokale Fachvereine, Massengewerkschaft und industrielle
Rationalisierung in Solingen 1870 - 1914, Göttingen 1985
ders., Was macht aus Arbeit industrielle Lohn-"Arbeit"?,
in: Sowi, 9. Jg., H. 2, 1980
ders., Lokale Fachvereine im Bergischen Land - eine verges-
sene Phase in der Geschichte der Gewerkschaftsbewegung,
in: K. Düwell, W. Köllmann, Rheinland-Westfalen im Industriezeitalter, Bd. 2, Wuppertal 1984
ders., Krause, U., Historisches Lesebuch zur Geschichte der
Arbeiterschaft im Bergischen Land, Köln 1983
ders., Ein kommunales Forschungsprojekt zur Geschichte der
bergischen Arbeiterschaft, in: IWK 3/1983
Boll, H.A., Geschichte der gewerblichen Berufsschule für
männliche Jugend der Stadt Solingen, Dipl. MS Solingen
1950
Braun, U., Die Entwicklung der Solinger Schneidwarenindustrie seit der Währungsreform 1948, Ex. MS Solingen
1958
Braunschweig, R., Die Solinger Stahlwarenindustrie, Diss.
Halle 1911
Bruckermann, I., Strukturwandel der Industrien im Solinger
Wirtschaftsraum, Dipl. MS Köln 1965
Bruckmann, P.G., Ein Betriebsvergleich in der Edelmetall-
industrie, durchgeführt an Betrieben der Besteckindustrie, Diss. MS Tübingen 1953
Buntenbach, R., Der industrieähnliche Betrieb in der Solinger Schneidwarenindustrie, in: R. König, Hrsg., Abhandlungen zur Mittelstandsforschung Nr. 15, Köln, Opladen
1966
ders., Die Sozialstruktur industrieähnlicher Betriebe, dargestellt an der Solinger Schneidwarenindustrie, Dipl. MS
Köln 1963
Curien, J.-M., u.a., Métiers et Terrois de Haute-Marne,
Editions Hermé 1982
Czimatis, L., Über Organisation der Arbeit im Bezirk des
königlichen Gewerbegerichts, MS Solingen 1905
Dahmann, G., Patentwesen, technischer Fortschritt und Wett-
bewerb - Formulierung einer empirisch prüfbaren Patent-
theorie und Bewährungstest am Beispiel der Rasiergeräte-
industrie, Frankfurt 1981
Daniels, A.E. von, Vollständige Abschilderung der Schwert-
und Messerfabriken fort sonstiger Stahlmanufakturen in
Solingen, Düsseldorf 1802
Dickhut, W., So war's damals, Stuttgart 1979
Deutscher Metallarbeiterverband, Hrsg., Die Heimarbeit in
der Eisen- und Metallindustrie, Stuttgart 1925
Döpp, A., Die Arbeiterbwegung in Solingen 1918 - 1920,
Reinbek 1981
Dransfeld, F.W., Solinger Industrieverhältnisse im 18. Jh.,
Ein Beitrag zum Kapitel: Kampf zwischen Arbeit und Kapi-
tal, Diss. Solingen 1914

Duisberg, I., Die Solinger Schneidwarenindustrie und ihre Produktions- und Absatzverhältnisse nach dem Zweiten Weltkrieg, Diss. MS Wien 1949

Ebel, V., Das Nachwuchsproblem in der Solinger Schneidwarenindustrie, Dipl. MS Solingen 1949

Eickhorn, R.J., Entwicklung, Struktur und Verhältnisse des Solinger Wirtschaftsraumes, insbesondere unter Berücksichtigung der neueren technischen, wirtschaftlichen und sozialen Gegebenheiten, MS Darmstadt 1964

Fachverband Schneidwarenindustrie, Solingen - ein Industriezentrum von Weltruf, Solingen 1966

Feist, W., Die Rohstoffversorgung der Solinger Industrie, Diss. Köln 1924

Fesenmeyer, F., Ursachen und Gründe der Wandlungen im Export Deutscher Eisen- und Stahlwaren, Diss. Köln 1933

Fuchs, D., Sozialökonomischer und räumlicher Wandel der Solinger Stahlwarenindustrie, Ex. MS Solingen 1978

Ganns, K.F., Die Solinger Schneidwarenindustrie und ihre konkurrenzregelnden Bestrebungen und Maßnahmen unter besonderer Berücksichtigung der Nachkriegs- und Jetztzeit, Diss. Göttingen 1938

Gebhardt, A., u.a., Die Schneidwaren- und Besteckindustrie im gemeinsamen Markt, o.O. 1967

Giese, H., Der Konkurrenzkampf des deutschen und der englischen Schneidwarenindustrie in der Nachkriegszeit, Diss. Köln 1933

Godek, C., Frauenarbeit in der Solinger Industrie, Dipl. MS, Solingen 1924

Grah, H.R., Die Folgerungen aus der Strukturuntersuchung in der Schneidwarenindustrie - die gruppenwirtschaftliche Untersuchung des Landeswirtschaftsministeriums und das Aktionsprogramm zur Leistungssteigerung, Rede vom 1.4.65, StA Solingen

Grossmann, W., Die Solinger Stahlwarenindustrie im 20. Jahrhundert unter besonderer Berücksichtigung der Kriegs- und Nachkriegszeit, Diss. MS Würzburg 1925

Grunow, W., Die Solinger Industrie, in: Schriften des Vereins für Sozialpolitik, Jg. 1900, Bd. 88

Halbach, W., Groß-Solingen als Wirtschaftszentrum - Ein Überblick über die Industriezweige der Solinger Schneidwarenindustrie, Solingen 1930

Hartmann, K., Praktisches Handbuch der Stahlwarenfabrikation, Weimar 1861

Hebborn, G., Festschrift zum 25jährigen Bestehen des Christlichen Metallarbeiterverbandes, Solingen 1928

Heine, H.G., Der Aufstieg in die Selbständigkeit in der Solinger Stahlwarenindustrie, Dipl. MS, Köln 1964

Heitland, K., Der Handel mit Solinger Erzeugnissen, Diss. Köln 1924

Hendrichs, F., Die Geschichte der Solinger Industrie, So-
    lingen 1933
ders., Das neuzeitliche Solinger Tischbesteck und seine
    Vorgeschichte, in: Gold und Silber, Jg. 1949, H. 4
ders., Zur Erhöhung der Schneidfähigkeit der Klingen, Son-
    derdruck; Deutsche Metall-Industrie-Zeitung, Remscheid
    Jg. 1904
ders., Über schnittfähigen Stahl, in: Deutsche Metall-Indu-
    strie-Zeitung, 17. Jg., 1904, Nr. 51
ders., Solingen und seine Stahlwarenindustrie, Horb o.J.
ders., Wege der Arbeitsbeschaffung für den Solinger In-
    dustriebezirk, in: Meine Heimat, Jg. 8, 1934, H. 7
ders., Die Versorgung Solingens mit Stahl im Wandel der
    Zeiten, in: ZVTI, 18. Jg. 1938, H. 1
ders., Rationalisierung in der Solinger Industrie, in:
    Technik und Wirtschaft, Jg. 1929, H. 3
ders., Die wirtschafts- und sozialpolitische Entwicklung im
    Solinger Industriebezirk seit dem 30.1.1933, Reichsar-
    beitsblatt II, 1/1936
ders., Über die Formgebung von Messerklingen, o.O. 1929
ders., Die Schleifkotten an der Wupper, Köln 1922
ders., Über ein Verfahren zur Prüfung der Schneidfähigkeit
    von Messerklingen, in: ZVTI, 9. Jg., 1929, H. 1
ders., Von der Handschmiede zur Schlägerei - Der Tischmes-
    serschmied, Köln 1922
Henkel, M., Taubert, R., Maschinenstürmer, Frankfurt/M.
    1979
Henkels, F., Die Solinger Schneidwaren im internationalen
    Handel, Diss. MS 1949
Holte, H., Aufbau einer Kostenrechnung auf Zeitgrundlage in
    der Solinger Industrie, Diss. Köln 1939
Hohns, J.K., Betriebsstrukturelle Untersuchung der Solinger
    Schneidwarenindustrie für die Jahre 1938 u. 1940 unter
    besonderer Beachtung der Vertriebsverhältnisse, MS Diss.
    München 1943
Industrie- und Handelskammer Solingen (Hrsg.), Reflexe -
    Veröffentlichung zum 125jährigen Bestehen, Köln und Op-
    laden 1966
Kiekenap, M., Solingen während der Revolution 1848/49, Ex.
    MS Köln 1978, gekürzt in: Anker und Schwert Bd. 4, 1980
Knapp, J., Die Geschichte des Zeitungswesens im Kreise So-
    lingen, MS Diss. Köln 1930
Köllmann, W., Struktur und Wachstum der Wirtschaft des ber-
    gisch-märkischen Raumes 1955 - 1969, o.O. 1971
ders., Ergebnis einer Untersuchung über Struktur und Wachs-
    tum der Wirtschaft des bergisch-märkischen Raumes 1955 -
    1968, o.O. Juni 1971
ders., Chancen und Risiken des bergisch-märkischen Wirt-
    schaftsraumes. Denkschrift der IHK Hagen, Remscheid, So-
    lingen und Wuppertal, o.O. 1971
ders., Solingen im Bergischen Land, in: Zeitschrift des
    Bergischen Geschichtsvereins, Jg. 1974/76, Nr. 87

Krause, M., Die Gewerkschaftsbewegung und die sozialistische Arbeiterbewegung in Solingen 1914 - 1925, Ex. Bochum 1981

Kretzen, H., Die Krise der Solinger Stahlwarenindustrie und ihre Lage auf dem Weltmarkt, Solingen 1926

Kuhenne, W., Die Heimarbeit im Raume Lüdenscheid und Solingen - ihre wirtschaftliche Bedeutung und ihre soziale Problematik, MS Dipl. Lüdenscheid 1960

Kreideweiß, G., Konzentrationsvorgänge in der geschichtlichen Entwicklung der Solinger Stahlwarenindustrie, Diss. Köln 1926

Kurek, F., Schneidwaren, Düsseldorf 1951

Langen, E., Der Gütegedanke in der Solinger Rasierklingen-Industrie, Dipl. MS Köln 1958

Lauterjung, F., Von Rasiermessern in alter und in neuer Zeit, Solingen 1931

ders., Die Entwicklung und Bedeutung des Kleinbetriebes in der Solinger Stahlwarenherstellung, Dipl. MS Köln 1956

Liedtke, K., Tarifverträge und Tarifpolitik im Solinger Industriebezirk seit 1920, MS Diss. Köln 1924

Linke-Marßolek, I., Arbeiterbewegung nach dem Krieg (1945 - 1948) am Beispiel Remscheid, Solingen, Wuppertal; Frankfurt/M., New York 1983

Lloyd, G.T.H., The Cutlery Trades, An Historical Essay in the Economies of Small-Scale Production, Toronto 1913

Loehmer, K., Die Situation der Heimarbeiter in der Solinger Schneidwarenindustrie, Diss. MS Köln 1951

Lohmann, H.C., Die Ausfuhr Solinger Stahlwaren nach Britisch-Indien, Burma und Ceylon, MS Solingen 1932

Luck, K.H., Quellen der Unwirtschaftlichkeit in der Solinger Schneidwarenindustrie, Dipl. MS Köln 1951

Luxem, B., Die Kinder- und Jugendarbeit im 19. Jh. im Regierungsbezirk Düsseldorf, Diss. MS Düsseldorf 1983

Matthiolius, K., Die Solinger Schneidwarenindustrie 1928 - 1937. Ein gemeinsamer Bericht der IHK Solingen und der Fachgruppe Schneidwarenindustrie, Solingen 1937

Merx, H.P., Industrieansiedlung in Solingen 1945 - 1950, in: Anker und Schwert, Bd. 4, Duisburg 1980

Möhle, H., Der Exporthandel der Solinger Schneidwarenindustrie, Diss. Frankfurt 1931

Motz, J., Geschichte der Sozialdemokratie in Solingen 1914 - 21, MS Solingen 1965

Mueller, J., Die Organisation der Produktion in der Solinger Schneidwarenindustrie, Diss. MS Köln 1923

Nacken, M., Die Kostenstruktur der Solinger Schneidwarenindustrie, Diss. MS München 1944

Neufurth, B., Solingen 1929 bis 1933 - Eine Studie zur Auflösung der Weimarer Republik und der national-sozialistischen Machtübernahme in einer Kommune, St. Augustin 1984

Pfaender, H.G., Das Tischmesser - eine kulturgeschichtlich-technologische Untersuchung unter besonderer Berücksichtigung der industriellen Formgebung, MS Diss. Stuttgart 1957

Philipps, W., Der Unternehmer in der Solinger Stahlwarenindustrie im 19. Jh.- Ein Beitrag zur Geschichte der sozialen Verhältnisse der Unternehmer im 19. Jh., Diss. o.O. 1957

Pistor, A., Die geschichtliche Entwicklung der Eisen- und Stahlindustrie im Kreise Herrschaft Schmalkalden, in: Beiträge zur Geschichte der Technik und Industrie, Jahrbuch des Vereins deutscher Ingenieure, Bd. 9, 1919

Potschka, B., Die Entwicklung der Solinger Industrie seit Beginn des 19. Jahrhunderts, Dipl. MS Solingen 1972

Projektgruppe Geschichte Bergischer Genossenschaften (Hrsg.), Vorwärts Befreiung, Genossenschaftliche Selbsthilfe im Bergischen Land, Essen 1984

Puetz, R., Struktur und Entwicklung der Solinger Schneidwarenindustrie, Dipl. MS, Solingen 1955

ders., Die Stellung der deutschen Schneidwarenindustrie auf dem Weltmarkt, Diss. Bonn 1959

Putsch, J., Vom Handwerk zur Fabrik - Ein Lese- und Arbeitsbuch zur Solinger Industriegeschichte, Solingen 1985

ders., Soziale und wirtschaftliche Probleme in Solingen in der Spätphase der Weimarer Republik und der Weltwirtschaftskrise, Ex.

ders., Konzept für ein Solinger Industriemuseum, Solingen 1984

ders., Die Gesenkschmiede F. u. W. Hendrichs in Solingen-Merscheid - Außenstelle des Rheinischen Museums für Industrie- und Sozialgeschichte, in: Rheinische Heimatpflege, NF 3/1986

ders., Historische Handwerkstätten in der Solinger Schneidwarenindustrie - Horndrechselei Höpp, Brauweiler 1986

ders., Historische Handwerkstätten in der Solinger Schneidwarenindustrie - Schleiferei Leverkus, Brauweiler 1988

Riemey, M., u.a., Geschichte und Herstellung der Schere, Solingen 1978

Riese, W., Entwicklung, Lage und Aussichten der Solinger Stahlwarenindustrie, Dipl. MS Solingen 1956

Röltgen, K., Das Berufsbild des Schleifers in der Entwicklung der Solinger Industrie, Dipl. MS Essen 1969

Röpke, F., Was können wir Solinger in Bezug auf die Besserung der Gesundheitsverhältnisse der Metallschleifer von unserer Konkurrenzstadt Sheffield lernen, in: Centralblatt für allgemeine Gesundheitspflege, Bd. 19, 1900

Rosenthal, H., Franz Hendrichs, als Sozial- und Wirtschaftspolitiker, Solingen 1966

ders., Geschichte einer Stadt, Bd. III, Duisburg 1975

ders., Der Arbeitgeberverband Solingen e.V. - Ein Beitrag zur Sozialgeschichte der Klingenstadt, MS Solingen 1962

Rudolph, K., Der Heimarbeiter und das Betriebsverfassungsgesetz, Frankfurt/M. 1972

Rupprecht, R., Die Solinger Stahlwarenindustrie, Diss. MS Solingen 1922

Schaberg, R., Die Geschichte der Solinger Arbeiterbewegung von ihren Anfängen bis zum Ausbruch des ersten Weltkrieges, Diss. MS Graz 1958

Scheil, H.J., Zusammenhänge zwischen der Veränderung von Arbeitsbedingungen und der Einführung neuer Technologien am Beispiel der Solinger Schneidwarenindustrie, Dipl. MS Solingen 1981

Schirlitz, F.L., Die Fabrikation der Stahlwaren oder Herstellung der Messer, Gabeln, Scheren, Sägen, Dolche etc., wie solche vornehmlich in Solingen betrieben wird, Weimar 1868

Schweißguth, P.H., Gesenkschmiede - Arbeitsweise und Konstruktion der Gesenke, Berlin 1926

Seidenfus, H.St., Institut für Verkehrswissenschaft Universität Münster, Wirtschaftsanalyse der Stadt Solingen, Gutachten im Auftrage der Stadt Solingen, MS Münster 1967

Solinger Geschichtswerkstatt, Hrsg., Ausländer in Solingen, Leverkusen 1983

dies., Fremdarbeiter in Solingen 1939 - 1945, 2. Auflage, Leverkusen 1985

dies., Alltag im Zweiten Weltkrieg, Leverkusen 1987

Sommer, F., Die technische Entwicklung der Solinger Klingenfabrikation, Düsseldorf 1924

Sonnenschein, K., Groß-Solingen, Wirtschaftliche Grundlagen, Struktur und Genese, Dipl. MS Köln 1968

Specht, W., Burgtal, in: Zeitschrift des Bergischen Geschichtsvereins, Bd. 68, Jg. 1940, Wuppertal 1940

Strerath, H., Die Solinger Schneidwarenindustrie in ihrer Entwicklung seit der Stabilisierung bis Ende 1927, Dipl. MS Köln 1927

Spehr-Baumhauer, I., Die Heimarbeit in der Solinger Schneidwarenindustrie in ihrem Strukturwandel nach dem Zweiten Weltkrieg, Wuppertal 1975

Stercken, Regierungsrat a.D., Über die Herstellung der Messer und Scheren in der Fabrik von J.A. Henckels in Solingen, o.O. 1900

Stolle, U., Arbeiterpolitik im Betrieb - Frauen und Männer, Reformisten und Radikale, Fach- und Massenarbeiter bei Bayer, BASF, Bosch und in Solingen, Frankfurt/M. 1980

Stüdemann, H., u.a., Untersuchungen über den Einfluß unterschiedlicher Herstellungsverfahren auf die Qualität rostbeständiger Messer, Köln, Opladen 1964

ders., Entwicklung eines Verfahrens zur zahlenmäßigen Bestimmung der Schneideigenschaften von Messerklingen, Köln, Opladen 1956

Tegtmeier, H., Der Übergang von der Hausindustrie zum Fabrikbetrieb in der Solinger Stahlwarenindustrie, Diss. Köln 1927

Thun, A., Die Industrie am Niederrhein und ihre Arbeiter, Theil 2: Die Industrie des Bergischen Landes (Solingen, Remscheid, Elberfeld-Barmen) Staats- und sozialwissenschaftliche Forschungen, Bd. 2, 3. Heft, Leipzig 1879

Tiborski, K., Die Revolution von 1848/49 in Solingen unter besonderer Berücksichtigung der wirtschaftlichen und sozialen Lage der Bevölkerung, Ex. MS Münster 1882

Trapp. M., Die tarifliche Regelung der Hausarbeiter-(Heimarbeiter-) Löhne und ihre Beachtung, in: Die Arbeit, Jg. 1926

Vogt, J., Mensch und Arbeit in der Solinger Schneidwarenindustrie, MS Solingen 1950

Voos, K., Das Schleifen, Pließten und Polieren in der Solinger Stahlwarenindustrie, Diss. Berlin 1937

Wagner, F., Technische Handgriffe der Solinger Industrie als Grundlage zur Arbeitsbehandlung und Kriegsbeschädigtenfürsorge, Solingen 1916

Weck, K.G., Die Bedeutung der Solinger Industrie als Anstoßfaktor für die industrielle Entwicklung, Diss. Köln 1937

Wedel, E. von, Die geschichtliche Entwicklung des Umformens in Gesenken, Düsseldorf 1961

Wielpütz, H., Über die Heimarbeit in der Solinger Stahlwarenindustrie seit Aufhebung des Koalitionsverbotes, Diss. MS Gießen 1924

Wintgen, E., Der Export der Bergischen Werkzeugindustrie von den Anfängen bis zur Gegenwart, Diss. MS Köln 1959

Woebber, W., Die Heimarbeit in der Kleineisenindustrie des Bergischen Landes, Diss. Frankfurt 1933

Woelke, F., Die Vorherrschaft der kleinkapitalistischen Organisationsformen in der Solinger Industrie, Diss. MS, Köln 1925

Wünderich, V., Arbeiterbewegung und Selbstverwaltung - KPD und Kommunalpolitik in der Weimarer Republik, Wuppertal 1980

Zetsche, H., Die Heimarbeit in der Solinger Schneidwarenindustrie. Eine betriebswirtschaftliche Studie, Dipl. MS. Köln 1958